DAS REISEBUCH
FRANKREICH

Die schönsten Ziele entdecken
Highlights, Naturwunder und Traumrouten

DAS REISEBUCH
FRANKREICH

Die schönsten Ziele entdecken
Highlights, Naturwunder und Traumrouten

BRUCKMANN

INHALTSVERZEICHNIS

Bretonische Tracht; bretonische Spezialitäten; Erholung pur im Süden; richtig gelagert: Champagner im Weinkeller; bunt und fröhlich: Karneval in Nizza; von der Sonne verwöhnt: Lavendel in der Provence (v.l.n.r.).

Malerisch zeigt sich die alte Festungsanlage von Saint-Malo im Norden der Bretagne.

INHALTSVERZEICHNIS

Hier herrscht noch heile Welt: Altstadt von Couraze; »Bald öffnet sich die Türe für Kinder und Erwachsene«; bunte Töpferwaren auf einem Markt; Zitronenfest in Menton; Martigues, das »Venedig der Provence«; wild, aber nicht herrenlos – die weißen Camargue-Pferde (v.l.n.r.).

Mitte Juli bis Mitte August ist die Blütezeit des Lavendels.

0
100 km
N
Highlights
Traumstraßen
ATLANTISCHER
OZEAN
Bristol
GROSSBRITANNIEN
Portsmouth
Isle of Wight
Plymouth
Lizard Point
Cap de la Hague
Alderney
CherbourgOcteville
Guernsey
Sark
Channel Islands
Jersey
Perros-Guirec
Î. de Bréhat
Paimpol
Golf von St-Malo
Roscoff
Morlaix
St-Brieuc
Cap Frehel
Dinard
St-Malo
I. d'Ouessant
Brest
Huelgoat
Quimper
Pointe du Raz
Pontivy
Paimpont
Rennes
Concarneau
Pont Aven
Pont l'Abbé
Lorient
Ile de Groix
Carnac
Vannes
Ploërmel
Châteaubriant
Quiberon
Belle-Ile
La Baule
St-Nazaire
Nantes
Loire
Noirmoutier-en-l'Île
Ile d'Yeu
la Roche-sur-Yon
Les Sables-d'Olonne
Ile de Ré
Ile d'Olèron
Royan
Golf von Biscaya
Cap Ferret
Arcacho
Biscarrosse
Mimizan
Hossegor/Capbreton
Bayonne
Biarritz
Donostia/ S. Sebastián
Pamplona/ Iruñea
SPANIEN
Maisons-Laffitte
Sartrouville
Argenteuil
St-Denis
le-Mesnil-le-Roi
Seine
Bezons
Montesson
Colombes
Drancy
Bobigny
le Vesinet
Chatou
Courbevoie
Clichy
St-Ouen
Pantin
le Pecq
Neuilly-sur-Seine
Bagnolet
Marly le-Roi
Suresnes
PARIS
la Celle-St-Cloud
St-Cloud
St-Mande
Boulogne-Billancourt
Vanves
St-Maurice
Versailles
Chaville
Meudon
Mont-rouge
Gentilly
Alfortville
Clamart
Villejuif
Lac de Serre Ponçon
Guillestre
Aubenas
Montélimar
le Teil
Aspres-s.-Buëch
Gap
Villefort
Serres
Durance
Barcelonnette
Mondovi
Nyons
Vaison-la-Romaine
Mt. Ventoux
1909
Pont-St-Esprit
Digne-les-Bains
St-Etienne-de-Tinée
Orange
Sault
Sisteron
Alès
Carpentras
St-André-les-Alpes
Remoulins
Forcalquier
Château-Arnoux
Breil-sur-Roya
Gordes
Roussillon
Barrême
Nîmes
Avignon
Cavaillon
Castellane
Plan-du-Var
Menton
Apt
Monaco
Les-Beaux-de-Provence
Vinon-s-Verdon
Grasse
Nizza
Arles
Tavernes
Antibes
Lunel
Draguignan
Montpellier
Aix-en-Provence
Cannes
Martigues
Gardanne
Le Luc
Fréjus
St-Raphaël
St-Maximin-la-Ste-Baume
Stes-Maries-de-la-Mer
Grand Rhône
Brignoles
St-Tropez
Port-St-Louis-du-Rhône
Carro
MARSEILLE
Golf von Lion
Cassis
Toulon
le Lavandou
Hyères
la Seyne-s.-M.
Giens
Îles d'Hyères
MITTELMEER
50 m

LONDON
Southend-on-Sea
Antwerpen
Moers
Kassel
Calais
Cap Gris-Nez
Boulogne-sur-Mer
Gent
BELGIEN
Brüssel
KÖLN
Aachen
Bonn
Rhein
DEUTSCHLAND
Lille
Lens
Charleroi
Koblenz
Wiesbaden
Mainz
Würzburg
Cambrai
Abbeville
Dieppe
Somme
Amiens
St-Quentin
Charleville-Mézières
LUXEMBOURG
Luxembourg
Ludwigshafen a. Rhein
Mannheim
Heidelberg
Le Havre
Rouen
Beauvais
Laon
Compiègne
Reims
Verdun
Saarbrücken
Caen
Seine
Épernay
Metz
Meuse
Moselle
PARIS
Versailles
Châlons-en-Champagne
Dreux
Sézanne
St-Dizier
Nancy
Strasbourg
Ulm
Chartres
Fontainebleau
Etampes
Troyes
Canal de la Marne à la Saône
Alençon
Chaumont
Epinal
Colmar
Sens
Le Mans
Loir
Orléans
Auxerre
Loire
Gien
Mulhouse
Basel
Bodensee
Blois
Vesoul
Zürich
Tours
Vézelay
Dijon
Saumur
Cher
Bourges
Besançon
Côte d'Or
Autun
Bern
SCHWEIZ
Châtellerault
Châteauroux
Chalon-s.-S.
Poitiers
Moulins
Montceau-les-Mines
Lausanne
Lac Léman
Creuse
Montluçon
Mâcon
Saône
Ain
Vienne
Genf
Bellac
Chamonix-Mt.-B.
Mt. Blanc 4807
Bergamo
Limoges
Allier
Puy de Dôme 1464
Clermont-Ferrand
Lyon
Lac du Bourget
Rhône
Angoulême
1886 Puy de Sancy
Chambéry
Moûtiers
ITALIEN
St-Étienne
Vézère
Périgueux
Isle
Brive-la-Gaillarde
Annonay
Isère
Grenoble
TURIN
Piacenza
le Puy-en-Velay
Valence
Bergerac
Dordogne
les Écrins 4102
Montélimar
Gap
Aubenas
Marmande
Lac de Serre Ponçon
Lot
Cahors
Nyons
Durance
Vaison-la-Romaine
Mt. Ventoux 1909
Sisteron
Rodez
Orange
Sault
St-André-les-Alpes
Montauban
Alès
Millau
Tarn
Albi
Nîmes
Avignon
Menton
Monaco
Grasse
Nizza
Auch
Toulouse
Montpellier
Arles
Les-Beaux-de-Provence
Aix-en-Provence
St-Raphaël
Cannes
Antibes
Canal du Midi
Béziers
Carcassonne
MARSEILLE
Cassis
Toulon
St-Tropez
le Lavandou
Pamiers
Narbonne
Hyères
Îles d'Hyères
Golf von Lion
Perpignan
ANDORRA
MITTELMEER
Korsika

Bei Bormes-les-Mimosas locken die Strände der Baie du Gaou (oben). Im Morgenlicht schimmern die Kreidefelsen an der Küste von Étretat in der Normandie (rechte Seite oben). An das Ufer der Dordogne schmiegen sich reizende Orte wie etwa Castelnaud-la-Chapelle (rechte Seite unten).

FRANKREICH »COMME IL FAUT«

Ein Land im Herzen Europas von seiner besten Seite

Wer als Gast, Reisender oder Kenner des Landes von Frankreich spricht, kommt automatisch ins Schwärmen: Paris, die Côte d'Azur, die Schlösser an der Loire ... Frankreich steht für Chic, Noblesse, Haute Couture, Haute Cuisine und Savoir-vivre zwischen Mont-Saint-Michel und Saint-Tropez. Rund 61 Millionen Menschen leben in diesem Land, das die geschichtliche und kulturelle Vergangenheit Europas wesentlich geprägt hat und eine zentrale Rolle bei der Gestaltung der Zukunft des Kontinentes einnimmt.

Frankreichs Eroberung beginnt für seinen Besucher mit der Sprache. Sollten Sie des Französischen nicht mächtig sein, aber trotzdem mutig der Lautschrift aus Ihrem Reiseführer folgend »bon schur, un café sil vu plä« schaffen, können Sie beim Kellner deutlich Punkte sammeln. Denn die Franzosen schätzen es sehr, wenn sich ihre Gäste sprachlich etwas anpassen. Englisch ist für die stolze Grande Nation keinesfalls die Weltsprache innerhalb ihrer Grenzen. Die meisten Franzosen verbringen ihre Ferien vielleicht auch deshalb im eigenen Land, weil sie sich ungern in einer anderen Sprache verständigen wollen. Aber keine Sorge – auch das Laisser-faire kommt aus Frankreich. Und am »Leben wie Gott in Frankreich« wird der Tourist trotz des einen oder anderen Sprachproblems sicherlich nicht gehindert.

Neben Italien gehört Frankreich zu den attraktivsten Ländern Europas. 40 000 Baudenkmäler, davon rund 10 000 Schlösser, Burgen und Abteien, 6000 Museen, 500 Festivals: In Frankreich herrscht eine immense Vielfalt, die erst im Laufe von Jahren touristisch entdeckt werden kann. So überrascht es keinesfalls, dass Frankreich als Urlaubsland weltweit die meisten ausländischen Gäste zählt.

Norbert de Sarlat
Norbert de Sarlat

Vom Col de Brévent aus genießt man einen atemberaubenden Blick auf den Montblanc (oben).

Vom Atlantik bis zum Montblanc

Der warme Süden ist der Klassiker unter den Reisezielen. Die Côte d'Azur gilt als Traumküste, die schon im 19. Jahrhundert Touristen und Maler ans Mittelmeer lockte. Die Provence mit ihren Schluchten, Weinbergen und Lavendelfeldern zieht die Reisenden in Scharen an. Die rund 500 Kilometer lange Atlantikküste im Westen ist ein Paradies für Wassersportler, die weite Sandstrände suchen.
Im Norden ist die vom Meer umschlungene Bretagne mit ihren Steilküsten ein Mekka für Naturliebhaber. Auf sie warten weitere landschaftliche Höhepunkte, so etwa das Zentralmassiv mit seinen bizarren Vulkankegeln, die Pyrenäen oder die französischen Alpen mit dem höchsten Berg Europas, dem Montblanc. Zu den Highlights außerhalb von Paris zählen unter anderem das Loire-Tal mit seinen prächtigen Schlössern oder im Osten das Elsass mit seinen Weinbergen und Fachwerkstädtchen – und nicht zu vergessen das Burgund, das neben hervorragenden Weinen viele kulturelle Sehenswürdigkeiten bietet.
Kaum ein Land wird so sehr mit seiner Hauptstadt identifiziert wie Frankreich. Der Eiffelturm, der Louvre, Notre-Dame – für jeden sind sie ein Begriff. Paris ist eine romantische und zugleich historische Stadt. Ein Muss für Verliebte ist ein Besuch des Eiffelturms bei Nacht. In Paris kann man auf den Spuren der Französischen Revolution und Napoleons wandeln – oder auf denen vieler Maler und anderer Künstler, die in der Metropole lebten. Und selbstredend lässt man sich gerne vom Zauber der Haute Couture einfangen, die Coco Chanel zu Beginn des letzten Jahrhunderts maßgeblich prägte und Paris in der Folge zur führenden Modemetropole in Europa machte. Die Modetempel – oft auch »nur« die Schaufenster – verlocken zu manchem Umweg von einer Sehenswürdigkeit zum nächsten Museum.
Ob nun die Franzosen eher Gourmets (Feinschmecker) oder Gourmands (Schlemmer) sind, darüber streiten sich die Experten. Sicher ist: Es gibt nicht DIE französische Küche, vielmehr besteht sie aus einer Vielzahl regionaler Küchen. Die diversen Speisen zählen jedenfalls zu den feinsten und vielseitigsten Köstlichkeiten der Welt. Gleichgültig, ob es sich um Fisch aus der Bretagne oder um die Feinschmeckerküche eines Pariser Spitzenrestaurants handelt: Gutes Essen und ein ausgedehnter Restaurant-

besuch zählen in Frankreich zur Kultur, zum Vergnügen, zur Lebensart. Restaurants werden übrigens nur zum Speisen besucht und sind sogar in Paris vormittags und nachmittags geschlossen. Da trifft es sich gut, dass es in jedem kleinen Dorf ein Café gibt, wo die Zeit auf wundersame Weise dahinplätschert. Bei einem Noir oder einem Rouge nimmt man sich jede Menge Zeit zum entspannten Plaudern, das nächste déjeuner oder diner mit hervorragenden Weinen aus dem Burgund, Beaujolais oder aus dem Languedoc-Rousillon kommt bestimmt.

Frankreich ist aber auch ein Land der Gegensätze, in dem sich der milde Süden erheblich vom rauen Norden unterscheidet. Der Schutz der Natur ist jedoch ein zentrales Anliegen im ganzen Land. In elf Nationalparks und 51 regionalen Naturparks mit einer Gesamtfläche von mehr als zehn Millionen Hektar werden Ökosysteme sorgfältig erhalten und seltene Pflanzen und Tiere wirksam geschützt. Frankreich ist eine der bedeutendsten Industrienationen der Erde, sein historisches Erbe hat es sich jedoch fantastisch bewahrt. Neben vielen Natur- gehören auch zahllose Kulturdenkmäler zum Welterbe der UNESCO, so etwa die Kathedralen von Chartres und Reims, Versailles und die Schlösser des Loire-Tals, das historische Zentrum von Straßburg und der Canal du Midi.

Auf der Straße, auf der Schiene, auf dem Wasser

Frankreich ist stolz auf seine Vergangenheit, ruht sich darauf aber nicht aus, sondern blickt vor allem erfolgreich in die Zukunft. So nimmt man im Flugzeugbau eine Vorreiterrolle ein. Das französische Straßennetz wird als eines der besten der Welt bezeichnet, das französische Eisenbahnnetz ist topmodern und verbindet die französischen Städte auf schnellen Routen. Das Wasserstraßennetz des Landes ist länger als das der Autobahnen. Bereits im 18. Jahrhundert begann man mit dem Ausbau der französischen Flüsse zu Kanälen, auf denen sich die Binnenschifffahrt, Hausboote und Ausflugsschiffe nicht in die Quere kommen. Als eine europäische Spezialität könnte man das deutsch-französische Verhältnis bezeichnen. Nach den tragischen Kriegen im 20. Jahrhundert sind beide Nationen heute nahe zusammengerückt und kooperieren auf breiter politischer, wirtschaftlicher und kultureller Basis. Zahlreiche Städtepartnerschaften tragen zum Ausbau der Amitié Franco-Allemande (deutsch-französische Freundschaft) bei. Die Europäische Union als ein »Europa der Regionen« lässt sich beispielhaft an der Vielfalt der Regionen Frankreichs ablesen. Viele ausgewählte Ziele aus diesem faszinierenden Land möchten wir Ihnen hier präsentieren.

Roussillon hat schon viele Künstler dazu inspiriert, die Farben der Provence »zu Bild« zu bringen (oben). Der blühende Lavendel auf der sonnigen Hochebene von Sault verströmt einen betörenden Duft (unten).

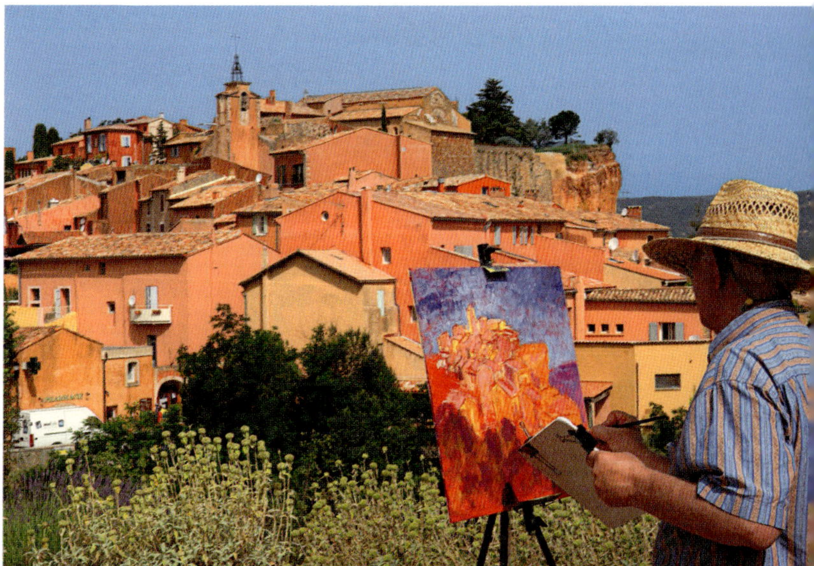

PARIS UND UMLAND

Île de France und der Norden

Für einen Café au Lait oder einen Café Crème ist in einem der vielen Straßencafés immer Zeit (oben). Brot kaufen ist schon fast ein Ritual, hier in der ältesten Bäckerei von Paris La Maison Stohrer (unten). Äußerst beeindruckend, das nächtliche Paris (links).

Die Reliefs am Arc de Triomphe verherrlichen die Siege Napoleons (oben). Das Wahrzeichen von Paris: der Eiffelturm (rechts).

1 EINE STADT, DIE EINFACH GUTTUT – PARIS

Auf geschichtsträchtigen Spuren in die Moderne wandeln mit einem Baguette in der Hand

Wer Paris kennenlernen will, sollte sich einfach treiben lassen. So kommt man am besten den vielen Geheimnissen dieser Metropole auf die Spur, von denen es sich herrlich in einem der zahllosen Cafés, Bistros oder Brasserien träumen lässt. Notre-Dame oder Louvre, Montmartre oder Marais – Museum oder Einkaufstempel, Rue du Faubourg Saint-Honoré oder Rue de Rivoli? Die Auswahl ist unendlich. Schnell stellt man fest: Paris ist mehr als eine Reise wert!

Mit einem Baguette, dick mit Schinken, Ei, Käse und Tomaten belegt, auf einer Parkbank in den Tuilerien sitzen, sich mit einem süßen Crêpe nach dem Besuch des Centre Pompidou stärken, voller Stolz eine kleine Papiertasche mit dem berühmten Logo aus zwei ineinander verschlungenen »C« tragen, sich die kleinen Zwischenstopps in den unzähligen Straßencafés mit leckeren Cafés au Lait und Cafés Crème versüßen, dazu ein Macaron – oder zwei ... und sich freuen auf ein vorzügliches Essen in einem der Bistros, Brasserien und Restaurants. Auch wenn man eigentlich nach Paris gekommen ist, um Sightseeing zu betreiben, um die Sehenswürdigkeiten zu erkunden und Museen zu besuchen, so hat man doch bald mit fliegenden Fahnen eine Lieblingsbeschäftigung der Pariser übernommen: einfach dasitzen, der Welt zusehen, essen, trinken, reden. Und schnell stellt man dabei fest: Paris tut gut.

Wer schnell von A nach B möchte, findet stets eine Metrostation in der Nähe. Die Pariser U-Bahn ist preiswert und ihr Netz übersichtlich. Oder Sie mieten sich im Sommer eines der elektronisch gesicherten Fahrräder, die an allen wichtigen Plätzen stehen. Darüber hinaus gibt es Taxis, Busse und die berühmten Ausflugsboote auf der Seine.

Notre Dame de Paris, Konsolidierungsarbeiten nach dem Brand des Daches (unten). Für das leibliche Wohl sorgt die junge Dame in der Passage des Panoramas am Boulevard Montmartre (rechte Seite oben). Reges Treiben im Quartier Latin (rechte Seite unten).

Egal, in welche Richtung man auf den Champs-Élysées spaziert, man ist auf jeden Fall beeindruckt. Wo am westlichen Ende der Prachtavenue der 50 Meter hohe Arc de Triomphe steht, führen zwölf Avenuen sternförmig in alle Richtungen. Auf der Avenue Hoche gelangt man nicht nur zum Parc Monceau, sondern auch in die Rue du Faubourg-Saint-Honoré. Sie ist die führende Modemeile in Paris. Den Blick in die Läden der Haute Couture wird frau sich nicht nehmen lassen, wobei auch die Herren gerne den einen oder anderen Blick riskieren und sich mit auf den Weg machen zu den angesagten Designern in der Avenue Montaigne, rund um die Place des Victoires oder im Szeneviertel Saint-Germain-des-Prés. Wer prachtvolle Geschmeide liebt, ist zwischen der Oper und der Place Vendôme gut aufgehoben.

Auf den Spuren der Geschichte

Das ist das moderne Paris, das Herz der Stadt schlägt jedoch dort, wo alles seinen Anfang genommen hat: auf der Île de la Cité. Auf der schiffsförmigen Insel in der Seine schlendern Sie durch 2000 Jahre Stadtgeschichte. Hier ließen sich im 3. Jahrhundert v. Chr. gallische Schiffe und Fischer nieder und besiedelten zunächst das linke, dann das rechte Ufer des Flusses. Der Name »Paris« leitet sich vom Stamm der Parisier angehörten.
Auf die Île de la Cité führen mehrere Brücken, am bekanntesten ist jedoch wohl der Pont Neuf. Der Name ist irreführend, denn für diese älteste Brücke der Stadt legte Heinrich III. bereits 1578 den Grundstein, 1607 wurde sie eingeweiht. Am Quai de l'Horloge befindet sich der Eingang zur Conciergerie, die von 1391 bis 1914 als Gefängnis diente und jetzt Teil des riesigen Palais de Justice ist. Zur Zeit der Französischen Revolution warteten hier mehr als 4000 Gefangene auf ihre Hinrichtung, unter ihnen Marie-Antoinette und Maximilien de Robespierre. In der gotischen Salle des Gens d'Armes waren die königlichen Garden untergebracht. Die bedrückende Atmosphäre, die der Kerker und die winzige Zelle von Marie-Antoinette verströmen, kann man noch heute in der Conciergerie verspüren.
Im Palais de Justice finden Sie »das Tor zum Himmel«, wie die Sainte-Chapelle, die Heilige Kapelle, genannt wird. Die zweigeschossige Schlosskirche fasziniert den Besucher mit der Leuchtkraft ihrer 15 Buntglasfenster. Lediglich gute sechs Meter hoch ist das Gewölbe der Unterkapelle, war sie doch auch »nur« für die Palastbediensteten bestimmt, die im diffusen Zwielicht beten konnten. Über eine schmale Wendeltreppe erreicht man die 20 Meter hohe Oberkapelle, die der königlichen Familie vorbehalten war. Ihre Luftigkeit

verdankt sie den schlanken Strebepfeilern, den breiten Fenstern und der sternenübersäten Decke. Über tausend biblische Szenen werden hier bildnerisch nacherzählt.
Vorbei am Marché aux Fleurs et Oiseaux und dem Hôtel-Dieu kommt man über die Rue d'Arcole zur Kathedrale Notre-Dame. Bei einem verheerenden Brand wurde sie 2019 teilweise zerstört. Erst im Herbst 2021 konnten die Stabilisierungsarbeiten abgeschlossen und mit dem eigentlichen Wiederaufbau des mittelalterlichen Gebäudes begonnen werden. Die Corona-Pandemie von 2020 bis 2022 verzögerte den Wiederaufbau zudem. Eine Wiedereröffnung der Kathedrale ist bis zu den Olympischen Sommerspielen 2024 in Paris geplant.
Unter dem Vorplatz von Notre-Dame liegen die Überreste von 2000 Jahre alten Gebäuden. An Frankreichs »Nullpunkt« auf dem Vorplatz ist eine Bronzeplatte mit einem Messingstern in das Pflaster eingelassen. Von hier aus werden alle Straßenentfernungen des Landes gemessen und laufen alle Nationalstraßen sternförmig zusammen.

Im Reich des Glöckners

Viele monströse Grotesken bewachen als Wasserspeier in der Galerie des Chimères auf den Balustraden das Gotteshaus. Die monumentale, aber wohlproportionierte Westfassade gilt als Glanzstück der französischen Gotik und diente als Vorbild für zahlreiche Kirchen in Nordfrankreich. Die 28 Figuren der Königsgalerie stellen die judäischen Könige dar. Aus dem 13. Jahrhundert stammt das Marienportal mit der Muttergottes sowie Heiligen und Königen. Im Südturm hängt die 13 Tonnen schwere, 1686 gegossene Glocke »Emanuel«. Der Bischof von Sully hatte 1159 den Bau von Notre-Dame in Auftrag gegeben, die Grundsteinlegung erfolgte 1163. Während der Französischen Revolution wurde die Kathedrale schwer beschädigt und zum »Tempel der Vernunft« erklärt, nach den Plänen des Architekten Eugène Viollet-le-Duc im 19. Jahrhundert jedoch wieder renoviert.
Das gewaltige Kircheninnere wird durch die Beleuchtung auch durch zwei Rosettenfenster wirkungsvoll in Szene gesetzt. Die westliche Fensterrose zeigt Maria, die südliche eine Darstellung Christi.
Wer über den Pont St-Louis auf die Île St-Louis spaziert, findet gemütliche Cafés, gediegene Restaurants – und in der Rue St-Louis-en-l'Île bei Berthillon rund 60 verschiedene Eiscremesorten. Hier kann man für weitere Besichtigungstouren neue Kräfte sammeln.

TOP ★ ERLEBNISSE

★ DAS QUARTIER LATIN

Obwohl das Quartier Latin nach der Cité zu den ältesten Vierteln von Paris zählt, ist es dank seiner jahrhundertealten Universitäten jung und frech geblieben. Die altehrwürdige Sorbonne wurde 1253 für mittellose Theologiestudenten gegründet, das Collège de France 1530 als Hochschule für Latein, Griechisch und Hebräisch. Das Quartier Latin steht für Shopping und Unterhaltung. Abends amüsiert man sich im Revuetheater Paradis Latin. Jazzfreunde steigen ins Kellergewölbe »Le Caveau de la Huchette« hinab.

WEITERE INFORMATIONEN
www.paradislatin.com
www.parisinfo.com

★ WO VICTOR HUGO LEBTE

Um das Jahr 1610 ließ König Heinrich IV. die Place des Vosges im historischen Stadtteil Marais als glanzvollen Mittelpunkt des Aristokratenviertels anlegen. 36 Adelspaläste mit einheitlichen Fassaden aus hellem Stein und roten Ziegeln über Arkaden wurden errichtet. Heute laden an dem Platz Läden und Cafés zum Bummeln und Verweilen ein. Schauen Sie sich um: Das Ensemble überragen nur der Pavillon du Roi in der Mitte der Südseite und der Pavillon de la Reine direkt gegenüber. Dies waren die Stadtwohnungen des Herrscherpaares. Im Haus Nummer 14 wohnte Victor Hugo von 1832 bis 1848.

WEITERE INFORMATIONEN
www.centrepompidou.fr
www.musee-orsay.fr
www.batobus.com

2 STELLDICHEIN DER SCHÖNEN – IM LOUVRE

Hier steht Kunst ab dem 6. Jahrhundert vor Christus

Sie wollen auf dem schnellsten Weg zu der rätselhaften Schönen? Wollen das geheimnisvolle Bildnis der *Mona Lisa* selbst ergründen? Dann folgen Sie einfach den schnatternden, Videokameras schwenkenden Reisegruppen, die, wie von einem unsichtbaren Band gezogen, schnurstracks auf den absoluten Besuchermagnet im Louvre zumarschieren. Und dann: Kamera in die Luft, abgedrückt, weiter geht's ...

Entweder Sie schaffen es sehr früh am Morgen oder gehen erst am Abend in den mittwochs und freitags bis 22 Uhr geöffneten Louvre – dann haben Sie vielleicht die Chance, ein wenig länger vor dem unergründlichen Antlitz von Leonardo da Vincis *Mona Lisa* verweilen zu können, deren Bild in einem Glaskasten geschützt aufgehängt ist. Einem permanenten Blitzlichtgewitter ist die zur Diva avancierte junge Frau aber auch zu diesen Zeiten ausgesetzt.

Doch der Louvre ist weitaus mehr als nur Heimstatt der Mona Lisa. 1190 ließ König Philipp II. August an dieser Stelle eine Festung anlegen. Die Grundmauern der Türme und der Unterbau der Zugbrücke sind unter dem Sully-Bau zu besichtigen. 800 Jahre lang vergrößerten die französischen Könige die Burg zu einem Palast, der mit Ende der Französischen Revolution in ein Museum umgewandelt wurde. Napoleon ließ den Louvre im 19. Jahrhundert restaurieren, und zwischen 1981 und 1999 wurde er komplett modernisiert.

Schneller durch die Hintertür

Bestellen Sie ruhig Ihre Eintrittskarten im Internet vor (sie werden zugeschickt) oder vor Ort in den Filialen von FNAC, Carrefour oder Auchan. Damit vermeiden Sie die langen Wartezeiten entlang der Pyramide über dem Haupteingang in der Napoléon-Halle. An einigen Seiteneingängen herrscht nämlich weniger Betrieb, etwa in der Cour Carrée oder am Carrousel du Louvre mit seinen Galerien, Garderoben, Läden und Sanitärbereichen. Apple-

Das Musée du Louvre: Die ehemalige Residenz der Könige beherbergt eine der bedeutendsten Kunstsammlungen der Welt. Die Glas-Metall-Pyramide wurde 1989 nach Plänen von I. M. Pei errichtet und lässt Licht in den unterirdischen Besucherkomplex (unten und rechte Seite oben). Süße Verführung: Éclairs und Macarons (rechte Seite unten).

Fans begutachten hier in einem Store die neuesten Errungenschaften, nebenan verkauft ein kleiner Laden schwarzes Toilettenpapier. Hier lässt sich der kleine Hunger stillen: Man kann sich mit einer der vielen angebotenen Kaffeesorten stärken – und natürlich das kleine Pendant der großen Pyramide bewundern. Auf den Kopf gestellt, sorgt sie für helles Licht. Über 350 000 Werke umfasst der Fundus des wohl größten und berühmtesten Museums der Welt. Gezeigt werden davon im Louvre etwa zehn Prozent, rund 30 000 Exponate. Der Bogen der Kunstepochen spannt sich von den Etruskern und Assyrern des 6. bis 8. Jahrhunderts v. Chr. über ägyptische und griechische Sarkophage und Tempel – die *Venus von Milo* und *Nike von Samothrake* sind weitere Fixpunkte im Besichtigungsprogramm – bis hin zu Skulpturen des 12. bis 19. Jahrhunderts, etwa Michelangelos *Gefesselte Sklaven* oder Tilman Riemenschneiders *Madonna der Verkündigung*.
Drei Flügel – Richelieu, Sully und Denon – führen in die insgesamt 198 Säle des Louvre. El Greco, Velázquez, Dürer, Cranach, Rembrandt, Giotto, Botticelli, Caravaggio, Clouet, La Tour ... die Liste der hier vertretenen berühmten Maler aus dem 13. bis 19. Jahrhundert ließe sich noch lange fortsetzen. Wer Rubens in der Aufzählung vermisst hat – voilà: Die Galerie Médicis zeigt im Richelieu-Flügel 24 Gemälde des flämischen Meisters aus den Jahren 1622 bis 1625.
Es lohnt sich, vorab einen kleinen Merkzettel mit den Kunstwerken zu erstellen, die man gerne sehen möchte, das Angebot ist schier erschlagend. In der großen Napoléon-Halle unter der beeindruckenden Glaspyramide des US-chinesischen Architekten Ieoh Ming Pei findet man trotz des stürmischen Andrangs immer noch eine Sitzgelegenheit, um sich zu informieren, ehe es die Rolltreppen hinauf in die verschiedenen Museen geht. Abseits der Hauptroute »Mona Lisa – Venus von Milo« ist es bedeutend ruhiger. Hier kann man auch einmal ohne lästiges, andauerndes Blitzlichtgewitter die Werke auf sich wirken lassen. Wer den Louvre durch die Cour Carrée Richtung Metrostation Rue de Rivoli verlässt, dessen Blick fällt auf die majestätischen Säulenreihen an der Ostfassade. Diese großartige Kolonnade wurde von Claude Perrault zwischen 1667 und 1674 erschaffen. Auf der anderen Seite grüßt etwas entfernt der Arc de Triomphe, der in Erinnerung an Napoleons Sieg von 1805 errichtet wurde. Der Jardin du Carrousel, der zum Entspannen und Verweilen vor oder nach dem Museumsbesuch einlädt, diente einst als prachtvolle Auffahrt zum Palast.

TOP ★ ERLEBNISSE

★ VORSICHT, SUCHTGEFAHR!

Sie sind ein Hauch von Nichts, und dennoch versetzen sie in den Zustand süßester Verzückung: Macarons! Seit Anfang des 20. Jahrhunderts gibt es sie in Paris. Federführend bei der Einführung war das Haus Ladurée. Die kleinen Makronen sind leuchtend bunt, außen knusprig und glatt, innen weich mit Creme- oder Ganachefüllung. Nur geriebene Mandeln, Zucker, Eiweiß und Lebensmittelfarbe sind für ihren Teig nötig. Hinsichtlich des Innenlebens lassen die Pâtisserien ihrer Fantasie freien Lauf. Es schmeckt ofenfrisch am besten. Das geht im Louvre-Café ebenso wie bei Gosselin in der Rue St. Honoré 123 oder in der Maison du chocolat in der Rue de Rivoli 99.

WEITERE INFORMATIONEN
www.laduree.fr
www.tickets-paris.fr
www.louvre.fr
www.parispass.com

★ VON DER GOTIK ÜBER DEN JUGENDSTIL BIS HEUTE

Das Musée des Arts Décoratifs zeigt über alle Stilrichtungen hinweg etwa 5000 Objekte angewandter Kunst: Keramik, Möbel, Goldschmiedekunst, Schmuck, Glas und Papier. Alle großen Namen von Sèvres über Aubusson bis Cristofle, Lalique und Le Corbusier sind vertreten. Von den Sälen unter dem Dachstuhl hat man eine großartige Sicht auf die Tuilerien.

WEITERE INFORMATIONEN
madparis.fr

3 BOOTSTOUR AUF DER SEINE

Vom Eiffelturm bis zur Île St-Louis

Selbstverständlich kann man die Stadt auch mit einem Aussichtsbus erkunden, doch was ist das schon gegen eine Fahrt auf einem Bâteau Mouche? Egal, ob Sie mit diesen berühmten Ausflugsbooten nur vom Louvre bis zu den Champs-Élysées fahren oder die Große Rundfahrt Tour Eiffel buchen – vom Wasser aus zeigt sich Paris von seiner eindrucksvollsten Seite.

Wie eine Lebensader zieht sich die Seine durch Paris, ist Dreh- und Angelpunkt, teilt die Stadt in die Rive Droite im Norden und die Rive Gauche auf der Südseite. Der Fluss dient auch als Entfernungsmesser, von hier aus werden die Pariser Hausnummern gezählt. Direkt an der Seine oder höchstens einen Steinwurf entfernt sind alle wichtigen Gebäude der Stadt gelegen. Elegante und prächtige Stadtpalais und Häuser, Museen, Denkmäler und Parks säumen die Ufer zu beiden Seiten. Beschließen Sie doch mit einer Bootsfahrt einen langen Besichtigungstag und lassen Sie sich gemütlich nach Hause schippern: Eine der Stationen der Boote von Batobus Paris liegt ganz in der Nähe des Eiffelturms.

Große Rundfahrt Tour Eiffel

In Fahrtrichtung rechts oder links sitzen – oder doch gleich im Freien?

Ob der Skater das Flachrelief *La légende de la Terre* am Palais de Tokyo gesehen hat?

Inzwischen tuckert der Motor, die Fahrt beginnt. Vorbei ziehen das Palais de Tokyo mit seinen hübschen Figuren, die goldene Kuppel des Invalidendoms grüßt glitzernd im Sonnenlicht, gegenüber stehen Grand Palais mit dem Wissenschaftsmuseum und Petit Palais, das heutige Musée des Beaux-Arts. Zuvor hat man bereits den Pont de l'Alma von unten gesehen. Dort werden am Zouave, der Statue am Brückenpfeiler, nach wie vor die Wasserstände der Seine abgelesen. Auf der Brücke steht die (steinerne) Freiheitsflamme für die französische Résistance. Sie erinnert auch an den Unfalltod von Diana, der Prinzessin von Wales, die 1997 im nahen Tunnel ums Leben kam.

Ein Highlight nach dem andern

Nach Vorbeifahrt am Musée d'Orsay am rechten Ufer taucht die grüne Spitze der Île de la Cité auf, während

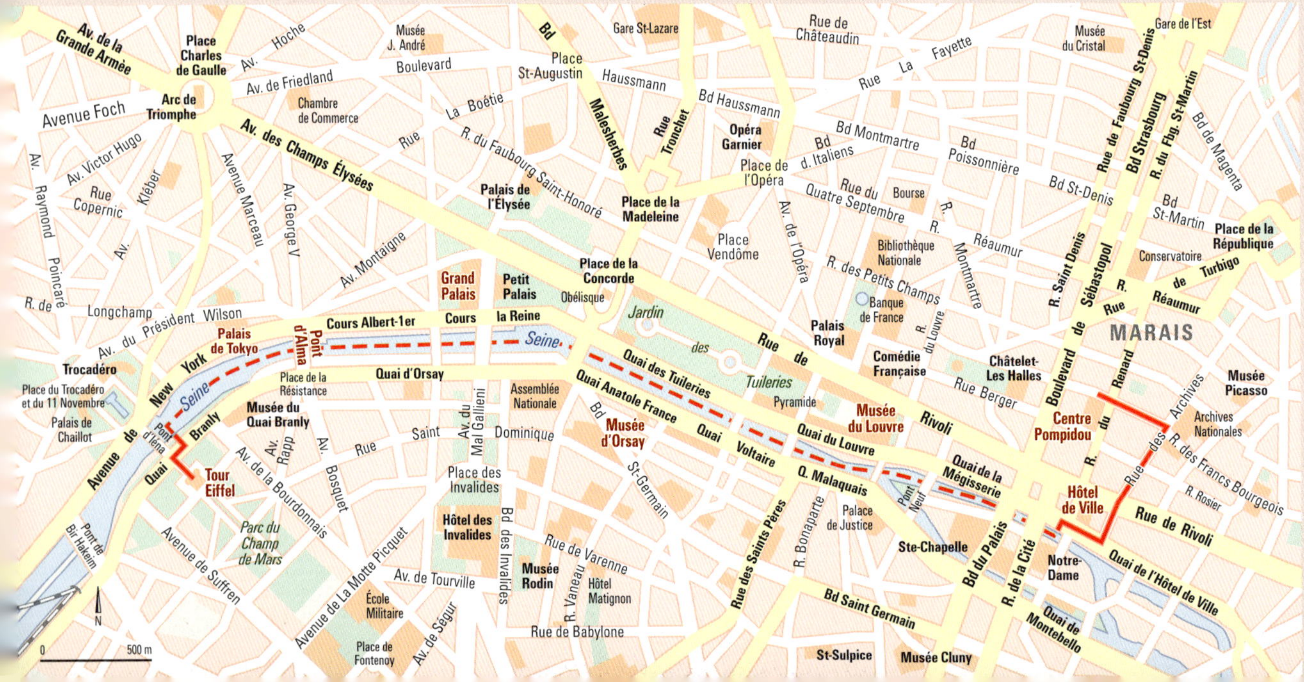

Der Pont Alexandre III wurde anlässlich der Weltausstellung im Jahr 1900 erbaut.

man noch die imposante lange Fassade des Louvre betrachtet. Unter dem Pont Neuf wird man zweimal durchfahren, doch zuerst geht es am angesagten Stadtviertel Saint-German-des-Prés vorbei, ebenso an den wuchtigen Gemäuern der Palais auf der Île de la Cité mit der Kathedrale von Notre-Dame. Zu den vornehmsten Adressen zählt seit dem 17. Jahrhundert die Île St-Louis, die durch den Pont Saint-Louis mit der Cité verbunden ist. Am Jardin des Plantes, dem Botanischen Garten von Paris, liegt der Wendepunkt dieser Tour. Ursprünglich als königlicher Heilkräutergarten angelegt, ist die über 23 Hektar große Anlage bereits seit 1635 der Öffentlichkeit zugänglich. Schon wieder gestärkt für einen kleinen Spaziergang? Dann verlässt man beim Hôtel de Ville, dem Rathaus, das Boot und spaziert am Kai entlang Richtung Louvre, dem ehemaligen Königspalast, dessen Renaissance-Architektur schon von Weitem einen spannungsgeladenen Kontrast mit der gläsernen Pyramide bildet.

Entfernungen: Eiffelturm – Hôtel de Ville ca. 5 km, dann noch etwa 700 m zu Fuß zum Centre Pompidou.

Im 1977 eröffneten Centre Pompidou befindet sich das Musée National d'Art Moderne.

TOP ★ ERLEBNISSE

★ HOCH AUF DEN EIFFELTURM

Das berühmteste Wahrzeichen der Stadt ist 330 Meter hoch und 7000 Tonnen schwer. Der Brückenbauingenieur Gustave Eiffel schuf die imposante Eisenkonstruktion für die Weltausstellung 1889 in Paris. Jean Cocteau bezeichnete sie als »Stahlvenus « und niemand, der ihr zu Füßen steht, kann sich der Atmosphäre auf dem großen Platz entziehen, über den sich der Turm einem Spinnennetz gleich ausbreitet.

★ DIE GANZ GROSSEN DES IMPRESSIONISMUS

Das Musée d'Orsay an der Rive Gauche war früher die Bahnhofshalle der Gare d'Orsay. Der imposante Bau aus der Belle Époque sollte danach eigentlich abgerissen werden. Jetzt beherbergt er in wunderschönen Räumen unter anderem berühmte Werke der großen Meister des Impressionismus wie die *Kathedrale von Rouen* von Claude Monet, die *Olympia* von Edouard Manet, van Goghs *Mittagsrast*, *Der Absinth* von Edgar Degas und viele andere.

★ STIMMUNGSVOLLER AUSKLANG

Wer sich nach der Bootsfahrt noch ein wenig die Beine vertreten möchte, schlendert vom Kai am Hôtel de Ville aus durch das Marais-Viertel zum Forum des Halles und zum Centre Pompidou. Das einst als »Monstrum« verteufelte Museum ist ein aufregendes Gebilde aus Glas und Stahl. Kurzentschlossene kaufen die Eintrittskarten mit der Kreditkarte am Automaten, aber natürlich kann man sie auch online bestellen. Im Internet erhält man zudem einen guten Überblick über die Wechselausstellungen im 1 und 6. Stock des Museums.

Die Wahrzeichen des Künstlerviertels Montmartre sind die Basilika von Sacré-Cœur (oben) und die Windmühle des legendären Revuetheaters Moulin Rouge (rechte Seite unten). Die Standseilbahn am Montmartre (rechte Seite oben).

4 DAS EWIGE ROTLICHTVIERTEL – MONTMARTRE

Eine Windmühle und eine Kirche im Zuckerbäckerstil

Man möchte sitzen bleiben, bis die Sonne schon längst untergegangen ist. Die Gitarrenklänge der Musiker wehen verträumt herüber, die ersten Rotweinflaschen kreisen ... Die Treppen vor der Basilika Sacré-Cœur sind ein beliebter Treffpunkt für Besucher aus aller Welt, denn hier ist man mitten im Montmartre. In dem Künstlerviertel mit dem romantisch-verruchten Rotlicht-Touch war im 19. Jahrhundert die Boheme zu Hause.

Montmartre – der Name erinnert an das Moulin Rouge und Henri de Toulouse-Lautrec, an Salvador Dalí und die Porträtmaler, an Sacré-Cœur und Saint-Pierre-de-Montmartre. Ob für ein kurzes Wochenende oder einige Tage – der Besuch des berühmt-berüchtigten Viertels im 18. Arrondissement gehört zu einer Reise nach Paris einfach dazu.

Das ewige Rotlichtviertel

Auf der 129 Meter hohen Butte Montmartre wurde einst Wein angebaut, und in dem gleichnamigen Dorf standen bis in das 19. Jahrhundert hinein etwa 30 Windmühlen. Eine befindet sich heute noch am Boulevard de Clichy, ihr Name ist der Inbegriff für das Montmartre des 19. Jahrhunderts: Moulin Rouge. Das Moulin Rouge war das Stammlokal nicht nur von Henri de Toulouse-Lautrec, der hier die Tänzerinnen des Cancan verewigte. Heute findet man rund um den Boulevard de Clichy ein breites Erotikangebot, Cabarets, Revuetheater und Bars an der Place Pigalle. Dazu zählen das legendäre Moulin Rouge ebenso wie das Varieté-Theater Folies Bergère, wo hübsche Mädchen abends dem Publikum ein wenig einheizen. Doch es gibt

auch angesagte Musiktempel wie etwa die Folies Pigalle in einem ehemaligen Striptempel oder das authentische Kabarett Au Lapin Agile. Schwerpunkt Shakespeare heißt es dagegen im Théâtre des Bouffes du Nord.
Das Rotlichtviertel ist aber nur eine Seite vom Montmartre. Wer bergauf durch die Rue Tardieu zur Place St-Pierre spaziert, erreicht den Square Willette unterhalb von Sacré-Cœur. Durch die terrassierte Grünanlage führen Treppen und Promenaden hinauf zur Basilika. Hier gilt es eine Verschnaufpause auf den Treppen einzulegen, den Blick über die Stadt zu genießen, dem Sprachengewirr zu lauschen und den Tag in Paris ein wenig vorbeiziehen zu lassen.

Kirchen und Künstler

Die weiße »Zuckerbäckerkathedrale« Sacré-Cœur ist dem »heiligsten Herzen Jesu« geweiht und eigentlich eine Sühnekirche. Denn Alexandre Legentil und Rouhault de Fleury gelobten den Bau der Basilika, wenn Frankreich der Krieg gegen Preußen erspart bliebe. Der Krieg kam zwar dennoch, Paris blieb jedoch zumindest von einer Besatzung verschont. Erst 1919 wurde das neoromanisch-neobyzantinische Bauwerk geweiht, das mit seiner großen Kuppel 83 Meter aufragt. In dem 94 Meter hohen Turm der Kathedrale erklingt eine fast 19 Tonnen schwere Glocke.
Nicht weit davon entfernt steht die Kirche Saint-Pierre-de-Montmartre, die auf das 6. Jahrhundert zurückgeht. Einst gehörte zu dem Komplex auch ein Bendiktinerinnen-Kloster. Dessen letzte Äbtissin starb 1794 auf dem Schafott.
Von früh bis spät drängeln sich die Touristen über die Place du Tertre mit ihren bunten, niedrigen Häuschen aus dem 18. Jahrhundert. Souvenirläden, Cafés und Bistros sind immer gut besucht, dazwischen stehen die Schnellporträtisten. Sie verkörpern nach wie vor den Charakter des Künstlerdorfes, das Montmartre lange Zeit war. Hier lebte Vincent van Gogh bei seinem Bruder Theo und Pablo Picasso im Bateau Lavoir, arbeitete Auguste Renoir 1895 in einem der Pavillons und malte Maurice Utrillo in der Rue de l'Abreuvoir *La Maison Rose*.
Das Musée de Montmartre zeigt Werke von Künstlern, die einst hier zu Hause waren. In der Espace Montmartre Salvador Dalí sind rund 330 Werke des Malers und Bildhauers ausgestellt. Fast schon wieder am Fuß des Montmartre widmet sich das Musée de la Halle St Pierre vielen Werken des Art Brut.

TOP ★ ERLEBNISSE

★ BAHNFAHRT NACH SACRÉ-CŒUR

Eigentlich ist der Funiculaire de Montmartre keine Standseilbahn, sondern ein Schrägaufzug mit zwei Kabinen – für den im Übrigen auch Metrofahrkarten gelten. Am Ende der Rue Foyatier führt er hinauf zur Kathedrale Sacré-Cœur. Seit 1991 ist die Standseilbahn in Betrieb, transportiert bis zu 60 Personen pro Kabine und bis zu 2000 Passagiere in der Stunde. Für die 108 Meter lange Strecke braucht die kleine Bahn 90 Sekunden. Bereits 1900 gab es an dieser Stelle eine Standseilbahn, die im Lauf der Zeit modernisiert wurde. Während des Neubaus der Anlage 1990/91 chauffierte der Montmartrebus von der Place Pigalle aus die Besucher hinauf auf den Montmartre – und natürlich auch wieder zurück.

WEITERE INFORMATIONEN
www.sacre-coeur-montmartre.com

★ EIN ORT DER INSPIRATION

Große Namen der Malerei regte das Gartenlokal Moulin de la Galette zu Meisterwerken an. Renoirs Gemälde hängt im Musée d'Orsay, auch Van Gogh und andere verewigten das Restaurant an der alten Windmühle Blute-Fin. Traditionelle Küche, stimmungsvolles Ambiente.

WEITERE INFORMATIONEN
www.moulindelagalette paris.com

5 PARKS IN UND UM PARIS

Grüne Oasen mit Unterhaltungswert

Wer von Sehenswürdigkeit zu Sehenswürdigkeit eilt, ist froh um eine Verschnaufpause auf einer Bank in einem der vielen Parks im Zentrum von Paris. Etwas außerhalb, an der Peripherie, locken Themenparks wie La Villette oder der Bois de Vincennes vor allem die jüngeren Besucher der Metropole.

Es muss nicht immer nur der Jardin des Tuileries sein, wo barocke Flügelrosse mit Merkur und Fama Besucher am Eingang begrüßen. Der einstige Lustgarten der Könige ist durch seine ideale Lage ein gern angesteuerter Ruhepunkt nicht nur der Touristen. Wer dagegen von der Place du Trocadéro in die schönen, schattigen Jardins du Trocadéro spaziert, genießt von der großen Terrasse aus einen einzigartigen Blick auf den Eiffelturm und den dahinterliegenden Champ-de-Mars, auf dem 1889 die Weltausstellung stattfand. Sanft ziehen sich die Hänge mit den Wasserspielen hinunter Richtung Seine zum Pont d'Iéna. Wer Zeit und Muße hat, sollte das Aquarium im Nordwesten besuchen.
Der weitläufige Park Champ-de-Mars erstreckt sich bis zur Avenue de La Motte Picquet, an der man das Gebäude der UNESCO vor sich sieht.

Picknicken im Bois de Boulogne

Abseits vom Trubel des quirligen Viertels St-Germain-des-Prés liegt der Jardin du Luxembourg mit dem Palais du Luxembourg. Die romantische Fontaine de Médicis erinnert an Maria von Medici. Das Palais wurde für die Mutter von Ludwig XIII. erbaut und ist mittlerweile Sitz des französischen Senats. Der Garten darf sich das Etikett »schönster und beliebtester Park in Paris« anheften. Unter den hohen alten Bäumen verweilen Jung und Alt gleichermaßen gerne, sitzen auf den grünen Eisenbänken und Stühlen, spielen Karten, Schach oder Boule. Der Park ist vor allem auch für Kinder ein Paradies, können sie

Zum Verweilen lädt der Jardin du Luxembourg ein, der schönste und beliebteste Park von Paris (unten und rechte Seite oben). Das Grab von Edith Piaf am Père Lachaise ist gut gepflegt (rechte Seite unten).

hier doch Modellboote auf dem Teich fahren lassen, auf Ponys reiten, ins Puppentheater gehen ... Und mittendrin steht seit 1845 die Statue der Schutzpatronin von Paris, die heilige Geneviève.

Im Westen der Metropole breitet sich auf 900 Hektar der Bois de Boulogne aus. Er lädt zum Picknicken ein, zum Bootfahren, Reiten, Radfahren und Wandern – ein ideales Naherholungsgebiet nach einer anstrengenden Besichtigungstour durch Paris. Eigentlich sind im Bois de Boulogne nach dem Vorbild des englischen Hyde Park mehrere Parks zusammengefasst. Mit deren Neugestaltung hatte Napoleon III. Baron Haussmann Mitte des 19. Jahrhunderts beauftragt. In der Parkanlage La Bagatelle etwa ist ein Rosengarten mit annähernd hundert verschiedenen Sorten zu sehen. Man kann aber auch einen Abstecher auf die Pferderennbahn unternehmen. Lediglich am Abend raten Pariser von einem Besuch des Parks ab.

Im nördlichen Paris liegt der Parc Monceau, dessen Anlage 1778 der Duc de Chartres in Auftrag gab. Der Künstler, Philosoph und Landschaftsgärtner Louis Carmontelle schuf hier eine exotische Landschaft mit Parkbauten im englischen und deutschen Stil und einer ornamentalen Nachbildung eines antiken Naumachia-Beckens. In solchen großen Bassins inszenierten in der Antike die Römer Seegefechte.

Kinderstadt der Wissenschaften

Das Château de Vincennes am südöstlichen Stadtrand war einst die Residenz der französischen Könige. Jenseits des Schlossgrabens der großen mittelalterlichen Festung mit einer gotischen Kapelle und Pavillons aus dem 17. Jahrhundert erstreckt sich der weitläufige Bois de Vincennes. Er wurde bis 1867 von Baron Haussmann als größter englischer Garten von Paris angelegt.

Auf einem Hügel malerisch gelegen ist hingegen der Pariser Vorort Sceaux. Dort wird im Parc de Sceaux wirkungsvoll mit Wasser gespielt. Von der faszinierenden Kaskade, einem Springbrunnen in Form einer beweglichen Treppe, fließt das Wasser in ein achteckiges Becken und dann in den Grand Canal. In der Orangerie von 1685 finden klassische Konzerte statt, für die Musikveranstaltungen im Park gibt es ein eigenes Programm.

Auf dem ehemaligen Schlachthofgelände im Nordosten von Paris zieht der Parc de la Villette die Besucher an – weniger zum Entspannen denn zum Lernen, Staunen und Erforschen. Die Cité des Sciences et de l'Industrie führt eindrucksvoll in die Welt der Wissenschaften ein, und zwar bereits Kinder ab drei Jahren! In der eigens errichteten Kinderstadt können die jungen Besucher spielerisch wissenschaftliche Sachverhalte erfahren, indem sie experimentieren und sich etwa mit einem Skelett ein Radrennen liefern.

TOP ★ ERLEBNISSE

★ EIN BESUCH BEI EDITH PIAF

Auf Pariser Friedhöfen geht es nicht immer still zu, sind doch die Promi-Gräber mittlerweile wahre Pilgerstätten geworden. Der nach dem Jesuitenpater Père Lachaise benannte Cimetière du Père Lachaise wurde 1803 eröffnet. Die Liste der Großen, die hier ruhen, reicht von Honoré de Balzac über Frédéric Chopin, Eugène Delacroix, Sarah Bernhardt bis zu Jim Morrison, Edith Piaf, Simone Signoret und Yves Montand. Auch der Cimetière de Montmartre beheimatet tote Künstler wie Heinrich Heine, Emile Zola, Alexandre Dumas, Jacques Offenbach und Vaslav Nijinsky. 50 000 Menschen geleiteten 1980 den Sarg Jean-Paul Sartres zum Cimetière de Montparnasse, ähnlich viele waren es sechs Jahre später bei Simone de Beauvoir.

WEITERE INFORMATIONEN
https://www.stadtpfade-paris.de/pere-lachaise/

★ GEMEINSCHAFTSGARTEN UND WEINREBEN

In der auf einer Anhöhe gelegenen Butte Bergeyre, einer »hängenden Stadt« im Parc des Buttes-Chaumont, herrscht eine dörfliche Atmosphäre. Von der Ecke der Rues Georges-Lardennois und Rémy-de-Gourmont hat man einen tollen Blick über Paris mit Sacré-Cœur und La Défense. Am Hang wächst Wein, weiter oben bewirtschaften die Bewohner gemeinsam einen Obst- und Gemüsegarten.

WEITERE INFORMATIONEN
de.parisinfo.com/museen-sehenswurdigkeiten-paris/71468/Parc-des-Buttes-Chaumont

Versailles zieht Besucher aus aller Welt an, die die goldenen Statuen im Spiegelsaal (rechte Seite unten) genauso bewundern wie die Bronzefiguren am nördlichen Bassin, die für die Flüsse Frankreichs stehen (oben). Königliches Bauernhaus in Le Hameau (rechte Seite oben).

6 AUF DEN SPUREN DES SONNENKÖNIGS – VERSAILLES

Frankreichs absolutes Machtzentrum für hundert Jahre

Versailles ist das größte und berühmteste Schloss in Frankreich und untrennbar mit Ludwig XIV. verbunden. Der Sonnenkönig entschied bereits mit 23 Jahren, das kleine Jagdschloss seines Vaters zu einem prächtigen Palast ganz getreu dem Motto »L'état c'moi« – »der Staat bin ich« – umzubauen. Versailles diente in der Folge hundert Jahre lang als Regierungssitz und avancierte zu Frankreichs absolutem Machtzentrum, an dem sich der Hochadel ständig aufhielt.

Nach Versailles pilgern zu jeder Jahreszeit Besucherströme – das Bauwerk zählt zu den meistfotografierten Sehenswürdigkeiten Frankreichs. Bis zu 35 000 Menschen und 6000 Pferde arbeiteten bisweilen gleichzeitig am Ausbau des einstigen Jagdschlosses von Ludwig XIII., doch erst nach 50 Jahren Bauzeit präsentierte sich der Komplex so, dass er vor den Augen von König Ludwig XIV. Gefallen fand. Für die feudale Ausstattung verantwortlich waren die Architekten Louis Le Vau und Jules Hardouin-Mansart, der Innenarchitekt Charles Le Brun und der Gartenbaukünstler André Le Nôtre. 1678 übernahm Mansart die Leitung der Arbeiten, fügte Nord- und Südflügel und den Spiegelsaal hinzu. 1770 ließ Ludwig XV. die Oper anbauen. Nach der Französischen Revolution verlor Versailles jedoch an Bedeutung.

Jüngere Geschichte wurde bekanntermaßen im Spiegelsaal geschrieben: Hier hat man im Jahr 1871 die Gründung des Deutschen Reichs ausgerufen und am 28. Juni 1919 den Friedensvertrag von Versailles unterzeichnet.

Pracht des Absolutismus

In dem 73 Meter langen Spiegelsaal, der Galerie des Glaces, verlaufen 17 Spiegelbogen auf der einen und 17 Rundbogenfenster auf der gegenüberliegenden, zum Park weisen-

den Seite. Er ist mit original rekonstruiertem Mobiliar bestückt und im Tonnengewölbe mit Gemälden geschmückt, die einen Einblick in die Regentschaft des Sonnenkönigs geben. Ganz im Zentrum der Schlossanlage liegt die Chambre du Roi, das in Gold gehaltene Schlafzimmer des Königs. Die davor liegende Cour de Marbre war bis 1830 mit farbigem Marmor ausgelegt. Die Gebäude mit einem goldenen Balkon gehören zum Jagdschloss, im ersten Stock befinden sich die Privatgemächer des Königs. Hier starb 1715 Ludwig XIV. Der Salon de L'Œil de Bœuf neben dem Schlafzimmer ist nach seinem ovalen Fenster in Form eines »Ochsenauges« benannt. Hier fanden die Zeremonien zum Aufstehen und Zubettgehen des Königs statt. Im Ratszimmer auf der anderen Seite des Schlafgemachs wurden alle wichtigen Beschlüsse gefasst. Das Cabinet du Conseil diente dem König als Empfangsraum für seine Minister und für seine Familie.
Über eine prächtige Treppe gelangt man in die üppigen Privatgemächer der Königin. Im dortigen Schlafzimmer brachte Marie-Thérèse 19 Prinzen und Prinzessinnen zur Welt. Das Grand Cabinet de la Reine genannte Thron- und Audienzzimmer ließ Marie-Antoinette 1785 nach eigenen Wünschen umgestalten. Die Repräsentationsräume des Königs zur Gartenseite sind mit Szenen aus der Mythologie ausgemalt. Der Thronsaal Ludwigs XIV. etwa ist dem Gott Apollon gewidmet, überwältigt mit üppigem Prunk, farbigem Marmor, Wandgemälden, Samtausstattungen, Steinmetzarbeiten, Skulpturen, Schnitzereien und vergoldeten Möbeln. Fotografieren ist hier wie an vielen anderen historischen Plätzen erlaubt, nur Blitzlichter sind verboten. Dennoch sollte man den Glanz nicht nur durch das Display der Kamera betrachten, sondern die Schönheit der Räume einfach auf sich wirken lassen.

Macht über die Natur

Das gilt selbstredend auch für die Parkanlagen des Schlosses, die Le Nôtres Meisterwerk der Gartenbaukunst darstellen. Die Beherrschung der Natur durch den Menschen wird hier sichtbar durch die Symmetrie der Anlage, zeigt sich in den geometrischen Figuren aus Bäumen und Hecken und den zahlreichen Kanälen, die mit Brunnen und Skulpturen geschmückt sind.
Planen Sie auf jeden Fall einen ganzen Tag ein, um in Versailles das Schloss und den Park zu erkunden. Besucher drängen sich hier selbstredend am Wochenende und häufig auch am Dienstag, wenn der Louvre geschlossen hat. Suchen Sie sich Ihren ganz eigenen Weg zum Petit Trianon, den Marie-Antoinette so sehr liebte, oder zum Grand Trianon. Dort konnten die königlichen Familien befreit vom Hofprotokoll ihr Privatleben pflegen.

TOP ★ ERLEBNISSE

★ VERSAILLER SIEDLUNGEN

Das bäuerliche Leben spielte Königin Marie-Antoinette zusammen mit ihren Hofdamen in Le Hameau nach. Die »Bauernhäuser« des Weilers waren innen äußerst komfortabel und erlesen ausgestattet. Vor dem Schloss wuchs der unbedeutende Marktflecken Versailles stetig an. Ludwig XIV., der die Bauvorhaben unterstützte, schuf mit Versailles das Paradebeispiel einer barocken Residenzstadt. Der über 15 000 Personen umfassende Hofstaat unterhielt die Wirtschaft des Ortes, in dem Handwerker ebenso lebten wie die vielen Schlossbediensteten. Lohnende Ziele in Versailles sind das Musée des Carrosses mit Staatskarossen aus dem Barock und die Reitakademie. Sie präsentiert die Hohe Schule der Dressur.

WEITERE INFORMATIONEN
www.chateauversailles.fr

★ ZUHAUSE BEI DEN MONETS

Eine Autostunde nordwestlich von Versailles liegt Giverny, und die Fahrt lohnt sich. In dem kleinen Ort lebte Claude Monet und ließ sich von seinem prächtigen Garten mit mehreren Teichen zu den berühmten Seerosenbildern inspirieren. Im Wohnhaus ist alles noch so wie zu Lebzeiten des großen Malers.

WEITERE INFORMATIONEN
fondation-monet.com
www.giverny.fr

Die Spiegelgalerie von Versailles hat viele historische Ereignisse erlebt: die Hochzeit von Ludwig XVI. und Marie Antoinette, Empfänge, die Proklamation des deutschen Kaisers, die Unterzeichnung des Friedensvertrages 1919.

Inmitten von Wäldern ließ Jagdliebhaber König Franz I. ein Renaissance-Schloss im florentinisch-römischen Stil erbauen: Château de Fontainebleau (oben). Das Château de Vaux-le-Vicomte (rechte Seite unten) ist einer der schönsten Prachtbauten des 17. Jahrhunderts. Fantasieschlösser im Disneyland Paris (rechte Seite oben).

7 DAS HERZ DER GRANDE NATION – ÎLE DE FRANCE

Ein Paradies für Freizeitsportler und Ausflügler

Zur Île-de-France gehören nicht nur Paris und seine Vororte, sondern noch weitere Gebiete jenseits des Ballungsraums der Metropole. Die geschichtsträchtige Region liegt rund um Paris zwischen den Flüssen Marne, Seine, Oise, Thève und Beuvronne und gilt als die Wiege Frankreichs – hier schlägt das Herz der Grande Nation. Alles in allem umfasst die Île de France acht Départements, in denen rund elf Millionen Menschen leben.

Ausflugsziele wie das Château de Fontainebleau, das Schloss Vaux-le-Vicomte, die Basilika Saint-Denis oder das vornehme Städtchen Chantilly ziehen nicht nur am Wochenende die Pariser an. Neben der Hauptattraktion, Schloss Versailles, bietet die Île de France Tausende Kilometer an Wander-, Rad- und Reitwegen, Wassersportmöglichkeiten und zahllose Sehenswürdigkeiten, die man nicht verpassen möchte.

Der Neid des Königs

Wer sich in südlicher Richtung auf dem Weg zum 60 Kilometer entfernten Wald von Fontainebleau mit dem gleichnamigen Schloss macht, sollte sich das Château de Vaux-le-Vicomte nicht entgehen lassen. Es ist das Gesellenstück der Herren Le Vau, Le Brun und Le Nôtre, das sie vor dem Bau von Versailles ablegten. Der damalige Finanzminister Nicolas Fouquet gönnte sich diesen Prachtbau, an dem er jedoch wenig Freude haben sollte. Sein Château stellte nämlich die königlichen Schlösser in den Schatten – welch ein Affront! Der Bauherr büßte für diese Zurschaustellung seines Reichtums, indem er Schloss mit Gefängnis tauschen musste und dort 19 Jahre bis zu seinem Tode schmachtete.

Wer sich an den weitläufigen Gartenanlagen sattgesehen hat, wird von dem Prunk im Inneren des Schlosses schier geblendet: Fresken, Stuck, Säulenfiguren und Büsten bilden hier ein vergoldetes Gesamtkunstwerk. Vertäfelte Wände in der Grande Chambre Carrée und Nymphen und Sphinxen im Salon des Muses sind geschickt arrangiert und verbreiten eine angenehme Atmosphäre.
Im wohl schönsten Wald Frankreichs steht malerisch das Château de Fontainebleau. Die Ursprünge des Schlosses gehen auf eine Abtei Ludwigs VII. aus dem Jahr 1169 zurück. Den Komplex in in seiner jetzigen Form hat man König Franz I. zu verdanken. Der Jagdliebhaber ließ sich ein Renaissance-Schloss im florentinisch-römischen Stil bauen. Wenn man über die Cour de Cheval Blanc auf das Schloss zuspaziert, sollte man die Escalier du Fer-à-Cheval näher betrachten: Dank der ausgeklügelten Konstruktion der hufeisenförmigen Treppe konnten Pferdegespanne unter den beiden Bogen hindurchfahren.
An Fontainebleau haben viele Könige mitgebaut, und viele haben sich dort gerne aufgehalten. Katharina von Medici etwa bewohnte hier eine Flucht von Gemächern; Napoleon und Joséphine fühlten sich hier ebenso wohl wie zuvor Marie-Antoinette und Ludwig XVI.

Grabstätte der Monarchen

Die Basilika Saint-Denis in Saint-Denis wurde zum Gedenken an den heiligen Dionysius an der Stelle errichtet, zu der der Märtyrer der Legende zufolge mit seinem abgeschlagenen Kopf in den Händen vom Montmartre gewankt war. In der Kirche wurden Frankreichs Königinnen gekrönt und viele französische Könige beigesetzt. Sie mutet wie ein Museum französischer Grabplastik an.
Auf dem Weg nach Chantilly im Norden der Île de France steht die Abbaye de Royaumont. Bis zur Französischen Revolution zählte die schöne Zisterzienserabtei zu Frankreichs reichsten Klöstern, heute ist sie ein Kulturzentrum. Zu sehen sind Reste der über 100 Meter langen Kirche und der größte Kreuzgang des Landes, der einen klassischen Garten umgibt. Chantilly, Frankreichs Hauptstadt des Pferderennsports gehört streng genommen schon zur Picardie und war im 17. und 18. Jahrhundert Residenz der Fürsten Bourbon-Condé. Auf einer Insel am Ortsrand beherbergt das Petit Château Chantilly heute die bedeutende Gemäldesammlung des Herzogs von Aumale. In der Bibliothek kann man die *Très Riches heures du Duc de Berry* bewundern, ein Stundenbuch mit herrlichen Miniaturen aus dem 15. Jahrhundert.

TOP ★ ERLEBNISSE

★ ASTERIX UND MICKY MAUS

Den Figuren von René Goscinny und Albert Uderzo setzt der Parc Astérix in der Nähe des Flughafens Charles de Gaulle ein Denkmal. Hier kann man die Schauplätze der Abenteuer von Asterix und Obelix entdecken und nebenbei auch viel über die französische Geschichte erfahren. So zeigt die Rue de Paris die Stadt im Lauf der Jahrhunderte. Für Nervenkitzel der modernen Art ist mit der Hochgeschwindigkeitsachterbahn ebenfalls gesorgt. Disneyland Paris lockt täglich Zehntausende Besucher an und wartet mit über 40 Attraktionen, mit Shows, Paraden und vielen Veranstaltungen auf. Dazu kann man einen Blick hinter die Kulissen von Film und Fernsehen werfen. Wer länger bleiben möchte, für den stehen diverse Hotels zur Verfügung. Von Paris aus verkehrt eine eigene RER-Linie zum Magic Kingdom.

WEITERE INFORMATIONEN
www.parcasterix.fr
www.disneylandparis.com

★ SCHLUCHTENWANDERN MIT AUSSICHT

Nach Großstadthektik wunderbar erholsam: Im Wald von Fontainebleau ist diese Wanderung durch die Gorges de Franchard ein Klassiker. Vorbei an der ehemaligen Einsiedelei gelangt man zu einem Vorsprung, der die Schlucht überragt: der Grand Point de Vue mit weitem Panoramablick.

WEITERE INFORMATIONEN
www.fontainebleau-tourisme.com

WIND- UND WASSERMÜHLENARCHITEKTUR IN NORDFRANKREICH

Die nostalgische Verklärung der einstigen Zweckbauten

Ist man im Norden Frankreichs unterwegs, fallen einem immer wieder Wind- oder Wassermühlen auf, die sich in den Städten oder Landschaften im Hinterland des Ärmelkanals erheben. Sie sind selten geworden, umso größer ist wohl die Freude, eines dieser oft hübsch anzusehenden Relikte aus früheren Zeiten zu entdecken.
Die Verbreitung der bereits bei den Römern eingesetzten Wassermühlen und der aus dem Orient stammenden Windmühlen fand im Mittelalter statt. Die Wassermühle ersetzte die Arbeit von 15 Männern. Mittels Zahnrädern und Übersetzung wurde die Energie auf die Mahlsteine übertragen. Bald darauf wurden Nockenwellen der Vorrichtung angepasst und die dadurch entstehende Hin- und Her-Bewegung trieb nun Hämmer, Gebläse usw. an. So wurde die Entwicklung neuer Industriezweige gefördert, es siedelte sich Glas-, Papier- und Metallindustrie rund um die Mühlen an.
Überaus idyllisch, weil immer an einem Flüsschen oder Fluss gelegen, zeigen sich die Wassermühlen. Form und Größe des Wasserrades, des wichtigsten Bauteils der Mühle, sind abhängig von der Wassermenge und der Oberflächengestaltung des Geländes. Viele Mühlen sind in Privatbesitz, doch einige sind auch öffentlich zugänglich und können besichtigt werden.
Eine Besonderheit stellt die Mühle in Vernon im Département Eure dar. Der gut erhaltene Fachwerkbau wurde auf einer Brücke über die Seine errichtet und stammt aus dem 16. Jahrhundert. Die Mühle war bis ins 19. Jahrhundert, als ein Staudamm im Seinetal erbaut wurde, in Betrieb, und bis zu sechs Weizenmühlen mahlten hier Mehl. Zu Beginn des 19. Jahrhunderts wurde die bis dahin mehrmals instandgesetzte Holzbrücke endgültig zerstört und 1861 durch eine Steinbrücke ersetzt. Auch diese fiel mehreren Zerstörungen zum Opfer, zuletzt im Zweiten Weltkrieg. Der heutige Bau wurde 1955 errichtet. Der Fachwerkbau am Fluss ist ein beliebtes Motiv, in früheren Zeiten für Maler – nicht zuletzt Claude Monet malte sie immer und immer wieder –, heute für Kamera-Fans und Smartphone-Fotografen. Sie kann nur von außen besichtigt werden.

Die Mühle von Wallu scheint über das Rapsfeld zu wachen.

In Vernon hält sich die alte Mühle noch immer tapfer auf der teilzerstörten Brücke.

Die Vertu genannte Mühle in Roy-Boissy ist seit 1990 Monument historique.

Am Thérain, einem kleinen Fluss im Département Oise, wurden etwa 15 Mühlen im Abstand von jeweils einem Kilometer betrieben. Die hydraulische Mühle in Roy-Boissy, der Moulin de Vertu, gehörte zur Zisterzienserabtei Saint-Lucien de Beauvais. Vertu war der Name des letzten hier tätigen Müllers, und die Mühle ist die einzige der sechs Mühlen in Roy, die noch ihr Mühlrad besitzt. Sie wurde 1922 stillgelegt.

Künstlertreff auf dem Land

Ein wahres Kleinod ist die mittelalterliche Mühle von Andé zwischen Les Andelys und Rouen. Die Besitzerin machte sie in den 1960er-Jahren zu einem Treffpunkt für Intellektuelle und Kunstschaffende. Die Mühle wurde 2019 von der Europäischen Filmakademie in die »Schätze der europäischen Filmkultur« aufgenommen. Louis Malle, François Truffaut und andere waren hier zum Schreiben und Drehen zu Gast. Das Gesamtbild stimmt hier einfach, der kleine Fachwerkbau über dem Flüsschen mit den angrenzenden Bauten, dazu die ländliche Umgebung – einfach zauberhaft!
Windmühlen findet man eher in der Picardie, sie erinnern bereits stark an die Beispiele im nahen Flandern. Ein typisches Beispiel ist die Mühle in Eaucourt-sur-Somme, die auf einem Plateau erbaut wurde, um die maximale Windkraft nutzen zu können. Sie wurde im 17. Jahrhundert erbaut. Ihr Korpus ist weiß und sehr gedrungen, auffällig sind die roten Flügel des Windrads.
Candas im Département Somme beheimatet die restaurierte Windmühle Moulin Fanchon, einen vierflügeligen Backsteinbau. Sie wurde 1750 errichtet und produzierte 1500 Kilo Mehl pro Tag. 1923 verstarb ihr letzter Müller, Louis Fanchon, und die Mühle stand lange leer. 2001 befasste sich ein lokaler Verein zur Erhaltung des Kulturerbes von Candas mit ihrer Restaurierung, seit 2006 ist sie für die Öffentlichkeit zugänglich und beeindruckt mit ihrem Umfang und ihrer gut erhaltenen Architektur die Besucher.

Vor allem im Norden, in der Picardie, gibt es noch eine Reihe von Windmühlen.

Belfried und Rathaus von Lille. Von der Spitze des Glockenturms bietet sich eine prächtige Aussicht auf Lille und Umgebung (oben). Der Große Schatten, Statue von Auguste Rodin (rechte Seite unten). Skulptur vor dem neuen Kunstmuseum Lille (rechte Seite oben).

8 RESTAURIERTES ERBE PLUS HIGHTECH – LILLE

Ein lebendiger französisch-flämischer Mix

Es ist eine einzigartige Mischung aus französischer Lebensart und flämischen Traditionen, mit der sich Lille seinen Besuchern präsentiert – und mit einer äußerst lebendigen Kulturszene. Schließlich war Lille 2004 Europas Kulturhauptstadt. Kulinarisch gesehen lockt es mit allem, was das Feinschmeckerherz höher schlagen lässt: mit dem Käse Vieux Lille, den Waffeln von Méert, der Fleischterrine Potjevlesch – und nicht zu vergessen mit hausgebrautem Bier.

Lille wurde auf einer Insel im Fluss Deûle gegründet und deshalb einst auch L'Isle (die Insel) geschrieben. Nahe an der Grenze zu Belgien gelegen, hat es seine flämischen Traditionen nicht vergessen und verwendet auch seinen flämischen Namen Rijssel. Wer aufmerksam zuhört, erkennt zwischendurch den französisch-flämischen Dialekt.

U-Bahn ohne Fahrer

Reich wurde Lille im Mittelalter durch die Wollverarbeitung, dann durch den Bergbau, schließlich mit der Eisen- und Stahlindustrie. Vom Niedergang dieser einstigen wichtigsten Industriezweige wie Kohle, Stahl und den Werften hat sich die Metropole schon lange wieder erholt – hier haben sich inzwischen Hightech-Unternehmen angesiedelt. Ça roule, sagt man in Lille, »es läuft«. Rund um den modernen TGV-Bahnhof haben sich Stararchitekten wie Jean Nouvel etwa am Euralille-Einkaufszentrum verwirklicht. Lille ist eine Stunde von Paris und zwei Stunden von London entfernt und gehört zu den ersten Städten in Europa, deren U-Bahn vollautomatisch und ohne Fahrer funktioniert.

Die europäische Kulturhauptstadt von 2004 zeigt heute selbstbewusst ihr restauriertes Erbe, ist stolz auf ihre Feste und gastronomischen Traditionen. Dennoch bleibt die Hauptstadt der Region Nord-Pas-de-Calais bodenständig, hier regieren die Großzügigkeit und die Herzenswärme der Menschen des Nordens. Über 100 000 Studenten prägen zudem das Flair der schön restaurierten barocken Altstadt. Lille ist eine einzigartige Mischung aus flämischer Tradition und französischer Lebensart. Gerade die kleinen Besonderheiten der Einwohner kann man am besten in einer Altstadtschänke erkunden. Flanieren Sie an den geschmückten Fassaden flämischer Häuser vorbei und tauchen Sie ein in eine unvergessliche Atmosphäre.

Kulinarisch in der Welt zu Hause

Und bitte nicht vergessen: Bei der Pâtisserie Méert gibt es die leckersten Waffeln und Schokoladen des Nordens, Charles de Gaulle ließ sie sich aus seiner Heimatstadt Lille sogar bis in den Élysée-Palast nachschicken. Die Fleischterrine Potjevlesch stärkt für weitere Besichtigungen und mit hausgebrautem Bier lässt sich der Tag gemütlich ausklingen. Besonders gut zum Feiern eignet sich das alte Arbeiterviertel Wazemmes. Hier kann man sich auch auf eine kleine kulinarische Entdeckungsreise begeben und bei einem Spaziergang auf dem Markt alle Köstlichkeiten des Nordens finden – aber auch Blumen, Trödel und dergleichen mehr.

Wer ein Faible für alte Sachen pflegt, sollte am ersten Wochenende im September nach Lille kommen. Dann verwandelt sich die Stadt in den wohl größten Trödelmarkt der Welt. So weit das Auge reicht, zieht sich das Netz der Stände mit Raritäten aller Art schier endlos durch die Stadt.

Der Mittelpunkt der schönen barocken Altstadt ist die Place du Général-de-Gaulle. Sie ist gesäumt von traumhaften Fassaden, unter anderem der Vieille Bourse von 1652. Die Alte Börse ist ein Komplex aus 24 identischen zweistöckigen Mansardenhäusern in flämischem Barock. Daneben stehen die Nouvelle Bourse und die Opéra.

Von der überaus lebhaften Kulturszene der Stadt zeugen die Kunstmuseen, die zu den bedeutendsten des Landes gehören. Einen Besuch lohnt auch das Stadtmuseum im Hospice Comtesse, das 1237 als Krankenhaus errichtet wurde. Zu sehen sind etwa eine Krankenstube mit Gewölbedecke und eine Küche mit Delfter Kacheln im Gemeinschaftsflügel.

Das Musée des Beaux-Arts in einem Palast von 1892 an der Place de la République präsentiert eine Gemäldesammlung mit dem Schwerpunkt flämische Malerei. Zu sehen sind unter anderem Bilder von Rubens, Paul van Dyk und Dirk Bouts, aber auch von Courbet, Monet, Renoir und Toulouse-Lautrec.

TOP ★ ERLEBNISSE

★ PICASSO, MODIGLIANI UND MEHR

Seit 2010 hat das Lille Métropole Musée d'Art Moderne – kurz LaM – nach umfangreichen Renovierungs- und Erweiterungsarbeiten wieder eröffnet. 1983 war das Museum auf Wunsch des Stifterpaars Masurel als harmonische Einheit von Kunstsammlung, Architektur und einem außergewöhnlichen Park angelegt worden. Jetzt besteht es aus zwei Bauwerken, die ein Skulpturenpark mit Werken von Alexander Calder, Pablo Picasso, Eugène Dodeigne und anderen umgibt. Sie beherbergen Kunstwerke des 20. und 21. Jahrhunderts, darunter eine einzigartige Sammlung des Art Brut. Insgesamt präsentiert das Museum auf 4000 Quadratmetern Fläche über 4500 Exponate. Zu der Einrichtung zählen zudem die Bibliothek Dominique Bozo mit Forschungszentrum und ein Café-Restaurant.

WEITERE INFORMATIONEN
www.musee-lam.fr
www.lilletourism.com

★ SCHMANKERL FÜR FREUNDE DER KUNST

Das ehemalige Art-déco-Schwimmbad in Roubaix wurde in ein hochrangiges Kunst- und Industriemuseum umgewandelt und zeigt Skulpturen und Gemälde aus dem 19. und 20. Jahrhundert, unter anderem von Camille Claudel, Raoul Dufy und Tamara de Lempicka.

WEITERE INFORMATIONEN
www.roubaix-lapiscine.com

9 VOLL PIONIERGEIST ERSTER GÜTE – AMIENS

Hier wurden und werden kreative Träume wahr

Den Kopf auf die rechte Hand gestützt, die überkreuzten Füße unter dem kleinen dicken Bauch, die beiden Flügel traurig herabhängend – Nicolas Blasset schuf 1628 den barocken Putto, den jeder sucht, der die Kathedrale Notre-Dame in Amiens besichtigt. Der berühmte weinende Engel sitzt im Chorumgang hinter dem Hochaltar und beugt sich über das Grab des Kanonikers Lucas.

Amiens und seine Kathedrale – die beiden sind untrennbar miteinander verbunden. Die Hauptstadt der Picardie liegt 120 Kilometer nördlich von Paris an der Somme, ist Universitätsstadt und das wirtschaftliche und kulturelle Zentrum der Region. Hier berief Julius Caesar zweimal das gallische Konzil ein und der heilige Martin soll im Winter des Jahres 338 seinen Mantel mit einem Bettler geteilt haben. In Amiens wurde Pierre de Laclos, der Autor des Briefromans *Gefährliche Liebschaften*, geboren und Jules Verne war Mitglied des Stadtrats. Er setzte sich insbesondere für die Stadtplanung und das Theater ein und verstarb in Amiens 1905.

Amiens zeigte stets Pioniergeist, schon vor über 450 000 Jahren fertigten hier Siedler an der Somme Faustkeile an. Dies und vieles mehr kann man im archäologischen Garten im Stadtteil Saint-Acheul bewundern. In Amiens wurde einer der ersten Belagerungstürme errichtet, das erste Museum für Kunstsammlungen erbaut, und der berühmte Architekt Auguste Perret entwarf den ersten Wolkenkratzer Europas, die 104 Meter hohe Tour Perret. Träume der Kreativen, so scheint es, werden in Amiens besonders schnell wahr.

In der Rue Charles Dubois steht an der Ecke zum Boulevard Jules Verne das renovierte Wohnhaus von Jules Verne. In der Maison à la Tour sieht man das Arbeitszimmer und die Wohnräume des Schriftstellers sowie über 700 Exponate zu dessen Leben und Werk.

Die beiden Türme, unterschiedlich in Form und Höhe, fallen zuerst ins Auge, wenn man auf die Kathedrale Notre-Dame in Amiens zugeht (rechte Seite oben), wobei auch deren imposantes Inneres die Besucher ehrfurchtsvoll staunen lässt (unten). Ein Kranich stolziert durch in Frankreichs bekanntestes Vogelschutzgebiet, den Parc du Marquenterre (rechte Seite unten).

Auf der anderen Seite der Stadt lädt das hübsche Viertel Saint-Leu zum Flanieren in der Fußgängerzone und entlang der Kanäle ein. Hier findet man viele Restaurants, Bars, Läden mit Kunsthandwerk – und Brücken. Eine davon gehörte einst zur Stadtbefestigung. Wer weiterspaziert nach Saint-Germain, kommt sicherlich dem Geheimnis der »Lochbrücke« auf die Spur.

Die schwimmenden Gärten

Etwa ab April bis tief in den Herbst hinein bieten die Hortillonnages ein lohnendes Ausflugsziel. Das gut 300 Hektar große Sumpfland steht unter Naturschutz und wird seit Jahrhunderten für den Anbau von Gemüse und Obst genutzt. Es wird durch ein Netz aus insgesamt 55 Kilometer langen Kanälen und Gräben durchzogen, die durch Torfabbau entstanden sind. Am besten lassen sich die Obstplantagen mit Elektrobooten erkunden, die lautlos durch das Labyrinth der Kanäle gleiten.

Wo der kleine Engel weint

Doch nun endlich zur Kathedrale! Die größte gotische Kirche Frankreichs ist beeindruckende 145 Meter lang, ihr Querhaus misst fast 70 Meter. Das Mittelschiff ist 42,3 Meter hoch und 14,6 Meter breit. Das imposante Bauwerk wurde in erstaunlich kurzer Zeit in den knapp siebzig Jahren zwischen 1220 und 1288 errichtet. Es war als sichere und ehrwürdige Ruhestätte für den Kopf von Johannes dem Täufer vorgesehen, den Kreuzfahrer im Jahr 1202 nach Frankreich gebracht hatten. Die hoch verehrte Reliquie ist noch heute in der Kirche zu besichtigen.

Die Kathedrale Notre-Dame hat zwei unterschiedlich hohe Türme, erst 1529 wurde der 112,7 Meter hohe Vierungsturm aus bleiverkleidetem Kastanienholz hinzugefügt. Zu den 3600 Figuren, die das Gotteshaus außen und innen zieren, zählt auch eine besonders beeindruckende Reihe von 22 Kolossalstatuen an der Westfassade. Die wohl berühmteste Figur ist aber wohl der weinende Engel hinter dem Hochaltar. Der Skulpturenschmuck des Hauptportals zeigt Szenen des Jüngsten Gerichts.

Im Sommer wird die Kathedrale nach Einbruch der Dunkelheit durch eine Lightshow in bunte Farben getaucht. Auch im Dezember findet nach dem Weihnachtsmarkt auf dem Platz vor der Kathedrale ein 45-minütiges Lichtspektakel statt, das die verblassten Farben der Kirche in neuem Glanz erstrahlen lässt und sie allabendlich in den ursprünglichen Zustand zurückversetzt, den sie im Mittelalter besaß.

TOP ★ ERLEBNISSE

★ ENTLANG DER SOMME

Von ihrer Quelle im Norden der Stadt Saint-Quentin bis zu ihrer Mündung bei Saint-Valery-sur-Somme in den Ärmelkanal schlängelt sich die Somme 245 Kilometer durch die wunderschöne Landschaft der Picardie. Vom Aussichtspunkt Vaux blickt man über das Tal des Flusses. Wanderer sind hier unterwegs, Angler sitzen am Ufer und Ausflügler fahren mit dem Boot. Die vielen Soldatenfriedhöfe an der Somme erinnern an den Ersten Weltkrieg, als auf alliierter wie auf deutscher Seite jeweils mehr als 600 000 Soldaten fielen. An vielen Stellen leuchten Felder von rotem Mohn als Blumen des Gedenkens. Hier liegt Frankreichs bekanntestes Vogelschutzgebiet, der Parc du Marquenterre. Am Informationszentrum des Parks beginnen zahlreiche Wanderwege. Man erreicht es von Rue und Le Crotoy aus.

WEITERE INFORMATIONEN
www.tourisme-baiedesomme.fr
www.amiens-tourisme.com

★ STEINZEITLEBEN

Im Herzen des Somme-Tals (sie hieß früher Samara) wurde der größte prähistorische Park Frankreichs eingerichtet und versetzt die Besucher durch Vorführungen alter Handwerkstechniken in die Zeit der Urmenschen. Labyrinthartiger botanischer Garten in einem ehemaligen Torfmoor.

WEITERE INFORMATIONEN
www.samara.fr

Das Château in Compiègne war das Lieblingsschloss von Napoleon III. und Kaiserin Eugénie (oben). Wie ein filigranes Meisterwerk ragt die Apsis der Kathedrale Saint-Pierre in den stahlblauen Himmel (rechte Seite unten). In der Kathedrale befindet sich eine astronomische Uhr. Königlich schlafen im Schloss von Compiègne (rechte Seite oben).

10 BEKANNT FÜR EINEN EISENBAHNWAGGON – COMPIÈGNE

Her wurde früh die Hand zur Versöhnung gereicht

Es ist dieser Eisenbahnwaggon, der im Wald steht, und der Compiègne berühmt gemacht hat. Der von Feindschaft und Krieg erzählt. Und doch waren es die Stadtväter von Compiègne, die noch vor dem deutsch-französischen Freundschaftsvertrag mit einer Städtepartnerschaft mit einer deutschen Stadt den Grundstein für eine gemeinsame deutsch-französische Zukunft legten.

Während Konrad Adenauer 1962 noch mit Charles de Gaulle um ein gutes Verhältnis zwischen Deutschland und Frankreich rang, schlossen die bayerische Herzogsstadt Landshut und die französische Stadt Compiègne in der Picardie in dem gleichen Jahr bereits ihre Städtepartnerschaft. Diese bestand nie nur auf dem Papier, sondern wird von den Bürgern auf beiden Seiten aktiv gelebt. Die zwei Städte sind nur ein Beispiel dafür, wie sehr sich die beiden Länder wieder angenähert haben – und das, im geschichtlichen Zeitraffer gesehen – etwas mehr als ein halbes Jahrhundert nachdem ein Eisenbahnwaggon im Mittelpunkt des historischen Geschehens stand.

Die Wälder von Compiègne

In Wald von Compiègne wurde Jeanne d'Arc am 23. Mai 1430 von den Burgundern gefangen genommen, die sie später an die Engländer auslieferten. Und im Wald von Compiègne stand auch der Eisenbahnwagen, in dem am 11. November 1918 der Waffenstillstand mit Deutschland unterzeichnet wurde. Im Musée Wagon de l'Armistice kann man heute ein Exemplar derselben Bauart besichtigen. Das Original, in dem Adolf Hitler Frankreich am 22. Juni 1940 zur Kapitulation zwang, wurde nach Deutschland gebracht und 1943 durch Bomben zerstört.
Der Forêt de Compiègne erstreckt sich mit seinen alten Eichen und Buchen 150 Quad-

ratkilometer vor den Toren von Compiègne bis zu dem kleinen Ort Pierrefonds. Der Wald war schon ein beliebtes Ausflugsziel, als sich hier König Ludwig XV. ein klassizistisches Château mit prächtigen Gemächern bauen ließ. Napoleon I. ließ das Schloss renovieren, sein Schlafzimmer kann heute besichtigt werden. Und auch Napoleon III. und Kaiserin Eugénie liebten die Sommerresidenz, in der sie sich sehr wohlfühlten.

Immer höher, immer weiter

Nicht weit entfernt von Compiègne liegt die moderne Stadt Beauvais. Einst ein bedeutender Bischofssitz, ist Beauvais heute nach wie vor für seine Gobelinmanufaktur bekannt. Bei einem Besuch der Stadt kann man sowohl die Manufaktur von Colbert aus dem Jahr 1664 besichtigen als auch beeindruckende Gobelins in der Galerie Nationale de la Tapisserie bewundern.

Ganz in der Nähe des Gobelinmuseums steht die aufsehenerregende Kathedrale Saint-Pierre. Das Gotteshaus zeigt eindrucksvoll, was passieren kann, wenn Bauherren einfach zu hoch hinauswollen: Die als größte Kirche der Christenheit geplante Kathedrale blieb unvollendet und besteht nur aus Querhaus und Chor. Nachdem Bischof Milon ihren Bau 1225 initiiert hatte, wurde 1227 mit den Arbeiten an der Kirche begonnen, die alles andere in den Schatten stellen sollte – entsprechende Vorbilder gab es ja schon. »Höher, weiter, schöner« lautete wohl die Devise. Leider waren jedoch offensichtlich die Berechnungen nicht richtig, sodass sowohl 1247 als auch 1284 das Chorgewölbe jeweils vor der Fertigstellung einstürzte.

Dennoch: Die Kathedrale in ihrer jetzigen Form ist ein Meisterwerk geworden. 48,2 Meter schwebt ihr Gewölbe über dem Boden, und ihr von starken Doppelstrebepfeiler getragener Chor ist der höchste jemals gebaute Chor der Welt. Der Vierungsturm, den man 153 Meter hoch gebaut hatte, stürzte 1573 zusammen, weil er einfach keinen Halt durch ein entsprechendes Langhaus hatte. Lokale Werkstätten fertigten im 16. Jahrhundert die Glasfenster, die noch im Querschiff zu bewundern sind.

In der Kathedrale befindet sich eines der ältesten Glockenspiele der Welt. Es stammt aus dem frühen 14. Jahrhundert. Die astronomische Uhr von Auguste Vérité von 1886 ist eine Kopie der astronomischen Uhr in Straßburg.

Wo heute noch immer das Langhaus der karolingischen Kirche Basse-Œuvre aus dem Jahr 998 steht, war das Mittelschiff der Kathedrale geplant.

TOP ★ ERLEBNISSE

★ EIN SCHLOSS FÜR 3000 FRANCS

Majestätisch ragt das Château de Pierrefonds aus dem Wald von Compiègne und über dem kleinen gleichnamigen Dorf auf. Louis d'Orléans ließ hier ab 1390 eine mächtige Festung bauen, die auf Geheiß Ludwigs XIII. im 17. Jahrhundert zerstört wurde. 1813 erwarb Napoleon I. die Ruine zu einem wahrhaft günstigen Preis – er zahlte nicht mal 3000 Francs. Napoleon III. beauftragte 1857 den Architekten Eugène Viollet-le-Duc, aus der Ruine eine mittelalterliche Ritterburg zu schaffen. 1884 war die kaiserliche Residenz vollendet. Heute befindet sich darin eine Dauerausstellung von Meisterwerken des 19. Jahrhunderts aus den Ateliers Monduit. Die Kunsthandwerker des Unternehmens arbeiteten für Weltausstellungen und an der Freiheitsstatue mit.

WEITERE INFORMATIONEN
www.pierrefonds.monuments-nationaux.fr
www.compiegne-tourisme.fr
www.visitbeauvais.fr

★ »EILE MIT WEILE«

Das ist die Devise der Flussschiffer des Oise-Seitenkanals in Longueil-Annel, etwas nördlich von Compiègne. Ein Spaziergang am Ufer oder durch die Cité des Bateliers vermittelt Eindrücke ins gemächliche Leben der Binnenschiffer, die bis heute die Lastkähne durch die Schleusen steuern.

WEITERE INFORMATIONEN
ville-longueilannel.fr

11 ÜBERALL SIND SPUREN VON JEANNE D'ARC – ROUEN

Die Stadt von Monet und Flaubert und den Segelschiffen

Die Stadt in der Seineschleife blickt auf eine lange Tradition als Seehafen zurück. Denn bis hierher, rund 130 Kilometer von seiner Mündung in den Ärmelkanal entfernt, ist der Fluss mit Seeschiffen befahrbar. Dies wird alle vier bis fünf Jahre mit einer fantastischen Windjammerparade begeistert gefeiert. Während der »Armada« machen die schönsten Segelschiffe der Welt an den Quais von Rouen fest.

Ein Höhepunkt im Jahr 2023: Zehn Tage lang wird die »Armada« in der normannischen Stadt und im Hafen gefeiert. Es herrscht eine unvergessliche Atmosphäre, wenn die Schiffe bei diesem weltgrößten Treffen der Windjammer auf der Seine ihre Segel setzen. Aus allen Regionen Frankreichs, Europas und aus Übersee strömen Besucher nach Rouen, um die herrlichen Großsegler zu bewundern. Zum Schluss fahren die teilnehmenden Schiffe stets in einer Parade über 120 Kilometer die Seine bis zum Ärmelkanal hinunter. Begleitet werden sie von Tausenden Zuschauern, die winkend an den Ufern stehen. Bei diesem Ereignis erleben viele die besondere Faszination der Seefahrt und verspüren auch ein wenig Fernweh. Rouen ist die Hauptstadt der Normandie, rund 400 000 Menschen sind in ihrem Einzugsgebiet zu Hause. An den alten Kais am Ufer der Seine lässt es sich wunderbar flanieren und viele Restaurants und Bistros laden zu einer kleinen Stärkung ein. Dreh- und Angelpunkt für die Besichtigung der Stadt ist die Place du Vieux Marché – zumindest für die Besucher, die sich für das Leben der Jeanne d'Arc interessieren.

Vier der sechs Brücken, die in Rouen die Seine überspannen (unten). Der berühmte Uhrenturm in der Rue du Gros-Horloge (rechte Seite).

Mim
SOLDES
-50%
GAP
BUFFALO

Steinfiguren an einem mittelalterlichen Fachwerkhaus (oben). Ein Lieblingsmotiv von Claude Monet: die Kathedrale Notre-Dame (unten). Einen Eindruck einer vergangenen Zeit vermittelt die Altstadtgasse Rue Damiette (rechte Seite oben). Haie gucken im Meereszentrum Nausicaa (rechte Seite unten).

Auf den Spuren von Jeanne d'Arc

Nach der Krönung von Wilhelm dem Eroberer zum englischen König 1066 gehörte Rouen über hundert Jahre lang zu England. Auch im Hundertjährigen Krieg herrschten hier die Engländer von 1419 bis 1449. Jeanne d'Arc hatte in ihren Visionen gesehen, dass sie dazu auserwählt war, Frankreich von der englischen Herrschaft zu befreien und den Dauphin zum Thron zu führen. Das gelang ihr auch: Karl VII. wurde 1429 in Reims zum König gekrönt. Danach fiel Jeanne jedoch in Ungnade, wurde in Compiègne von den Burgundern gefangen genommen und an die Engländer verkauft.

In einem Kirchenprozess wurde sie zum Tod auf dem Scheiterhaufen auf dem Marktplatz von Rouen verurteilt.

An die Märtyrerin, die 1909 selig- und 1920 heiliggesprochen wurde, erinnern am Vieux Marché die 1979 geweihte Kirche Sainte-Jeanne d'Arc mit Buntglasfenstern aus dem 16. Jahrhundert, ein Museum, ein Kreuz und eine Tafel.

Die Rue Jeanne d'Arc teilt seit 1860 die Altstadt von Rouen und ist heute die Nord-Süd-Achse durch die Stadt. Wer sie zur Rue du Donjon hinaufspaziert – oder sich eines der öffentlichen Leihräder schnappt –, erreicht bald die Tour Jeanne d'Arc. Der Turm ist ein Relikt der Burg, die hier um 1200 erbaut wurde. In dem Bauwerk wurde Jeanne d'Arc 1431 von ihren geistlichen Richtern verhört und gefoltert.

Der Blick vom Gros-Horloge

Danach lassen wir die Geschichte der Jeanne d'Arc hinter uns und schlendern vom Vieux Marché durch die Rue du Gros-Horloge zur Kathedrale. In dieser Straße im Herzen der Altstadt erlebt man das »alte« Rouen, das mit rund 2000 Fachwerkhäusern und prächtigen gotischen Kirchen aufwarten kann. Der Gros-Horloge von 1389 ist ein herrlicher Uhrenturm in einem Torbau aus der Renaissance. Gehen Sie in seinem Inneren auf »Zeitreise« und erklimmen Sie die enge Treppe. Oben wird die Mühe mit einem traumhaften Ausblick auf die Stadt belohnt.

Nördlich des Uhrenturms stoßen Sie auf das Palais de Justice aus dem 15. Jahrhundert, einst der Sitz des normannischen Parlaments. Unter dem Hof des Justizpalastes entdeckte man das älteste jüdische Bauwerk Frankreichs. Das Monument Juif kann im Rahmen einer Führung besichtigt werden.

Monets Studienobjekt

Von der Rue des Carmes aus gelangt man auf die Place de la Cathédrale mit der gewaltigen gotischen Kathedrale Notre-Dame.

Sie entstand hauptsächlich in der Zeit zwischen 1201 und 1220, die 56 Meter breite Flamboyant-Fassade zwischen 1509 und 1530. Diese Westfassade wurde von Claude Monet in über 30 Bildern verewigt. Geduldig studierte er die hier auftretenden Lichteffekte, hielt Details fest und malte ihre riesige Fläche. Monet stand immer am selben Platz und beobachtete vor allem die Nachmittagssonne mit den länger werdenden Schatten.
Auffällig sind auch die beiden ungleichen Türme: Die linke Tour Saint-Romain steht auf dem romanischen Vorgängerbau, die rechte Tour de Beurre ist 77 Meter hoch. Der Bau des »Butterturms« wurde – wie auch in Bourges – durch eine Buttersteuer finanziert. Wer sie zahlte, durfte in der Fastenzeit Butter essen. Der Vierungsturm der Kathedrale schließlich ist der höchste Kirchturm Frankreichs – 151 Meter ragt seine schwarze Spitze aus Gusseisen in die Luft. Im Inneren der Kirche findet sich ein Grabmal, in dem das Herz von Richard Löwenherz beigesetzt ist.
Die nahe Kirche Saint-Maclou zeigt Flamboyant-Gotik in Reinform und steht zudem in einem der schönsten Altstadtviertel von Rouen. An ihrer Nordseite verläuft die Rue Martainville mit vielen schönen Fachwerkhäusern. Achten Sie auf die Hausnummer 186 – hier führt ein Gang in den 1348 angelegten Pestfriedhof Aître Saint-Maclou. An seinem Beinhaus sind die Balken mit geschnitzten Totentanzszenen versehen.

Das Rathaus im Konvent

Durch die Rue de la République kommt man zur Basilika Saint-Ouen, Gotteshaus der mächtigsten Benediktinerabtei der Normandie. Die Kirche wurde zwischen 1318 und 1339 erbaut und präsentiert sich als weiteres Kleinod spätgotischer Baukunst. In den weitläufigen Innenraum fällt das Licht durch prächtige Buntglasfenster aus dem 14. Jahrhundert ein. Das anschließende Konventsgebäude ist seit der Französischen Revolution das Hôtel du Ville, das Rathaus.
Über die Rue Jean-Lecanuet erreichen Sie den Square Vedrel. Damit schließt sich der Kreis der Besichtigungstour, ist man hier doch wieder an der Rue Jeanne d'Arc angelangt. Am Square Vedrel lockt das Musée des Beaux-Arts mit Werken von Caravaggio, Velázquez, Boudin, Dufy – und natürlich Claude Monet: Hier sind die *Kathedrale von Rouen* und *Das Portal, trübes Wetter* zu bewundern. Ganz in der Nähe stehen das Museum für Eisenkunst Seqc des Tournelles und das Fayence-Museum.

TOP ★ ERLEBNISSE

★ FLAUBERT UND DIE BOVARY

Rouens bekannter Sohn, Gustave Flaubert, wurde durch einen einzigen Roman berühmt: Madame Bovary. Als dieser 1856 im Feuilleton der Revue de Paris erschien, trug er dem Schriftsteller gleich einen Prozess wegen Verstoßes gegen die guten Sitten ein. Der Prozess endete mit einem Freispruch – und war zugleich die beste Werbung für das Werk. Einige Szenen spielen in Rouen, wo Flaubert 1821 im Hôtel-Dieu im Westen der Stadt zur Welt kam. Heute beherbergt es das Musée Flaubert.

WEITERE INFORMATIONEN
www.rouentourisme.com

★ DAS SCHAUSPIEL DES MEERES

Ein besonders schönes Aquarium ist in Boulogne-sur-Mer direkt in der Hafeneinfahrt gelegen. Das Meereszentrum Nausicaa zeigt die Unterwasserwelt in 36 Becken. Auf einem unterhaltsamen Rundgang sieht man über tausend verschiedene Meerestiere, spaziert vorbei am Pinguin-Strand, lässt sich verzaubern von der bunten Farbenpracht tropischer Lagunen. Kalifornische Seelöwen laden zum Tanzen ein, und im tropischen Regenwald halten sich Piranhas und Kaimane versteckt. Im »Streichelbecken« schwimmen Steinbutt, Rochen und Dorsch auf Augenhöhe mit den Besuchern.

WEITERE INFORMATIONEN
www.nausicaa.fr
www.ville-boulogne-sur-mer.fr

Historische, mit Schiefer verkleidete Häuser spiegeln sich im Vieux Bassin von Honfleur (oben). Eine malerische Kulisse bieten die Klippen von Falaise d'Aval, dem Elefantenrüssel (rechte Seite unten). Goldgelb gereift – der Apfelbrand Calvados (rechte Seite oben).

12 AUS RUINEN AUFERSTANDEN – LE HAVRE

Der Elefantenrüssel im Meer

Es muss nicht immer die Vergangenheit sein – Le Havre wurde als »herausragendes Beispiel für die Nachkriegsstadtplanung« in das UNESCO-Welterbe aufgenommen. Die Hafenstadt in der Normandie wurde während des Zweiten Weltkriegs fast vollständig zerstört. Der Wiederaufbau war der UNESCO die Auszeichnung wert. Er ist auf den Architekten Auguste Perret zurückzuführen, den die Stadtväter von Le Havre einen »Poeten des Betons« nennen.

Le Havre wurde 1517 von König Franz I. an der rund neun Kilometer breiten Mündung der Seine in den Atlantik gegründet, weil die Häfen Harfleur und Honfleur immer mehr versandeten. In den Golden Twenties des letzten Jahrhunderts fuhren hier vor allem die Luxusliner der Welt ein und aus. Gegen Ende des Zweiten Weltkrieges machten jedoch 146 Luftangriffe der Alliierten die Stadt, die Stützpunkt der deutschen Wehrmacht war, fast dem Erdboden gleich.
Für den Wiederaufbau zwischen 1945 und 1960 zeichnet vor allem Auguste Perret verantwortlich, ein bedeutender Architekt des 20. Jahrhunderts und Anhänger der Stahlbeton-Architektur. Im Juli 2005 nahm die UNESCO diesen Wiederaufbau in die Liste des Welterbes auf. Weithin sichtbar ist der 106 Meter hohe Turm der Kirche Saint-Joseph, die der Architekt am Boulevard François I erbauen ließ. Ihn leuchten Tausende bunte Glasbausteine farbig aus. Ebenfalls nach Plänen von Perret wurde der Turm erbaut, der mit »nur« 70 Metern Höhe das Hôtel de Ville überragt.
Überwältigend ist auch das Bild des Stangengewirrs und der bunten Fähnchen am Jachthafen von Le Havre. Mit über 1100 Liegeplätzen ist er bei den Schiffsbesitzern beliebt, die von hier aus an der Côte d'Albâtre oder

der Côte Fleurie entlangschippern. Der Jachthafen ist darüber hinaus Ausgangspunkt für eine Rundfahrt durch die modernen Hafenanlagen von Le Havre.

Die Brücke der Normandie

Der Pont de Normandie verbindet Le Havre mit der Côte Fleurie. Mit einer Spannweite von 856 Metern ist er die größte Schrägseilbrücke Europas. Hier, auf der anderen Seite der Seine-Mündung, liegt die alte Seefahrerstadt Honfleur. Viele malerische Häuser machen den Charme dieses Städtchens aus. Vor allem die sechs Stockwerke hohen Häuser um das Vieux Bassin aus dem 17. Jahrhundert sollte man sich nicht entgehen lassen.
Honfleur wurde im 19. Jahrhundert zur Künstlerstadt, wo Maler wie Paul Cézanne, Auguste Renoir und Gustave Courbet in der Ferme Saint-Siméon verweilten. Mit seinem idyllischen Charme und seinem besonderen Licht war der Bauernhof ein beliebter Treffpunkt der Impressionisten. Hier fand etwa Claude Monet Anregungen für seine Bilder. Heute ist die Ferme ein exklusives Hotel. Auf der Flucht vor dem »Pariser Spleen« und auf der Suche nach Inspiration zog es auch den Dichter Charles Baudelaire in die kleine Hafenstadt.
Im Musée Boudin an der Place Erik Satie ist die Atmosphäre Honfleurs und der Seine-Mündung ganz besonders zu spüren – in den Bildern von Eugène Boudin, Raoul Dufy und vielen anderen Malern.

Blumen und Alabaster

Wer nicht auf dem Wasser, sondern mit dem Auto oder dem Zweirad unterwegs ist, wird sich die Corniche Normande nach Trouville entlang der Côte Fleurie, der Blumenküste, nicht entgehen lassen. Gleich daneben liegt das bekanntere Deauville, in dem sich im Herbst die internationale Film-Schickeria trifft. Freunde des Romanciers Marcel Proust steuern Cabourg an, in dem sich der Schriftsteller mehrmals aufhielt. In seinem Zimmer im Grand Hôtel kann man sogar schlafen.
Wesentlich dramatischer und spektakulärer zeigt sich die Côte d'Albâtre von Le Havre hinauf nach Dieppe. Die Alabasterküste mit ihren Kiesstränden, den bis zu 100 Meter hohen Kreideklippen und dem milchigen Wasser sollten sich Besucher der Normandie auf keinen Fall entgehen lassen. Vor allem die Falaise d'Aval in der Nähe des beliebten Badeorts Étretat ist ein touristischer Anziehungspunkt erster Klasse. Brandung, Wind und Regen haben in der Steilküste eine Art Torbogen ausgeschwemmt, den Guy de Maupassant einst mit einem Elefanten verglich, der seinen Rüssel ins Meer taucht.

TOP ★ ERLEBNISSE

★ DIE DREI GROSSEN C

Cidre, Calvados, Camembert. Diese drei großen C stehen kulinarisch für die Normandie. Zehn Millionen Apfelbäume verwandeln den Nordosten des Pariser Beckens im Frühjahr in ein weißes Blütenmeer. Etwa 60 Prozent der Früchte werden zu Cidre verarbeitet. Das zweite C steht für Calvados, einen Apfelbrand, der mindestens zwei Jahre im Eichenfass reifen muss. In der Normandie trinkt man auch den Pommeau aus zwei Teilen Apfelsaft und einem Teil Calvados. Es wird als Aperitif kalt serviert und mit Zimmertemperatur zum Essen gereicht. Nur der normannische Camembert, das dritte C, darf die geprüfte Herkunftsbezeichnung Appellation d'origine contrôlée – A.O.C. – führen.

WEITERE INFORMATIONEN
www.lehavre-etretat-tourisme.com

★ MIT DEM BÄHNCHEN DURCHS GRÜNE

Von Étretat startet ein Bummelzug nach Les Loges und durchquert das hübsche Tal im Pays de Caux. Wer es aktiver mag, kann die fünf Kilometer mit einem Gleisfahrrad zurücklegen (20–30 Min., Rückfahrt über eine Rampe oder mit dem Zug).

WEITERE INFORMATIONEN
de.lafrancevuedurail.fr/ttepac

DER NORDWESTEN

Altes Land am Meer

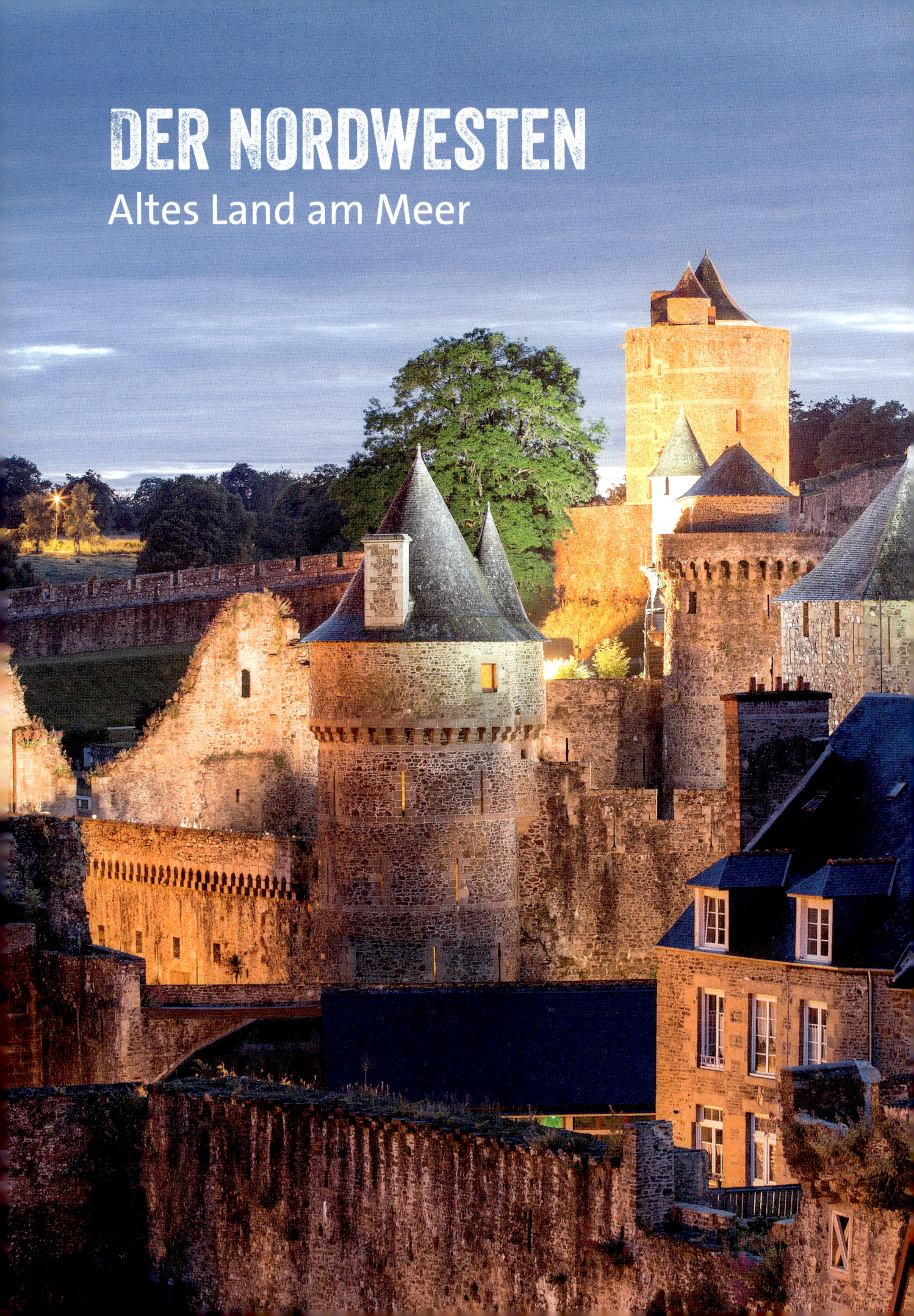

Bücher, Blumen und Trödel gibt es in dem charmanten kleinen Laden »Zur Feldmaus« im Bücherdorf Bécherel (oben). Jean de Vannes und seine Frau, zwei volkstümliche Gestalten, an der Ecke eines alten Fachwerkhauses in Vannes (unten). Die Festung von Fougères sicherte einst die bretonisch-französische Grenze (links).

Schlanke Säulenpaare umgeben den Kreuzgang des Klosters auf dem Mont-Saint-Michel (oben). Hoch oben über dem Klosterberg glänzt die goldene Statue des Erzengels Michael (rechte Seite).

13 EIN FROMMES WERK – DER MONT-SAINT-MICHEL

Eine »Pyramide der Meere«

Es mutet beinahe wie ein Wunder an, was von Menschenhand im Laufe der Jahrhunderte auf einem vom Meer umspülten Felssporn inmitten einer weiten Bucht erschaffen wurde. Kirchen, Kapellen, Klostergebäude türmen sich bis in schwindelnde Höhen auf, und über allem thront die vergoldete Statue des Erzengels Michael, des Namensgebers und Patrons dieses Wunderwerks.

Sowohl die Bretagne als auch die Normandie melden Ansprüche auf die »Pyramide der Meere« an. Der Grund: Das Flüsschen Couesnon, das die Grenze zwischen den beiden Regionen markiert, hat seinen Verlauf geändert. So wurde aus dem ursprünglich bretonischen Mont-Saint-Michel durch eine Laune der Natur ein Normanne – sehr zum Leidwesen der Bretonen ... Mehr als 2,5 Millionen Besucher pro Jahr zählt der Klosterberg, der seit 1979 mitsamt der umliegenden Bucht zum UNESCO-Weltkulturerbe zählt. Das Gedränge ist vor allem im Sommer groß. Doch sehr frühe und sehr späte Besucher haben gute Chancen, hie und da ein stilles, beinahe menschenleeres Eckchen zu finden und eine Ahnung von der ursprünglichen sakralen Bestimmung dieses Ortes zu spüren. Im Sommer sind auch nächtliche Besuche möglich.

In der Bucht des Mont-Saint-Michel herrscht der stärkste Tidenhub an der französischen Küste: Zwischen Ebbe und Flut kann sich der Wasserstand um bis zu 14 Meter verändern. Bei Ebbe ragt der Klosterfelsen wie ein Berg aus dem Watt empor. Zwischen Schlickfeldern und Flächen mit Treibsand ziehen sich tiefe Priele durch den Grund, die sich bei auf-

laufender Flut rasend schnell mit Wasser füllen. Man sagt, die Flut ströme rascher heran als ein galoppierendes Pferd. Wer sich ohne einen erfahrenen Führer ins Watt wagt, kann schnell in Lebensgefahr geraten.

Der Wunsch des Erzengels

Im Jahr 708, so erzählt es die Legende, erschien der Erzengel Michael dem Bischof Aubert von Avranches und äußerte den Wunsch nach einer ihm geweihten Kapelle. Auch einen Standort dafür hatte der himmlische Auftraggeber bereits ins Auge gefasst: jenen Granitfelsen nämlich, der seinerzeit noch den Namen Mont Tombe (»Grabberg«) trug. Als Aubert zunächst zögerte, soll der Erzengel handgreiflich geworden sein, bis der Bischof schließlich nachgab. Bald machten Berichte von Wundern die Runde, und Pilger strömten herbei. Im 10. Jahrhundert wurde auf dem Felsen ein Benediktinerkloster gegründet, das schon bald als Hort der Gelehrsamkeit galt. Doch 1204 geriet der Klosterberg zwischen die Fronten, als sich der Herzog der Normandie und der französische König bekriegten. Das Kloster ging in Flammen auf. Der Monarch ließ sich jedoch nicht lumpen und finanzierte den Wiederaufbau. Der Felsen wurde für die nächsten Jahrhunderte zur Dauerbaustelle. Dank großzügiger Zuwendungen des Adels und des nicht abreißenden Stroms von Pilgern verfügte das Kloster über die nötigen Mittel, den Ausbau des Felsens zum viel bestaunten »Wunder des Okzidents« voranzutreiben. Geschützt durch die Lage im Meer und die beeindruckenden Befestigungsanlagen, trotzte der Mont-Saint-Michel auch der Belagerung durch englische Truppen während des Hundertjährigen Krieges (1337–1453).

Der Niedergang begann im 16. Jahrhundert. Ab 1516 wurden die Äbte nicht mehr von den Mönchen gewählt, sondern vom König eingesetzt. Der bewies dabei keine sonderlich glückliche Hand. Misswirtschaft und Korruption schlichen sich ein. Die Klostergebäude verfielen. Die Zahl der Mönche ging zurück, bis zur Zeit der Französischen Revolution nur noch eine Handvoll Brüder auf dem Mont-Saint-Michel ausharrte. Aus dem Kloster wurde ein Gefängnis, in dem auch politische Gefangene eingesperrt wurden. Künstler, allen voran der Dichter Victor Hugo (1802–1885), protestierten gegen diesen unwürdigen Umgang mit dem kulturellen Erbe – mit Erfolg: 1863 wurde das Gefängnis geschlossen. 1874 wurde der Mont-Saint-Michel unter Denkmalschutz gestellt und aufwendig restauriert. Doch es sollte fast 100 Jahre dauern, bis 1969 wieder Mönche auf den Klosterfelsen zurückkehrten.

Die mächtige gotische Kathedrale von Dol-de-Bretagne ist dem heiligen Samson geweiht (oben). In der Salle des Hôtes wurden einst Bankette veranstaltet (unten). Mittelalterliche Häuser säumen die Grande Rue, die einzige Straße auf der Klosterinsel (rechte Seite oben). Die Abtei von Mont-Saint-Michel mit Kreuzgang (rechte Seite unten).

Dem Himmel so nah

Wer den Mont-Saint-Michel betreten möchte, muss zunächst drei hintereinanderliegende Tore passieren: die Porte de l'Avancée, die Porte du Boulevard und die Porte du Roi mit ihrem Fallgitter. An der dahinterliegenden Grande Rue warten wie schon zu Zeiten der Pilger auch heute noch Lokale und Andenkenläden auf Kundschaft. Der Bau des Klosterkomplexes stellte die Mönche vor eine Herausforderung. Traditionell gruppierten sich in benediktinischen Klosteranlagen die Nebengebäude um das eigentliche Kloster herum. Die Topografie der Insel zwang die Mönche jedoch, statt in die Breite in die Höhe zu bauen. Die Klosterkirche erhebt sich auf dem Gipfel des Berges, westlich liegen die romanische Abtei und im Norden der dreigeschossige gotische Klosterbau La Merveille (»das Wunder«). Die unterste Ebene bilden Vorratskammern, Krypten, der Almosensaal und die präromanische Kirche Notre-Dame-sous-Terre (»Notre-Dame unter der Erde«) aus dem 10. Jahrhundert. Darüber liegen der Wandelsaal der Mönche, die Kapelle der 30 Kerzen, die frühromanische St.-Martins-Kapelle, die Krypta der dicken Pfeiler, ein Ritter- und ein Gästesaal. Die oberste Ebene umfasst den Kreuzgang, das Refektorium, das Brunnenhaus, das Dormitorium und die Abteikirche selbst, auf deren Turmspitze eine vergoldete Statue des Erzengels thront.

Wasser marsch!

Ursprünglich war der Mont-Saint-Michel nur bei Ebbe zu erreichen, bis ab 1879 ein Damm den Felsen mit dem Festland verband. Dieser Damm und die später daneben angelegten Parkplätze behinderten jedoch die Meeresströmungen. Die Bucht, in die insgesamt drei Flüsse jährlich bis zu 700 000 Kubikmeter Sediment spülen, drohte zu versanden. Deshalb wurde der alte Damm abgetragen und in der Mündung des Couesnon ein Gezeitendamm angelegt. Er lässt das bei Flut aufgestaute Wasser bei Ebbe wieder ab und trägt so dazu bei, dass Sand und andere Ablagerungen aus der Bucht abtransportiert werden. Auf dem Festland wurden neue Parkplätze und ein Infozentrum angelegt. Von hier aus bringen Pendelbusse die Besucher vom Festland zur Insel. Eine 760 Meter lange Pfahlbrücke auf Stelzen führt hinüber zum Klosterberg. Sie endet auf einem vorgelagerten Bereich, der zeitweilig überflutet wird – auf diese Weise wird der Mont-Saint-Michel jedes Jahr für einige Stunden tatsächlich wieder zu einer richtigen Insel.

TOP ★ ERLEBNISSE

★ DIE GEHEIMNISSE DER KATHEDRALEN

Gleich gegenüber der Kathedrale von Dol-de-Bretagne lädt das Museum Cathédraloscope ein, das Leben und die Welt der Kathedralen-Baumeister zu erkunden. Was trieb die Erschaffer dieser beeindruckenden Bauwerke an? Wie wurde ein solcher Monumentalbau geplant und berechnet? Welche Hilfsmittel standen den Baumeistern früherer Zeiten zur Verfügung? In elf Räumen werden viele Geheimnisse rund um den Bau der gotischen Kathedralen gelüftet.

WEITERE INFORMATIONEN
www.cathedraloscope.com

★ DER »MONT-LIBRE«

Die wenigen Mönche, die Ende des 18. Jahrhunderts noch in der Abtei lebten, wurden während der Französischen Revolution vertrieben. Aus Mont-Saint-Michel wurde im Volksmund »Mont-Libre« – welche Umschreibung für ein Gefängnis, in dem 15 000 bis 18 000 Menschen einsaßen! Mit Mont-Saint-Michel ging es bergab. Erst Victor Hugo setzte sich ab 1836 für den Erhalt des Komplexes ein. Nach der Schließung des Gefängnisses 1863 wurde Mont-Saint-Michel 1874 zum Monument historique erklärt. 1966 feierte man das 1000-jährige Bestehen der Benediktinerabtei. Seitdem leben hier auch wieder Ordensleute.

WEITERE INFORMATIONEN
www.ot-montsaintmichel.com
www.mt-st-michel.fr

Liegeplatz mit Aussicht: Der Sportboothafen von Saint-Malo liegt gleich neben der Stadtmauer, die die Altstadt umschließt (oben). Frische Meeresfrüchte servieren auch viele Restaurants in der Altstadt von Saint-Malo (rechte Seite unten). An den Gassen und Plätzen im historischen Stadtkern gibt es einladende Restaurants und Geschäfte (rechte Seite oben).

14 EINE ALTE HAFEN- UND FESTUNGSSTADT – SAINT-MALO

Ehrenwerte Seeräuber

Viele Jahrhunderte lang galt Saint-Malo als absolut uneinnehmbar: Auf drei Seiten vom Meer und rundherum von einer hohen Stadtmauer umgeben, trotzte die Hafenstadt an der Mündung der Rance jeder Gefahr. Ihren stolzen Bewohnern eilte der Ruf voraus, exzellente Seeleute zu sein. Einige der besten und wagemutigsten verbreiteten allerdings als Korsaren Angst und Schrecken.

Am Quai Duguay-Trouin, gleich außerhalb der historischen Altstadt, schaukelt der Dreimaster L'Étoile du Roy (»Stern des Königs«) im Hafenbecken. Dieser Nachbau eines historischen Korsarenschiffs aus dem 18. Jahrhundert erinnert an jene Zeiten, in denen Schiffe aus Saint-Malo beinahe jeden Hafen der Welt ansteuerten. Im 15. Jahrhundert unterhielt die bretonische Hafenstadt bereits intensive Handelsbeziehungen mit Nordeuropa, Italien und Spanien. Wein, Korn, Tuche, Pelze, Leder und Stoffe – viele begehrte Handelsgüter traten in den Laderäumen der Schiffe ihre Reise an. Im Laufe der Zeit dehnten die Reeder und Kaufleute von Saint-Malo ihren Radius immer weiter aus. Der in der Nähe von Saint-Malo geborene Seefahrer Jacques Cartier (1491–1557) beispielsweise entdeckte auf der Suche nach einer Westpassage nach Fernost 1534 Kanada. Es dauerte nicht lange, bis die Kaufleute der Stadt auch im lukrativen Überseehandel mit Afrika, Amerika, China und Indien kräftig mitmischten. Der Handel mit Sklaven und Gewürzen warf üppige Gewinne ab. Die stattlichen Kaufmannshäuser in der Altstadt legen davon Zeugnis ab. Am Anfang der Rue Pélicot ist mit der Hausnummer 3/5 noch eines der alten Reederhäuser aus dem 16. Jahrhundert zu bewundern, deren Erscheinungsbild an das Achterkastell eines Schiffs erinnert.

HOTEL DE
FRANCE et CHATEAUBRIAND

Crêperie·Bar·Dégustation

In diesem Gebäude erblickte der Dichter Chateaubriand das Licht der Welt (unten). La Plage de Bon Secours, Saint Malo (rechte Seite oben). Das Gezeitenkraftwerk in der Rancemündung nutzt die Kraft des Wassers zur Stromerzeugung (rechte Seite unten).

Einträgliche Seeräuberei

Im 17. und 18. Jahrhundert erschlossen sich die fähigen Seefahrer aus Saint-Malo ein neues Tätigkeitsfeld: Frankreich, England und die Niederlande konkurrierten verbissen um die Vorherrschaft auf See, und bei diesem Kampf war den verfeindeten Parteien beinahe jedes Mittel recht. So versuchten die Engländer 1693 vergebens, ein mit Sprengstoff gefülltes Schiff nahe der Stadtbefestigung zur Explosion zu bringen. Um derartige Angriffe abzuwehren, wurden nach Plänen des berühmten Festungsbaumeisters Vauban (1633–1707) Ende des 17. Jahrhunderts die vorgelagerten Inseln mit Befestigungsanlagen versehen. Der französische Monarch wiederum stellte Kaperbriefe aus, deren Inhaber ganz legal und quasi im Auftrag der Krone Handelsschiffe gegnerischer Nationen überfallen und ausrauben konnten. Als Gegenleistung führten die Korsaren einen Teil der Beute ab und füllten auf diese Weise neben dem eigenen auch das Staatssäckel. Diese Art der Seeräuberei wurde keineswegs als ehrenrührig angesehen – im Gegenteil: Der Freibeuter René Duguay-Trouin (1673–1736) wurde in den Adelsstand erhoben, und auch der legendäre Korsar Robert Surcouf (1773–1827) war ein geschätzter Bürger und eine lokale Berühmtheit. Zu Reichtum gekommene Korsaren ließen sich stattliche Häuser im Herzen der Stadt errichten, darunter das Hôtel d'Asfeld. Das einstige Wohnhaus des Korsaren und Reeders Magon de La Lande kann heute mitsamt seinen Geheimtreppen und Schatztruhen besichtigt werden. Manche Korsaren wurden sogar in der Kathedrale Saint-Vincent (11.–18. Jahrhundert) zur letzten Ruhe gebettet.

Stolz und starrköpfig

Die Wurzeln von Saint-Malo reichen weit zurück. Als die Römer an der Stelle des heutigen Stadtteils Saint-Servan den Ort Alet gründeten, fanden sie dort bereits die Überreste einer noch älteren keltischen Siedlung vor. Ihren heutigen Namen, Saint-Malo, verdankt die Stadt dem britischen Missionar Maclow, der sich im 6. Jahrhundert hier niederließ. Einen Mangel an Selbstbewusstsein konnte man den Bewohnern von Saint-Malo zu keiner Zeit nachsagen. »Ni Français, ni Breton: Malouin suis!«, so lautet der jahrhundertealte Wahlspruch der Stadt: »Weder Franzose noch Bretone: ein Bürger Saint-Malos bin ich.« Um ein für alle Mal klarzustellen, wer in der Bretagne das Sagen hat, setzte Herzog François II. (1435–1488) den aufmüpfigen Malouins ab 1424 ein Château vor die Nase. Seine Tochter Anne de Bretagne

(1477–1514) fügte der väterlichen Burg in Saint-Malo einen weiteren wehrhaften Turm hinzu – auch sie hatte offenbar das Bedürfnis, ihren Herrschaftsanspruch noch einmal unmissverständlich zu unterstreichen. Den freiheitsliebenden Malouins gefiel das gar nicht. Doch angesichts der Proteste setzte die junge Herzogin sogar noch eins drauf, indem sie den neuen Turm mit einer eingemeißelten Inschrift versehen ließ: »Quic-en-Groigne, ainsi sera, c'est mon plaisir« stand dort zu lesen. Frei übersetzt hieß das: »Es mag grollen, wer will. Aber so wird's gemacht, denn das ist mein Wille.« Die Inschrift ist verwittert, der Turm aber heißt bis heute »Quic-en-Groigne«. Zusammen mit einer ganzen Reihe von weiteren Türmen prägt er die Silhouette von Saint-Malo. Der Stadtturm Porte Saint-Thomas etwa ist ein beliebter Ausgangspunkt für einen Rundgang über die 1,7 Kilometer lange Stadtmauer.

Wie Phönix aus der Asche

Mehrere Jahrhunderte lang hatte diese Mauer Saint-Malo zuverlässig geschützt. Doch gegen das Bombardement im Zweiten Weltkrieg nützte sie nichts. Aufgrund seiner strategisch wichtigen Lage am Eingang zum Ärmelkanal hatte die deutsche Besatzungsmacht den Hafen zum Militärstützpunkt ausgebaut. Den Angriffen der Alliierten fielen rund vier Fünftel der Bebauung innerhalb der Stadtmauer (Intra-Muros) zum Opfer. Der akribische Wiederaufbau nach dem Kriegsende dauerte Jahre. Wer heute durch die Altstadt schlendert, kann das Ausmaß der Zerstörung nicht mehr erahnen. Stattliche Häuser säumen die gepflasterten Straßen und die Plätze. Die kleine Fischmarkthalle von 1954 an der Place de la Poissonnerie schmückt ein kunstvoll ausgeführtes Dachgebälk, das mit geschnitzten Fischen verziert ist. Der einstige Wohnturm des Gouverneurs beherbergt ein stadtgeschichtliches Museum. An der Rue Chateaubriand Nr. 3, im Hôtel de la Gicquelais, erblickte am 4. September 1768 der berühmte Schriftsteller François-René de Chateaubriand das Licht der Welt. Auch er verstand und fühlte sich zeit seines Lebens als Bürger von Saint-Malo. Nach seinem Tod im Jahr 1848 wurde er seinem Wunsch entsprechend in einem schlichten Grab an der Westspitze der Saint-Malo vorgelagerten Île du Grand Bé beigesetzt – dort, wo er »immer und ewiglich« auf das Meer und den Sturm blicken könne, dessen Rauschen ihn in seinen ersten Schlaf gewiegt habe.

TOP ★ ERLEBNISSE

★ DIE KRAFT DES WASSERS

Schon lange machten sich die Bretonen die Kraft des Meeres zunutze: Gezeitenmühlen, die durch den Wechsel von Ebbe und Flut angetrieben wurden, setzten beispielsweise Mühlsteine in Gang. Einige Nummern größer ist das Gezeitenkraftwerk in dem Damm, der Saint-Malo mit Dinard am anderen Ufer der Rance verbindet: Als die Usine marémotrice in den 1960er-Jahren in Betrieb genommen wurde, war sie das erste kommerziell genutzte Gezeitenkraftwerk weltweit – und mehr als 40 Jahre lang blieb sie auch das leistungsstärkste. Für die Stromerzeugung werden sowohl das zeitweilig aufgestaute Wasser der Rance als auch der Tidenhub genutzt, der hier bis zu acht Meter betragen kann. Schleusentore regulieren den Durchfluss des Wassers. In einem kleinen Infozentrum wird die Funktionsweise des Kraftwerks anschaulich erklärt.

WEITERE INFORMATIONEN
www.saint-malo.fr
www.etoile-marine.com
www.demeure-de-corsaire.com

★ KANADAPIONIER

Bei Saint-Malo ist der beliebte Urlaubsort Rothéneuf versteckt zwischen Felsklippen und Buchten. In dem kleinen Küstenstädtchen wurde der Kanadapionier Jacques Cartier geboren. dessen Wohnhaus heute ein Museum ist.

WEITERE INFORMATIONEN
www.saint-malo-tourisme.com

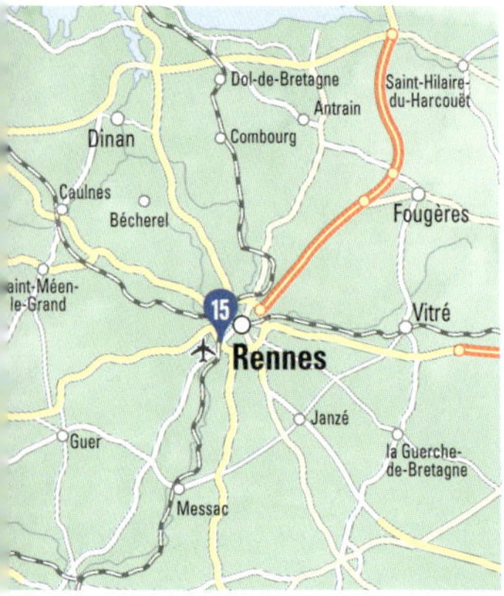

15 DIE HAUPTSTADT DER BRETAGNE – RENNES

Die Stadt der Herzöge

In Rennes, der Hauptstadt der Bretagne, wurden einst die bretonischen Herrscher gekrönt. Auch das Ende der bretonischen Unabhängigkeit nahm hier seinen Anfang. Trotz seines reichen historischen Erbes ist Rennes aber keineswegs museal: Die Universität bringt viele junge Menschen in die Stadt, und dank eines beeindruckenden Kultur- und Festivalprogramms ist immer etwas los.

Die kleine Anne war gerade einmal elf Jahre alt, als der Tod ihres Vaters François II de Bretagne (1435–1488) sie auf die politische Bühne katapultierte. Denn Anne (1477–1514) war die Erbin des Herzogtums, das sich der übermächtige Nachbar Frankreich schon lange einverleiben wollte. Dass das Mädchen eigentlich schon einem anderen, nämlich Maximilian von Habsburg (1459–1519), versprochen war, zählte in diesem Fall wenig. Frankreichs König Karl VIII (1470–1498) ließ kurzerhand seine Truppen in der Bretagne aufmarschieren und hob die Belagerung erst auf, nachdem Anne einer Heirat mit ihm zugestimmt hatte. Trotz der rabiaten Brautwerbung hatte diese Geschichte ein Happy End: Herzogin Anne und der nur wenige Jahre ältere König verliebten sich ineinander und führten bis zu Karls frühem Tod eine glückliche Ehe. Für die Bretagne jedoch besiegelte diese Hochzeit das Ende ihrer Unabhängigkeit. Per Ehevertrag wurde festgeschrieben, dass sie nun und »für immer« ein Teil Frankreichs sein würde. Anne, die bis heute als »gute Herzogin« verehrt wird, gelang es noch, die Selbstständigkeit ihres Herzogtums zu verteidigen. Doch ihre Tochter Claude (1499–1524) brachte die Bretagne als Mitgift in ihre Ehe mit dem französischen König Franz I. (1494–1547) ein.

In der Kathedrale von Rennes wurden einst die bretonischen Herzöge gekrönt (unten). Lange prägten mittelalterliche Fachwerkhäuser das Gesicht der Stadt (rechte Seite).

Restaurant le Méditerranée
RUE DE LA PSALETTE
RUE DU CHAPITRE
STRAED AR CHABISTR

Bis zur französischen Revolution war das Palais de Justice Sitz des bretonischen Parlaments (oben). Das Rathaus von Rennes wurde nach dem großen Brand 1720 gebaut (unten). Das 1836 eröffnete Opernhaus von Rennes war zu seiner Zeit geradezu atemberaubend modern (rechte Seite oben). Der Parc du Thabor ist eine grüne Oase im Herzen der Stadt (rechte Seite unten).

Spielball der Mächte

Hier, wo die Ille in die Vilaine mündet, gab es schon zu Römerzeiten eine Siedlung. Der Handelsplatz und Verkehrsknotenpunkt hieß zunächst Condate (Keltisch: »Zusammenfluss«), später nannte man ihn nach dem in dieser Region beheimateten Stamm der Redonen Rennes. Im frühen Mittelalter wurde die Stadt zum heftig umkämpften Zankapfel: Briten, Normannen und Franzosen stritten erbittert um die Vorherrschaft, immer wieder wurde Rennes belagert und erobert. Erst nachdem Jeacques de Montfort im Jahr 1356 den zermürbenden bretonischen Erbfolgekrieg für sich entscheiden konnte, kehrte allmählich Ruhe ein. Rennes wurde zur Hauptstadt des Herzogtums. In der gotischen Kathedrale Saint-Pierre wurden die bretonischen Herrscher gekrönt. Zuvor aber gelobten sie vor den Portes Mordelaises, dem massiven, von zwei wuchtigen Türmen flankierten Stadttor aus dem 15. Jahrhundert, die Freiheit der Bretagne stets zu verteidigen. Erst danach betraten sie über die Zugbrücke die Stadt. Auch Anne de Bretagne ging vor ihrer Krönung im Februar 1489 diesen Weg.

Das mittelalterliche Rennes war eine blühende Stadt. Kunstvoll gebaute Fachwerkhäuser säumten die schmalen Straßen rund um die Kathedrale Saint-Pierre und die Basilika Saint-Sauveur. Die Zimmerleute aus Rennes genossen einen ausgezeichneten Ruf. Als die Stadt 1554 zum Sitz des bretonischen Parlaments wurde, setzte ein regelrechter Bauboom ein: Um während der Sitzungsperiode standesgemäß zu residieren, ließen sich die bretonischen Adeligen elegante Stadthäuser errichten. Einige schöne Exemplare sind an der Nordseite der Place des Lices zu sehen. Der große Platz lag ursprünglich vor den Toren der Stadt und diente als Turnierplatz. Erst nach einer Pestepidemie im Jahr 1622 wurde der Wochenmarkt dorthin ausgelagert. Bis heute herrscht hier am Samstagvormittag rund um die im 19. Jahrhundert erbauten Markthallen lebhaftes Treiben.

In Schutt und Asche

Nach vierzigjähriger Bauzeit bezog das Parlament 1655 schließlich den prächtigen Parlaments- und Justizpalast. In dem beeindruckenden Gebäude aus Granit tagte es mit Unterbrechungen, bis es 1789 im Zuge der Französischen Revolution aufgehoben wurde. In der Grand' Chambre, dem prunkvollen Parlamentssaal, wurden einst Gesetze erlassen, während in der Salle des Pas perdues, dem »Saal der verlorenen Schritte«, die wartenden Anwälte zwischen ihren Auftritten vor

Gericht auf und ab liefen. Ein betrunkener Tischler, der unachtsam mit einer Laterne hantierte, löste im Jahr 1720 einen Großbrand aus. Das Feuer wütete tagelang und legte Teile der historischen Altstadt in Schutt und Asche. Ganze Straßenzüge wurden Opfer der Flammen. Wie durch ein Wunder blieb das schöne Fachwerkhaus Ty-Coz aus dem 16. Jahrhundert an der Rue Saint-Guillaume Nr. 3 verschont. Auch die Häuser in der Rue Saint-Georges sind bis heute beinahe vollständig erhalten geblieben, während die gotische Kathedrale infolge des Feuers einstürzte. Selbst das Parlamentsgebäude überstand diese Feuersbrunst, ging aber 1994 nach einer gewalttätigen Protestkundgebung in Flammen auf. Nach einer umfassenden Restaurierung dient es inzwischen wieder als Gerichtsgebäude.

Kunst und Kultur

Der Wiederaufbau von Rennes nach dem Großen Feuer von 1720 erfolgte nach den Plänen des Pariser Architekten Jean Gabriel (1667–1742) und veränderte das Gesicht der Stadt nachhaltig: Die neu errichteten Bereiche mit ihren breiten, geradlinig verlaufenden Straßen und den ebenmäßigen klassizistischen Fassaden kontrastieren mit den mittelalterlichen Gassen und Plätzen mit ihren bunten, verwinkelten Fachwerkhäusern. An der Place de la Mairie entstand das imposante barocke Rathaus (1742) mit dem zentralen Turm und der konkav geschwungenen Fassade, deren Form das gegenüberliegende Opernhaus (1836) mit seinem halbrunden Vorbau perfekt aufgreift. Viele Gebäude in Rennes und Umgebung sind mit kunstvollen Mosaiken verziert, die die Kunsthandwerkerfamilie Odorico um die Jahrhundertwende schuf.

Heute präsentiert sich Rennes als lebendige Universitätsstadt. Mehrere Museen und das hypermoderne Kultur- und Wissenschaftszentrum Les Champs Libres sorgen für ein breites Kulturangebot. Darüber hinaus wartet die Stadt mit einem beachtlichen Veranstaltungskalender auf. Beim Festival »Les Rencontres Trans Musicales«, kurz »Les Trans« genannt, das seit 1979 jedes Jahr im Dezember stattfindet, gibt es immer wieder interessante Newcomer zu entdecken. Bekannte Größen wie Björk oder Lenny Kravitz standen hier zu Beginn ihrer Karriere auf der Bühne. Im Sommer wird beim Straßenkunstfestival »Les Tombées de la Nuit« die ganze Stadt zur Bühne: An allen Ecken und Enden finden Konzerte und andere Aufführungen statt. Viele Fans hat auch das Theater- und Tanzfestival »Mettre en scène«, bei dem sich jedes Jahr im November Künstler aus aller Welt treffen.

TOP ★ ERLEBNISSE

★ PARC DU THABOR

Auf einem Hügel inmitten der Stadt gelegen, ist der Parc du Thabor das grüne Wohnzimmer von Rennes. Als die Gartenbauexperten Denis (1811–1890) und Eugène Bühler (1822–1907) die zehn Hektar große Grünanlage um 1860 konzipierten, kamen ihre Pläne einer gartenbaulichen Revolution gleich. Der Park vereinigt mehrere ganz unterschiedliche Gärten, etwa einen französischen, einen botanischen und einen Rosengarten. Exotische Bäume und Gehölze gliedern das Gelände, und im Frühjahr blühen Hunderte von Tulpen. Es gibt allerhand zu entdecken: Skulpturen, einen schön angelegten Kinderspielplatz, einen Musikpavillon, verspielte Brückchen, Springbrunnen, Teiche, einen Wasserfall und ein verschnörkeltes Vogelhaus.

WEITERE INFORMATIONEN
www.tourisme-rennes.com

★ TOUR DURCH DAS TAL DER VILAINE

Auf der etwa 40 Kilometer langen Rundfahrt kommt man zunächst in den Ort Bruz, der mit seinem Kirchplatz eine stimmige architektonische Einheit bildet. Sehenswert ist die Kirche mit originell bemalten Fenstern. Weiter geht es zum Parc ornithologique de Bretagne, in dem über 1000 Vögel aus allen Kontinenten beheimatet sind. In Le Boël empfiehlt sich ein Spaziergang am Vilaine-Ufer.

WEITERE INFORMATIONEN
www.ville-bruz.fr
www.parc-ornithologique.com

Massive Befestigungsanlagen wie das Stadttor von Vitré verwehrten einst ungebetenen Gästen den Zutritt (oben). Die Kirche Saint-Sulpice in Fougères wurde ab 1380 im alten Gerberviertel zu Füßen der Burg erbaut (rechte Seite).

16 DIE TORE ZUR BRETAGNE – CHÂTEAUBRIANT, VITRÉ UND FOUGÈRES

Massive Burgen zum Schutz der Grenze

Mit einer ganzen Kette von Festungen sicherten die bretonischen Herzöge im Mittelalter die östliche Grenze ihres Territoriums. Drei besonders wichtige Elemente in diesem Verteidigungswall waren die wehrhaften Burgen von Châteaubriant, Vitré und Fougères. Um die alten Festungen ranken sich viele Geschichten und Legenden von Liebe und Tod, Heldenmut und Grausamkeit ...

Die Familie Brient, Verbündete der Grafen von Rennes, ließ im 11. Jahrhundert oberhalb des Flusses Chère eine Burg erbauen. Rund um diese Festung und das westlich davon gelegene Benediktinerkloster entstand rasch eine kleine Stadt. In der mittelalterlichen Altstadt sind noch viele der alten Handwerkerhäuser erhalten. Châteaubriant ist weithin bekannt für den Jahrmarkt Foire de Béré, der seit 1050 einmal im Jahr rund um die romanische Klosterkirche Saint-Jean de Béré abgehalten wird. Dann strömen rund 50 000 Besucher in die Stadt und machen sich auf der Landwirtschaftsmesse, dem Viehmarkt und der zugehörigen Kirmes einen schönen Tag.

Die Frauen von Châteaubriant

Die Geschichte der Stadt ist reich an außergewöhnlichen Frauengestalten. Im 13. Jahrhundert etwa wartete Sibylle, die Ehefrau des Kreuzfahrers Geoffroy de Châteaubriant, jahrelang treu und unbeirrt auf dessen Rückkehr – um dann vor lauter Glück, ihn wiederzusehen, in seinen Armen ihr Leben auszuhauchen. Aus ganz anderem Holz geschnitzt war dagegen Françoise de Dinan (1436–1499), die Baronin von Châteaubriant: Als französische Truppen 1488 das mittelalterliche Schloss zerstörten, ließ die Burgherrin ihr angestammtes Domizil umgehend umso prächtiger wiederaufbauen. Auf ihrem Enkel Jean de Laval (1486–1543)

Hochherrschaftlich: Das »Goldene Zimmer« in der Burg von Châteaubriant ist prachtvoll ausgestattet (oben). Die meisten der heutigen Fenster der Kirche Saint-Sulpice in Fougères stammen aus dem frühen 20. Jahrhundert (unten). Die Festung von Fougères sicherte einst die bretonisch-französische Grenze (rechte Seite oben). Die geistreiche Madame de Sévigné war eine der berühmtesten Briefschreiberinnen ihrer Zeit (rechte Seite unten).

lastet bis heute der Verdacht, er habe seine Ehefrau auf dem Gewissen. Dabei hatte alles so romantisch angefangen: Im September 1505 heiratete Jean de Laval die junge Françoise de Foix (1495–1537). Die dunkelhaarige Frau war so schön, dass dies dem französischen König Franz I. (1494–1547) zu Ohren kam und dieser Laval nebst Gattin an seinen Hof einlud. Laval, der wusste, dass der König ein arger Schürzenjäger war, ließ seine Frau aber vorsichtshalber lieber zu Hause. Vor seiner Abreise ließ er zwei Ringe machen und nahm seiner Angetrauten ein Versprechen ab: Sie dürfte unter keinen Umständen an den Königshof reisen, es sei denn, der Brief, der sie dazu aufforderte, trage den Abdruck seines Siegelrings. Es kam, wie es kommen musste: Durch eine List brachte der König den Ring an sich und schickte postwendend nach Françoise. Die nichts ahnende Schönheit erschien bei Hofe, wo sie der König alsbald zu seiner Mätresse machte. Jahre später ließ er sie dann wegen einer Jüngeren sitzen. Der eifersüchtige Ehemann Jean de Laval nahm die schöne Françoise zwar mit zurück in die Bretagne. Dort aber soll er sie in einem mit schwarzem Stoff ausgekleideten Zimmer seines Schlosses gefangen gehalten haben, bis sie – manche munkeln: verdächtig früh – verstarb.

Das Dornröschenschloss von Vitré

Lange bevor es Rankings wie »die schönste, die beliebteste, die familienfreundlichste Stadt« gab, erhielt Vitré quasi den Ritterschlag in Sachen Lebensqualität: »Wäre ich nicht König von Frankreich, dann wäre ich gern ein Bürger von Vitré« – mit diesen Worten stellte Heinrich IV. (1553–1610) dem Ort ein tadelloses Zeugnis aus. Das Schloss von Vitré, auf einem Felssporn über der Vilaine gelegen, war ein zentraler Baustein im Verteidigungswall der Bretagne. Darum wurde hier auch kräftig investiert: Ein stattlicher Neubau mit dreieckigem Grundriss löste im 13. Jahrhundert die -ursprüngliche Festung ab, im 14. und 15. Jahrhundert wurde die Bastion wiederholt auf den neuesten Stand der Technik gebracht. Eine massive Zugbrücke führt zu einem von zwei Türmen überragten Torgebäude, das den Zugang zum Innenhof sichert. Angreifer, die es bis dorthin schafften, wurden von weiteren sieben Türmen aus unter Beschuss genommen. Heute wird das malerische Schloss unter anderem als stadt- und kulturgeschichtliches Museum genutzt.

Wie viele andere Städte im Herzen der Bretagne wurde Vitré im Mittelalter durch den Handel mit Leinen und Segeltuch reich. Auch Lederwaren und Strümpfe aus hiesiger

Produktion erfreuten sich großer Nachfrage. Später kam der Überseehandel hinzu. Im Jahre 1472 wurde die Zunft der Marchands d'Outre-Mer (»Überseehändler«) gegründet, deren stattliche Domizile vor allem in der Rue d'En-Bas und der Rue de la Baudrairie zu finden sind. Die charakteristischen Maisons à Porches hingegen sind weitgehend aus dem Stadtbild verschwunden. In der Rue de la Poterie sind noch einige dieser Häuser erhalten, deren vorkragende, von Pfeilern getragene Obergeschosse zusammen einen Laubengang bildeten – eine Art mittelalterliche Shoppingmall.

Die Festung von Fougères

Fougères, die nördlichste der bretonischen Grenzburgen, kann sich ebenfalls auf einen prominenten Fan berufen. »Am liebsten würde ich jeden fragen: Haben Sie Fougères gesehen?«, äußerte sich der Schriftsteller Victor Hugo (1802–1885) begeistert über den Geburtsort seiner Geliebten Juliette Drouet. Die erste Burg im Flusstal des Nançon wurde im 12. Jahrhundert geschleift, umgehend wiederauf- und während der nächsten vier Jahrhunderte fortlaufend weiter ausgebaut. Am Ende war aus der Dauerbaustelle eine der größten mittelalterlichen Festungen Europas geworden, die sich auf einer Fläche von zwei Hektar ausbreitet. Man betritt die mächtige Burg über eine Brücke über den Nançon. Erste Station ist ein kleiner Vorhof, der von Mauern umschlossen ist. Eine weitere Brücke und eine massive Mauer trennen ihn vom inneren Burghof. Falls auch dieser eingenommen wurde, blieb der Burgbesatzung als letzte Zuflucht noch der Mélusine-Turm mit seinen bis zu vier Meter dicken Mauern.

In der mittelalterlichen Unterstadt zu Füßen der Burg siedelten sich Gerber, Färber und Tuchhändler an. Hübsche Fachwerk- und Granithäuser säumen hier die schmalen Gassen. Mit der Porte Notre-Dame ist noch eines von ursprünglich vier Stadttoren erhalten geblieben. Die wohlhabenderen Bürger ließen sich dagegen in der Oberstadt nieder, wo heute stattliche Stadthäuser aus dem 18. Jahrhundert das Straßenbild dominieren. Ein selbstbewusstes Statement setzten die Bürger mit dem Bau des Beffroi im 14. Jahrhundert: Der markante Turm, in dem einst die Ratsversammlungen stattfanden, ist einer von nur zwei weltlichen Glockentürmen in der gesamten Bretagne.

TOP ★ ERLEBNISSE

★ EIN LEBEN IN BRIEFEN

»Briefe ... bleiben sie aus, so schwindet man dahin und kann seine Umwelt kaum ertragen.« Briefe waren für die Marquise Marie de Sévigné (1626–1696) ein wahres Lebenselixier. Ihre eigenen geistreichen, zuweilen auch bissigen Briefe machten sie zu einer der bedeutendsten Schriftstellerinnen der französischen Geschichte. Die jung verwitwete Marquise lebte in Paris, zog sich aber zur Erholung und aus Sparsamkeit immer wieder aufs Land zurück. Im Château des Rochers-Sévigné in Argentré-du-Plessis unweit von Vitré triezte sie die Dienstboten, indem sie akribisch jede Rechnung kontrollierte, schrieb unzählige Briefe und genoss lange Spaziergänge in den fantastischen Gärten, die das Schloss umgeben.

WEITERE INFORMATIONEN
www.tourisme-chateaubriant.fr
http://bretagne-vitre.com/
www.ot-fougeres.fr

★ SPORTLICH UNTERWEGS IM GRÜNEN

Eine meist flache Ausdauerstrecke von 13 Kilometern beginnt am Gendarmerie-Parkplatz in Châteaubriant und ist ideal für Touren mit dem Fahrrad, Roller oder auch zu Fuß. Die ehemaligen Bahngleise, eine Voie verte, führen an Feldern, Wäldern, Teichen und urigen Dörfern entlang.

WEITERE INFORMATIONEN
www.mairie-chateaubriant.fr/voie-verte/

17 IM REICH DER MÄRCHEN – PAIMPONT UND DER WALD VON BROCÉLIANDE

Zwischen Fantasie und Wirklichkeit

Früher bedeckte dichter Wald das gesamte Landesinnere der Bretagne. Eines der letzten großen, zusammenhängenden Waldgebiete ist der Wald von Paimpont, auch Fôret de Brocéliande genannt. Hier, unter dem Blätterdach mächtiger Eichen, soll die Fee Viviane dem legendären Zauberer Merlin den Kopf verdreht und dem verliebten Magier alle seine Geheimnisse entlockt haben.

Die Zauberin Viviane soll ihre Feen aus dem Wald von Brocéliande nach Essé bei Rennes entsandt haben, um dort in einer Nacht dieses Bauwerk zu errichten (unten). Im bretonischen Grand Canyon schimmern die Felsen in der Abendsonne rötlich (rechte Seite oben). Der »Goldene Baum« im Tal ohne Wiederkehr würdigt die Arbeit der ehrenamtlichen Helfer, die hier nach einem Waldbrand Tausende von Bäumen pflanzten (rechte Seite unten).

Rund 7000 Hektar umfasst der Wald von Brocéliande – genug Platz also für allerlei Sagen und Legenden. Sogar ein modernes Märchen gibt es zu berichten. Nachdem 1987 bereits ein heftiger Sturm schwere Schäden angerichtet hatte, wütete 1990 auch noch ein verheerender Waldbrand. In der Nähe des Weilers Tréhorenteuc gingen etliche Hektar des Waldgebietes in Flammen auf. Und dann begann die märchenhafte Geschichte von der Rettung des Waldes: Zahlreiche freiwillige Helfer fanden sich ein, räumten auf, sammelten Spenden und pflanzten insgesamt 500 000 neue Bäume. Noch sind die Spuren der Verwüstung zu erkennen, aber die jungen Bäume wachsen heran. Im Val sans Retour (»Tal ohne Wiederkehr«), wo das Feuer besonders heftig wütete, erinnert ein Denkmal an den Einsatz der vielen Helfer. Ein Künstler überzog den verbrannten Stumpf einer Kastanie mit Blattgold. Umgeben von einem Bett aus spitzen Felsstücken leuchtet der Arbre d'Or, der »Goldene Baum«, schon von Weitem zwischen den Stämmen der Bäume hindurch.

Im Tal ohne Wiederkehr

Der Eingang zum Tal ohne Wiederkehr liegt an einem See mit dem vielversprechenden Namen Miroir aux Fées – »Feenspiegel«. Der

Legende zufolge war der Liebhaber der Fee Morgane fremdgegangen. Aus Rache belegte diese das Tal mit einem Bann: Jeder Mann, der schon einmal einen Seitensprung gemacht oder auch nur an einen gedacht hatte, konnte das Tal zwar betreten, fand aber nicht mehr hinaus. Als der edle Ritter Lancelot eines Tages in das Tal kam, saßen dort bereits 40 untreue Männer fest – die der ritterliche Tugendbold umgehend befreite. Gegen so viel Ehrenhaftigkeit war sogar Morgane machtlos.

Der Dichter Chrétien de Troyes (ca. 1140–1190) war der Erste, der den Wald von Brocéliande erfolgreich mit der Artus-Sage verknüpfte. Seine Romane (und die diverser Nachfolger) ebneten einer regelrechten Artus-Euphorie den Weg und führten dazu, dass die Legende um den König und seine tapferen Ritter heute in der Region allgegenwärtig ist. So zeigen die Buntglasfenster der kleinen Kirche von Tréhorenteuc Motive aus der Suche nach dem Heiligen Gral, der die Ritter der Tafelrunde ihr Leben weihten.

Mit den eigenen Waffen geschlagen

Die Liebesgeschichte zwischen dem Zauberer Merlin und der Fee Viviane soll an der Fontaine de Barenton in der Nähe des Dorfes Folle Pensée ihren Anfang genommen haben. Der Magier war beim Anblick der Fee wie vom Donner gerührt, schenkte ihr ein Schloss aus Kristall und verriet ihr nach und nach seine Geheimnisse. So gelang es der Fee schließlich, Merlin mit neun magischen Kreisen zu umschließen. Der mächtigste Zauberer der Welt ist seitdem ein Gefangener der Liebe. Das sogenannte Grab Merlins, das bei Saint-Malon-sur-Mel liegt, wäre also gar kein Grab, sondern eher eine Art »Aufenthaltsraum«. Tatsächlich handelt es sich bei den beiden aufrecht stehenden Felsen um die Überbleibsel eines prähistorischen Ganggrabes. Dennoch hinterlassen immer wieder Besucher Zettelchen mit Wünschen, die Merlin ihnen doch bitte erfüllen möge. Gleich nebenan liegt ein Jungbrunnen, in dem das Baden aber leider verboten ist.

In Concoret können Artus-Fans sich im Château de Comper per Multimediaschau in die Sagenwelt träumen, und in Paimpont öffnen sich die Portes des Secrets (»Pforten der Geheimnisse«) zu einer umfänglichen Inszenierung der Sagenwelt des Waldes. Am Rande des Waldes von Brocéliande liegt in der Heide von Monteneuf ein Feld mit mehr als 400 Menhiren, von denen 42 eine akkurate Reihe bilden.

TOP ★ ERLEBNISSE

★ DER GRAND CANYON DER BRETAGNE

Zugegeben: So groß wie das Original ist der bretonische Grand Canyon bei Weitem nicht. Doch wenn die Abendsonne die rötlich schimmernden Schieferfelsen dieses tief eingeschnittenen Tals, das »Chambre au Loup« (»Wolfskammer«) genannt wird, zum Leuchten bringt, erinnern die Felsen tatsächlich an das amerikanische Naturwunder. Zwischen dem Wald von Paimpont und der Stadt Rennes hat bei Iffendic die Erosion ein tiefes Tal in den aus vielen Schichten bestehenden Fels gegraben. In der Talsohle fließt zwischen den bis zu 35 Meter hohen Klippen ein Bach. Einer der Felsen erinnert in der Dämmerung an die Silhouette eines Wolfs, der den Kopf zum Himmel reckt und heult.

WEITERE INFORMATIONEN
http://tourisme-broceliande.bzh
https://tourisme-broceliande.bzh/lieu/val-retour-larbre-dor
www.iffendic.fr

★ AUTOMOBIL-NOSTALGIE

Das Automobilmuseum Manoir de l'Automobile in Lohéac zeigt eine riesige Sammlung an Sport- und Luxusfahrzeugen aus aller Herren Länder. Eine vollständige Lamborghini-Sammlung, Maseratis, Ferraris, Porsches und Rolls-Royce, aber auch Oldtimer von Renault, Peugeot, Citroën und anderen lassen das Herz jedes Auto-Fans höherschlagen.

WEITERE INFORMATIONEN
www.manoir-automobile.fr

Das hübsche Malestroit liegt in einer Schleife des Flusses Oust (oben). Im Yachthafen von Nantes ermöglicht diese filigrane Brücke auch größeren Schiffen die Passage (rechte Seite).

18 SCHIFF AHOI – DER CANAL DE NANTES À BREST

Per Hausboot oder Rad durch das Herz der Bretagne

Napoleon war angetan von der Idee: ein Kanal, der Nantes – damals noch Hauptstadt der Bretagne – mit dem wichtigen Hafen Brest verbindet! Für den Güterverkehr wurde die Wasserstraße nur wenige Jahrzehnte genutzt, bevor ihr die Eisenbahn den Rang ablief. Heute genießen Hausbootkapitäne das entschleunigte Reisen auf dem Kanal, Wanderer und Radler bevölkern den Treidelpfad am Ufer.

Der erste Spatenstich für das ehrgeizige Projekt wurde 1806 getan, doch bis der Kanal schließlich auf ganzer Länge schiffbar war, sollte es noch ganze 36 Jahre dauern. In dieser Zeit wurden insgesamt acht Flüsse kanalisiert und drei Berge gequert. Auf insgesamt 364 Kilometern Länge waren 555 Höhenmeter zu bewältigen – dafür wurden sage und schreibe 238 Schleusen gebaut, dazu etliche Schleusenwärterhäuschen und diverse Wasserreservoirs, um den Wasserstand regeln zu können. Auf der Kanalbaustelle schufteten neben Bauarbeitern auch Straf- und später Kriegsgefangene. Der bretonische Landadelige, der als Erster auf die Kanalidee verfiel, hatte damit in erster Linie der wirtschaftlichen Entwicklung im Landesinneren auf die Sprünge helfen wollen: Indem man die entsprechende Infrastruktur schuf, so hoffte er, könnte man den landwirtschaftlichen Erzeugnissen, dem Holz aus den Wäldern und dem Schiefer aus den Steinbrüchen größere Märkte erschließen. Daneben würde sein Vorhaben, das François-Joseph de Kersauson Mitte des 18. Jahrhunderts in die bretonische Ständeversammlung einbrachte, auch strategische Vorteile haben. Seinerzeit stießen seine Ideen noch auf taube Ohren, doch einige Jahrzehnte später, als britische Schiffe bretonische Häfen blockierten, rückte das Projekt auf der Agenda ganz nach oben.

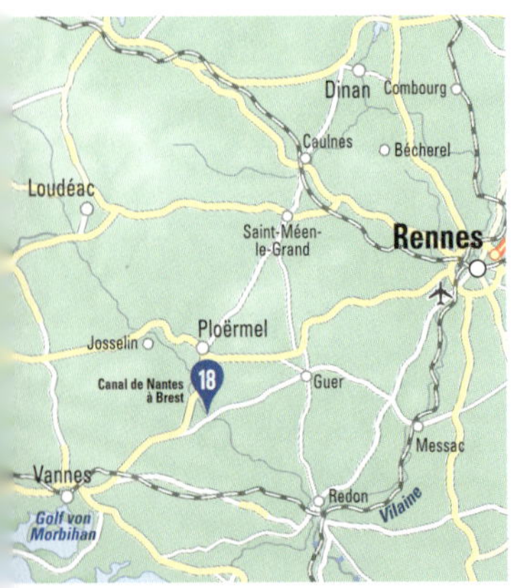

Bei Châteaulin quert diese schöne Bogenbrücke den Kanal, der im Bett der Aulne verläuft (oben).

Entwicklungshilfe für das Landesinnere

Als das Mammutprojekt 1842 fertiggestellt war, florierte die Flussschifffahrt – jedoch nur wenige Jahrzehnte lang. Um die Jahrhundertwende erwuchs den schwerfälligen, bis zu 25 Meter langen Lastkähnen, die langsam eine Schleuse nach der anderen passierten, in Gestalt der Eisenbahn eine schnellere und billigere Konkurrenz. Wenige Jahre nach dem Ende des Ersten Weltkriegs war der Kanal als Transportweg bereits so unbedeutend, dass man ihn 1930 durch die Anlage des Stausees Lac de Guerlédan kurzerhand in zwei unverbundene Abschnitte unterteilte. In dem neuen See versanken auch 18 der ursprünglichen Kanalschleusen. Mitte der 1970er-Jahre transportierte zum letzten Mal ein Schiff Fracht über den Kanal. Dann wurde es still um die Wasserstraße, bis sie rund zwanzig Jahre später als Touristenattraktion neu entdeckt wurde. Heute sind die Schleusen instand gesetzt, aus einigen der alten Schleusenwärterhäuschen wurden Cafés oder Ferienunterkünfte. Hausboot-, Kanu- und Fahrradverleiher bieten ihre Dienste an. Auch Planwagenfahrten und geführte Eselwanderungen auf dem Treidelpfad gehören zum Programm. Seinen ursprünglichen Zweck, die Wirtschaft im Landesinneren zu beleben, hat der Kanal also am Ende doch noch erfüllt.

Nantes, die ehemalige Hauptstadt

Die Trasse des Kanals nimmt ihren Anfang an der Schleuse Saint-Félix in Nantes, nur einen Spaziergang von der Innenstadt und dem Schloss der bretonischen Herzöge entfernt, in dem die bis heute hochverehrte Herzogin Anne de Bretagne (1477–1514) das Licht der Welt erblickte. Ihr Vater François II (1435–1488) machte Nantes 1458 zur Hauptstadt seines unabhängigen Herzogtums Bretagne. Mehr als fünfhundert Jahre lang wurden von hier aus die Geschicke der Region gelenkt. Doch im Zuge einer viel kritisierten Gebietsreform wurde die ehemalige Hauptstadt samt ihrem Umland 1941 von der Bretagne abgetrennt und gehört seitdem zum Département Loire-Atlantique. Die 1443 begonnene und erst 450 Jahre später vollendete gotische Kathedrale Saint-Pierre-et-Saint-Paul ist zweifellos einer Hauptstadt würdig: Ihr Hauptschiff überflügelt mit einer Höhe von 37,5 Metern sogar die Kathedrale Notre-Dame in Paris. Im Inneren befindet sich ein schönes marmornes Grabmal, das Anne de Bretagne für ihre Eltern errichten ließ. Das Schloss der bretonischen Herzöge diente nach dem Verlust der bretonischen Unabhängigkeit den französischen Königen als Residenz. Im Jahr 1598 unterzeichnete Heinrich IV. (1553–1610) hier das Edikt von Nantes, das den Protestanten erstmals volle Bürgerrechte einräumte. Auf dem kleinen Platz vor dem Eingang zum Schloss steht eine Statue von Anne de Bretagne. Die legendäre Herzogin ist hier sehr volkstümlich und nahbar dargestellt, fast wie eine Bürgersfrau, die gerade vom Einkaufen kommt. Zu Beginn des 18. Jahrhunderts war Nantes der bedeutendste Hafen Frankreichs. Die Reeder verdienten prächtig am sogenannten Dreieckshandel: Ihre Schiffe fuhren erst nach Afrika, wo sie Sklaven an Bord nahmen und nach Amerika transportierten. Von dort kehrten sie dann mit Zucker, Kaffee und Tabak beladen zurück. Heute erinnert ein Denkmal am Quai de la Fosse an die Abschaffung der Sklaverei. Die im Jahr 1843 eröffnete Passage Pommeraye, eine elegante Einkaufspassage nach Pariser Vorbild, verbindet den Hafen mit dem Theaterviertel, wo vis-à-vis dem Theater die legendäre, verschwenderisch dekorierte Brasserie La Cigale einen Abstecher wert ist. Auch dem ehemaligen Werftdistrikt auf der Île de Nantes sollte man unbedingt einen Besuch abstatten. In den riesigen Hallen hat sich mit den »Machines de l'Île« ein höchst ungewöhnliches Kunstprojekt angesiedelt: Riesige mechanische Figuren entstehen hier. Publikumsliebling ist ein zwölf Meter hoher Elefant, der auf seinem Rücken Passagiere über das Gelände befördert.

Karneval, Kunsthandwerk und Kosmetik

Die erste Etappe auf dem Weg entlang des Kanals ist Blain. Das dortige, ab dem 11. Jahrhundert erbaute Château de la Groulais ließ Kardinal Richelieu (1585–1642) 1629 teilweise schleifen. Seitdem ist es quasi zweigeteilt. Jedes Jahr im September findet hier ein großes Mittelalterfest statt. Ein weiterer Höhepunkt des Jahres ist das fünftägige Fest »Saint-Laurent«, das seit 1875 immer Anfang August gefeiert wird. Wenn beim sonntäglichen Festumzug bunte Motivwagen sowie Musik- und Tanzgruppen durch den Ort ziehen, fühlt man sich fast wie im rheinischen Karneval.

Der Kanal ist nicht nur bei Freizeitkapitänen beliebt; der gut ausgebaute ehemalige Treidelpfad lädt auch zu ausgedehnten Radtouren ein (oben). Manche Durchfahrten sind Millimeterarbeit (unten).

Wie ein Gebirge aus Granit erhebt sich die Festung von Josselin über dem Kanal (unten). Das hübsche Städtchen Redon war einst ein bedeutender Verkehrsknotenpunkt (rechte Seite oben). Beim alljährlichen Open-Air-Foto-Festival wird in La Gacilly unter freiem Himmel internationale Fotokunst gezeigt (rechte Seite unten).

In Redon kreuzt der Kanal den Flusslauf der Vilaine. Die Stadt war bereits vor dem Bau des Kanals ein wichtiger Verkehrsknotenpunkt und bis ins 18. Jahrhundert hinein ein florierender Hafen. Die vier Arme des bretonischen Jakobspilgerwegs vereinigen sich hier zu einem einzigen. Um die Jahrhundertwende wurde mit der Ankunft der Eisenbahn der Bau einer Drehbrücke notwendig: Tagsüber überquerten darauf Züge, Fahrzeuge und Fußgänger den Fluss, nachts stand sie offen, um Frachtschiffen die Durchfahrt zu ermöglichen. Das im 9. Jahrhundert begründete Benediktinerkloster Saint-Sauveur war im Mittelalter eines der größten der Bretagne; von seinen Einkünften profitierte Kardinal Richelieu als weltlicher Abt.
Für Kletterer sind die felsigen Ufer des Kanalabschnitts bei Saint-Vincent-sur-Oust eine willkommene Herausforderung. Ein Stückchen weiter empfiehlt sich ein Abstecher nach La Gacilly; Freizeitkapitäne schippern dafür einfach den Fluss Aff hinauf. Das Unternehmen Yves Rocher unterhält hier Produktionsstätten für Pflanzen- und Naturkosmetik, ein Öko-Spa-Hotel und einen botanischen Garten mit über 1100 Pflanzenarten. Der Gründer Yves Rocher (1930–2009) lenkte von 1962 bis 2008 als Bürgermeister die Geschicke seiner Heimatstadt. In den blumengeschmückten Gassen des alten Ortskerns haben sich zahlreiche Kunsthandwerker angesiedelt.

Ein musikalischer Hase und ein launiger Kardinal

Die Goldmünzen, die im Stadtwappen von Malestroit prangen, erinnern an die »goldenen Jahre« im Mittelalter, als das Städtchen an einer Flussschleife des Oust durch den Handel reich wurde. Rund um die schöne Place du Bouffay reihen sich zahlreiche stattliche Häuser. Die Fassade des Hauses Nr. 3 schmücken ausgefallene Schnitzereien: Ein Hase spielt Dudelsack und eine Sau hantiert mit einem Spinnrocken. Als Nächstes streift der Kanal den Stadtrand von Ploërmel; ein Abstecher in die Altstadt lohnt sich. Die Hauptattraktionen des Städtchens sind das figurenreiche Nordportal der ab dem 15. Jahrhundert errichteten Kirche Saint-Armel und die astronomische Uhr aus dem Jahr 1855. Ihre zehn Zifferblätter zeigen nicht nur Uhrzeit, Tag und Monat, sondern auch den Stand der Sonne und anderer Gestirne an.
Nähert man sich der Stadt Josselin, tauchen als Erstes die Türme der Burg drohend am Ufer auf. Die Adelsfamilie Rohan zählte zu den einflussreichsten Familien der Bretagne. »Roi ne puis, Prince ne daigne, Rohan suis«, so lautete der Rohan'sche Wahlspruch:

»König kann ich nicht sein. Prinz zu sein ist unter meiner Würde. Ich bin ein Rohan.« Immer wieder legten sich die bretonischen Sturköpfe mit den amtierenden Herrschern an. Zur Strafe wurde ihr Château mehrmals zerstört. Über eine solche Strafaktion, bei der im Jahr 1629 sechs der neun Schlosstürme geschleift wurden, informierte Kardinal Richelieu den Schlossherrn höchstpersönlich – mit dem launigen Spruch, er habe soeben einen guten Treffer im Kegelspiel der Rohans gelandet. Die spätgotische Basilika Notre-Dame du Roncier wurde ab dem 11. Jahrhundert ursprünglich zu Ehren einer wundertätigen Marienstatue errichtet, die während der Französischen Revolution zerstört wurde. Die Heide zwischen Josselin und Ploërmel war während des bretonischen Erbfolgekrieges Schauplatz des berühmten »Turniers der Dreißig«. Dabei traten am 26. März 1351 stellvertretend für jede der beiden Kriegsparteien je dreißig Ritter zum Kampf an; die Schlacht dauerte den ganzen Tag.

Eine Schleuse nach der anderen

Vorbei an der beeindruckenden Zisterzienserabtei Notre-Dame de Timadeuc (1841) bei Bréhan geht die Fahrt weiter ins beschauliche Dörfchen Rohan, aus dem die Schlossherren von Josselin ursprünglich stammten. Kurz hinter dem Ort beginnt die beeindruckende Schleusentreppe, die den Oust mit dem Blavet verbindet. Auf dem 24 Kilometer langen Abschnitt zwischen Rohan und Pontivy überwindet die Wasserstraße mithilfe von 56 Schleusen einen Höhenunterschied von 70 Metern. Ab Pontivy verläuft der Kanal dann im Flussbett des Blavet.

Unweit der Staumauer, die den Lac de Guerlédan aufstaut, liegt der hübsche Ort Mûr-de-Bretagne; der Maler Jean-Baptiste Corot (1796–1875) verewigte hier die kleine, von alten Eichen umstandene Kapelle Saint-Suzanne. Jenseits des Stausees folgt der Kanal weiter dem Blavet und passiert dabei die Ruine der ehemaligen Zisterziensermönchsabtei Bon-Repos, der engagierte Ehrenamtler Stück für Stück zu neuem Glanz verhelfen.

TOP ★ ERLEBNISSE

★ FOTOKUNST UNTER FREIEM HIMMEL

Das größte Open-Air-Fotofestival Europas findet seit 2004 jedes Jahr im Sommer in La Gacilly statt. Unter der Überschrift »Peuples et Nature«, »Völker und Natur«, verwandelt sich dann der ganze Ort in eine Freiluftgalerie. Vier Monate lang, von Juni bis September, können Besucher kostenlos die beeindruckenden Bilder bestaunen. Auch in der Maison de la Photographie gibt es Ausstellungen zu entdecken. Die Umweltstiftung Fondation Yves Rocher unterstützt Umweltschutzprojekte weltweit. Darum dreht sich auch beim Fotofestival in Yves Rochers Heimatstadt alles um die Beziehung zwischen Mensch und Umwelt. In den Jahren seines Bestehens hat das Festival bereits mehr als zwei Millionen Besucher angezogen.

WEITERE INFORMATIONEN
www.festivalphoto-lagacilly.com
www.nantes-tourisme.com
www.tourisme-pays-redon.com
www.josselin-tourisme.com

★ JAZZ UND SEGELN IN NORT-SUR-ERDRE

Am letzten Augustwochenende finden alljährlich die Rendez-vous de l'Erdre statt. Dieses Event kombiniert Segeln mit Musik: Während am Ufer Konzerte gegeben werden, fahren über 200 Boote auf der Erdre Richtung Nantes.

WEITERE INFORMATIONEN
canal-nantes-brest.fr

Wie ein blaues Band zieht sich
der Canal de Nantes à Brest durch
das Landesinnere der Bretagne.
In Pontivy spiegelt sich diese mit
Blumen geschmückte Brücke in
seiner Oberfläche.

19 IM LAND DER KAPELLEN – PONTIVY UND DAS TAL DES BLAVET

Die Stadt, mit der Napoleon sich ein Denkmal setzte

Pontivy – das sind gleich zwei Städte in einer. Da gibt es zum einen die mittelalterliche Altstadt, die sich um die wehrhafte Festung mit den beiden markanten Rundtürmen gruppiert, und zum anderen gleich daneben das ehemalige Napoléonville. Die Stadt mit streng gitterförmigem Grundraster ließ Napoleon Bonaparte innerhalb eines Vierteljahrhunderts aus dem Boden stampfen.

Der neuzeitliche Teil von Pontivy wurde unter napoleonischer Herrschaft als moderne Garnisonsstadt auf dem Reißbrett geplant (unten). Die Kapelle Saint-Gildas schmiegt sich im Tal des Blavet unter einen Felsen (rechte Seite oben). Die heidnische Venus von Quinipily wurde auf kirchlichen Befehl mehrmals im Fluss versenkt, bevor man ihr in Baud Unterschlupf gewährte (rechte Seite unten).

Wie so viele bretonische Städte führt auch Pontivy seine Gründung auf einen Heiligen zurück. In diesem Fall war es der heilige Yvi, der im 6. Jahrhundert die gute Idee hatte, neben seiner Einsiedelei eine Brücke (Französisch: pont) über den Blavet zu schlagen. Bald kam ein Kloster hinzu, dann eine kleine Stadt und schließlich, im 15. Jahrhundert, eine Burg, die Burg der Rohans. In den gewundenen Gassen der Altstadt und rund um die Place du Martray reihen sich mittelalterliche Fachwerkhäuser mit sorgfältig gearbeiteten Fassaden – die Stadt war durch die Leder- und Tuchherstellung zu beträchtlichem Wohlstand gekommen.

Napoleons Retortenstadt

Zu der finanziellen gesellte sich auch eine gewisse geistige Unabhängigkeit: So war Pontivy eine protestantische Enklave inmitten der zutiefst katholischen Bretagne. Und als sich während der Französischen Revolution die Bretonen rasch auf der Seite der Königstreuen verorteten und die Untergrundbewegung der Chouans bewaffneten Widerstand leistete, hieß Pontivy 1790 die Revolutionsräte aus 203 Städten enthusiastisch willkommen. So viel revolutionäre Begeisterung muss belohnt werden, mag sich Napoleon gedacht haben. Auch dass die Stadt etwa auf halber Strecke des geplanten Canal de Nantes à

Brest und etwa gleich weit von der Nord- und Südküste der Bretagne und den Städten Brest und Rennes entfernt lag, qualifizierte sie offenbar für höhere Weihen. Bereits am 9. November 1804 (bzw. am 18. Brumaire des Jahres XII der Französischen Revolution) wurde ihr Name in Napoléonville geändert. Nach dem Sturz Napoleons I. hieß sie wieder Pontivy, vom 9. März bis Ende Juni 1815 und erneut vom 15. April 1852 bis 21. Oktober 1870 dann noch einmal Napoléonville.

Ab 1807 entstand auf Napoleons Geheiß neben der verwinkelten Altstadt eine für die damalige Zeit hochmoderne neue Stadtanlage: Die schnurgeraden Straßen säumen gleichförmige neoklassizistische Gebäude. Eine Kaserne wurde gebaut, ein Gericht, ein Rathaus, eine Oberschule, ein Gefängnis (das 1960 abgerissen wurde) und ein Hospital. Großzügige Promenaden entstanden, die nach den Siegen des Kaisers benannt wurden. Und was bei einem Bauherrn wie Napoleon natürlich auch nicht fehlen durfte: ein gigantischer Exerzierplatz, der allein 15 000 Quadratmeter groß ist. Dieser La Plaine (»die Ebene«) genannte Platz fasste bis zu 10 000 Mann. Bis 1927 fanden hier die Paraden der Garnisonen aus der nahe gelegenen Kaserne statt.

Kunst in den Kapellen

In der grünen Landschaft rund um Pontivy gibt es eine Vielzahl ländlicher Kapellen. Viele von ihnen sind die meiste Zeit geschlossen, öffnen aber im Sommer ihre Türen für eine Ausstellung moderner Kunst, die die Vereinigung L'Art dans les chapelles (»Kunst in den Kapellen«) seit 1992 organisiert. Auch wenn viele der Kirchlein auf den ersten Blick bescheiden wirken, lohnt sich doch häufig ein Blick ins Innere: Häufig haben sie schön getäfelte und bemalte Decken. Sehr hübsch ist beispielsweise bei Noyal-Pontivy die Kapelle Sainte-Noyale aus dem 15. Jahrhundert, deren Kirchturmspitze an eine Pagode erinnert. In der Wallfahrtskirche Notre-Dame de Quelven aus dem 15. Jahrhundert gibt es eine seltene, aufklappbare Madonnenstatue aus dem 16. Jahrhundert zu bewundern, im Kirchhof eine Scala Santa mit zwei Treppenläufen aus dem 18. Jahrhundert.

Nicht versäumen sollte man das landschaftlich reizvolle Blavet-Tal. Bei Saint-Nicolas-des-Eaux beschreibt der Fluss eine große Schleife. Einen Besuch wert ist auch ist die Eremitage Saint-Gildas in Bieuzy-les-Eaux, eine kleine Kapelle, die sich unter einen riesigen Felsbrocken duckt.

TOP ★ ERLEBNISSE

★ HEIDNISCHE FAMILIENPLANUNG

Im Park des längst verschwundenen Schlosses von Quinipily bei Baud steht die rätselhaft lächelnde Venus von Quinipily. Die strenge Schönheit der Frauengestalt hatte seit jeher den Ruf, die Fruchtbarkeit zu fördern. Darum rieben Frauen, die schwanger werden wollten, ihren Bauch an der steinernen Figur. Solch heidnische Sitten wollte der Bischof von Vannes nicht dulden und ließ die Statue in den Blavet werfen. Wenig später holten die Bauern sie wieder heraus. Dieses Spiel wiederholte sich einige Male. Schließlich gewährte der Schlossherr von Quinipily der Statue Asyl in seinem Park – die Kirche bestand allerdings darauf, der ursprünglich Nackten durch Steinmetze etwas anziehen zu lassen.

WEITERE INFORMATIONEN
www.pays-pontivy.fr
www.artchapelles.com

★ MILITÄRARCHITEKTUR MIT ZIERELEMENTEN

Das Château des Rohan ist ein typisches Beispiel für die bretonische Festungsarchitektur des 15. Jahrhunderts. Über die wehrhafte Funktion hinaus wurde Wert auf verschiedene dekorative Details gelegt, was bis heute die skulptierten Lukarnen oder die aufwendig gearbeiteten Wasserableitungen bezeugen.

WEITERE INFORMATIONEN
ville-pontivy.bzh

Die alte Wassermühle von Huelgoat, die »Chaos-Mühle«, verdankt ihren Namen dem »Mühlen-Chaos«, einem wilden Durcheinander von Felsbrocken (oben). Ein Stückchen weiter ist der Weg zur Hölle ausgeschildert: Hier geht's zur Teufelsgrotte (rechte Seite unten). Guten Appetit! Far breton – leckerer Kuchen mit Pflaumen (rechte Seite oben).

20 IM SCHATTEN ALTER BÄUME – DER WALD VON HUELGOAT

Wo Tristan und Isolde Händchen hielten

Huelgoat bedeutet »hoher Wald«, und ein solcher erstreckte sich einst über das gesamte Landesinnere der Bretagne. Ein Großteil davon ist längst verschwunden. Der Wald von Huelgoat aber hat Abholzung, Waldbränden und Stürmen getrotzt. Ob da Zauberei im Spiel ist? Immerhin ist es in diesem Wald ja auch möglich, einen 100 Tonnen schweren Felsen mit dem kleinen Finger ins Wanken zu bringen.

Wann ist der Wald von Huelgoat am schönsten? Im Herbst, wenn sich die Blätter golden verfärben? Im Frühjahr, wenn das erste zarte Grün sich an den kahlen Ästen zeigt? Hier hat jede Jahreszeit ihren ganz eigenen Reiz ... Das Städtchen, das den gleichen Namen wie der Wald trägt, lebte einst vom Bergbau. Es liegt am Ufer eines spiegelnden Sees, aus dem sich die Rivière d'Argent (»Silberfluss«) speist. Wer diesem Wasserlauf folgt, betritt das Reich der Legenden.

Die Mühle im Chaos

An der Uferpromenade am Waldrand steht das älteste Gebäude von Huelgoat, die Moulin du Chaos, über deren Tür die Jahreszahl 1339 zu lesen ist. Sie verdankt ihren Namen einer beeindruckenden Ansammlung von Felsblöcken, durch die sich die Rivière d'Argent ihren Weg sucht. Ein Pfad führt an diesem »Chaos du Moulin« vorbei in den Wald hinein. Der Legende zufolge soll der Riese Gargantua das malerische Durcheinander angerichtet haben: Als er, hungrig von einer langen Wanderung, in Huelgoat um etwas zu essen bat, setzten ihm die Dörfler lediglich eine Schüssel Buchweizengrütze vor. Der hungrige Riese verschmähte den faden Brei. Als er sich verärgert von dannen machte, klaubte er im Gehen immer wieder Steine auf und schleuderte sie in die Richtung des ungastlichen Dorfs. Praktischerweise gruppierten sich die Blöcke sehr pittoresk im Bett des Silberflusses und bilden heute den Auftakt zu einer im wahrsten Sinne des Wortes sagenhaften Wanderung.

Metallene Stufen führen ein Stück weiter hinab in die Grotte du Diable (»Teufelsgrotte«), in der es unheimlich gurgelt und braust. Hier soll ein Schatz versteckt sein, sagen die einen. Hier befindet sich der Einstieg zur Hölle, sagen die anderen. Wer sich selbst ein Bild machen möchte, sollte auf jeden Fall feste Schuhe anziehen – die Stufen sind oft feucht und rutschig. Ist man der Unterwelt wieder entstiegen, ist es Zeit für eine Kraftprobe. Es gilt, den gut 100 Tonnen schweren »Schaukelstein«, die Roche tremblante, in Bewegung zu versetzen. Zwei unscheinbare Vertiefungen markieren die Stelle, wo man anfassen muss, um das Kunststück mit überschaubarem Kraftaufwand zu vollbringen.

Im Haushalt der Jungfrau Maria

Bei allem gebotenen Respekt: Besonders gemütlich hatte es die Jungfrau Maria nicht, wenn sie, wie es die Legende behauptet, ein Stückchen weiter entlang des Silberflusses gewohnt hat. Der Haushalt der Gottesmutter ist zwar mit allerhand Requisiten – Kessel, Gabel, Bett und Regenschirm – ausgestattet. Aber zum einen braucht man schon etwas Fantasie, um alle diese Gegenstände in den unterschiedlich geformten Steinen zu erkennen, und zum anderen ist das Domizil doch recht zugig.

Ein Stück weiter gabelt sich der Weg. Der untere, am Bach entlang, trägt den hübschen Namen Allée Violette, der obere heißt Chemin des Amoureux. Auf diesem »Pfad der Verliebten« sollen einst Tristan und Isolde entlangspaziert sein, nachdem sie sich außerplanmäßig ineinander verliebt hatten. Ursprünglich sollte Tristan Isolde ja zu seinem Onkel Marke bringen, der sie zu heiraten beabsichtigte. Als die zwei aber unterwegs irrtümlich von einem Liebestrank naschten, war es um sie geschehen ... Wer nach weiteren Mythen sucht, wandert bergauf zum Camp d'Artus, wo der Sagenkönig angeblich bei den Überresten eines Keltenwalls sein Heerlager hatte. Tiefer im Wald liegt Le Gouffre – in diesem »Höllenschlund« stürzt das Wasser rund zehn Meter in die Tiefe. Angeblich ist es manchmal rot gefärbt, weil die böse Fee Dahut hier ihre abgelegten Liebhaber zu entsorgen pflegte ...

TOP ★ ERLEBNISSE

★ KULINARISCHE FREUDEN

Auf den Märkten wird überall der Far breton angeboten, ein köstlicher Puddingkuchen mit getrockneten Pflaumen, der am besten noch warm mit einem Glas Cidre dazu schmeckt.

WEITERE INFORMATIONEN
de.wikipedia.org/wiki/Far_breton
www.la-bretonelle.de/der-traditionelle-far-breton/

★ NATURSCHUTZ LIGHT

Der Wald von Huelgoat ist Teil des Parc naturel régional de l'Armorique, der sich in bretonischer Sprache »Park an Arvorig« nennt. In regionalen Naturparks stehen Flora und Fauna sowie das kulturelle Erbe unter Schutz; die Auflagen und Nutzungseinschränkungen sind jedoch nicht so umfassend wie in einem Naturschutzgebiet und lassen beispielsweise eine landwirtschaftliche Nutzung zu. Der 1969 eingerichtete Park war die zweite derartige Schutzzone in ganz Frankreich und die erste in der Bretagne. Er erstreckt sich auf 125 000 Hektar von den Höhenzügen der Monts d'Arrée und dem Tal der Aulne bis zur Halbinsel Crozon und den Inseln im Mer d'Iroise. Zu seiner Fläche gehören auch rund 60 000 Hektar Meeresfläche. Insgesamt leben auf dem Gebiet des Parks rund 65 000 Menschen in 44 Kommunen.

WEITERE INFORMATIONEN
http://carhaixpohertourisme.bzh/fr
www.pnr-armorique.fr

21 GEBIRGE, ABER AUF BRETONISCH

Unterwegs im Herzen der Bretagne

Bretagne und Gipfel? Wie passt denn das zusammen? Sehr reizvoll, wie man auf dieser Rundfahrt feststellen kann, wobei die hier wartenden Gipfelfreuden rein gar nichts mit den uns geläufigen in den Alpen gemeinsam haben, sondern völlig unerwartete Landschaftserlebnisse mit vielen kulturellen und architektonischen Highlights bieten.

Die Monts d'Arrée stellen mit dem Roc'h Ruz (385 Meter) und dem Roc'h Trévezel (384 Meter) die höchsten Gipfel der Bretagne und trennen das südliche vom nördlichen Finistère. Die durch Erosion entstandenen runden Bergrücken im Gegensatz zu den zerklüfteten Kämmen zeichnen ein wildromantisches, wenn auch eigenwilliges Landschaftsbild.
Der erste Halt nach Huelgoat, das man südlich auf der D14 Richtung Pleyben verlässt, ist Saint Herbot, wo ein Besuch der spätgotischen Kirche mit einer herrlichen geschnitzten Chorschranke aus Eichenholz ansteht, bevor es weitergeht zum Roc'h Begheor. In einer Viertelstunde geht es zwischen Stechginsterbüschen auf den Gipfel (277 Meter), der zumindest bei gutem Wetter eine weite Sicht über die Monts d'Arrée und die Montagnes Noires bietet.

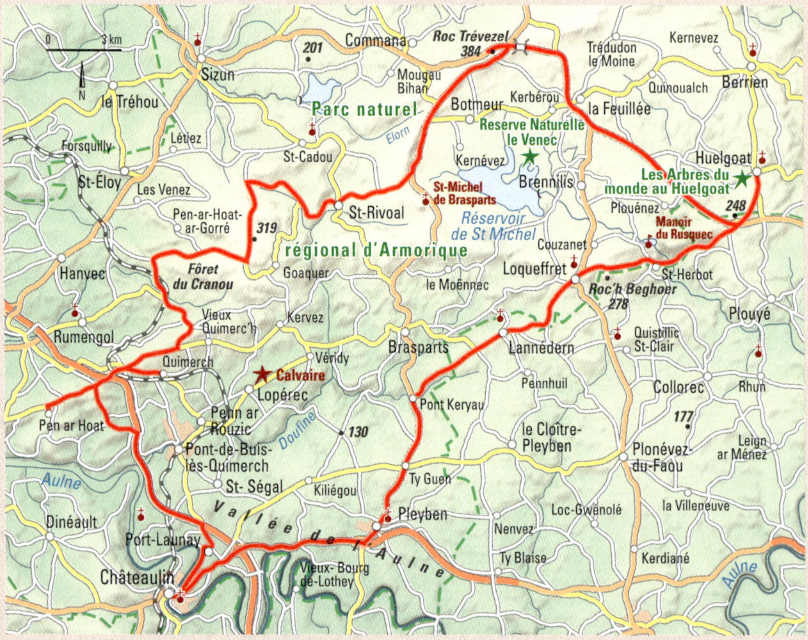

Weit hinein in die wildromantische Landschaft reicht der Blick vom Roc'h Trévezel.

Kulinarische und Naturgenüsse

Pleyben ist weithin bekannt für seine köstlichen Galettes (pikante Crêpes aus Buchweizenmehl) und Châteaulin, ein Zentrum der Lachsfischerei, trägt den Lachs schon seit jeher im Stadtwappen. Im Sommer werden von Châteaulin startend organisierte Wanderungen in den Monts d'Arrée angeboten. Am rechten Aulne-Ufer geht es weiter, vorbei an Port-Launay, das als Hafen von Châteaulin dient.
Vor Quimerch lohnt sich ein Abstecher nach Pen-Ar-Hoat. Am dortigen Gehöft kann man parken und wandert, sich links haltend, eine Dreiviertelstunde, bis man auf 210 Metern mit einer tollen Rundumsicht belohnt wird. Danach fährt man zurück bis

Im romantischen Locronan lockt der Duft einer Boulangerie (Bäckerei).

Kerancuru auf die D42, nach 3,5 Kilometern links weiter auf die D342 Richtung Sizun.
In Quimerch an der Panoramatafel geht der Blick weit vom Ménez-Hom über die Bucht von Brest und die Halbinsel von Plougastel bis zu den Eichen und Buchen der Forêt du Cranou.
Durch die Domaine de Menez-Meur, in der in Gehegen Wildtiere wie Wölfe, Hirsche, Auerochsen und Wildschweine leben, schlängeln sich Naturlehrpfade verschiedener Länge zu den Themen Wald, Wildtiere oder Landschaft. Das Gut kümmert sich auch um vom Aussterben bedrohte Rassen wie die bretonischen Pie-Noir- und die Nantes-Kühe, die kleinen Ouessant-Schafe oder die Schweinerasse Porc blanc de l'Ouest.
Weiter geht es Richtung Osten bis St-Rivoal. Ein Highlight des Freilichtmuseums, das verschiedene bretonische Architekturstile zeigt, ist ein Gehöft von 1702, die Maison Cornec. Das Schiefergebäude mit Heuboden besitzt einen Wohnraum mit offenem Kamin.
Das letzte Etappenziel ist der Roc'h Trévezel. Hier kann man sich noch mal etwas bewegen und einen weiteren beeindruckenden Panoramablick genießen.
Schließlich geht es zurück zum Ausgangspunkt in Huelgoat.

Sonnenaufgang in den Monts d'Arrée bei der Kapelle Mont Saint-Michel de Brasparts.

TOP ★ ERLEBNISSE

★ KALVARIENBERG VON PLEYBEN

Architekturinteressierte werden den umfriedeten Pfarrhof aus Granit, ein kulturhistorisches Meisterwerk, bestaunen. Hier lockt der vielleicht eindrucksvollste Kalvarienberg der gesamten Bretagne, 1555 errichtet und 1738 versetzt. Nach und nach wurde er mit immer mehr Skulpturen versehen. Der rechte Turm der dazugehörigen, mit zwei Türmen versehenen Kirche, ist ein von einer Laternenkuppel bekrönter wunderschöner Renaissanceturm, der linke trägt eine gotische Spitze. Eine Galerie verbindet ihn mit dem benachbarten Eckturm.

★ CHÂTEAULIN UND DER LACHS

Im Observatoire Aquatique kann man sich mit wichtigen Fischarten aus dem Bereich der Süßwasserfische in den Küstenflüssen des Finistère und ihrem Wanderverhalten vertraut machen, darunter auch der Atlantiklachs.

★ PICKNICKFREUDEN IM GRÜNEN

Die Mittagsrast sollte, wer es möglich machen kann, im Waldgebiet der mehr als 600 ha großen Forêt du Cranou einplanen. Die Ruhe im Wald ist beinahe magisch und es wurden zahlreiche Picknickplätze eingerichtet.

★ PANORAMASTUDIEN

Die beeindruckend weite Sicht von oben umfasst im Norden die Hügel im Tal des Küstenflusses Élorn, im Osten die nahen Höhen der Monts d'Arrée, die Forêt du Cranou und dahinter die Montagnes Noires und den Menez-Hom sowie im Westen die Bucht von Brest.

★ LÄNDLICHE LEBENSART VERGANGENER ZEITEN

Unweit des Naturdenkmals Roc'h Trévezel in Commana ist in den restaurierten Mühlen von Kerouat ein weiteres Freilichtmuseum, das Écomusée des Monts d'Arrée untergebracht.

22 AN DER CÔTE D'ÉMERAUDE – DINARD

Vom Fischerort zum Seebad

Die Côte d'Émeraude hält alle Zutaten für einen gelungenen Urlaub bereit: Auf rund 40 Kilometern Länge wechseln sich zwischen Cancale und dem Cap Fréhel weiße Sandstrände und schroffe Felsen, idyllische Dörfer und mondäne Badeorte ab. Kein Wunder, dass schon der berühmte Regisseur Alfred Hitchcock (1899–1980) in Dinard Ruhe und Erholung suchte.

Dinard hatte Potenzial, das lag auf der Hand. Schließlich hatten sich einige wohlhabende Briten ausgerechnet diesen verschlafenen kleinen Fischerort an der bretonischen Küste als Sommerfrische ausgesucht. Doch um ganz groß rauszukommen, erhielt das Kind noch einen Namen: »Nizza des Nordens«! Um die Mitte des 19. Jahrhunderts mauserte sich der kleine Hafen Dinard zum ersten Seebad der Bretagne. Hotels und ein Kasino wurden errichtet, 1875 ein Jachtclub gegründet. Betuchte britische Stammgäste ließen sich schicke Villen bauen. Wer heute durch den Stadtteil Bric-à-Brac spaziert, ist umringt von denkmalgeschützten architektonischen Schmuckstücken.

Hitchcock am Strand

Die Besucherliste des charmanten Städtchens liest sich wie ein Who's who des 20. Jahrhunderts: Die britische Krimi-Autorin Agatha Christie (1890–1976) machte hier ebenso Ferien wie der Politiker Winston Churchill (1874–1965). Auch Pablo Picasso (1881–1973) kehrte in den 1920er-Jahren mehrmals nach Dinard zurück. Bei seinem Aufenthalt im Jahre 1928 konnte er vermutlich nicht wirklich entspannen, hatte er doch Ehefrau nebst Kind am einen Ende der Stadt einquartiert, während seine Geliebte am anderen wohnte. In den blau-weiß gestreiften Badezelten am Stadtstrand Plage de l'Écluse traf man sich zum heimlichen Stelldichein ...

Wenn die Heide blüht, ist das schroffe Cap Fréhel in leuchtendes Violett getaucht (unten). Wohlhabende Badegäste ließen sich in Dinard elegante Villen bauen (rechte Seite oben). Das Fort La Latte liegt wildromantisch direkt am Meer (rechte Seite unten).

Daneben fand der Künstler aber trotzdem noch Zeit zum Malen: Allein rund 50 Bilder badender Frauen schuf Picasso im Laufe seiner diversen Aufenthalte in Dinard. Ob es an seinem unsteten Lebenswandel lag? Jedenfalls wurde nicht Picasso, sondern Hitchcock zu Ehren ein Denkmal an der Plage de l'Écluse errichtet. Die 2009 enthüllte Statue, eine Reminiszenz an seinen berühmten Film »Die Vögel«, zeigt den Regisseur mit einer Möwe auf der einen und einer Krähe auf der anderen Schulter.

Golfplatz mit Aussicht

Die britischen Badegäste von einst wollten auch im Urlaub nicht auf ihren gewohnten Sport verzichten und gründeten 1877 in Saint-Briac-sur-Mer unweit von Dinard einen Golfplatz. Hoch über den Klippen gelegen und mit einem herrlichen Blick auf das Meer, gehört der 18-Loch-Platz nicht nur zu den ältesten Frankreichs, sondern auch zu den schönsten der Welt. Die zauberhafte Landschaft an diesem Küstenabschnitt lockte auch Maler wie Paul Signac (1863–1935) und Auguste Renoir (1841–1919) an, die sich hier zu Gemälden inspirieren ließen. An den Stellen des Küstenwanderwegs zwischen der Plage du Longchamp und der Halbinsel du Nessay, an denen sie besonders gern ihre Staffeleien aufstellten, sind während der Sommermonate Reproduktionen der Kunstwerke zu sehen, die dort entstanden.

Der Badeort Saint-Cast-le-Guildo kann im Wettbewerb um die Gunst des Publikums gleich zwei Trümpfe ausspielen: Zum einen nennt der Ort einen der schönsten Strände in der nördlichen Bretagne sein Eigen. Zum anderen ist hier die Eisdiele »Chez Tinou« ansässig, von der manche behaupten, sie stelle das beste Eis der Bretagne her.

Schroffe Schönheit

Am Cap Fréhel zeigt sich, warum die Côte d'Émeraude den Namen »Smaragdküste« trägt: An manchen Tagen schimmert das Meer zu Füßen der grau-rosa Sandsteinklippen in einem faszinierenden Smaragdgrün. In den Nischen und Vorsprüngen der steilen Klippen finden zahlreiche Vogelarten geschützte Nistplätze. Mit etwas Glück kann man hier neben Haubenkormoranen und Silbermöwen auch seltene Tordalke erspähen. Über den Klippen weist ein majestätischer, mehr als 100 Meter hoher Leuchtturm den Schiffen vor der Küste den Weg.

TOP ★ ERLEBNISSE

★ FORT LA LATTE – DIE BURG ÜBER DER BRANDUNG

Das zinnenbewehrte Fort la Latte ist eine Ritterburg wie aus dem Bilderbuch. Hoch über dem Meer thront es am Rand einer Klippe, darunter tost die Brandung. Seine Anfänge reichen bis in das 13. Jahrhundert zurück, die heutige ausgeklügelte Verteidigungsanlage trägt jedoch die Handschrift Vaubans. Der berühmte Festungsbaumeister baute das Fort im ausgehenden 17. Jahrhundert aus. Durch zwei Felsspalten geschützt und mit zwei Zugbrücken abgesichert, galt das Fort la Latte lange als uneinnehmbar. Heute ist die Burg in Privatbesitz und kann in Teilen besichtigt werden. Einmal im Jahr findet ein dreitägiges Mittelalterspektakel statt. Auch diverse Mantel-und-Degen-Filme wurden hier gedreht.

WEITERE INFORMATIONEN
www.terres-emeraude-tourisme.com, www.castlelalatte.com, www.cheztinou.fr, www.dinardemeraudetourisme.com

★ SPAZIERGANG IM MONDSCHEIN

Von Juli bis September werden allabendlich die stimmungsvollen Promenades du Clair-de-Lune durchgeführt, bei der durch Animation fantastische Licht- und Klangeffekte erzeugt werden.

WEITERE INFORMATIONEN
www.ville-dinard.fr/la-promenade-du-clair-de-lune/

Das Château de Costaérès liegt auf einer Insel vor der Côte de Granit Rose (oben). Bizarre Felsformationen, unterbrochen durch feinsandige Strände, prägen die Côte de Granit Rose – so wie hier auf der malerischen Halbinsel Île Renote (rechte Seite oben). Wildromantische Felsformationen aus Granit bei Ploumanac'h (rechte Seite unten).

23 AN DER CÔTE DE GRANIT ROSE

Surreale Felsen, spannende Legenden

Die Côte de Granit Rose ist eine der großen landschaftlichen Schönheiten der Bretagne. Der malerische Küstenabschnitt zwischen Paimpol und Trébeurden, der auf bretonisch Aod ar Vein Ruz heißt, ist wegen seiner surrealen Felsformationen aus rötlich schimmerndem Granit eine beliebte Touristenattraktion. Besonders spektakulär sind die Felsen rund um den Ort Ploumanac'h.

Seine charakteristische rötliche Färbung macht den hiesigen Granit zu etwas ganz Besonderem. Hervorgerufen wird sie durch Beimengungen der Mineralien Hämatit und Alkalifeldspat. Das Gestein entstand vor über 300 Millionen Jahren durch geologische Prozesse. Wind, Wellen und das Wetter haben die darüberliegenden Erdschichten abgetragen und den Granit zu bizarren Felsformationen geschliffen. Die malerischen Felsen und die feinsandigen Strände lockten schon um die Jahrhundertwende zahlreiche Badegäste an. Vor allem das wohlhabende Bürgertum aus Paris floh während der Sommermonate gern aus der heißen Metropole an die bretonische Küste. Ein beliebtes Ferienziel war das Seebad Perros-Guirec, dessen Kirche Saint-Jacques ab dem 12. Jahrhundert aus dem für diesen Küstenabschnitt typischen rosa Granit erbaut wurde. Ein Wunder soll 1445 zum Bau der Kirche Notre-Dame de la Clarté (»Unsere liebe Frau der Klarheit«) geführt haben. Der Legende zufolge geriet ein Seemann vor der Küste in dichten Nebel. Als er in höchster Not zur Jungfrau Maria betete, sei, so sagt man, ein gleißend heller Sonnenstrahl durch den Nebel gedrungen und habe ihm den Weg zum rettenden Ufer gewiesen.

Abenteuerlich aufgetürmte Felsen an der Côte de Granit Rose (oben). Sonnenuntergang nahe Ploumanac'h, Côte de Granit Rose (unten). In der alten Bischofsstadt Tréguier gibt es schöne alte Fachwerkhäuser (rechte Seite oben). Tolles Duo: Weißwein und Austern (rechte Seite unten).

Auf dem Zöllnerpfad

Die Corniche Bretonne, die Küstenstraße zwischen Perros-Guirec und Trébeurden, eröffnet immer wieder schöne Ausblicke auf die Côte de Granit Rose. Doch um die Schönheit dieses Küstenabschnitts richtig genießen zu können, empfiehlt sich eine Wanderung auf dem alten Zöllnerpfad. Die zerklüftete Küstenlinie der Bretagne mit ihren zahllosen kleinen Buchten und versteckten Höhlen war zu früheren Zeiten ein idealer Tummelplatz für Schmuggler. Um diesen das Handwerk zu legen, gingen Zöllner entlang der Küste Patrouille. Der alte Zöllnerpfad ist heute ein gut ausgebauter Wanderweg. Von der Plage de Trestraou in Perros-Guirec aus führt er in Richtung Ploumanac'h mitten durch die spektakulärsten Felsformationen hindurch. Besonders reizvoll ist dieser Spaziergang in den Abendstunden, wenn die rosafarbenen Granitfelsen im Schein der untergehenden Sonne in zahllosen Rotschattierungen leuchten.

Die außergewöhnlichen Formen der bis zu 20 Meter hohen Felsen haben dazu geführt, dass der Volksmund vielen von ihnen Namen gegeben hat: Da gibt es den Champignon und die Hexe, den Elefantenfuß und die liegende Flasche, den umgedrehten Holzschuh, die Jakobsmuschel, die Liebesgrotte und den gefallenen König. An der Pointe du Squewel erhebt sich das Château du Diable (»Teufelsschloss«). Zu internationaler Berühmtheit gelangte ein ganz bestimmtes Felsgebilde, dessen Form mit etwas Fantasie an einen Dreispitz erinnert – so wie ihn Napoleon Bonaparte oft und gern trug. Während des Zweiten Weltkriegs organisierte General Charles de Gaulle (1890–1970) aus dem britischen Exil den Widerstand des Freien Frankreichs gegen die deutschen Besatzer. Nach langen Vorbereitungen wurde am 3. April 1943 schließlich über Funk das Startsignal für den bewaffneten Kampf gegeben. Der britische Rundfunksender BBC sendete, wie zuvor im Geheimen vereinbart, den Code zum Losschlagen. Die Botschaft bestand aus einer scheinbar harmlosen Frage: »Befindet sich Napoleons Hut noch immer in Perros-Guirec?«

Der Leuchtturm von Ploumanac'h wurde 1945 auf einer felsigen Landzunge erbaut und besteht ebenso wie seine Umgebung komplett aus rosa Granit. Sein Name »Mean Ruz« ist bretonisch und bedeutet »roter Stein«. Vom Leuchtturm aus hat man einen wunderschönen Blick hinüber zur (Halb-) Insel Île Renote. Mitten in der schönen Bucht von Ploumanac'h steht auf der vorgelagerten Insel Costaérès ein malerisches Schloss, das ein polnischer Ingenieur gegen Ende des

19. Jahrhunderts errichten ließ. Ende der 1980er-Jahre erwarb der deutsche Schauspieler Didi Hallervorden das Anwesen. In der Maison du Littoral unweit des Leuchtturms wird anschaulich erklärt, wie die einzigartigen Granitformationen der Côte de Granit Rose einst entstanden.

Die Leiden des Heiligen

Nur einen Spaziergang entfernt finden Fotografen an der Plage du Saint-Guirec ein weiteres unwiderstehliches Motiv: das Oratorium des Saint-Guirec aus dem 12. Jahrhundert. Jedes Jahr findet am Himmelfahrtstag ein Pardon, eine Büßerprozession, zu Ehren des Heiligen statt, der im 6. Jahrhundert das Christentum in die Region brachte. Das Oratorium ist nur bei Ebbe zugänglich; bei Flut ist es von Wasser umgeben. In dem anrührend schlichten Schrein ist eine Granitstatue von Guirec zu sehen. Ursprünglich stand hier eine hölzerne Figur, die aber das Pech hatte, als absolut zuverlässiges Heiratsorakel zu gelten. Junge Frauen, die hofften, bald vor den Traualtar zu treten, stachen eine Nadel in die Nase des Heiligenbilds. Wenn diese stecken blieb, sollten bald die Hochzeitsglocken läuten. Die Holzstatue überstand diese Prozedur auf Dauer nicht. In Trégastel sind zwischen der Plage du Grève rose und der Plage de Coz-Pors weitere malerische Felsformationen zu entdecken. Unterhalb der Felsen versteckt sich in Grotten ein ausgesprochen sehenswertes Aquarium. Und im alten Ortskern oben auf dem Hügel scharen sich wie Küken um die Henne die kleinen Granithäuser um eine schöne Kirche aus dem 12. Jahrhundert.

Das Paradies der Vögel

Die der Côte de Granit Rose vorgelagerte Inselgruppe der Sept Îles ist das älteste Vogelschutzgebiet Frankreichs. Bis zu 22 000 Vogelpaare nisten auf den Klippen der Inseln. Papageientaucher und Haubenkormorane, Austernfischer, Silber- und Dreizehenmöwen leben hier in guter Nachbarschaft mit einer großen Kolonie von Basstölpeln. Die vogelreiche Inselwelt kann man per Boot erkunden. An Land gehen darf man aber nur auf der Île aux Moines, auf der im 14. und 15. Jahrhundert Franziskanermönche lebten. Nachdem auch die vorübergehend hier stationierte Garnison wieder abgezogen war, haben die Vögel seit nunmehr rund 200 Jahren die sieben Inseln wieder (fast) für sich.

TOP ★ ERLEBNIS

★ FRISCH AUS DEM MEER: AUSTERN

Der Atlantik, der die Bretagne umspült, sorgt für einen Reichtum an Fisch – Barsch, Thunfisch, Sardinen, Hummer, Muscheln – und natürlich: Austern! In der Nähe von Saint-Malo liegt das Küstenstädtchen Cancale. Schon der Sonnenkönig Ludwig XIV. bestellte hier bevorzugt seine Austern, die mit schnellen Pferden nach Versailles transportiert wurden. Es ist ein offenes Geheimnis, dass viele der feinsten Restaurants in Paris ausschließlich Austern aus Cancale auf ihre Teller lassen. Unter den vielen Küstendörfern, in denen die Muscheln gezüchtet werden, ist Cancale die heimliche Austernhauptstadt der gesamten Bretagne. In der Innenstadt bieten eigentlich alle Restaurants Austerngerichte an. Groß ist auch die Auswahl an den Verkaufsständen an dem von einer malerischen Häuserzeile gesäumten Hafen La Houleile. Wer die Austern sofort essen möchte, erhält das Dutzend (traditionell 13 Stück) verzehrfertig geöffnet und mit Zitrone versehen. Gleich hinter dem Leuchtturm und der Hafenmole findet man die charakteristischen Austernzuchtanlagen und die typischen Säcke, in denen die Austern heranwachsen.

WEITERE INFORMATIONEN
www.cotedegranitrose.fr

Der Leuchtturm von Ploumanac'h an der Pointe de Squéouel wacht über die vielen bizarren, rosafarbenen Granitblöcke, die der Côte de Granit Rose ihren Namen gaben.

24 IM SCHATTEN DES VIADUKTS – MORLAIX

Und wenn sie dich beißen ...

Das Erste, was in Morlaix ins Auge fällt, ist das gewaltige Eisenbahnviadukt, das auf hohen Pfeilern den tiefen Taleinschnitt überspannt. Doch wer sich mit einem Blick auf dieses architektonische Husarenstück begnügt, dem entgeht einiges. Zu Füßen des steinernen Riesen wartet ein hübsches Städtchen mit einer interessanten Geschichte darauf, entdeckt zu werden.

Die sogenannten Laternenhäuser sind typisch für die Stadt (unten). Das imposante Eisenbahnviadukt beherrscht die Silhouette von Morlaix (rechte Seite oben). In der Bretagne sind vielerorts prähistorische Begräbnisstätten zu entdecken (rechte Seite unten).

Schon die Römer wussten die Vorzüge dieses geschützten Hafens zu schätzen: Sie gründeten hier eine Siedlung, der sie den Namen Mons relaxus gaben. Um das Jahr 1000 n. Chr. wurde eine erste Burg errichtet. Heute säumen schmucke Häuser die Plätze, die sich auf der Talsohle aneinanderreihen. Zu beiden Seiten des tiefen Mündungstals schlängeln sich die Venelles, ein Gewirr aus schmalen, kopfsteingepflasterten Gässchen und Treppen die Hänge empor.

Im Mittelalter avancierte Morlaix zu einer wichtigen Hafenstadt, über die die im Umland hergestellten Tuche umgeschlagen wurden. Es muss ein prachtvoller Anblick gewesen sein, wenn die großen Frachtsegler majestätisch in den Hafen einliefen, der sich bis vor gut einem Jahrhundert noch bis zum heutigen Rathaus erstreckte. Bis nach Spanien und Portugal, nach England, in die Niederlande und in den skandinavischen Raum wurden die hochgeschätzten Leinenstoffe ex-

portiert. Die vermögenden Tuchhändler, die vorzugsweise in der Grand Rue residierten, ließen sich stattliche Häuser errichten. Dort und in der pittoresken Rue Ange de Guernisac blieben etliche schöne mittelalterliche Häuser mit vorkragenden Obergeschossen erhalten.
Eine architektonische Besonderheit stellen die sogenannten Maisons à Pondalez, die »Laternenhäuser«, dar. Sie bestehen aus einem Vorder- und einem Hinterhaus, die durch einen mit Glas überdachten Innenhof miteinander verbunden sind. Dort befindet sich eine große, oft mit prachtvollen Schnitzereien verzierte zentrale Wendeltreppe, von der aus Stege oder Galerien die einzelnen Etagen erschließen. Ein besonders schönes Exemplar steht in der Grand Rue 9. In einem weiteren an der Rue du Mur soll Herzogin Anne de Bretagne einmal übernachtet haben.

... beiß zurück!«

Der Wohlstand der Hafenstadt weckte allerlei Begehrlichkeiten. So liefen im Jahr 1522 englische Schiffe in Morlaix ein, deren Besatzungen nach einem bretonischen Korsarenüberfall auf englische Häfen einen Vergeltungsschlag planten. Die rachedurstigen Briten konnten ihr Glück kaum fassen, als sie die Stadt nahezu menschenleer vorfanden: Fast alle Bewohner besuchten einen großen Markt in der Region. Doch bei ihrem Raubzug hielten sich die Engländer zu lange in den Weinkellern auf. Dort wurden sie von den heimkehrenden Bürgern überrascht und davongejagt. Der Legende zufolge geht der Wahlspruch der Stadt auf diesen Zwischenfall zurück: »S'ils te mordent, mords les!« – das heißt so viel wie: »Wenn sie dich beißen, beiß' zurück!« »Mords les« wird im Französischen fast wie »Morlaix« ausgesprochen. Um die Stadt vor englischen Angriffen zu schützen, wurde im 16. Jahrhundert auf einer der vielen kleinen Inseln in der Bucht von Morlaix das Château du Taureau (»Stierburg«) errichtet, das heute von Ausflugsschiffen angesteuert wird.
Seit 1864 überspannt das 58 Meter hohe und fast 300 Meter lange Eisenbahnviadukt der Strecke Paris–Brest das Tal. Für den Bau wurde eigens ein neues Hafenbecken angelegt, um die tonnenschweren Granitblöcke aus den Steinbrüchen der Île-Grande bis an die Baustelle heranzubringen. Die untere Etage wurde als Fußgängerweg angelegt, der die Pfarrbezirke Saint-Melaine und Saint-Martin diesseits und jenseits des Taleinschnitts miteinander verbindet.
Am Hafen liegt auch das Gebäude der großen Tabakmanufaktur, die in der ersten Hälfte des 18. Jahrhunderts gegründet wurde. Die Kirche Saint-Mathieu (16./18. Jhd.) schmückt einer der ersten Renaissance-Kirchtürme der Bretagne.

TOP ★ ERLEBNISSE

★ ÄLTER ALS DIE PYRAMIDEN

Der Cairn de Barnenez, eine der bedeutendsten Grabanlagen aus dem Megalithzeitalter, wurde nur durch einen Zufall vor dem Vergessen bewahrt. Bei den Grabungsarbeiten kamen steinerne Strukturen ans Tageslicht, die sich als prähistorisches Fürstengrab entpuppten. Der älteste Teil wurde im 5. Jahrtausend vor Christus aus Bruchsteinen errichtet. Der über 70 Meter lange Grabhügel besteht aus rund 3000 Kubikmetern Stein. Er umfasst insgesamt elf Dolmen mit ebenso vielen Grabkammern. Der Grabhügel kann besichtigt werden; ein Modell im Empfangsgebäude zeigt seinen genauen Aufbau.

WEITERE INFORMATIONEN
www.barnenez.fr
www.tourisme-morlaix.bzh

★ REICHE ERNTE

Wer Plougastel sagt, muss auch Erdbeere sagen ... Die Halbinsel unweit von Brest war im Mittelalter durch Flachsanbau und Leinenweberei reich geworden. Doch mit dem Aufkommen der Textilmanufakturen ging es mit der Wirtschaft dort bergab. Als Retter in der Not entpuppten sich in dieser Situation einige Erdbeersetzlinge, die ein französischer Ingenieur aus Südamerika mitgebracht hatte. Im milden Klima der Halbinsel gediehen die leckeren Exoten hervorragend.

WEITERE INFORMATIONEN
www.musee-fraise.net,
www.7calvaires.fr

WEIT WEIT ÜBERS MEER MUSS DER LICHTSTRAHL LEUCHTEN!

Attraktive Landmarken für die Sicherheit der Seefahrt

Selten sind Zweckbauten, die an sich ja eher nüchtern sind, so romantisch verklärt wie Leuchttürme – sie verkörpern wohl eine gewisse Sehnsucht, nach Abenteuer und tragischen Geschichten aus alten Zeiten. In der Bretagne liegen sie noch dazu immer am Atlantik in der herb-schönen Landschaft, die typisch für die Region ist. Mitten im Ortskern von Roscoff befindet sich der gleichnamige Leuchtturm, ein massiver, an einer Seite weiß lackierter, ansonsten steingrauer vierseitiger Turm mit einer Balustrade und einer kleinen Kuppel als Krone. Erstmals wurde hier im Jahr 1888 die Notwendigkeit für eine Markierung der Hafeneinfahrt festgestellt und an der Mole ein weißes Feuer eingerichtet, doch da es nicht sehr weit reichte, wurde 1914 beschlossen, einen hohen Turm zu bauen. Wegen des Ersten Weltkriegs wurde er erst 1934 fertig. Das Feuer des gut 24 Meter hohen Turms, mittlerweile eine LED-Lampe, reicht 15 Seemeilen weit. Bis 2002 gab es hier einen Leuchtturmwärter.

Kleine Insel – großer Leuchtturm

Etwas spektakulärer ist der Leuchtturm der Île de Batz (»ba« gesprochen). Auf die Insel gegenüber von Roscoff fährt man in einer Viertelstunde mit dem Ausflugsboot durch manchmal ganz schön bewegte See. Im einzigen Ort der Insel kann man zur Erkundung der Insel Fahrräder leihen. Die Bewohner (2018 waren es 455) verteilen sich auf einen Bereich von vier Kilometern Länge und knapp eineinhalb Kilometern Breite. Das milde Inselklima ermöglicht einigen Landwirten den biologischen Anbau zahlreicher Gemüsesorten. Als Dünger dienen die Algen, die im Meer rund um die Insel gesammelt werden. Auf der Ostseite der Insel ist der Jardin Georges-De-

Auf einem Felsen vor der Île d'Ouessant liegt der Leuchtturm La Jument.

An der höchsten Stelle der Île de Batz erhebt sich der Leuchtturm.

laselle ein schönes Ziel, ein kolonialer, 1897 von einem Liebhaber der Insel angelegter Garten mit kleinen Teichen, verschiedenen Palmenarten und exotische Blühpflanzen. Der Leuchtturm steht abseits des kleinen Ortes auf einer Anhöhe. Er wurde 1836 erbaut und ist 42 Meter hoch, vom Meeresspiegel sind es sogar knapp 72 Meter. Hier ist es immer mindestens windig, und wer die 210 Stufen durch den runden Turm erklommen hat, wird mit einer sagenhaften Aussicht über die kleine Insel, das Festland und das große blaue Meer belohnt.

Steile Klippen und markante Leuchttürme

Einer der bekanntesten ist der graue Turm von La Jument mit seiner roten Kappe, der auf einem Felsen zwei Kilometer vor der Südwestspitze der Île d'Ouessant seinen Dienst verrichtet. Atemberaubend sind die Ansichten des bei Sturm bis obenhin von Gischt umtosten Baus, für dessen Errichtung der Untergang der Drummond Castle 1896 Auslöser war.
An der Landspitze westlich von Brest, in Plougonvelin, erhebt sich ein Leuchtturm wie aus dem Bilderbuch, der Phare de Saint-Mathieu, erbaut auf dem Gelände der ehemaligen Abtei, von der noch Mauerreste erhalten sind. Bereits seit 1691 leuchtet hier ein Feuer den Schiffen den Weg, entweder zusammen mit dem Leuchtfeuer von Kermorvan durch die Passage zwischen Festland und Île d'Ouessant oder mit dem Leuchtturm von Portzic als Markierung der Hafeneinfahrt von Brest. Die mittelalterlichen Kirchenüberreste und der schlichte hohe Turm bilden einen spannenden architektonischen Gegensatz, seine Lage auf einer schroff abfallenden Klippe setzt hier noch das Sahnehäubchen drauf.
Es gibt noch zahlreiche weitere dieser attraktiven Landmarken, die allen Wettern trotzen, um die gefährlichen Wasser rund um die Bretagne etwas sicherer zu machen. Ihnen allen ist dieser gewisse wildromantische Charme gemein, der sich am besten vor Ort erspüren lässt.

Nicht weit von Brest liegt an der Pointe de Saint-Mathieu der gleichnamige Leuchtturm.

Meneham wurde früher von Fischern und Algenerntern bewohnt, nach und nach aber verlassen. Im Jahr 2004 wurde auch das Wachhaus authentisch renoviert (oben). Bei Wallfahrten, wie hier in Le Folgoët, werden häufig noch die alten Trachten getragen (rechte Seite unten). Der Küstenwanderweg GR 34 folgt den Zöllnerpfaden entlang der Küste, so auch an der Pointe du Grouin (rechte Seite oben).

25 IM REICH DER SAGEN – DIE CÔTE DES LÉGENDES

Leuchttürme am Ende der Welt

Wie ihr Name schon vermuten lässt, ist die Côte des Légendes reich an Sagen und Legenden. Auch die Landschaft hat etwas Märchenhaftes: Von den überfluteten Flusstälern an der Küste des Pays des Abers bis zur Pointe de Corsen, dem westlichsten Punkt des französischen Festlands, bezaubert dieser Landstrich mit schönen Stränden, schroffen Klippen, unberührter Natur und architektonischen Schätzen.

Das zwischen den Felsen eingeklemmte Wachhäuschen des Weilers Meneham zählt zu den beliebtesten Fotomotiven in der Bretagne. Das kleine Fischerdorf mit den reetgedeckten Granithäuschen liegt hinter riesigen, bizarr geformten Felsbrocken versteckt. Seine Bewohner lebten lange vom Fischfang, der Landwirtschaft und dem Sammeln von Algen. Heute ist das liebevoll restaurierte Dörfchen ein beliebtes Ausflugsziel, etwa vom nahe gelegenen Badeort Brignogan-Plage aus. In früheren Zeiten hatte dieser Küstenabschnitt, dem die christlichen Missionare den Namen Pays Pagan (»Heidenland«) gaben, einen außerordentlich schlechten Ruf. Hartnäckig hielt sich das Gerücht, dass die Bewohner ihr karges Einkommen durch Strandräuberei aufbesserten und auch nicht davor zurückschreckten, ihrem Glück nachzuhelfen. Des Nachts, so hieß es, bänden sie ihren Kühen Laternen an die Hörner und führten sie am Strand entlang. Mehr als ein Schiff sei, den trügerischen Lichtsignalen folgend, an der Küste gestrandet und im Handumdrehen ausgeplündert worden.

Der heilige Narr

Deutlich gottgefälliger ging es hingegen im Hinterland zu: Nahe dem beschaulichen Städtchen Le Folgoët lebte im 14. Jahrhundert ein Mann namens Salaün an einer Quelle im Wald. Er stand in dem Ruf, rechtschaffen,

aber einfältig zu sein, und sprach zeit seines Lebens immer nur die Worte »Ave Maria«. Als aber nach seinem Tod eine weiße Lilie auf seinem Grab wuchs, auf der in goldenen Lettern »Ave Maria« zu lesen war, wurde der zu Lebzeiten Belächelte als Heiliger verehrt. Schon bald wurde dort, wo er gelebt hatte, eine Kirche gebaut. Den Grundstein für das Gotteshaus legte Herzog Jean V. de Bretagne (1339–1399) zum Dank dafür, dass er als Sieger aus dem bretonischen Erbfolgekrieg hervorgegangen war. Heute ist die Kirche Notre-Dame de Folgoët (»Unsere Liebe Frau vom Narren im Walde«) am ersten Sonntag im September das Ziel einer der wichtigsten Wallfahrten der Bretagne.

Die Havarie der Amoco Cadiz

Die Gewässer vor der Westküste des Départements Finistère (»Ende der Welt«) sind ein gefährliches Fahrwasser: Überall lauern Felsen und Riffe, starke Strömungen und zahlreiche Inseln erschweren die Navigation. Besonders tückisch ist der Küstenabschnitt, der bei Plouguerneau beginnt. Eine ganze Reihe von Leuchttürmen weist hier den Schiffen den Weg. Der Grand Phare (1897–1902) auf der Île Vierge ist der höchste gemauerte in ganz Europa. Jenseits der Côte des Abers mit ihren tief ins Landesinnere reichenden Mündungstälern erinnert im Hafenstädtchen Portsall ein gewaltiger Anker an eine der größten Umweltkatastrophen der Bretagne: Die Havarie des Tankers Amoco Cadiz im Jahr 1978 führte zu einer Ölpest, bei der rund 400 Kilometer Küste verseucht wurden.

Das idyllische Hafenstädtchen Le Conquet mit seinen steilen Gassen war einst ein gefürchtetes Korsarennest. Heute legen hier die Schiffe zur Île d'Ouessant ab. Zwischen der Insel und dem Festland verläuft die berüchtigte Passage du Fromveur. Bei Sturm und Nebel ist das Eiland oft für Tage von der Umwelt abgeschnitten. Auf der Pointe Saint-Mathieu an der Einfahrt zur Bucht von Brest waren Mönche die ersten Leuchtturmwärter. Aus Dank für eine Rettung aus Seenot wurde im 6. Jahrhundert ein Benediktinerkloster auf diesem Felskap gestiftet, dessen Bewohner jede Nacht ein großes Leuchtfeuer entzündeten. Heute erhebt sich neben der eindrucksvollen Klosterruine der 1835 in Betrieb genommene große Leuchtturm, dessen Licht mehr als 50 Kilometer weit auf das Meer hinausleuchtet.

TOP ★ ERLEBNISSE

★ UNTERWEGS AUF DEM ZÖLLNERPFAD

Auf rund 2000 Kilometern Länge folgt der Sentier des Douaniers, der »Zöllnerpfad«, der bretonischen Küstenlinie von der Bucht des Mont Saint-Michel im Norden bis zur Hafenstadt Saint-Nazaire im Süden. Dieser Fernwanderweg, Grande Randonnée 34 (GR), zählt zu den längsten und beliebtesten Wanderwegen Frankreichs. Seinen Namen verdankt er den Gabelous, den Zollbeamten, die auf Geheiß des Sonnenkönigs Ludwig XIV. auf diesen schmalen Küstenpfaden patrouillierten. Vom 17. bis ins 20. Jahrhundert hinein gingen die Zöllner hier Streife und machten Jagd auf Schmuggler und Plünderer. Heute eignet sich der gut ausgebaute und beschilderte Weg sowohl für kurze Spaziergänge als auch für ausgedehnte Wanderungen.

WEITERE INFORMATIONEN
www.mongr.fr
www.tourisme-lesneven-cotedeslegendes.fr
www.ot-ouessant.fr

★ FREMDARTIG UND ÄUSSERST STEINIG

Von Brignogan-Plages aus kann man einen Spaziergang zur Pointe de Pontusval unternehmen. Auf dem Weg durchquert man eine bizarr anmutende, von Granitblöcken bestimmte Landschaft. Auf halber Strecke kommt man zum Men Marz, einem acht Meter hohen Menhir.

WEITERE INFORMATIONEN
www.cotedeslegendes.bzh

26 DEM MEER VERBUNDEN – BREST

Eine moderne Stadt mit Geschichte

Im Bombenhagel des Zweiten Weltkriegs ist das alte Brest beinahe vollständig untergegangen. Beim Wiederaufbau hat sich die Stadt als fortschrittliche Metropole neu erfunden, ohne dabei ihre Wurzeln aus dem Blick zu verlieren. So präsentiert sich die Hafenstadt heute als modernes Gemeinwesen, in dem einzelne historische Wahrzeichen liebevoll gepflegte Akzente setzen.

Obwohl Fußgängerzone fährt eine Straßenbahn durch die Einkaufsstraße Rue de Siam (unten). Im mittelalterlichen Wehrturm Tour Tanguy erwecken detailgetreue Dioramen die Stadtgeschichte von Brest zum Leben (rechte Seite).

Für eine Hafenstadt könnte die Lage nicht besser gewählt sein: Brest liegt an einer geschützten Bucht, die nur durch einen schmalen Durchlass mit dem offenen Meer verbunden ist. Schon die Römer legten hier eine Siedlung an. Die Rade von Brest – groß genug, um einer ganzen Flotte von Kriegsschiffen Platz zu bieten, strategisch günstig gelegen und gut zu verteidigen – weckte zu allen Zeiten Begehrlichkeiten.

Schon im Mittelalter wurde Brest zum Spielball der Mächte: Mal stand die Stadt unter englischer Herrschaft, mal hatten hier die Bretonen, mal Franzosen das Sagen. Kardinal Richelieu (1585–1642), ein gewiefter Stratege und politischer Strippenzieher, gab den Anstoß dazu, die Stadt zu einem Kriegshafen auszubauen. Diesen sicherte gegen Ende des 17. Jahrhunderts der berühmte Festungsbaumeister Vauban (1633–1707) mit soliden Bollwerken ab. Im Windschatten der militärischen Nutzung entwickelte sich Brest auch zu einem bedeutenden Handelsplatz. Nachdem der Hafen während der deutschen Besatzungszeit zu einer U-Boot-Basis ausgebaut worden war, bombardierten die alliierten Truppen Brest im Jahr 1944 insgesamt 43 Tage lang. Nur einige wenige historische Gebäude entgingen wie durch ein Wunder der großflächigen Zerstörung.

P615
GENDARMERIE
MARITIME
P615
GENDARMERIE
MARITIME
129

Die Brücke Pont de l'Iroise überspannt seit 1994 den Fluss Elorn (oben). Eine Seilbahn erweitert seit November 2016 das städtische Nahverkehrsnetz (unten). Die Hebebrücke Pont de Recouvrance ist eines der Wahrzeichen von Brest (rechte Seite oben). Im Meeresaquarium Océanopolis ist die Unterwasserwelt zum Greifen nahe (rechte Seite unten).

Ein glückliches Händchen

So mancher Brestois konnte sich nur schwer mit dem dezidiert modernen neuen Brest anfreunden, das auf den Ruinen des alten errichtet wurde. An die Stelle der verwinkelten Gassen trat ein geometrisches Gitternetz von Straßen, an denen sich zweckmäßige Gebäude schnurgerade aneinanderreihen. Das alles könnte unpersönlich, steril und abweisend wirken. Doch die Architekten der neuen Stadt hatten in mehr als einer Hinsicht ein glückliches Händchen: Zum einen verloren sie bei ihren Entwürfen nicht die ursprünglichen Proportionen aus den Augen: Die meisten Häuser begnügen sich mit drei oder vier Etagen, Monumentalbauten wie das Rathaus sind glücklicherweise die Ausnahme. Vor allem aber wurde das neue Brest großzügig begrünt, unter anderem mit Hunderten von Platanen – das verleiht der Stadt bei aller Sachlichkeit ein freundliches Gesicht.

Der Hafen von Brest ist bis heute ein zentraler Wirtschaftsfaktor, auch in touristischer Hinsicht: Seit 2016 findet dort alle vier Jahre das Marinefest »Fêtes Maritimes Internationales de Brest« statt, zu dem sich Hunderte von Schiffen aus aller Welt einfinden. Die Universitätsstadt steht auch sonst in einer engen Beziehung zur See und genießt unter anderem einen hervorragenden Ruf auf den Gebieten der Meeresforschung und der Schifffahrtstechnik.

Besuch aus Siam

Brest liegt zu beiden Seiten des Flusses Penfeld. Am linken Ufer erstreckte sich das historische Stadtzentrum. Von diesem ältesten Teil Brests, der zwischen dem Penfeld-Ufer und der heutigen Place de la Liberté lag, ist so gut wie nichts übrig geblieben. Zu den wenigen erhaltenen Zeugen vergangener Zeiten gehört das am Wasser gelegene Schloss. Seine Ursprünge reichen bis ins 13. Jahrhundert zurück, heute wird es von der Militärverwaltung genutzt. Im Ostteil können Besucher ein stimmungsvolles Marinemuseum entdecken.

Vom Schloss aus verläuft eine baumbestandene Promenade, der Cours Dajot, parallel zum Sport- und zum Handelshafen. Der Quai de la Douane (»Zollkai«) direkt am Hafenrand hat sich zu einer beliebten Restaurant- und Ausgehmeile gemausert; während der Sommermonate finden hier jeden Donnerstagabend Konzerte statt.

Das Rückgrat des Stadtzentrums am linken Ufer war und ist aber die Rue de Siam. Die beliebte Einkaufsstraße, vor dem Krieg eine elegante Flaniermeile, trägt ihren exotischen Namen seit 1686. Sie erhielt ihn zu Ehren einer Delegation aus Siam, die seinerzeit

der Stadt einen Besuch abstattete. Von der Rue de Siam, die vom Fluss aus sanft bergauf Richtung Rathaus führt, empfehlen sich kleine Schlenker nach rechts und links. Das Musée des Beaux Arts hat seine im Krieg zum Teil zerstörte Sammlung mit viel Expertise wiederaufgebaut und lohnt einen Besuch. Vom sehr nüchternen, beinahe abweisenden Äußeren der 1958 geweihten Église Saint-Louis sollte man sich nicht abschrecken lassen: Der schön proportionierte, schlichte Innenraum mit den ausdrucksvollen Glasfenstern verdient auf jeden Fall einen Blick.

Seilbahn und seltene Pflanzen

Das rechte Ufer mit dem Stadtteil Recouvrance wurde lange von der Kriegsmarine geprägt. Hier lagen die Wohnquartiere der Werft- und Hafenarbeiter, die militärischen Hafenanlagen und das Arsenal. Inzwischen hat sich der Militärhafen südwärts verlagert. Die Drehbrücke, die Recouvrance seit 1861 mit dem jenseitigen Ufer verband, wurde im Krieg zerstört. Sie wurde 1954 durch den Pont de Recouvrance, eine der größten Hebebrücken Europas, ersetzt. Ihr 87 Meter langer Mittelteil lässt sich bei Bedarf um bis zu 26 Meter anheben, sodass auch große Schiffe passieren können.

Eine weitere spektakuläre Verkehrsverbindung ist der im November des Jahres 2016 eröffnete Téléphérique. Die 460 Meter lange Standseilbahn gehört zum öffentlichen Nahverkehrsnetz und führt vom Stadtzentrum quer über den Fluss hinüber zu einem ehemaligen Militärgelände am rechten Ufer. Hier entsteht seit 2015 das neue, ökologisch ausgerichtete Stadtquartier Les Capucins, in dem eine ultramoderne Mediathek ein Highlight darstellt. Im alten Befestigungsturm Tour Tanguy, der heute als stadtgeschichtliches Museum genutzt wird, vermitteln detailreiche Dioramen eine Vorstellung vom alten Brest.
Der nahe gelegene botanische Garten Jardin des Explorateurs (»Garten der Entdecker«) wurde 1694 begründet. Er erinnert an die Zeit, als Entdeckungs- und Forschungsreisende auf Geheiß der Krone exotische Pflanzen aus aller Herren Länder mitbrachten. Auch die heute landestypische Hortensie gelangte auf diese Weise in die Bretagne – ursprünglich war sie nämlich auf der Insel Mauritius beheimatet. Im stadtauswärts gelegenen Conservatoire botanique werden vom Aussterben bedrohte Pflanzenarten aus fünf Kontinenten gehegt und gepflegt. Diese botanische »Arche Noah« existiert seit den 1970er-Jahren und war seinerzeit die erste derartige Einrichtung weltweit.

TOP ★ ERLEBNISSE

★ MEER ERLEBEN!

Das 1990 eröffnete Meeresaquarium Océanopolis am Jachthafen von Brest bietet viele Möglichkeiten, Meeresbewohner ganz aus der Nähe kennenzulernen. Mit manchen von ihnen dürfen die Besucher an den Becken des »Streichelzoos« auf Tuchfühlung gehen. In dem modernen Gebäudekomplex kann man die Unterwassertier- und -pflanzenwelt verschiedener Klimazonen erkunden oder in der Seehundstation einen Blick in die Kinderstube werfen, in der verwaiste Heuler aufgepäppelt werden. Kein Wunder, dass das Océanopolis zu den beliebtesten touristischen Attraktionen der Bretagne zählt!

WEITERE INFORMATIONEN
www.oceanopolis.com
www.brest-metropole-tourisme.fr
www.musee-marine.fr
www.cbnbrest.fr

★ URTÜMLICHE BRETAGNE

Die Presqu'île de Plougastel kann man bei einer kleinen Tour (35 Kilometer) besser kennenlernen. Zunächst geht es nach Kernisi, wo man vom Gipfel der felsigen Anhöhe einen sagenhaften Blick auf Brest und die gesamte Bucht hat. Man passiert die Pointe de Kerdéniel und gelangt ins kleine Lauberlach mit Fischereihafen und Wassersportzentrum. Ein weiterer Halt bietet sich in Kéramenez an.

WEITERE INFORMATIONEN
ville-plougastel.bzh

Ohne Unterlass donnern die Wogen gegen die Pointe du Raz. Am Horizont ist die Île de Sein zu sehen (oben). Von der Baie des Trépassés aus sollen die Kelten ihre verstorbenen Druiden auf die Île de Sein übergesetzt haben (rechte Seite oben). Oberhalb der Bucht liegt die Kapelle Saint-They (rechte Seite unten).

27 AN EINEM ENDE DER WELT – DIE POINTE DU RAZ

Fels in der Brandung

Fantasievolle Menschen sehen in der Küstenlinie der Bretagne einen Drachenkopf, der sich ins Meer hinausreckt und mit weit aufgerissenem Rachen gierig nach den Wellen schnappt. Wehe dem Seemann, der an der Pointe du Raz dem Maul des Fabeltiers zu nahe kommt!

Wenn die Bretagne ein Drachenkopf ist, dann ist die rund 30 Kilometer lange Landzunge Cap Sizun dessen Unterkiefer, an dessen äußerstem westlichen Ende die beiden Felskaps Pointe du Raz und Pointe du Van wie zwei Fangzähne herausragen. An der Pointe du Raz, die sich mit schroffen Felsen und tiefen Klüften dem Meer entgegenstemmt, hat man den Drachen etwas domestiziert – zu seinem eigenen Schutz.

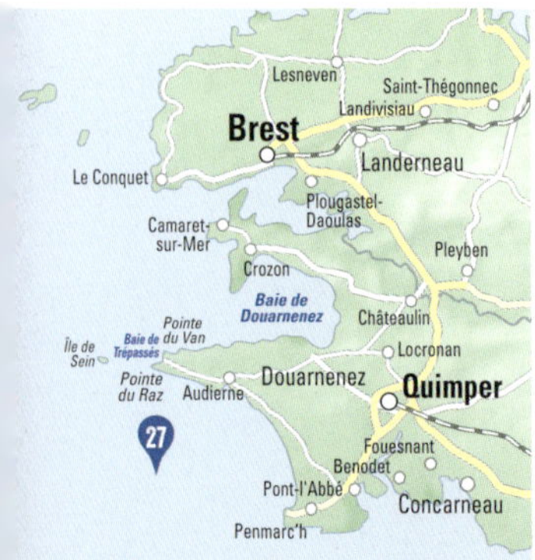

Der Fluch der Popularität

Das Kap, der letzte Außenposten des Festlands im Atlantischen Ozean, war bereits im ausgehenden 19. Jahrhundert ein beliebtes touristisches Ziel. Im 20. Jahrhundert nahm die Zahl der Besucher immer weiter zu. Hotels und Andenkenläden entstanden, und die unvergleichliche Landschaft drohte unter dem Ansturm der Menschenmassen irreparablen Schaden zu nehmen. Aus diesem Grund wurde das Kap in den 1990er-Jahren als Grand Site de France unter besonderen Schutz gestellt. Um die fragile Natur vor Schaden zu bewahren, werden die Besucherströme seither konsequent kanalisiert. Früher konnte man kreuz und quer durch das Terrain laufen, in den Klippen herumklettern und auf ausgetretenen Trampelpfaden unmittelbar an der Kante schwindelerregender Felsklüfte entlangbalancieren – heute muss man sein Auto auf einem riesigen gebührenpflichtigen Parkplatz abstellen, passiert ein modernes Info- und Ladenzentrum, das sich diskret in

Notre-Dame des Naufragés (Madonna der Schiffbrüchigen) an der Pointe du Raz (unten). Blumenpracht nahe der Pointe du Raz (rechte Seite oben). Zahlreiche Leuchttürme und Seezeichen weisen an der Atlantikküste den Schiffen den Weg (rechte Seite unten).

die Umgebung einfügt, und darf die Pointe du Raz dann auf einem gut ausgebauten, sieben Kilometer langen Netz von befestigten Wegen erkunden. Abseits der Wege sorgte ein umfassendes Renaturierungsprogramm dafür, dass sich die Vegetation wieder erholen konnte, die zuvor von rund einer Million Besucher pro Jahr in Grund und Boden getrampelt worden war.

Insel der Helden, Helden der Insel

Oben auf den Felsen richtet seit 1904 die Statue der Notre-Dame des Naufragés (»Unsere liebe Frau der Schiffbrüchigen«) ihren milden Blick aufs Meer hinaus: auf den Leuchtturm La Vieille (1887), der auf einem Felsen vor der Pointe emporragt und erst 1995 automatisiert wurde, und auf die Île de Sein, die sich weiter draußen als flacher Buckel vor dem Horizont abzeichnet. Zwischen der Pointe du Raz und der Île de Sein verläuft die gefährliche Meeresströmung Raz de Sein. Sie war unter den Seeleuten früher so gefürchtet, dass ein geflügeltes Wort lautete: »Qui voit Sein voit sa fin.« Das heißt so viel wie: »Wer Sein erblickt, sieht seinem Ende entgegen.«

Auch für die Bewohner der Insel war das Leben ein ständiger Kampf gegen die Naturgewalten. Die Männer fuhren zur See, die Frauen trotzten dem Land auf winzigen, mit Steinmauern vor dem Wind geschützten Parzellen eine karge Ernte ab. Da bei hohen Fluten immer wieder Teile der Île de Sein vom Meer überspült wurden, hatte selbst der Finanzminister des verschwenderischen Sonnenkönigs Ludwigs XIV., Jean-Baptiste Colbert (1619–1683), ein Einsehen und erließ den Sénans die Grundsteuer. Während des Zweiten Weltkriegs rief General de Gaulle (1890–1970) im Juni 1940 aus dem Exil in London die Franzosen dazu auf, sich den Forces françaises libres (»Streitkräfte für ein freies Frankreich«) anzuschließen und den Widerstand gegen die deutsche Besatzung zu unterstützen. Diesem Appell folgten mehr als 100 Männer von der Île de Sein. Sie machten anfangs rund ein Viertel der gesamten französischen Exilarmee aus. Heute ist die Insel mit den pastellfarbenen Häusern ein beliebtes Ziel für Tagesausflügler. Mit etwas Glück kann man während der Überfahrt Delfine im Heckwasser des Schiffes spielen sehen, die in den Gewässern rund um die Insel leben.

Das bretonische Atlantis

Zwischen der Pointe du Raz und der ebenfalls spektakulär schönen Pointe du Van erstreckt sich die Baie des Trépassés, die »Bucht der Hinübergegangenen«, mit ihrem

feinsandigen weißen Strand. Für ihren düster klingenden Namen gibt es unterschiedliche Erklärungen: Eine führt ihn darauf zurück, dass hier die Leichname ertrunkener Seeleute angespült wurden, deren Schiffe vor der Pointe du Raz gesunken waren. Eine andere besagt, dass einst die Kelten ihre verstorbenen Druiden von hier aus auf einer Barke zur Île de Sein übersetzten, um sie dort zu bestatten. Die märchenhafteste Erklärung aber ist die, dass in dieser Bucht das bretonische Atlantis, die sagenumwobene Stadt Ys, versunken sei.

Die Pracht und Schönheit dieser Stadt – so will es die Legende – sei so einzigartig gewesen, dass die französische Hauptstadt Paris nach ihr benannt worden sei: Par Ys – »(so schön) wie Ys« ... Unter der Führung des weisen Königs Gradlon ging es den Bürgern von Ys blendend. Doch das gute Leben war schlecht für die Moral. Müßiggang und Laster machten sich in der Stadt breit. Am tollsten trieb es Dahut, die Tochter der Königs: Sie nahm sich wechselnde Liebhaber, die sie kurzerhand umbrachte, wenn sie ihrer überdrüssig war. Die Leichen warf sie von einer hohen Felsgalerie an der Pointe du Raz, die heute noch die »Hölle von Plogoff« genannt wird. Angeblich klingt hier im Rauschen der Wellen das Stöhnen der verlorenen Seelen mit ...

Eine Messe für die Prinzessin

Die reiche Stadt voller Sünder rief den Teufel auf den Plan, der sich in Gestalt eines schönen Jünglings an die böse Prinzessin heranmachte. Mit List und Schmeichelei luchste er ihr den Schlüssel für die Deichtore ab, die die Stadt vor den Fluten schützten. In der Nacht öffnete der Teufel die Schleusen und die Stadt versank mit Mann und Maus. Nur König Gradlon, den der heilige Guénolé gewarnt hatte, sprengte hoch zu Ross der Flut davon. Doch als er seine Tochter hinter sich auf den Sattel zog, kam das Pferd plötzlich nicht mehr voran. Erst als Saint-Guénolé mit seinem Bischofsstab die sündige Prinzessin aus dem Sattel stieß, entkam Gradlon den Wogen und machte die Stadt Quimper zur neuen Hauptstadt. Seine frevelhafte Tochter aber wurde verflucht. Sie wird erst dann Frieden finden, wenn jemand an einem Karfreitag in einer der Kirchen der versunkenen Stadt eine Messe für sie liest.

TOP ★ ERLEBNISSE

★ LEUCHTTÜRME: DIE UNVERZICHTBAREN HELFER

Tückische Strömungen, Felsen und Riffe machen die Navigation in den Gewässern der Bretagne zu einem gefährlichen Unterfangen. Darum weisen entlang ihrer Küste und rund um die vorgelagerten Inseln eine ganze Reihe von Leuchttürmen den Schiffen den Weg. Den Leuchtturmwärtern galten als »Paradies« Leuchttürme an Land, als »Fegefeuer« solche auf Inseln, und als »Hölle« diejenigen auf einem Felsen im Meer. Man mag sich nicht vorstellen, wie hart das Leben auf dem sechs Seemeilen jenseits der Île de Sein isoliert gelegenen Leuchtturm Ar Men (1867–1881) gewesen sein. Der vor der Pointe du Raz auf einem Felsen erbaute Leuchtturm La Vieille wurde 1995 als vorletzter frei im Meer stehender Leuchtturm automatisiert.

WEITERE INFORMATIONEN
www.mairie-iledesein.com
www.pointeduraz.com

★ AUF DEN SPUREN DER SARDINE

Der Chemin de la Sardine in Douarnenez führt über 17 Stationen in die Geschichte des Sardinenfangs ein. Start ist am Aussichtspunkt von Plo'march, dann geht es über den Hafen von Rosmeur und die kleinen Gässchen bis zum Port Rhû und zum Ufer gegenüber der Île Tristan. Der Weg endet am Alten Rathaus von Douarnenez.

WEITERE INFORMATIONEN
douarnenez-tourisme.com

Die namensgebende Brücke von Pont-l'Abbé ist komplett mit Häusern überbaut (oben). Die hohen, röhrenförmigen Hauben sind typisch für die Tracht des Bigouden-Landes (rechte Seite).

28 DIE HAUPTSTADT DES BIGOUDEN-LANDES – PONT-L'ABBÉ

Die »bretonischste Stadt der Bretagne«

Das Bigouden-Land (Bretonisch: Bro Vigoudenn) erstreckt sich im Südwesten des Départements Finistère. Seine Hauptstadt, Pont-l'Abbé, verdankt ihren Namen der »Brücke des Abts«, die das Ortsbild prägt. Schlendert man heute am Hafenrand entlang, kann man sich kaum vorstellen, dass in diesem beschaulichen Städtchen im 17. Jahrhundert aufständische Bauern das Stadtschloss in Schutt und Asche legten.

Das Pays Bigouden erstreckt sich vom Hafen Pors-Poulhan bei Audierne, wo das Denkmal einer Fischersfrau in Tracht als symbolischer »Grenzstein« fungiert, bis zum Mündungstrichter des Odet. Es umfasst neben Teilen der Bucht von Audierne auch die Halbinsel Penmarc'h. In den Augen vieler Urlauber stellt das Bigouden-Land quasi die Quintessenz der Bretagne dar, von den auffallenden Spitzenhauben, die zu den weiblichen Trachten gehören, über die teils sandige, teils felsige Küste mit ihren pittoresken Fischerhäfen und den vielen Kirchen und Kapellen bis hin zu den Menhiren. Die steinernen Monumente erinnern an die ersten Siedler in prähistorischer Zeit.

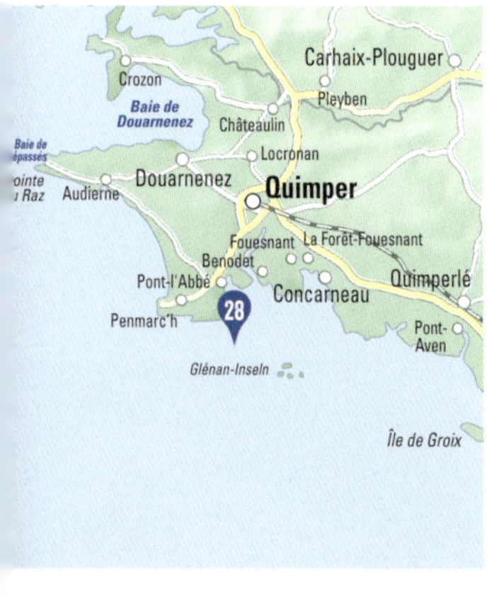

Das Pferd des Stolzes

In der Bretagne selbst aber galten die Bigoudens lange als Exoten. Aufgrund ihrer markanten Gesichtszüge mit hohen Wangenknochen und mandelförmigen Augen kursierten im 19. Jahrhundert allerlei Mutmaßungen über ihre »wahre« Herkunft: Stammten sie ursprünglich von den Phöniziern ab? Von den Mongolen? Oder den Inuit? Oder kam die ungewöhnliche Form der Augen vielleicht daher, dass die Frauen in diesem Landstrich ihre Haare traditionell sehr straff zurückbanden? Fest steht: Die Grenzen des Bigouden-Landes folgen keinen topografischen oder politischen Trennlinien. Das Bro Vigoudenn definiert sich vielmehr über kulturelle Ge-

meinsamkeiten, über bestimmte Bräuche, Tänze und Traditionen.
Auch einer der bekanntesten Dichter der Bretagne war im Bigouden-Land zu Hause: In Pouldreuzic-Penhors erinnert ein kleines Museum in seinem Geburtshaus an Pêr-Jakez Hélias (1914–1995), der in seinem autobiografisch geprägten Buch »Le Cheval d'orgueil« (»Das Pferd des Stolzes«) dem harten Leben der Kleinbauern ein literarisches Denkmal setzte. Es wurde in 18 Sprachen übersetzt und von Claude Chabrol verfilmt.
Die Landschaft des Bigouden-Landes ist vielfältig und abwechslungsreich: So zieht sich an der rund 10 Kilometer langen Bucht von Audierne ein breiter Streifen glatt geschliffener Steine entlang. Dieser Kieselstrand (Ero Vili) steht ebenso unter Naturschutz wie weite Teile des Hinterlandes. Letzteres besteht aus Dünen und Teichen und stellt eines der wichtigsten Zugvogelgebiete Frankreichs dar. Seit den 1980er-Jahren werden im Bigouden-Land Blumenzwiebeln angebaut, im Frühjahr blühen mancherorts Tausende von Tulpen und Hyazinthen. Pflanzenfreunde zieht es nach Combrit, wo der rund vier Hektar große Parc botanique de Cornouaille zur Zeit der Rhododendronblüte ein farbenprächtiges Schauspiel bietet. Der herrliche botanische Garten beherbergt auch mehr als 200 Rosen- und über 500 Kamelienarten, die in dem milden Klima gut gedeihen.

Die Brücke des Abts

Im Mittelalter war das Bigouden-Land nicht zuletzt aufgrund der einträglichen Kabeljaufischerei ausgesprochen wohlhabend.
In der Hauptstadt Pont-l'Abbé florierte der Handel. Bereits im 7. Jahrhundert ließ ein Abt die erste, namensgebende Brücke über den tief ins Land hineinreichenden Meeresarm schlagen, an dessen Ende Pont-l'Abbé (Bretonisch: Pont'n Abad) liegt. Der Brückenzoll, den jeder zu entrichten hatte, mehrte den Reichtum der Barone du Pont, die ab dem 12. Jahrhundert die Geschicke der Hafenstadt lenkten. Zum Schutz ihrer Einnahmequelle ließen die du Ponts im 14. Jahrhundert ein wehrhaftes Schloss errichten. Die Brücke selbst ist auf ihrer ganzen Länge mit Häusern und Ladengeschäften überbaut; sie ist damit eine von nur noch neun »bewohnten Brücken«, die in Frankreich erhalten geblieben sind. In die Bebauung integriert ist eine Gezeitenmühle.

Das Fest der Stickerinnen

1633 wütete die Pest in der Hafenstadt, die der Dichter Guy de Maupassant (1850–1893) einmal die »bretonischste Stadt der Bretagne« genannt hat. Rund 40 Jahre später

Das anrührende Denkmal am Hafenrand zeigt fünf Frauen und Mädchen in Tracht, die um ihre Lieben auf See bangen (unten). Am dritten Augustwochenende lockt das Festival »Mondial'Folk« Scharen von Besuchern ins sonst eher beschauliche Plozévet (rechte Seite oben). Die Kirche von Lambour büßte ihre Kirchturmspitze im Zuge einer Strafaktion ein (rechte Seite unten).

war Pont-l'Abbé dann die Keimzelle der »Stempelpapierrevolte«. Diesem Bauernaufstand fielen auch Teile des Stadtschlosses zum Opfer. Der mächtige Wehrturm aus dem 15. Jahrhundert überstand die Attacke und beherbergt heute ein Museum zur Geschichte des Bigouden-Landes. Sehenswert ist die Sammlung prächtig bestickter Trachten. Diese kunstvollen Nadelarbeiten übten im Bigouden-Land sowohl Männer wie Frauen aus. Das stimmungsvolle Trachtenfest Fête des Brodeuses (»Fest der Stickerinnen«), das jeweils am zweiten Wochenende im Juli gefeiert wird, erinnert an diese kunsthandwerkliche Tradition. Die Überreste des Schlosses wurden verkauft; der neue Eigentümer ließ es im Stil des 18. Jahrhunderts wiederaufbauen. Die Französische Revolution veränderte das Gesicht der Stadt erneut: Mehrere Kapellen und das Schloss wurden abgerissen und die Steine als Baumaterial verwendet. Außerdem benannten die revolutionären Eiferer Pont-l'Abbé zeitweilig in Pont Libre (»freie Brücke«) um. Mitte des 19. Jahrhunderts erwarb die Stadt die Schlossruine, stellte es wieder her und nutzt es seither als Rathaus. Am Hafen erinnert am Quai Saint-Laurent ein anrührendes Denkmal von 1931 an die auf See gebliebenen Männer: Es zeigt fünf in Tracht gekleidete Frauengestalten, vom jungen Mädchen bis zur alten Frau, die nach vermissten Schiffen Ausschau halten. Gleich in der Nähe ist die ab dem 14. Jahrhundert erbaute Kirche Notre-Dame-des-Carmes das einzige Überbleibsel eines Karmeliterklosters. Bemerkenswert ist die ungewöhnliche Dachform des erst nachträglich im Jahr 1603 errichteten schiefergedeckten Glockenturms.

Land unter auf der Île Tudy

Schiffe, die Pont-l'Abbé ansteuern, fahren bei der Einfahrt in den Meeresarm zwischen dem Langustenfischerhafen Loctudy und der (Halb-)Insel Île Tudy hindurch. Letztere wurde erst 1852 durch einen Deich mit dem Festland verbunden und gegen die Gewalt des Meeres befestigt. Zuvor wurde das Eiland bei Sturmflut immer wieder überflutet. Die kleinen Fischerhäuschen öffnen sich durchweg nur zur dem Wind abgewandten Seite. Ihren Namen verdanken Ort und Insel dem heiligen Tugdual oder Tudy, der sich im 5. Jahrhundert als Einsiedler auf der Île Tudy niederließ. Heute fände der fromme Mann hier wohl keine Ruhe mehr: Hafen und Insel sind vor allem im Sommer sehr beliebte Ausflugsziele.

TOP ★ ERLEBNISSE

★ DER KÖNIG, DER DIE KIRCHEN KÖPFTE

Die Ankündigung neuer Steuern löste 1675 in der Bretagne einen Aufstand aus. Vor allem im Bigouden-Land erhoben sich die Bonnets rouges (»Rotmützen«) gegen die sogenannte »Stempelpapiersteuer«. Die aufständischen Bauern brannten das Schloss in Pont-l'Abbé nieder und forderten nicht nur die Rücknahme dieser Steuer, sondern auch mehr Freiheiten. Der Monarch ließ den Aufstand blutig niederschlagen und die Turmspitzen in den rebellischen Kommunen niederreißen – eine drakonische Strafe, war doch ein hoher, schöner Kirchturm zu jener Zeit der ganze Stolz jeder bretonischen Gemeinde. Angeblich sollen die Bigoudènes aus Protest gegen diese Strafmaßnahmen angefangen haben, die typischen, bis zu 30 Zentimeter hohen, röhrenförmigen Hauben zu tragen – sozusagen als Ersatz für die enthaupteten Kirchtürme.

WEITERE INFORMATIONEN
https://ville-pontlabbe.bzh
www.ot-pontlabbe29.fr
www.fetedesbrodeuses.com

★ EIN HAUCH VON KARIBIK

20 Kilometer vor dem Festland liegt eine unter Naturschutz stehende Inselgruppe. Ein Ausflug mit dem Schiff führt auf die Île St-Nicolas. Ein Rundweg um die Insel bietet schöne Ausblicke auf die Küste von Penmarch bis Le Pouldu.

WEITERE INFORMATIONEN
www.vedettes-odet.com

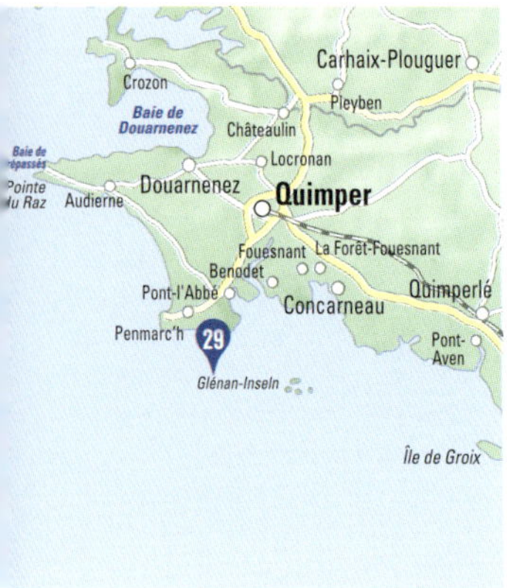

29 SURFERGLÜCK UND KULTURGENUSS – DIE HALBINSEL PENMARC'H

Die Kathedrale in den Dünen

Wassersportler bekommen beim Stichwort »La Torche« leuchtende Augen: Der lang gezogene Sandstrand auf der Halbinsel Penmarc'h gilt in Surferkreisen als Traumlocation. Nicht weit entfernt steht neben einer einsamen Kapelle im Dünengürtel der älteste Calvaire der Bretagne, ein in Stein gemeißeltes Denkmal der Frömmigkeit.

Die Wallfahrtskapelle Notre-Dame de Tronoën an der Bucht von Audierne (unten). Le Guilvinec ist ein betriebsamer Fischereihafen auf der Halbinsel Penmarc'h (rechte Seite oben). Die Route du Cidre verspricht eine Reihe schmackhafter Entdeckungen (rechte Seite unten).

Rund 25 Kilometer Sand und Kies, gegen die Tag und Nacht die Dünung anrennt – für Surfer und Funboarder ist das so etwas wie das Paradies auf Erden. Die Bedingungen sind so ideal, dass hier Weltmeisterschaften ausgetragen werden. Doch auch Badegäste finden schöne, familientaugliche Strandabschnitte. Auf der Landzunge Pointe de la Torche erhebt sich malerisch eine prähistorische Grabstelle; das kleine, feine prähistorische Museum in Saint-Guénolé zeigt zahlreiche interessante Ausgrabungsfunde. Die zweite touristische Attraktion des Sardinenfischerhafens sind die zerklüfteten Felsen nahe dem Strand von Pors Carn. Hinweisschilder warnen dort eindringlich davor, die Gewalt des Meeres zu unterschätzen. Ein schlichtes, in den Fels eingelassenes Kreuz erinnert daran, dass hier im Jahr 1870 eine unerwartet hohe Welle mehrere Menschen in den Tod riss.

Maria oben ohne

In der kleinen Gemeinde Saint-Jean-Trolimon liegt unweit des Strandes die einschiffige

Kapelle Notre-Dame de Tronoën (um 1450), die wegen ihres markanten Turms mit den drei Spitzen auch »Kathedrale der Dünen« genannt wird. Daneben trotzt seit einem halben Jahrtausend der älteste Großcalvaire der Bretagne (1450–1470) der Witterung. Zwei Figurenreihen ziehen sich um seinen Sockel, darüber ragt die Kreuzigungsgruppe empor. Sehr ungewöhnlich ist die Darstellung von Christi Geburt, die Maria mit entblößten Brüsten zeigt. Links vom Kirchenportal ist hinter einem Pfeiler eine Männerfigur verborgen. Wenn man diesen Wächter während eines Unwetters flüstern hört, steht der Überlieferung zufolge der Weltuntergang unmittelbar bevor.

Massenmord im Mittelalter

Wer durch das hübsche, etwas verschlafene Penmarc'h fährt, ahnt nicht, dass es im Mittelalter eine bedeutende Stadt war, die in einer Liga mit Nantes spielte. Rund 10 000 Einwohner lebten hier recht einträglich vom Fischfang und von der Küstenschifffahrt. Bevor es hochseetaugliche Handelsschiffe gab, waren die Seeleute aus Penmarc'h, die die tückischen Küstengewässer wie ihre Westentasche kannten, gefragte Lotsen. Die Ortskirche Saint-Nonna von 1508 zieren darum in Stein gemeißelte Darstellungen von Schiffen. Doch dann schlug das Schicksal zu: 1595 überfiel der Räuberhauptmann La Fontenelle mit seinen Horden den nahezu unbefestigten Ort und ließ mehrere Tausend Einwohner brutal abschlachten.

Heute ist der Phare d'Eckmühl (1897) das bekannteste Wahrzeichen der Kommune: Mit stolzen 65 Metern Höhe zählt er zu den höchsten Leuchttürmen Frankreichs. Sein Bau wurde durch ein Vermächtnis ermöglicht: Adélaïde Louise Davout, Marquise de Blocqueville (1815–1892), hatte testamentarisch festgelegt, dass zu Ehren ihres verstorbenen Vaters Louis-Nicolas Davout, Prince d'Eckmühl (1770–1823) ein Leuchtturm an einem besonders gefährlichen Küstenabschnitt errichtet werden sollte. Der Platz war gut gewählt: Die hölzernen Schiffsmodelle im kleinen, unweit des Leuchtturms gelegenen Kirchleins Notre-Dame-de-la-Joie aus dem 15. Jahrhundert wurden einst von Seeleuten gestiftet, die hier für eine sichere Heimkehr beteten.

Kunst am Hafenrand

Auch das Hafenstädtchen Le Guilvinec steht ganz im Zeichen der Fischerei. Das »Ballett« der heimkehrenden Fischerboote, die in das enge Hafenbecken einlaufen, ist ein beeindruckendes Schauspiel. In den Sommermonaten findet hier das Open-Air-Fotofestival »L'Homme et la Mer« (Mensch und Meer) statt, bei dem an verschiedenen Stellen des Orts unter freiem Himmel großformatige Fotografien ausgestellt werden.

TOP ★ ERLEBNISSE

★ FRISCH AUF DEN TISCH ...

Wie kommt der Fisch vom Meer auf den Teller? Diese Frage wird im Fischereimuseum Haliotika in Le Guilvinec Schritt für Schritt beantwortet. Ein deutschsprachiger Audioguide macht den Rundgang auch für Nichtfranzosen zum Erlebnis. Wer es noch genauer wissen möchte, kann im Anschluss im Rahmen einer Führung auch noch die Criée, die hochmoderne, computergesteuerte Fischversteigerungshalle besichtigen. Die Fischkutter landen unmittelbar vor den großen Toren.

WEITERE INFORMATIONEN
www.haliotika.com
www.tronoen.net
www.penmarch.fr/tourisme
www.leguilvinec.com

★ HOCH DIE TASSEN!

Der sanft moussierende Apfelwein Cidre zählt ebenso wie Crêpes und Meeresfrüchte zu den typischen kulinarischen Köstlichkeiten der Bretagne. Die besten Cidres werden in der Gegend um Fouesnant hergestellt, wo ausgedehnte Apfelplantagen die Landschaft im Frühjahr mit duftigen Blütenteppichen überziehen. Der hier produzierte Cidre trägt das Gütesiegel »AOP – Appellation d'Origine Protégé«, das hochwertigen regionaltypischen Produkten vorbehalten ist. Für Cidre-Enthusiasten empfiehlt sich eine Tour entlang der »Route du Cidre«.

WEITERE INFORMATIONEN
www.cidref.fr, www.riviera bretonne.com,
www.benodet.fr

Der Glockenturm überragt die Brücke, die die Ville Close mit dem Festland verbindet (oben). Auf einer Insel mitten im Hafenbecken liegt die Altstadt von Concarneau (rechte Seite unten). Einmal im Jahr wird in Concarneau das »Fest der blauen (Fischer-)Netze« gefeiert (rechte Seite oben).

30 DIE FESTUNG IM HAFENBECKEN – CONCARNEAU

Auf den Spuren von Kommissar Dupin

Mitten im Hafenbecken von Concarneau liegt auf einer Insel die Ville Close, die von einer wehrhaften Ringmauer umgebene Altstadt. Nur ein schmales Brückchen verbindet die trutzige Festung mit dem Festland. Hinter den dicken Mauern verbergen sich ein schmales Sträßchen und einige kleine Gassen, gesäumt von anheimelnd altertümlichen Häuschen.

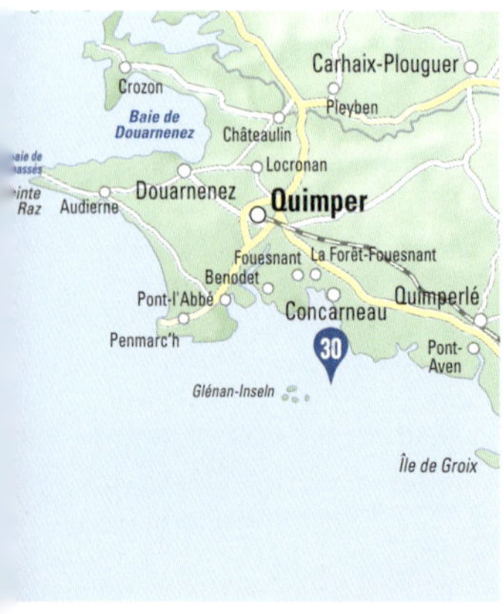

Seitdem ein deutscher Krimiautor unter dem Pseudonym Jean-Luc Bannalec mit großem Erfolg eine Reihe von Bretagne-Krimis rund um den sympathischen Kommissar Dupin veröffentlicht, machen sich immer mehr Fans des kauzigen Ermittlers auf die Suche nach den Schauplätzen, die in den Büchern so detailgetreu beschrieben werden. Eine Pflichtstation dabei ist Concarneau, der Wohn- und Dienstort des fiktiven, aus Paris hierher strafversetzten Polizisten. Und dort werden die Krimi-Fans schnell fündig: Schon von Weitem leuchtet die rote Markise von Dupins Lieblingsrestaurant L'Amiral an der Place Jean-Jaurès, wo der unkonventionelle Kommissar am liebsten das ausgezeichnete Entrecôte verspeist. Und Dupin ist nicht der erste literarische Ermittler, der im altehrwürdigen L'Amiral einkehrt – in den 1930er-Jahren ließ der Schriftsteller Georges Simenon in dem Buch »Maigret und der gelbe Hund« seinen legendären Kommissar ebenfalls hier, im »besten Hotel der Stadt« absteigen.

Die beste Uhr der Bretagne

Von der Terrasse des L'Amiral aus hat man einen schönen Blick auf den Hafen und die Ville Close. Über dem Zugang vom Quai

Pénéroff aus wacht der markante Uhrenturm. Die Uhr, die ihn ziert, schmückte ursprünglich das Château von Pont-l'Abbé. Als dieses 1590 im Zuge einer kriegerischen Auseinandersetzung geschleift wurde, brachte man die Uhr – die seinerzeit als die beste in der ganzen Bretagne galt – nach Concarneau. Gleich dahinter liegt der Turm des Gouverneurs, über den man auf die Stadtmauer gelangt. Der Rundgang auf den Mauerzinnen eröffnet zu beiden Seiten schöne Ausblicke: nach außen auf die Wasserfläche, die fast vollständig die Altstadt umgibt, den Hafen und die große Fischversteigerungshalle, nach innen auf das bunte Treiben in der Ville Close.

Fisch bestimmt das Leben

Das Rückgrat der Altstadt auf der rund 350 mal 100 Meter großen Insel bildet die Rue Vauban, die sich nach einer Weile zur Place Saint-Guénolé mit ihrem hübschen Brunnen weitet. Kleine Granithäuschen prägen das Gesicht der autofreien Altstadt, viele von ihnen dienen heute als Läden, Restaurants oder Galerien. Gleich hinter dem Stadttor liegt linker Hand im ehemaligen Arsenal das sehenswerte Fischereimuseum. An der Porte aux Vins (»Weintor«) wurden einst per Schiff Getränke angeliefert; durch die Porte des Larrons (»Diebespforte«) traten verurteilte Straftäter per Boot die Fahrt zum Galgen an.

Bis ins 19. Jahrhundert hinein wurden die Stadtmauern immer wieder umgebaut, verstärkt und erhöht, denn Concarneau erfüllte eine wichtige strategische Funktion: Die Festung sicherte die Schifffahrtsroute zwischen Port-Louis und Brest. Doch innerhalb der bewährten Mauern wurde es allmählich zu eng. Im 19. Jahrhundert entstanden auf dem Festland die ersten Fischfabriken; neue Wohnquartiere für die Fabrikarbeiter wurden hochgezogen. Wie stark die Geschicke der Stadt mit dem Meer verknüpft waren, zeigte sich zu Beginn des 20. Jahrhunderts auf schmerzliche Weise. Zuerst blieben 1905 die Sardinenschwärme plötzlich aus, sodass die Arbeiter in den Konservenfabriken kein Einkommen mehr hatten. 1930 kostete ein schwerer Herbststurm auf einen Schlag mehr als 200 Seeleuten aus Concarneau das Leben. Bis heute gehört die Stadt zu den bedeutendsten Fischereihäfen Frankreichs. Das Interesse am Meer erschöpft sich aber nicht im Fischfang: Das renommierte meeresbiologische Institut von Concarneau, 1859 gegründet, ist eines der ältesten weltweit.

TOP ★ ERLEBNISSE

★ DAS FEST DER BLAUEN NETZE

Mitte August wird in Concarneau das Festival des Filets Bleus, das »Fest der blauen Netze« gefeiert. Die erste Ausgabe des Festes mit Musik, Tanz und einem großen Trachtenumzug fand 1905 zu wohltätigen Zwecken statt: Das Ausbleiben der Sardinenschwärme hatte Fischer und Fabrikarbeiter ihrer Einnahmequelle beraubt, viele Familien litten bittere Not. Um Gelder für ihre Unterstützung zu sammeln, wurde dieses Fest aus der Taufe gehoben. Die Aktion kam bei Einwohnern und Badeurlaubern so gut an, dass sie seitdem regelmäßig wiederholt wird. Am großen Trachtenumzug nehmen inzwischen Delegationen aus vielen bretonischen Gemeinden teil.

WEITERE INFORMATIONEN
www.festivaldesfiletsbleus.bzh
www.musee-peche.fr,
www.stationmarinede
concarneau.fr/en

★ BIER BRAUEN AUF BRETONISCH

Seit über 20 Jahren wird hier die gesamte Bandbreite bretonischer Biersorten gebraut, außerdem die Britt Cola. Es gibt einen Laden sowie eine Bar mit Verkostungsmöglichkeit. Am Wochenende Konzerte.

WEITERE INFORMATIONEN
www.brasserie-bretagne.fr

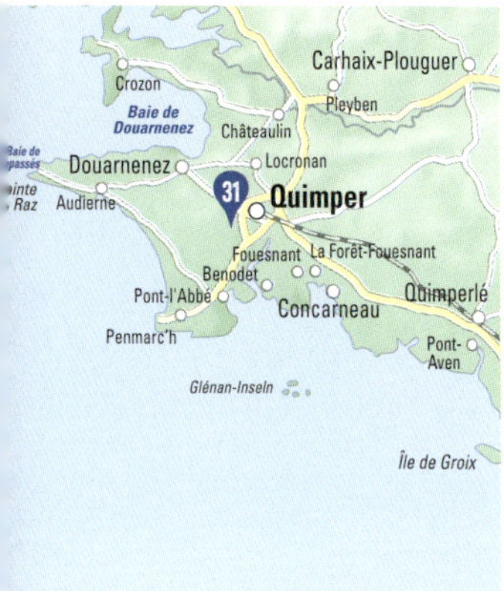

31 IN VOLLER BLÜTE – QUIMPER

Die Hauptstadt des Finistère

Wo Odet und Steir zusammenfließen, liegt Quimper, die Hauptstadt des Départements Finistère. Die traditionsreiche Stadt – eine der sieben Bischofsstädte der Bretagne – ist für ihre kunstvoll bemalten Fayencen bekannt. Rund um die Kathedrale erstreckt sich die historische Altstadt, und im alten Bischofspalast lädt ein sehenswertes Museum zu einem Streifzug durch die bretonische Kultur ein.

Die Rue Kéréon mit ihren bunten Fachwerkhäusern eröffnet einen schönen Blick auf die Türme der Kathedrale (unten). Blumengeschmückte Stege verbinden in Quimper die Stadtviertel an den beiden Ufern des Odet (rechte Seite).

Wer die Stadt Quimper vorstellen möchte, kommt um den Buchstaben »K« nicht herum, denn mit diesem beginnt eine ganze Reihe von wichtigen Schlüsselbegriffen: Kemper, König und Kathedrale, Kunst, Kultur und Keramik. Aber der Reihe nach: Kemper – so lautet der bretonische Name der Stadt. Das Wort bedeutet »Zusammenfluss« und leitet sich von der geografischen Lage der Stadt an den Flüssen Odet und Steir ab. Archäologische Ausgrabungen haben im Bereich des heutigen Quimper Siedlungsspuren aus vorchristlicher und aus römischer Zeit zutage gefördert.

Fisch to go ...

Historisch nicht verbürgt, aber deutlich spannender ist jedoch die folgende Gründungslegende zum Stichwort »K wie König«: Der sagenhafte König Gradlon besaß in Quimper eine Burg. Als er sich bei einem Jagdausflug in den umliegenden Wäldern verirrte, rettete ihn Saint-Corentin, der als Eremit in der Nähe einer abgeschiedenen Quelle lebte. Dieser Heilige ernährte sich ausschließlich von einem einzigen Fisch, der jeden Tag zur selben Stunde pünktlich am Ufer erschien, um sich die tägliche Essensportion aus dem Leib schneiden

Die Kathedrale Saint Corentin von Quimper ist eine der ältesten gotischen Kathedralen der Bretagne (oben). Das Musée départemental breton beherbergt eine sehenswerte landeskundliche Sammlung (unten). Das Museum residiert im alten Bischofspalast (rechte Seite oben). Einladende Crêperien säumen die Place au Beurre (rechte Seite unten).

zu lassen. Der König, tief beeindruckt von dem frommen Mann, ernannte Corentin zum Bischof und überließ ihm seine Burg. Eine Weile später brauchte König Gradlon dringend eine neue Hauptstadt. Seine bisherige Residenz, die herrliche Stadt Ys, war aufgrund des sündigen Lebenswandels ihrer Bewohner in den Wassern des Atlantiks versunken. Die Wahl des Königs fiel, so will es die Legende, auf Quimper. Gradlon und sein treues Pferd Morvarc'h, auf dessen Rücken er den Fluten entkam, sind als Standbild zwischen den beiden Türmen der Kathedrale von Quimper verewigt. Und eines der Kirchenfenster zeigt den König, wie er vor der Jungfrau Maria kniet und ihr die Kathedrale zum Geschenk macht.

Die Kathedrale, mit deren Bau im Jahr 1240 begonnen wurde, ist dem heiligen Corentin gewidmet. Das Gotteshaus, das zu den ältesten gotischen Kathedralen der Bretagne zählt, wurde zum Mittelpunkt einer neuen Stadt. Das mittelalterliche Quimper war sowohl geistliches wie auch politisches Zentrum und unterstand teils dem Bischof, teils dem Herzog. Das bischöfliche Quimper umfasste den Bereich innerhalb sowie die Gebiete nördlich der Stadtmauer. Der Machtbereich des Herzogs, Terre au Duc genannt, erstreckte sich westlich der Stadtmauer; im Stadtbild erinnert heute noch die Place Terre-au-Duc an jene Zeit.

Neben der Kathedrale prägt vor allem der Bischofspalast aus dem 15. Jahrhundert, der sich bis zum Ufer des Odet erstreckt, das mittelalterliche Stadtbild. Heute beherbergt der prächtige Bau das Musée départemental breton. Diese sehenswerte landeskundliche Sammlung umfasst alle Bereiche der bretonischen Kultur, von prähistorischem Goldschmuck über Trachten und Möbel bis hin zu Gemälden und Skulpturen. In den Sommermonaten locken an Donnerstagabenden die »Jeudis de l'Evêché«, Veranstaltungen mit bretonischer Musik, zahlreiche Besucher in die Gärten des Palasts. Die vielen Brückchen und Stege, die gleich daneben über den Odet führen, sind über und über mit Blumen geschmückt.

Kathedrale mit Knick

Die Kathedrale zeichnet sich durch eine bauliche Besonderheit aus: Der Chor bildet nicht die Verlängerung des gotischen Hauptschiffs; seine Achse ist deutlich abgeknickt. Wahrscheinlich wurde auf diese Weise beim Bau der Kathedrale eine vorhandene Grabkapelle aus dem 11. Jahrhundert in den Baukörper integriert. Eine andere Deutung sieht in dieser Linienführung einen Hinweis auf die Körperhaltung Christi am Kreuz. Der Bau der Ka-

thedrale zog sich über mehrere Jahrhunderte hin. Während der Chor noch normannisch geprägt ist, strahlen die im 15. Jahrhundert fertiggestellten Teile – das Längs- und das Querschiff sowie die Türme – im eleganten gotischen Stil. Die verspielten Turmspitzen, die erst Mitte des 19. Jahrhunderts vollendet wurden, fügen sich harmonisch in das Gesamtbild ein. Die Schnitzereien der Barockkanzel aus dem 17. Jahrhundert stellen Szenen aus dem Leben des heiligen Corentin dar. Sie überdauerte die Verwüstungen während der Französischen Revolution ebenso wie die Statue des »kleinen schwarzen Heiligen« (Bretonisch: Santig Du). Sie zeigt den Mönch Jean Discalcéat (1279–1349), der sich einst aufopferungsvoll um die Ärmsten der Armen kümmerte. Bis heute legen die Einwohner von Quimper dem Santig Du Brotlaibe als Essensspende für Arme vor die Füße. Rund um die Kathedrale sind in den schmalen Straßen und Gässchen einige der prächtigen Domizile der Geistlichen und die stattlichen Fachwerkhäuser der Händler und Kaufleute erhalten geblieben – vor allem in der Rue Kéréon, die gegenüber der Kathedrale beginnt. Gleich neben dem Rathaus steht das Musée des Beaux Arts für das nächste »K«, die Kunst. Die Sammlung umfasst Kunstwerke aus fünf Jahrhunderten, darunter auch Werke des in Quimper geborenen Surrealisten und Picasso-Freundes Max Jacob (1876–1944). Um »K« wie (bretonische) Kultur dreht sich jedes Jahr Ende Juli alles beim Musik-, Tanz- und Trachtenfest »Festival de Cornouaille«.

Kostbarkeiten aus Ton

Der hochwertige Ton, der am Ufer des Odet zu finden war, bildete ab dem 15. Jahrhundert das Ausgangsmaterial für das nächste »K« – die Keramik, für die Quimper weithin berühmt wurde. Der Stadtteil Locmaria wurde zum Produktionszentrum von Keramiken und Fayencen. Neben Alltagsgeschirr wurden hier mit der Zeit auch immer kunstvollere Produkte bis hin zu üppig verzierten Tafelaufsätzen hergestellt. Ein eigenes Museum zeigt eine Auswahl dieser Kostbarkeiten aus Ton. Ende des 17. Jahrhunderts wurde die erste Keramik-Manufaktur eröffnet. Auch die Wurzeln der traditionsreichen Firma HB Henriot, die bis heute in Quimper ansässig ist, reichen bis in diese Zeit zurück. Eine Führung durch ihre Keramikateliers ist sehr interessant. Und auch die Suche nach dem passenden Souvenir hat in Quimper schnell ein Ende: Wo, wenn nicht hier, sollte man eine der typischen Bols, der mit Bauer und Bauersfrau in Tracht bemalten Henkelschalen, erwerben?

TOP ★ ERLEBNISSE

★ EINKEHREN AM BUTTERMARKT

Früher wurde auf der Place au Beurre die sogenannte Winterbutter verkauft, die stark gesalzen und dadurch besonders lange haltbar war. Heute scharen sich rund um diesen malerischen Platz die Crêperien. Die hauchdünnen Crêpes aus Weizenmehl werden mit süßer, die etwas rustikaleren Galettes mit einer herzhaften Füllung serviert. Dazu gibt es stilecht Cidre aus irdenen Tassen. Beim Bummel durch die angrenzenden Straßen lohnt sich ein genauer Blick auf die Fachwerkhäuser: Viele haben aus Brandschutzgründen Seitenwände aus Stein – so auch das Eckhaus an der Rue du Lycée Nr. 1, das wohl kleinste Fachwerkhaus von Quimper.

WEITERE INFORMATIONEN
www.quimper-tourisme.com
http://musee-breton.finistere.fr; www.mbaq.fr; www.musee-faience-quimper.com
www.festival-cornouaille.bzh

★ BRETONISCHE SAKRALKUNST

Eine Rundfahrt (etwa 60 Kilometer) führt zu einigen Kalvarienbergen und Kapellen in der Umgebung. Es geht auf der Rue des Douves aus Quimper hinaus zur Église de Kerfeunteun, der Chapelle de Ty Mamm Doué, dem Calvaire de Quilinen, der Chapelle St-Venec und zum weiten Panorama bei der Roche du Feu.

WEITERE INFORMATIONEN
www.quimper-tourisme.bzh

Von einst 14 Wassermühlen in Pont-Aven ist nur noch eine aktiv, einige andere sind zu Restaurants umgewandelt worden (oben). Gemächlich fließt der Aven dahin, rustikale Gebäude an seinem Ufer, darunter – ganz unten im Bild – das wohl schönste öffentliche WC der Region (rechte Seite).

32 VON MÜHLEN UND MALERN – PONT-AVEN

Wie aus dem Bilderbuch

Pont-Aven war ein ruhiges Dorf, bis es Ende des 19. Jahrhunderts durch eine Reihe von Malern – allen voran Paul Gauguin – aus seinem Dornröschenschlaf erweckt wurde. Heute steht die hübsche Ortschaft ganz im Zeichen der Kunst. Unten am Hafen Port Manech fließt der Aven gemeinsam mit dem Bélon ins Meer. In dieser Mischung aus Süß- und Salzwasser gedeihen die bekannten und exzellenten Bélon-Austern.

Die Bewohner des Orts am Aven lebten früher vom Fischfang und der Mühlenwirtschaft. »Eine Stadt von gutem Ruf, 14 Mühlen, 15 Häuser«, heißt es in einer frühen Beschreibung. Heute mahlt nur noch »Le Deroult Moulin de Pénanros« als letzter Vertreter dieses über Jahrhunderte für die Region wichtigen Wirtschaftszweigs Mehl, das dort auch zu kaufen ist. Die Mühlen lieferten den Grundstoff für die bekannten Galettes de Pont-Aven. Die dicken Butterbiskuits werden unter dem Namen Traou Mad angeboten, was auf Deutsch nichts anderes heißt als »gute Dinge«. Der Verkaufsladen, die Biscuiterie, liegt direkt an der Steinbrücke über den Aven. Darunter steht am Fluss ein kleiner Bau aus Naturstein mit einem Schrägdach – das wohl schönste öffentliche WC der Bretagne. Andere Mühlen, wie die Moulin du Grand Poulguin und Moulin de Rosmadec, wurden in Restaurants umgebaut. Auch die von Gauguin gemalte Moulin de Kermentec existiert zwar noch, ist aber nicht mehr aktiv. Der Name Rue des Meunières (»Müllerstraße«), zeugt von der Vergangenheit der Stadt, ebenso wie einige ansehnliche Häuser, in denen einst reiche Händler und Müller wohnten.

Vom Hafen zum Fluss

Der Hafen, die andere Quelle des früheren Reichtums, ist stark vom Tidenhub abhängig, bei Ebbe liegen die Schiffe im Schlick. An den Hängen oberhalb des charmanten Hafens stehen schmucke Reetdachhäuser sowie ein monumentaler Brunnen aus dem Jahr 1788. Auch die Villen des lokalen Barden Théodore Botrel sind dort zu sehen. Der auf dem örtlichen Friedhof begrabene Sänger – eine Statue ehrt ihn in der Nähe des Hafens – organisierte 1905 das erste Folklorefestival der Bretagne. An den bretonischen Schriftsteller Xavier Grall, der sich 1973 in Pont-Aven niederließ und hier 1981 starb, erinnert am Fluss ein Wandrelief, Auge in Auge mit einem Hermelin, dem Wappentier der Bretagne. Grall ist auch ein Wanderweg gewidmet, der den Aven entlangführt. Die Schleusen sind noch zu sehen, mit denen der Fluss reguliert wurde, damit die Frauen von den Treppen aus hier ihre Wäsche waschen konnten. Unruhiger tobt das Wasser beim Chaos de l'Aven, wo sich beeindruckende Granitblöcke aus der Eiszeit auftürmen. Weiter flussaufwärts gelangt der Wanderer in den »Liebeswald« Bois d'Amour.

Abkehr vom Impressionismus

Bekannt wurde der Bois d'Amour durch Paul Sérusiers Gemälde *Talisman*, das er 1888 unter der Anleitung von Paul Gauguin malte. Dieser war begeistert von der hier malerisch gelegenen Chapelle de Trémalo aus dem 16. Jahrhundert, deren Kruzifix ihn zu seinem Werk *Der gelbe Christus* inspirierte. Gauguin, Sérusier und Émile Bernard gehörten zu den bekanntesten Malern der Gruppe, die Ende des 19. Jahrhunderts von dem idyllischen Ort angezogen wurden und die man später der »Schule von Pont-Aven« zuordnete. Gauguin war ursprünglich sehr angetan von Camille Pissarro und lernte über ihn auch andere Impressionisten wie Renoir, Degas und Manet kennen, wandte sich aber bei seinen langen wiederholten Aufenthalten in der Bretagne von diesem Kunststil ab. Nach seinem beruflichen Bankrott als Börsenmakler hatte er erwartet, bald ausschließlich von seiner Malerei leben zu können. Doch nahezu den gesamten Rest seines Lebens litt er unter finanziellen Problemen. In der Bretagne schuf er mit seinen Malerfreunden die Kunstrichtung des Synthetismus, der die Natur, die Gefühle des Künstlers und ästhetische Momente wie Farben und Formen zu einer Synthese zusammenführen wollte. Gauguin malte Frauen in traditionellen Trachten, wie *Der Tanz der vier Bretoninnen*, oder im Alltag, wie die *Tangsammlerinnen*. Im Gegensatz zu seiner impressionistischen Phase malte er jetzt flächig

Das Hotel Central, in dem der erste Mord geschieht, heißt in Wirklichkeit Les Ajoncs d'Or (oben). Viele Bilder der Schule von Pont-Aven hängen heute im örtlichen Museum (unten). Port du Belon ist ein wichtiges Zentrum der Austernzucht (rechte Seite oben). Traditionelle Kostüme und bunt geschmückte Wagen bei der Fête des Fleurs d'Ajoncs (rechte Seite unten).

und mit kräftigen Farben, und trennte die einzelnen Elemente deutlich voneinander. Die Wirkung von Licht und Schatten und die dadurch entstehenden verwaschenen Eindrücke gehörten bei Gauguin jetzt der Vergangenheit an. Oft betonte er im Stil des Cloisonismus sogar die einzelnen Formen mit dunklen Umrandungen.

Die Maler wurden im Ort herzlich aufgenommen, zum Beispiel von Marie-Jeanne Gloanec, in deren Pension Gauguin nächtigte. Manche Frauen posierten in ihren Trachten für die Künstler, diese wiederum dekorierten die Wände der Herbergen und zahlten gelegentlich auch mit einem Bild für Kost und Logis. Heute wird das Stadtbild von Pont-Aven beherrscht von Galerien und Malern, die den Größen der Vergangenheit nacheifern. Deren Werke sind im Musée de Pont-Aven zu bewundern. Auch der deutsche Autor Jean-Luc Bannalec ließ den ersten seiner Bretagne-Krimis in der Kunstszene von Pont-Aven spielen. Anfangs noch vom Ansturm deutscher Touristen verwirrt, können die Einheimischen mittlerweile Auskunft geben: Das Hotel Central, in dem der erste Mord geschieht, heißt in Wirklichkeit Les Ajoncs d'Or. Und wie bei seinem literarischen Gegenstück sind seine Wände mit zahlreichen Gemälden verziert.

Schwimmen und Schlürfen

Westlich des Aven warten Kerascoët und Kercanic auf der Halbinsel Névez mit außergewöhnlichen Häusern auf: Die Granitplatten ihrer Mauern stammen von Menhiren. Der schönste Strand heißt wegen seines feinen Sands »Plage de Tahiti«, daneben liegen felsige Badebuchten. Vom Badeort Raguenès kann man bei Watt die gleichnamige winzige Insel erreichen. Ein Küstenwanderweg, der einstige Zöllnerpfad, führt entlang der Klippen nach Port Manech mit seinen weißen Badehäuschen am Strand. Im kleinen Ort Riec-sur-Bélon bewirtschaften einige Austernzüchter eine Strecke von etwa fünf Kilometern im Fluss Bélon mit ihren Austernbänken. Zweimal täglich heben sich die Krustentiere im Rhythmus der Gezeiten aus dem Wasser und senken sich dann ganz natürlich wieder herab. Durch den ständigen Wechsel von Süß- und Salzwasser erhalten Belon-Austern ihren außerordentlichen Charakter. Sie gelten als besonders fein, sind »flach« (plat) und besitzen einen nussigen Geschmack. Geburt und Jugend verleben sie allerdings im Golf von Morbihan und anderen bretonischen Gewässern. Nach Riec-sur-Bélon kommen sie erst im Alter von drei Jahren zur Veredelung.

TOP ★ ERLEBNISSE

★ FEIERN AUF BRETONISCH

An jedem ersten Wochenende im August steht Pont-Aven im Zeichen der »Fête des Fleurs d'Ajoncs«. Bretonische Musikgruppen spielen am Samstagabend, man singt traditionelle Lieder und beim anschließenden Nachtfest Fest-Noz haken sich Hunderte zum Kreistanz ein. Am Sonntagmorgen zieht nach der Messe das Defilee durch die Stadt mit Folkloregruppen aus der gesamten Bretagne. Die Frauen tragen hohe weiße Hauben zu ihren Kleidern, die Männer großkrempige Hüte. Mit Ajoncs, den gelben Ginsterblüten, und anderen Blumen geschmückt ziehen Wagen durch die Straßen. Der Nachmittag steht im Zeichen von Livemusik und natürlich Essen (Austern!) und Trinken. Den Sonntag beschließt ein erneutes Fest-Noz, das bis weit in die Nacht gefeiert wird.

WEITERE INFORMATIONEN
www.hotel-domaine-pontaven.com

★ DIE MÜNDUNGSBUCHTEN VON AVEN UND BELON

Südlich von Pont-Aven, an der westlichen Seite der Mündung, liegt Port-Manech, ein hübscher kleiner Badeort. Oberhalb der Küste führt ein Höhenweg vom Hafen zum Strand. Immer wieder ergeben sich schöne Ausblicke auf das Meer und die Inseln.

WEITERE INFORMATIONEN-
ville-nevez.com

Das Meer hat an der wilden Westküste der Halbinsel Quiberon bizarre Felsformationen geschaffen (unten). Die Strände an der Ostküste sind mit ihrem feinen Sand und sanften Wellen ideal für Kinder (rechte Seite oben). Auf der Insel Saint Cado ging es einst mit dem Teufel zu (rechte Seite unten).

33 MIT ZWEI GESICHTERN – QUIBERON

Eine Halbinsel mit kriegerischer Vergangenheit

Eine Festung, zwei Orte und drei Häfen – das ist Quiberon. Doch die 14 Kilometer ins Meer ragende Halbinsel hat noch deutlich mehr zu bieten: eine wilde Felsküste ebenso wie feine Sandstrände, Dolmen und Menhire, die von einer Besiedlung in prähistorischer Zeit zeugen, sowie Erinnerungen an die Aufstände gegen die noch junge Republik Ende des 18. Jahrhunderts.

Einst war Quiberon rundum vom Wasser umgeben. Doch im Laufe der Zeit wurde Richtung Festland immer mehr Sand angespült, sodass die Insel ab dem 11. Jahrhundert trockenen Fußes erreicht werden konnte – und heute zwei völlig unterschiedliche Küsten besitzt. Die sandige Ostseite mit Blick auf Bucht und Golf von Morbihan zieht Strandurlauber an, vor allem zur Grande Plage im Süden. Spektakulärer ist die wilde westliche Côte Sauvage mit ihren den Naturgewalten ausgesetzten Felsen, von Wind und Wellen ausgehöhlt oder zu bizarren Gebilden geformt. Das Baden ist hier strikt verboten, und auch beim Spaziergang ist Vorsicht geboten. Den Eingang zur Côte Sauvage bildet das Château Turpault an der Beg er Lan, der »Spitze des Moores«. Das einzige Schloss der Insel ließ der Tuchfabrikant Georges Turpin aus Cholet 1904 im Stil des englischen Mittelalters erbauen. Es befindet sich im Privatbesitz und ist für Besucher nicht zugänglich.

Aufstand gegen die Republik

Das Fort de Penthièvre diente der deutschen Wehrmacht als Teil des Atlantikwalls und ist auch heute noch militärisches Gelände. Es wurde 1747 erbaut, nachdem ein Jahr zuvor marodierende Engländer die Halbinsel verwüstet hatten. Ein halbes Jahrhundert später kam aus England erneute Gefahr: Emigrierte Royalisten landeten mit englischen Hilfsgütern in der Bucht von Quiberon und schlossen sich mit den 5000 königstreuen Chouans zusammen, die im gesamten Nordwesten bis zur Normandie und hinunter bis zur Vendée bewaffneten Widerstand gegen die Republik leisteten. Die Aufständischen der »Chouannerie« unterstanden der Führung von Georges Cadoudal, der sich von London aus an einem Komplott zum Sturz der französischen Regierung und der Wiedereinführung der Monarchie beteiligte. Nach ihrer schweren Niederlage flüchteten sie auf die Halbinsel, wo einige noch rechtzeitig ihre Schiffe zurück nach England erreichten und andere sich in der Festung Penthièvre verschanzten. Nach ihrer Kapitulation wurden mehr als 900 von ihnen nahe der Stadt Auray erschossen. Gerade einmal 22 Meter ist die Passage zum Festland breit, eine oft verstopfte Straße und im Sommer eine einspurige Eisenbahn ab Auray bringen die Besucher nach Quiberon. Die Tire-Bouchon (»Korkenzieher«) genannte Bahn sorgte bald nach ihrer Fertigstellung 1882 für einen Aufschwung des Tourismus. Berühmtheiten wie die Schriftsteller Gustave Flaubert und Anatole France und die Schauspielerin Sarah Bernhardt zogen weitere Besucher nach sich, 100 Jahre später hielt sich auch Romy Schneider gern hier auf. Vom kleinen Fischerhafen Portivy geht es zu den beiden Badeorten Saint-Pierre-Quiberon und Quiberon, Letzterer mit dem Jachthafen Port Haliguen und dem Fischerhafen Port Maria. Dort legen die Schiffe zu den Inseln Belle-Île und Houat ab, von der man weiter zur Île d'Hoëdic gelangt. Die heute touristische Insel lebt seit jeher von der Fischerei und war früher Standort von einem Dutzend Konservenfabriken. Heute dosen noch zwei Betriebe die Sardinen vor Ort ein. Die sehenswerte »Conserverie La Belle-Iloise« zeigt, wie die Fische konserviert werden, aber auch das Leben der Arbeiter einst und heute. Beim abschließenden Besuch der Boutique lohnt es sich, einige Produkte dieser renommierten Marke mitzunehmen. Regionale kulinarische Spezialitäten ganz anderer Art sind die mit salziger Butter hergestellten Karamellbonbons und die Niniches – die Lollis.

TOP ★ ERLEBNISSE

★ STILLE, KUNST, GENUSS

»Inseln der Stille« werden sie genannt, die Îles de Houat und Hoëdic, bretonisch für »Ente« bzw. »Entenküken«. Auf Houat führt der Weg vom Hafen zur Grande Plage und den Überresten des Forts Vauban, im Museum Éclosarium erfährt man alles über die Inselgeschichte. Auf der kleineren, urwüchsigeren Insel Hoëdic kann man in den kleinen Buchten baden. Hier sind die niedrigen Häuser alle nach Süden gewandt, um dem ständigen Wind zu trotzen.

WEITERE INFORMATIONEN
www.mairiedehouat.fr
www.hoedic.net

★ BAUWERK DES TEUFELS

Die nach dem walisischen Heiligen Cadocus benannte kleine Insel Saint-Cado liegt mitten in der Ria d'Étel und ist geballter Charme. Sie besitzt eine Kapelle aus dem 11. Jahrhundert, einen Kalvarienberg, einen Brunnen, hübsche kleine Häuser und ist von Austernbänken umgeben. Die Brücke, über die man sie vom Ort Belz aus erreicht, entstand durch einen märchenhaften Handel: Cadocus schloss einen Pakt mit dem Teufel: Der sollte ihm eine Brücke bauen und dafür die Seele des ersten Lebewesens erhalten, das das neue Bauwerk überqueren würde. Doch seine Enttäuschung war riesig – der gewitzte Cadocus scheuchte als erstes Lebewesen eine Katze über die Brücke ...

WEITERE INFORMATIONEN
www.communes.com/bretagne/morbihan/belz_56550

Die mit vier Metern höchsten Steine in den Menhir-Reihen von Carnac stehen stets am westlichen Ende (oben). Der monumentale Dolmen »Table des Marchands« war früher vermutlich eine Kultstätte (rechte Seite unten). Trimarane bei einer Regatta vor La Trinité (rechte Seite oben).

34 IM REICH DER STEINE – CARNAC

Auf den Spuren von Obelix

Carnac und sein Nachbarort Locmariaquer locken Gäste aus aller Welt mit Zeugnissen einer jahrtausendealten Kultur: Hier stehen zahllose Menhire, sei es als einzelne Steinriesen, in langen Reihen oder zu Kreisen angeordnet und auch Dolmen und Tumuli. Über ihre Ursprünge ist noch immer kaum etwas bekannt. Wer darüber weitergrübeln möchte, kann das allerdings auch am schönen Atlantikstrand tun.

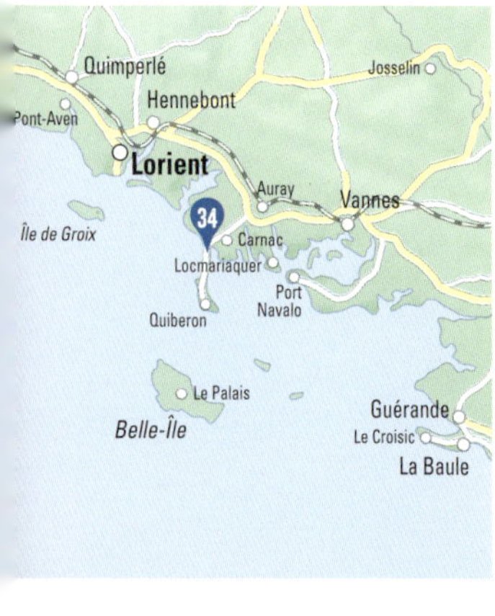

Etwa 4500 Jahre vor unserer Zeitrechnung begannen Menschen in der Gegend von Carnac große Steine aufzustellen. Menhire werden sie genannt, der Name leitet sich ab von den bretonischen Wörtern maen für Stein und hir für lang. In Deutschland hießen sie einst Hinkelsteine. Dass dieser Begriff in den Asterix-Heften wieder auftauchte, verlieh dem deutschen Menhir-Tourismus in die Bretagne einen deutlichen Aufschwung. Im Gegensatz zu Obelix' Handelsgeschäft werden die Steine allerdings nicht durch die Gegend getragen, sondern stehen seit Jahrtausenden am gleichen Fleck. Aus kilometerweit entfernten Orten wurden sie auf Baumstämmen herangerollt und mit Seilen und Hebeln in eine senkrechte Position gebracht.

Geheimnisvolle Kultstätten

Der größte Brocken der Gegend ist der insgesamt 20,60 Meter lange Grand Menhir Brisé in Locmariaquer, der zwei Meter tief in die Erde eingelassen worden war, damit er aufrecht stand. Einige Hundert Jahre nach seinem Aufbau zerbrach er in vier Teile. Aufgrund deren geraden Bruchkanten geht man heute davon aus, dass er mit Absicht umgestürzt wurde. Möglicherweise wollte man Teile des Steinriesen als Deckplatten für einen Dolmen (deutsch: »Steintisch«) verwenden. Die kleineren dieser Grabmäler bestehen aus drei aufrecht stehenden Steinen und einem Deckel, für den einige Meter entfernten monumentalen Dolmen Table des Marchands, »Tisch der Händler«, wurden allerdings viele Steine benötigt. Da man hier weder Gebeine noch Grabbeigaben entdeckt hat, könnte es sich bei diesem Bauwerk eher um eine Kultstätte als um ein Grab handeln. Der größte Tumulus – ein mit Erde bedeckter Grabhügel – des Gebiets ist der 125 Meter lange und zehn Meter hohe Saint-Michel bei Carnac, auf dem eine Kapelle steht. In seinem Inneren wurden Knochenreste und Schmuck gefunden.

Eingesperrte Steine

Rund 3000 Menhire wurden einst bei Carnac in sogenannten Alignements aufgestellt. Diese Steinreihen waren ursprünglich wohl bis zu acht Kilometer lang. Heute bilden die unterschiedlich großen Granitsteine nur mehr rund drei Kilometer lange Linien, wobei die bis zu vier Meter hohen Riesen stets am westlichen Ende stehen. In Le Menec werden die Reihen zu beiden Seiten mit Cromlechs (»Steinkreisen«) abgeschlossen, in Kermario und Kerlescan sind nur noch Reste davon erhalten. Die Stätten sind nur außerhalb der Saison frei zu besichtigen. Im Sommer ist ein Besuch nur in Begleitung eines Guide möglich.
Von wem die Steine aufgestellt wurden und warum, ist nicht geklärt. Man vermutet, dass es sich um ein unbekanntes, seefahrendes Volk handelte. Je weniger man weiß, desto dichter ranken sich die Legenden. Eindeutig falsch ist die in frühen Jahren von christlichen Geistlichen kolportierte Geschichte, bei den Menhiren handele es sich um römische Legionäre. Diese hätten den fliehenden heiligen Cornelius verfolgt, der sie deshalb in Steine verwandelte. Lässt man einmal die Naturwissenschaft beiseite, kann das schon deshalb nicht stimmen, weil die Menhire bereits Tausende Jahre vor Ankunft der Römer hier standen. Noch heute glauben einige Bretonen daran, dass es gegen Unfruchtbarkeit hilft, wenn eine Frau ihren Unterleib an einem bestimmten Menhir reibt. Ein anderer Menhir soll für Kindersegen sorgen, wenn sich ein Paar nachts in seinem Umkreis liebt. Das wäre ja einen Versuch wert.

TOP ★ ERLEBNISSE

★ JENSEITS DER STEINZEIT

Zwischen Carnac und Locmariaquer bringt der Hafenort La Trinité-sur-Mer den Menhir-Fan wieder in die Jetztzeit zurück. Zwar kann man auch bei den beiden erstgenannten Orten Strand und Wasser genießen, doch La Trinité bietet zudem einen Jachthafen mit allen Annehmlichkeiten. Schon in den 1960er-Jahren baute man weit ins Meer ragende Molen und Anleger. Unter den Bars und Restaurants am Kai ist Le Carré im ältesten Haus am Hafenrand eine Einkehr wert. Fisch und Austern gibt es dienstags und freitags auf dem Markt und jeden Tag frühmorgens kommt der frische Fisch in der Criée, der Auktionshalle, zur Versteigerung. La Trinité ist zudem Ausgangspunkt bekannter Segelregatten, beispielsweise der Spi Ouest-France zu Ostern, l'Ar Men Race und Tour de Belle-Île.

WEITERE INFORMATIONEN
www.ot-trinite-sur-mer.fr
https://la-trinite-sur-mer.fr

★ FUNDSTÜCKE AUS VERGANGENEN ZEITEN

Das Musée de Préhistoire J.-Miln-Z.-Le-Rouzic zeigt Sammlungen vom Altpaläolithikum bis zum beginnenden Mittelalter. Die Stücke, Geräte und Gebrauchsgegenstände, wurden bei Grabungen in der Gegend gefunden. Schautafeln erzählen vom mittelalterlichen Leben in der Bretagne.

WEITERE INFORMATIONEN
www.museedecarnac.com

35 DAS REICH DER INSELN – DER GOLF VON MORBIHAN

Abschalten und genießen

Nur durch eine Passage von kaum einem Kilometer Breite ist der Golf von Morbihan mit dem Atlantik verbunden. »Kleines Meer« nennen ihn die Bretonen. Mit seinen vielen Inseln lockt er Wassersportler ebenso wie Vögel. Von Bewohnern aus weit entfernten Zeiten zeugen mehrere Megalithen. Heutige Besucher schätzen auch die Strände auf der Halbinsel Rhuys, die den Golf vom Ozean trennt.

Angeblich liegen im Golf von Morbihan 365 Inseln, »für jeden Tag des Jahres eine«. Nachzählen ist schwierig, auf viel mehr als 50 würde man allerdings nicht kommen. Aus der Luft sieht er wie ein faszinierender Flickenteppich aus Wasser und Land aus, den zahllose Segelboote schmücken. Die Inseln sind alle in Privatbesitz, außer den beiden größten. Zur »Mönchsinsel« Île-aux-Moines setzt die Fähre von Port Blanc aus über. Im 9. Jahrhundert schenkte sie der König der Bretagne der Abtei von Redon. Mönche sucht man allerdings unter den 650 Einwohnern, die vom Tourismus und der Austernzucht leben, heute vergebens. Die Île-aux-Moines lässt sich gut zu Fuß oder mit dem Rad erkunden, vorbei an niedrigen Häusern und Steinmauern, Feigenbäumen, Flieder, Kamelien, Mimosen und Palmen. Hier locken kleine Badestrände, Segel- und Kajakreviere sowie einige Menhire. Noch beschaulicher ist die benachbarte Île d'Arz mit ihren 230 Einwohnern. Wer hier mit der Fähre ab der Pointe de Conleau ankommt, macht sich auf den grünen Fußweg zur Ostküste auf oder auf den blauen Pfad nach Westen zur Gezeitenmühle an der Pointe de Berno, zum Wassersportzentrum mit Bootsverleih und Rundtouren durch den Golf.

Der Golf von Morbihan mit seinen vielen Inseln ist ein Paradies für Wassersportler (unten). Größte Attraktion auf der Halbinsel Rhuys: das Château de Suscinio (rechte Seite oben). Endstation einer tragischen Liebe war die sehenswerte Abtei Saint-Gildas de Rhuys (rechte Seite unten).

Steinkunst im Golf

Ab Larmor-Baden bringt ein Boot Besucher zur privaten unbewohnten Île de Gavrinis. Dort wurden vor rund 6000 Jahren etwa 20 000 Tonnen Bruchsteine für einen gigantischen Cairn verbaut. Er ist rund acht Meter hoch, misst 50 Meter im Durchmesser und in seinem Inneren führt ein 13 Meter langer Gang in eine mit kunstvollen Ornamenten verzierte Kammer. Etwa 500 Meter weiter südlich sind auf der Mini-Insel Er Lannic – als Vogelschutzgebiet nicht zu betreten – zwei Steinkreise zu entdecken, einer von ihnen liegt komplett im Wasser. Die Île de Berder ist dank des starken Tidenhubs im Golf bei Ebbe zu Fuß über einen Damm zu erreichen. Sie gehörte früher dem Kosmetikkonzern Yves Rocher, der sie samt Schloss für Familienurlaube verpachtet hatte. Jetzt wird hier ein Luxushotel gebaut, doch der Zugang zur Île de Berder und den Fußwegen am Ufer soll auch in den nächsten Jahren öffentlich bleiben.

Im Rhythmus des Meers

Die Halbinsel Rhuys trennt im Süden den Golf von Morbihan vom Atlantik. An ihrer Spitze liegt an der Ostseite der Passage zwischen dem »Kleinen Meer« und dem Ozean der Ort Arzon mit dem Leuchtturm von Port Navalo. Gemeinsam mit dem weiter draußen stehenden Phare de la Teignouse weist er den Schiffen den Weg an Quiberon und der Insel Houat vorbei in den Hafen. Nicht immer erfolgreich: Im Jahr 1922 lief hier das Schlachtschiff »France« auf einen Felsen auf und versank.

Am traditionellen Hafen kann man in netten, zum Verweilen einladenden Bars das Hin und Her der Inselfähren verfolgen, dem neuen Jachthafen Port Crouesty etwas weiter östlich fehlt dagegen das Flair. Ein Zwilling des Megalithbaus auf Gavrinis ist der Cairn de Petit Mont, an dem über 2000 Jahre lang gebaut wurde. Nicht weit entfernt steht der Tumulus de Tumiac. Sehenswert sind auch Kerners, der älteste Ortsteil von Arzon mit seinen hübschen Häusern rund um die charmante Kapelle Saint-Nicolas, und die Mühle von Pen Castel aus dem 12. Jahrhundert.

Die größte Attraktion der Halbinsel ist jedoch das sehr gut restaurierte Château de Suscinio in Sarzeau. Die Herzöge der Bretagne ließen es als Jagd- und Lustschloss im 13. Jahrhundert zwischen Wald und Sumpf errichten und mit Wassergräben, Mauer und sieben Türmen sichern. Kindern gefallen die Angebote, das einstige Burgleben nachzuvollziehen, den Höhepunkt für alle bietet jedoch das mittelalterliche Spektakel im Sommer.

TOP ★ ERLEBNISSE

★ AMOUR IMPOSSIBLE

Der junge Theologieprofessor Pierre Abélard verliebt sich in die 17-jährige Héloïse und lässt sich deshalb vom Kanoniker Fulbert als Lehrer für dessen schöne Nichte engagieren. Doch den beiden steht der Sinn weniger nach Büchern als nach leidenschaftlicher Liebe. Lange bleibt die Liaison nicht geheim, Héloïse wird schwanger und Abélard versteckt sie bei seiner Schwester, wo sie einen Sohn gebärt. Sie müssen heiraten, verlangen jedoch von Fulbert, dies geheim zu halten. Doch Fulbert hält sich nicht daran, es kommt zum Streit und der Kanonikus lässt Abélard durch Landsknechte entmannen. Die beiden Liebenden kommen in verschiedene Klöster, Abélard in die Abtei von Saint-Gildas de Rhuys, wo er zum Abt aufsteigt. Aber auch abgesehen von diesem Liebesdrama ist das Kloster mit den Reliquien des heiligen Gildas sehenswert.

WEITERE INFORMATIONEN
www.saint-gildas-de-rhuys.fr/abbatiale
www.amis-abbatiale.blogspot.fr

★ SCHIFFSTOUR IM GOLF

Startpunkte sind Locmariaquer, Le Bono, Larmor-Baden, Vannes oder Port-Navalo. Auf dem Wasser kann man die Bucht am besten kennenlernen. Etwa 40 der Inseln befinden sich in Privatbesitz. Die Îles d'Arz und aux Moines sind die einzigen Gemeinden des Golfs.

WEITERE INFORMATIONEN
www.belleplaisance.com
www.navix.fr

Gassen mit gut erhaltenen Fachwerkhäusern machen den Charme von Vannes aus (oben). Am Fuß der Stadtmauer liegt am Ufer der Marle das alte Waschhaus (rechte Seite unten). Das Beste aus Äpfeln: Saft, Cidre und Schnaps von einem kleinen Bio-Hof nahe Vannes (rechte Seite oben).

36 JUWEL AM GOLF – VANNES

Munteres Leben vor mittelalterlichen Fassaden

»Stadt der Kunst und Geschichte« – diesen Titel darf die Hauptstadt des Morbihan ganz offiziell tragen. Im größtenteils von alten Festungsmauern umschlossenen Kern von Vannes ist ihr Kulturerbe auf Schritt und Tritt zu erleben. Das Juwel am Golf prägen jedoch nicht nur mittelalterliche Bauten: Hier pulsiert das moderne Leben mit allen Annehmlichkeiten einer Stadt am Binnenmeer.

Auf dem Gebiet des heutigen Vannes lag einst die antike Stadt Darioritum. Mit den Römern kam hier der Aufschwung: Die ersten Befestigungsanlagen entstanden im 3. Jahrhundert, die Christianisierung begann, und der heilige Paternus wurde Ende des 5. Jahrhunderts einer der ersten Bischöfe der Bretagne. Im 9. Jahrhundert proklamierte Nominoë, der Graf von Vannes, die Unabhängigkeit der Region. Die Stadt wurde mehrmals von Normannen überfallen und niedergebrannt, bis die Schutzmauern nach dem bretonischen Erbfolgekrieg im 14. Jahrhundert vergrößert wurden. 1532 wurde die Bretagne französische Provinz und Vannes verlor seine Bedeutung als Hafen.

Beim heiligen Vinzenz

Heute ist der Jachthafen aus den 1960er-Jahren einer der Anziehungspunkte für in- und ausländische Besucher. Vom Hafen kommend, erreicht man die schöne Porte Saint-Vincent mit der Statue des heiligen Vinzenz Ferrer. Der spanische Priester war 1418 von Jean V. zu Hilfe gerufen worden, um die Gottlosigkeit in Vannes zu bekämpfen. Nach einer Predigtreise durch die ganze Bretagne, bei der er 873 Wunder vollbracht hatte, kehrte er verständlicherweise erschöpft nach Vannes zurück. Dort starb er alsbald im Jahr 1419 und wurde 1455 heiliggesprochen – und solange der Arm seiner Statue am Stadttor himmelwärts zeigt, wird Vannes nicht überschwemmt. Sagt man. Hinter dem Tor drängen sich in Vannes' Innenstadt schmuckvolle Stadtvillen und wunderbar restaurierte Fachwerkhäuser rund um die Place des Lices, auf der im Mittelalter Turniere stattfanden. In der dortigen Fischhalle locken frische Köstlichkeiten aus Golf und Meer. In der Kathedrale Saint-Pierre hütet die erste Renaissancekapelle der Bretagne die Reliquien des Vinzenz Ferrer, eine Büste des Heiligen und einen Wandteppich mit Darstellungen seiner Wunder. Nicht weit entfernt hängt in der Cohue, dem Museum der Schönen Künste, neben vielen anderen Werken das Gemälde *Christus am Kreuz* von Eugène Delacroix. Die nackten Brüste seiner heiligen Magdalena ließ einst ein Pfarrer übermalen.

Koexistenz von gestern und heute

Der Weg führt zur Porte Prison, in der während der Französischen Revolution Royalisten und Kleriker eingesperrt waren. Dahinter bildet das Viertel Saint-Patern mit der gleichnamigen Kirche das mittelalterliche Herz von Vannes. Jedes Jahr zieht hier am 13. und 14. Juli bei den Fêtes historiques ein Festzug mit Bürgern in traditionellen Gewändern durch die Straßen. Tanz und Trinken sowie das abschließende Feuerwerk finden unterhalb der gut erhaltenen Stadtmauer in den »à la française« gestalteten Gartenanlagen entlang des Flüsschens Marle statt. Dort stehen vor der früheren Bastion de la Garenne die reizenden Waschhäuser aus dem 19. Jahrhundert mit ihren langen Schieferdächern. Das einstige Château de l'Hermine beherbergt heute das Kulturinstitut und in der Tour Trompette dahinter wohnte früher der Stadttrompeter. Nicht versäumen sollte man das Geschichtsmuseum Château Gaillard mit Funden aus den Dolmen der Umgebung sowie einen Blick auf das Hôtel de Ville, eine kleine Kopie des Pariser Rathauses. Gegenüber dem Museum zieren die zwei Gesichter der bekannten Skulptur *Vannes et sa femme* eine Hauswand. Im Süden der Stadt führt der Weg vom Hafen mit den hübschen Gebäuden aus dem 19. Jahrhundert zum Schmetterlingsgarten mit dem tropischen Glashaus.

TOP ★ ERLEBNISSE

★ DAS BESTE AUS ÄPFELN

Südwestlich von Vannes bauen Marc und François in der »Cidrerie du Golfe« in Le Moustoir auf fünf Hektar fünf verschiedene Apfelsorten an. Das Bio-Obst wird von Hand geerntet und sofort vor Ort verarbeitet. Der Apfelsaft ist eine Cuvée aus allen Sorten. Cidre wird in acht Varianten angeboten, von ausgewogen fein bis sauer. »Dayou« ist eine Assemblage aus zwei Dritteln Saft und einem Drittel Apfelschnaps, die zwei Jahre im Eichenfass ruht. Der Schnaps »Lambig«, Bretonisch für Eau-de-vie, reift zehn Jahre in Eiche, der Apfelbrand besitzt 40 Prozent Alkohol. Und zu guter Letzt produzieren die beiden Apfelbrenner noch einen – ebenfalls in Holz reifenden – Apfelessig. Verkauf und Verkostung auf dem Hof, Besichtigung der Produktion nach Voranmeldung.

WEITERE INFORMATIONEN
www.la-cidrerie.fr

★ EIN HERRENHAUS IM WANDEL DER ZEITEN

15 km östlich von Vannes erhebt sich an einem See im Grünen das befestigte Château du Plessis-Josso, das aus drei Trakten besteht. Das Haus selbst stammt aus dem 14., der Wohntrakt aus dem 15. Jahrhundert und der Pavillon aus der Zeit Ludwigs XIII. Die Innenräume sind im Stil der verschiedenen Bauetappen eingerichtet.

WEITERE INFORMATIONEN
http://plessis-josso.com/

Bezauberndes Ensemble in Vannes, mit der alten Stadtmauer und der früheren Bastion de la Garenne. Durch die kunstvollen Gartenanlagen fließt die Marle.

37 FELSEN UND FESTUNG – BELLE-ÎLE

Der Name ist Programm

Die mit 84 Quadratkilometern größte der bretonischen Inseln trägt ihren Namen zu Recht – sie ist eine wahre Schönheit mit einer vielfältigen Pflanzen- und Vogelwelt, einer langen Geschichte und verlockenden kulinarischen Genüssen, vielen kleinen Buchten und Stränden. Um den Reichtum der Belle-Île in Ruhe genießen zu können, führen rund um die Insel nur Fußgängern vorbehaltene Wege.

Die Aiguilles de Port-Coton an der Westküste der Belle-Île waren ein beliebtes Motiv von Claude Monet (unten). Die Zitadelle im Hauptort Le Palais zeigt, dass einst Verteidigung nötig war (rechte Seite oben). Der Leuchtturm an der Pointe des Poulains wurde 1868 erbaut (rechte Seite unten).

Seit Urzeiten lebten Menschen auf der Insel. Davon zeugen die beiden Menhire Jean und Jeanne, die beim Ort Sauzon an der D 25 stehen. Die beiden jungen Leute waren einander versprochen, konnten aber die Hochzeit nicht abwarten und wurden – bei der Liebe ertappt – zu Stein, um sich für alle Zeiten zwar sehen, aber nicht berühren zu können. Doch man wäre nicht in der Bretagne, würden nicht einige Inselbewohner schwören, dass sich die beiden in manchen Nächten einander genähert hätten. Spätere Einwanderer waren Akadier aus Französisch-Kanada. Von den Engländern in alle Welt vertrieben, landeten 78 Familien 1765 auch auf der Belle-Île und wurden hier sesshaft.

Reich gedeckter Tisch

Heute kommen die Besucher per Schiff vom Festland, hauptsächlich vom Port Maria in Quiberon. Auf der Insel ist es zu Fuß oder mit dem Rad am angenehmsten, doch Bequemere nehmen gern die beliebten kleinen Cabrios. Das Leben spielt sich überwiegend an der Küste ab, der frisch gefangene Fisch kommt am gleichen Tag auf den Speiseteller. Im Inselinnern hat Landwirtschaft noch

eine große Bedeutung. Lammfleisch mit dem Gütezeichen »Agneau du large«, Rind mit dem Siegel »Viande des embruns« und der Ziegenkäse sind begehrte Produkte. Den Hauptort Le Palais dominiert die Zitadelle mit dem interessanten historischen Museum. Die befestigte Stadtmauer wurde von Vauban geplant, aber erst 100 Jahre nach dessen Tod gebaut – beeindruckend ist die Porte Vauban am Ortsausgang Richtung Bangor. Die Maison de la Nature zeigt eine Dauerausstellung über Fauna und Flora der Insel und organisiert auch geführte Rundgänge. Drei Kilometer südlich von Le Palais versorgte die »Belle Fontaine« oder »Aiguade Vauban« ab Beginn des 18. Jahrhunderts Schiffe mit Süßwasser. Das ungewöhnliche Bauwerk wird von einem Brunnen gespeist und hat ein Fassungsvermögen von rund 860 000 Litern.

Vermächtnis eines Weltstars

Bangor liegt im Inselinneren, zur wilden Westküste ist es jedoch nicht weit. Die Aiguilles de Port-Coton, eine Felsformation im Meer, waren ein beliebtes Motiv von Claude Monet. Wenn die Gischt an den Felsen hochschlägt, sehen die Schaumflocken wie Baumwolle (Französisch: coton) aus. Den besten Blick über Insel, Meer und Kontinent hat man wie üblich vom Leuchtturm. Der Grand Phare steht in Kervilahouen westlich von Bangor, 247 Stufen warten auf sehnsüchtige Besucher. Der kleine Ort Locmaria am östlichsten Zipfel besitzt die älteste Kirche der Insel und den wunderhübschen Park Jardin de la Boulaye, durch den die Besitzerin Véronique de Laboulaye Besucher auf einem 1,5-stündigen Rundgang führt. Auf der wilden Westseite ist die Grotte de l'Apothicairerie unmittelbar vor der Inselspitze ein Anziehungspunkt für Besucher. Hübsche Häuser in Gelb und Rosa, bunte Fensterläden, Restaurants am Hafen, kleine Gassen rund um die Kirche – Sauzon im Nordosten der Insel ist ein angenehmer Ort zum Flanieren. An der äußersten Spitze entsteht ein Gefühl von Ewigkeit, seit Jahrmillionen brechen sich hier schon die Wellen, haben die Felsen geformt. Quarzadern durchziehen den Schiefer und lassen ihn in der Sonne aufblitzen. Hier fühlte sich Sarah Bernhardt wohl, die berühmteste Schauspielerin der Jahrhundertwende. Sie kam 29 Sommer nacheinander auf die Insel und finanzierte ihren Mitbürgern eine Bäckereikooperative. In ihrem früheren Haus befindet sich heute ein Museum.

TOP ★ ERLEBNISSE

★ MIT HAMMER UND MEISSEL

Eine Berühmtheit von Belle-Île sind die Pouces-pieds, wissenschaftlich *Pollicipes pollicipes* und im Deutschen »Entenmuscheln« genannt. Sie verankern sich mit einem biegsamen muskulösen Stiel fest auf den Steinen. Auf dem Stiel sitzt ein muschelförmiges Gebilde. Als Lebensort benötigen sie Felsen, die ständig vom Meer überspült werden, aber nicht unter Wasser liegen. Um sie zu ernten, schlagen die Fischer sie – von Wellen umtost – mit Hammer und Meißel vom Stein ab, ein gefährlicher Job, der auch ihren hohen Preis erklärt. Der »Abbau« der Muscheln ist stark reglementiert, um den Bestand nicht zu gefährden. Sie werden gekocht oder gedünstet, gegessen wird nur der Stiel. Von der Konsistenz ähneln sie Calamares, sie schmecken nach Meer, salzig und jodhaltig. In einigen Restaurants der Insel werden sie angeboten, z. B. im »La Parenthèse« in Le Palais.

WEITERE INFORMATIONEN
www.belle-ile.com/offres/la-parenthese-le-palais-fr-496034

★ PER DRAHTESEL ÜBER DIE INSEL

Ein Trekkingrad eignet sich bestens, um die Insel zu erkunden, zumindest, wenn der Wind nicht zu stark weht. In Le Palais gibt es zahlreiche Fahrradvermietungen. So ist man umweltschonend unterwegs und kommt doch gut voran.

WEITERE INFORMATIONEN
www.belle-ile.com

Von der Oberfläche des fast verdunsteten Wassers schöpft ein Salzbauer *(paludier)* von Guérande das edle Fleur de Sel ab.

38 WO DIE SALZBLUMEN BLÜHEN – GUÉRANDE

Weißes Gold und alte Schätze

Die Salzgewinnung reicht in Guérande bis in das 5. Jahrhundert zurück und die Produkte seiner Salzgärten genießen auch bei deutschen Feinschmeckern einen ausgezeichneten Ruf. Doch auch das mittelalterliche Stadtzentrum ist sehenswert.

Zwei Drittel der 300 Salzbauern von Guérande, der Paludiers, sind in der Kooperative zusammengeschlossen, die das Infozentrum »Terre de Sel« betreibt. Salz ist das Endergebnis der Verdunstung von Meerwasser: Vom Ozean fließt das Wasser in die Salinen, durchläuft zunächst die Cobiers genannten Reinigungsbecken, dann erfolgt die Vaporisation. Der Anteil des weißen, stark salzigen Fleur de sel an der Gesamternte beträgt acht Prozent. Dann schieben die Salzbauern das darunterliegende Gros Sel (»grobes Salz«) mit einem langen, »las« genannten Gerät zu großen Haufen zusammen. Da der Boden hier stark tonhaltig ist, hat das Salz eine graue Färbung und enthält viele wertvolle Mineralien wie Magnesium, Eisen oder Kalzium. Das »Terre de Sel« organisiert Rundgänge und bietet viele Produkte auf Basis von Sel de Guérande an.

Während des bretonischen Erbfolgekriegs im 14. Jahrhundert ging es in der Region drunter und drüber. Jean de Montfort ließ »seine« Stadt Guérande, die strategisch günstig auf einem Hang oberhalb der Salzgärten lag, nach ihrer Zerstörung wiederaufbauen und mit einer Befestigungsmauer umschließen, die ihren Zweck vollkommen erfüllte. Heute noch ist die Anlage mit der 1300 Meter langen Mauer, den vier Toren und sechs Türmen vollständig erhalten und bewohnt. Durch das majestätische Tor Saint-Michel führen autofreie Pflasterstraßen vorbei an Crêperien, Souvenirläden, Konditoreien mit Guérandesalz-Biskuits und der Kirche Saint-Aubin. Jedes Jahr im Mai/Juni geraten die Bewohner der Stadt beim Mittelalterfest außer Rand und Band.

INFO: www.terredesel.com

39 URWÜCHSIGER CHARME – LA BRIÈRE

Eine fast unberührte Naturlandschaft

An Bord einer flachen schwarzen Barke, einer *chaland*, kommen Besucher der urwüchsigen Sumpf- und Lagunenlandschaft am nächsten.

Ohne genaue Kenntnis der Region würde man an der faszinierenden Sumpf- und Lagunenlandschaft der Brière einfach vorbeifahren – dabei ist sie mit mehr als 40 000 Hektar Fläche nach der Camargue der größte Naturpark Frankreichs.

Zwischen den Mündungen von Loire und Vilaine erstreckt sich eine Landschaft, die den Besucher in vergangene Zeiten zurückversetzt. Zu Fuß kann man das Gebiet in drei Tagen rundum erkunden, mit dem Rad führt eine Tour ab Saint-Lyphard vorbei an einigen Megalithen, traditionellen Brotbacköfen und mehr als 150 Chaumières, den hier typischen reetgedeckten Hütten. Lohnend sind Besuche von Kerhinet, einem bewohnten Museumsdorf, sowie den Gärten von Kermoureau mit kleinen Teichen, Magnolien und Ginkgos. Die Chaumière des Marionettes, ein schlichtes Haus in La Chapelle des Marais, präsentiert ungewöhnliche Marionetten. Am nordöstlichen Rand des Naturparks steht in Missillac das Château de la Bretesche, dessen Park zu besichtigen ist. Die Sümpfe der Grande Brière bilden ein Freilichtmuseum der Natur. Hier gibt es mehr Wasserläufe als Wege, und am besten kommt man mit den Chalands voran. Diese schwarzen Barken können unter anderem ab Bréca oder La Chaussée Neuve mit oder ohne Guide gemietet werden. Die sehenswerte winzige Insel Fédrun ist von Saint-Joachim aus zu erreichen, dem größten Ort der Region. Artenreiche Feuchtwiesen, Schilf und kleine Inseln, Seerosen und gelbe Iris, dazu reichhaltige Fischbestände, Kormorane, Grau- und Silberreiher, an Land Hasen, Wiesel und Hermeline – hier scheint die Welt noch in Ordnung und ein Paradies für Naturfreunde zu sein. Doch seitdem kein Schilf mehr geschnitten und kein Torf mehr gestochen wird, drohen einige Gebiete auszutrocknen.

INFO: Maison du Parc, Kerhinet.
Tel. 02 40 66 85 01,
www.parc-naturel-briere.com

40 LUXUS UND BESCHEIDENHEIT – VON LA BAULE BIS ZUR INSEL NOIRMOUTIER

Eine spannende Küste

La Baule wurde als luxuriöser Badeort für Sonnenanbeter, Sportbegeisterte und Kulturfreunde konzipiert. Sein weitläufiger Strand ist allgemein beliebt und nach dem Sonnenbad lockt ein breites Unterhaltungsangebot. Quasi als Gegenentwurf dazu zeigt sich weiter im Süden die Insel Noirmoutier: Hier stehen Natur, Entspannung und einfache Genüsse im Vordergrund.

Die Geschichte von La Baule beginnt mit einer mächtigen Wanderdüne, die im 19. Jahrhundert den Ort Escoublac bedrohte. Das Dorf wurde um einen Kilometer versetzt, die Kirche allerdings vom Sand begraben. Später pflanzte man einen Kiefernwald, um eine weitere Katastrophe zu verhindern.

Die ab 1896 La Baule-Escoublac genannte Stadt verdankt ihren Aufschwung dem Geschäftsmann François André. Der Unternehmer übernahm das Luxushotel Royal, baute ein neues Kasino sowie 1926 die Top-Hotels L'Hermitage und Castel Marie-Louise, die nur durch die Promenade vom Strand getrennt sind. Gleichzeitig ließ er zur Unterhaltung der Hotelgäste einen Golfplatz anlegen, gründete den Tennisclub, eröffnete Restaurants und Bars. Das Geschäftsimperium ging über auf seinen Neffen Lucien Barrière, unter dessen Namen heute in ganz Frankreich Hotels und Kasinos existieren.

Sport, Kultur – und Strandvergnügen

Seit 1989 halten in La Baule einige TGVs, sodass der Ort von Paris aus in weniger als drei Stunden zu erreichen ist. In der zweiten Linie, direkt hinter den großen Hotels, sind etliche Zweitwohnsitze entstanden, zumeist völlig verspielte Villen, ungewöhnliche Bau-

In Top-Lage wurde das Luxushotel »L'Hermitage« 1926 an der Strandpromenade von La Baule errichtet (unten). Der Hafen von La Baule ist nur noch für Yachten da (rechte Seite oben). Dank der Pier an der Plage des Dames auf der Insel Noirmoutier können Boote in Strandnähe anlegen (rechte Seite unten).

Eine Regatta steht bevor – Katamarane liegen am Strand bereit (oben). Spektakulär erhebt sich das Skelett einer riesigen Schlange aus dem Wasser der Loire (unten). Hohe Stelzenhütten an der Küste bei Pornic erleichtern den Fischern die Arbeit (rechte Seite oben). Fahrräder sind das ideale Fortbewegungsmittel auf der kleinen Île d'Yeu (rechte Seite unten).

ten ohne einheitlichen Stil, mit bretonischen, mediterranen und baskischen Einflüssen, mit Türmchen, Erkern und Balkonen, jeweils aus einem Mix diverser Farben und Materialien. Entsprechend der Idee von François André werden die Feriengäste das ganze Jahr über mit sportlichen und kulturellen Highlights unterhalten. Im Mai kommen die weltbesten Springreiter bei freiem Eintritt für die Zuschauer, Besuchermagnete sind aber auch der internationale Drachenbootwettbewerb, die Regatta legendärer Segelboote, das Kitesurf-Derby und der Triathlon. Kulturliebhaber erfreuen sich am Literaturtreffen sowie am Jazz- und Filmfestival.

Doch neben all dem sollte man eins nicht außer Acht lassen: den Strand. Mehr als sechs Kilometer zieht er sich die Bucht entlang, überwiegend durch das Hinterland geschützt und dadurch für Kinder zum Baden sehr geeignet. Am Hauptstrand sind im Sommer blau-weiße Umkleidezelte aufgestellt – wie zu Urgroßmutters Zeiten. Die Strände der Gemeinden Pornichet im Osten und Le Pouliguen im Westen schließen sich an, in Le Croisic am Zipfel der Halbinsel begeistert das Océarium mit seinen australischen Haien, Seepferdchen und Seesternen. Für Kinder ist die Fütterung der Pinguine meist der größte Spaß. In La Turballe, dem größten Fischerhafen des Départements Loire-Atlantique, widmet man sich vor allem der Sardinenfischerei. Versteigert wird der fangfrische Fisch wochentags ab sechs Uhr morgens in der »Criée«, um abends auf die Teller der örtlichen Restaurants zu kommen – frischer geht's nicht.

Kunst im Wasser

Der Pays de Retz auf der linken Loire-Seite bildet das südliche Tor zur Bretagne. In Saint-Brevin-les-Pins finden Strandsegler auf den harten Sandflächen entlang des Wassers ein ideales Revier, ebenso wie die Kitesurfer im Wasser. Das stählerne Skelett einer riesigen Schlange, die »Serpent d'Océan« von Huang Yong Ping, liegt hier direkt an der Mündung in Strandnähe. Durch die Gezeiten scheint sie sich zu bewegen, befindet sich bei Flut ganz im Wasser und scheint bei Ebbe den Strand heraufzukriechen. Weitere Kunstinstallationen sind einige Kilometer flussaufwärts bei Paimbœuf zu sehen: der *Besternte Garten* von Kinya Maruyama und der *Misconceivable* des Österreichers Erwin Wurm bei Le Pellerin – ein Boot, das schlaff über der Kaimauer zu hängen scheint und von den Einheimischen daher als Bateau mou (»schlaffes Boot«) bezeichnet wird.

Bis hierhin führt ab Paimbœuf der Canal de la Martinière. Er wurde Anfang des 20. Jahrhunderts parallel zur Loire für Schiffe mit grö-

ßerem Tiefgang gebaut, war aber schon bald dafür nicht mehr geeignet. Heute ist er ein schönes Gebiet für Wanderer, Radler und Angler. Auf halber Strecke lohnt sich mit Kindern etwas abseits des Kanals in Frossay der Besuch des »Legendia Parc«, einer Mischung aus Zoo, Geschichte und Legendenshows. Von Saint-Brevin schwingt sich weithin sichtbar in elegantem Bogen die 1974 erbaute Autobrücke über die Loire nach Saint-Nazaire.

Auf dem Weg nach Süden, im Ort mit dem merkwürdigen Namen Saint-Michel-Chef-Chef, findet man auf dem Campingplatz ungewöhnliche Übernachtungsmöglichkeiten: einen historischen Eisenbahnwaggon, zwei Flugzeuge, Straßenbahn, Bus und Planwagen. Kinder lieben das. Der Hafen von Pornic mit seinen Fischerbooten und traditionellen Seglern, darüber enge Gassen und Treppen, wird dominiert von einer Burg aus dem 13. Jahrhundert. An der abwechslungsreichen Küste liegen felsige Täler ebenso wie familienfreundliche Strände – geprägt wird das Bild von Fischerhütten, die auf hohen Stelzen im Wasser stehen.

Tückische Überfahrt

Bereits die Fahrt zur Île de Noirmoutier ist die Reise wert: Bei Ebbe ist sie über die 4,5 Kilometer lange Pflasterstraße Passage du Gois erreichbar. Verpasst man das Einsetzen der Flut, hilft nur noch, auf einen der zahlreichen stählernen Rettungstürme zu klettern. Für Furchtsame: Seit 1971 führt auch eine Brücke auf die Insel. Während des Niedrigwassers sind entlang der Passage viele Menschen mit Drahtkörben zu sehen, die hier im Schlick nach Muscheln oder den kleinen Meeresschnecken, den Bigorneaux suchen. »La pêche à pied« wird das Fischen zu Fuß genannt. Das Leben auf Noirmoutier ist schlicht, das Meer bestimmt den Rhythmus. Zwei Drittel der von 10 000 Menschen bewohnten Insel liegen unter dem Meeresspiegel, man lebt von der Salzgewinnung, dem Fischfang und natürlich vom Tourismus. Der Hauptort Noirmoutier-en-l'Île besitzt die schlichte Kirche Saint-Philibert, einen schönen Rathausplatz und einen malerischen Hafen. An der breiten Plage des Dames genießt man die Sonne, im Frühjahr die Mimosenblüte. Schloss und Aquarium lohnen den Besuch. Das größte kulinarische Highlight ist nicht Fisch – obwohl stets sehr frisch und lecker, sondern die mit Seetang gedüngten Kartoffeln der Sorte Bonnotte. Mit bis zu 500 Euro pro Kilogramm sind sie die teuersten weltweit.

TOP ★ ERLEBNISSE

★ RADFAHRER IM INSELGLÜCK

Eine halbe Stunde mit dem Katamaran ab Port Fromentine, dann ist die Île d'Yeu erreicht – der Lebensraum für viele Vögel, 16 Orchideenarten und andere geschützte Pflanzen. Die nur zehn Kilometer lange und knapp vier Kilometer breite Insel zählt 5000 Einwohner und ist leicht mit dem Fahrrad zu erkunden. Hier locken Leuchttürme, lange Sandstrände hinter schützenden Dünen im Nordosten, eine wilde Felsküste im Südwesten, Dolmen, ein mittelalterliches Schloss und ein Fischereimuseum. Noch 150 Fischer gibt es auf der Insel, ihren Fang bieten sie auf den Märkten im Hauptort Port Joinville und in Saint-Saveur an. Dort findet man auch den intensiv schmeckenden, in Asche gewendeten Ziegenkäse von Yeu.

WEITERE INFORMATIONEN
Auskunft über die gezeitenabhängigen Fährzeiten gibt das Office de Tourisme, Tel. 02 51 58 32 58, www.ile-yeu.fr

★ WILDE KÜSTE MIT STEILEN KLIPPEN

Auf der Presqu'Île de Guérande führt ein Zöllnerweg bei Batz-sur-Mer an der Steilküste entlang. Es ist jedoch Vorsicht geboten, da die Wellen hier sehr hoch werden können. Die Klippen dieser Côte sauvage tragen sehr anschauliche Namen wie »Bär«, »Großer Altar« etc.

WEITERE INFORMATIONEN
de.ot-batzsurmer.fr

Eindrucksvoll überspannt die fast 3,5 Kilometer lange Brücke die Loire zwischen Saint-Nazaire und Saint-Brevin-les-Pins (oben). Der frühere U-Boot-Bunker beheimatet »Escal'Atlantic«, eine Erlebniswelt über die Zeit der Linien-Ozeandampfer (rechte Seite unten). Monsieur Hulot machte hier Ferien, seine Statue überwacht das Treiben am Strand (rechte Seite oben).

41 HEIMAT DER OZEANRIESEN – SAINT-NAZAIRE

Krieg und Frieden

Die Industriestadt Saint-Nazaire ist zwar keine ausgesprochene Schönheit, doch Schiffbau und Luftwerft sorgen nicht nur für Arbeitsplätze, sondern sind auch Schauplätze spannender Besichtigungstouren. Stolz ist man hier auf die 20 Strände, von denen einer sogar internationalen Ruhm erlangte, denn schließlich verbrachte Monsieur Hulot hier seine Ferien.

Seit der Mitte des 19. Jahrhunderts wurden in Saint-Nazaire Hafenbecken für Schiffe mit großem Tiefgang angelegt. Schon bald entstanden die ersten Ozeandampfer, die im Linienverkehr Ziele in Mittelamerika ansteuerten. Die 1932 vom Stapel gelaufene »Normandie« galt als das eleganteste Schiff seiner Zeit, das erste mit mehr als 300 Meter Länge und zeitweise das schnellste, das den Atlantik überquerte. Doch diese glorreiche Epoche endete mit der Besetzung durch die deutsche Wehrmacht. Diese errichtete hier ab 1941 einen klotzigen U-Boot-Bunker, der zwei ganze im Atlantik manövrierende U-Boot-Flottillen aufnehmen konnte, sowie einen Schleusenbunker für einen gezeitenunabhängigen sicheren Liegeplatz. Vier bis fünf Meter dick waren die Dächer, zusätzlichen Schutz bildeten Betonfangroste, die die Bomben zur Explosion bringen sollten, bevor sie ihr eigentliches Ziel erreichten. Der Bunker, für den fast eine halbe Million Kubikmeter Stahlbeton verbaut wurde, blieb unversehrt, die umliegenden Stadtviertel wurden dagegen zu 85 Prozent zerstört. Nach dem Krieg war die große Zeit der Atlantikliner allerdings bald vorbei, die 1960 in Betrieb genommene »France« war die Letzte ihrer Art. Rechtzeitig schwenkte man auf den Bau von Kreuzfahrtschiffen um. Neben vielen anderen entstanden hier auf der Werft STX die »Queen Mary 2«, die deutsche »Europa 2« sowie die 2018 fertiggestellte »Symphony of the Seas«, das weltweit größte Kreuzfahrtschiff.

Friedliche Nutzung

Zwar versperrt der alte Bunker die Sicht auf das Wasser, doch statt eines überaus aufwendigen und langwierigen Abrisses entschied man sich für eine Nutzung der Anlagen zugunsten der Besucher der Stadt. Äußerlich im ursprünglichen Grau, auch die Wände zwischen den einzelnen U-Boot-Liegeplätzen nicht verschönert, zeigt sich der Bunker im Inneren mit einer überraschenden Erlebniswelt. »Escal'Atlantic« nennt sich dieser Rundgang mit viersprachigen Tafeln durch ein Labyrinth von Gängen, über mehrere Decks, zu den Kabinen und dem Maschinenraum eines Ozeandampfers. Deutlich sieht man, wie sich die Ausstattung über die verschiedenen Epochen hinweg veränderte und wie unterschiedlich die Passagiere reisten: Die Erste Klasse steht mit Louis-Vuitton-Koffern und elegantem Mobiliar in starkem Kontrast zu den engen Räumlichkeiten, in denen die Aussiedler dicht zusammengepfercht waren. Im Speisesaal mit den Dimensionen des Spiegelsaals von Versailles erklingt sanfte Musik, in der Bar klirren Eiswürfel, lauter und heißer ist es im Bauch des Schiffes, in dem die Maschinen stampfen. Überwiegend ist das Interieur dem Stil der Zeit nachempfunden, doch auch Originalstücke von der »Normandie« oder der »France« werden gezeigt. Vom Außendeck sieht man andere Schiffe und Eisberge vorüberziehen, Wellen und Wetter verändern sich ständig. Kleine intelligente Spiele und Quizfragen sorgen zusätzlich für das Verständnis der damaligen Epoche. Der Rundgang endet damit, dass die Besucher in einem Rettungsboot zu Wasser gelassen werden. Auch der Schleusenbunker kann besichtigt werden, hier liegt heute das französische U-Boot »Espadon«. Eine beängstigende Enge – und das damals wochenlang auf hoher See ... Das Dach des Bunkers ist frei zugänglich, der Blick schweift über Werft und Stadt und die im Rahmen des Kunstparcours »Estuaire« erschaffene Installation roter Dreiecke auf den umliegenden Dächern sowie den künstlerischen Garten »Le Jardin du Tiers-Paysage«. Wer noch nicht müde ist: Auch die Werft und das Airbus-Werk bieten Besichtigungen an. Auf eine international bekannte Persönlichkeit trifft man bei einem Stadtrundgang: den Reporter Tim, der in Frankreich Tintin heißt. Saint-Nazaire ist Schauplatz im Tim-und-Struppi-Band »Die 7 Kristallkugeln«, sechs vergrößerte Bilder zeigen Szenen aus diesem Band.

TOP ★ ERLEBNISSE

★ AUF DEN SPUREN TATIS

Einer der schönsten Strände der Region liegt im Stadtteil Saint-Marc sur Mer. Er heißt ganz offiziell »Strand von Monsieur Hulot«, denn hier wurde 1951 der Film »Die Ferien des Monsieur Hulot« von und mit Jacques Tati gedreht. Der biedere Kleinbürger Hulot reist in einem uralten Auto an und versucht, in seinem Hotel Bekanntschaften zu schließen, unter anderem mit der jungen, von ihm angebeteten Martine. Doch durch seine schusselige Art stürzt er das Hotel in ein wahres Chaos. Dieser Film gilt heute als eine Perle des Slapsticks. Eine Bronzestatue der Filmfigur, geschaffen vom Bildhauer Emmanuel Debarre, lehnt sich über ein Geländer und wacht über ihren Strand.

WEITERE INFORMATIONEN
M. Hulot verbrachte seine Ferien im Hôtel de la Plage, das heute noch existiert: 37 Rue du Commandant-Charcot, www.hotel-delaplage.fr

★ DIE GEFIEDERTEN FREUNDE AUS NÄCHSTER NÄHE

Am südöstlichen Rand der Grande Brière in St-André-des-Eaux führt ein Naturpfad durch den Vogelpark Parc ornithologique de Ker Anas. Besucher können Vögel aller Kontinente beobachten. Wer mag, darf sie auch füttern und erhält dafür am Eingang des Parks eine Tüte mit Weizenkörnern.

WEITERE INFORMATIONEN
saint-andre-des-eaux.fr

Symmetrisch angeordnet: die Place Royal mit gewaltigem Springbrunnen – eine königliche Statue stand hier allerdings nie (oben). Kaum zu glauben, aber in der prächtigen Passage Pommeraye befindet sich ein Einkaufszentrum (rechte Seite).

42 JUNGE STADT AN DER LOIRE – NANTES

Niedergang und neuer Aufschwung

Kulturell dynamisch – so stellt sich Nantes heute dar. In der Universitätsstadt mit ihren 55 000 Studenten pulsiert das Leben. Die früheren Fabriken und Lagerhäuser werden heute kreativ genutzt und haben Nantes zu einem Nonplusultra für Fans junger und unkonventioneller Kunst werden lassen. Doch auch das Erbe vergangener Jahrhunderte ist keinesfalls vergessen.

Im berühmten Edikt von Nantes gestand Heinrich IV. 1598 den Protestanten religiöse Toleranz und volle Bürgerrechte zu, wenngleich dies 1685 von König Ludwig XIV. widerrufen wurde. Weniger bekannt ist die Rolle der Stadt im Sklavenhandel. Ende des 17. Jahrhunderts war Nantes Teil des schmutzigen interkontinentalen Dreieckshandels: Von Europa aus exportierten Händler Waren nach Westafrika, von dort wurden Sklaven in die Karibik verschleppt und verkauft, um mit den Erlösen Zucker, Tabak und Baumwolle zu erwerben und diese Waren nach Europa zu bringen. Aber auch mit Schiffbau und dem Handel mit Salz und Loire-Weinen gelangte Nantes zu Reichtum.

Kunst in der Keksfabrik

Nantes war bis 1941 noch Hauptstadt der Bretagne, heute ist es Regierungssitz der Region Pays de la Loire. Nach Werftenschließungen und hoher Arbeitslosigkeit begann der erneute Aufschwung der Stadt Ende des vergangenen Jahrhunderts – ein Symbol dieser Epoche ist der Büroturm Tour Bretagne. Dort kann man in der Bar Le Nid im 32. Stock den 360-Grad-Panoramablick über Stadt und Fluss genießen. Alte Gebäude erhielten neues Leben, wie die frühere Tabakmanufaktur, die heute Bibliothek, Tanzsaal und Kindergarten beherbergt, oder die bekannte Keksfabrik LU (Lefèvre-Utile) mit dem auffälligen Turm,

GALERIE DE L'HORLOGE
PARFUMERIE

Alte Gemäuer mit modernem Museum: Schloss der Herzöge der Bretagne (oben); Fachwerkhäuser und Cafés im munteren Quartier Bouffay (unten). Machtvoll stapft der Grand Éléphant über die Île de Nantes (rechte Seite oben). Teuflisch laut: das »Hellfest in Clisson« (rechte Seite unten).

die jetzt unter dem Namen »Lieu Unique« wechselnden Kunstausstellungen mit freiem Eintritt Raum bietet.

Neustart auf der Île de Nantes

Das größte Projekt des damaligen Bürgermeisters Jean-Marc Ayrault, das die heutige Bürgermeisterin Johanna Rolland konsequent weiterführt, war die Umgestaltung der fünf Kilometer langen Insel Île de Nantes: Die Insel vor der Altstadt erhielt eine Radikalkur in Sachen urbanes Leben, Wohnen, Arbeiten und Genießen. Wo früher große Schiffe gebaut wurden, beeindrucken heute die spektakulären »Machines de l'Île«, monumentale mechanische Installationen zum Ansehen und zum Mitmachen, zum Beispiel der zwölf Meter hohe und 40 Tonnen schwere »Große Elefant«, in dem 35 Personen Platz finden. Wenn sich dieser Koloss in Bewegung setzt, erleben die Passagiere den Mechanismus hautnah. Der Maschinist, der das Riesentier steuert, erklärt alles ganz genau. Auch die mechanische Spinne, in deren Hinterleib vier Besucher Platz finden, wird von einem Techniker zum Leben erweckt. Und im Karussell der Unterwasserwelten drehen sich seltsame Meeresgeschöpfe auf drei Ebenen. Die Konstrukteure Pierre Orefice und François Delarozière schaffen gemeinsam mit ihrem Team Jahr für Jahr neue Installationen. Das in Zukunft größte Projekt auf der Insel, der »Reiherbaum«, ist bereits in Teilen begehbar. Jedes Gebäude auf der Île de Nantes trägt die Handschrift eines bekannten Architekten. Hinzu kommen Kunstwerke mit humorvollem Augenzwinkern, wie der Pingpong-Park mit aberwitzig konstruierten Tischtennisplatten oder der Basketballbaum mit Körben in unterschiedlichen Höhen. An die industrielle Vergangenheit erinnern zwei riesige Kräne, »der Gelbe« und »der Graue«. Und die Installation »Les Anneaux« besteht aus 18 großen Ringen am Ufer der Loire, die nachts rot, grün und blau leuchten.

Mächtige und Reiche

Das herzogliche Schloss im Stadtzentrum aus dem späten 15. Jahrhundert wurde im Auftrag des letzten Herzogs der Bretagne, Franz II., und dessen Tochter Anne, der späteren französischen Königin, erbaut. Heute ist es für alle durch eines seiner drei historischen Tore kostenlos zugänglich. Besucher können seine riesigen alten Räume mit Gewölben und Kaminen bewundern und sogar die Graffitis einstiger Gefangener bestaunen. Sehr sehenswert ist im Schloss das historische Stadtmuseum, für das allerdings Eintritt fällig ist. Mit knapp 1200 Exponaten in mehr als 30 Räumen präsentiert es die Geschichte

von Nantes ab seinen frühesten Anfängen. Behandelt werden unter anderem die Rolle der Stadt im Sklavenhandel und der Alltag der Bevölkerung während der Weltkriege. Draußen spiegelt sich das Schloss im großen flachen Wasserspiegel »Miroir d'Eau«, aus dem von Zeit zu Zeit auch Sprühnebel oder Wasserfontänen hervorschießen.
Nicht weit entfernt war die 1443 begonnene Kathedrale Saint-Pierre-et-Saint-Paul bis 1891 eine Dauerbaustelle. Zwei Türme besitzt die Fassade, die Säulen dahinter sind mit ihren 37,5 Metern höher als die von Notre-Dame in Paris. Im Altarraum befindet sich das Grab von Franz II.

Von Picasso bis Jules Verne

Picasso, Kandinsky, Sonia Delaunay, Max Ernst und viele mehr – moderne Kunst vom Feinsten zeigt das Kunstmuseum von Nantes, insgesamt rund 12 000 Werke. Im Bouffay-Viertel findet man neben den sonst vorherrschenden Gebäuden aus dem 18. und 19. Jahrhundert auch noch einige schmucke, gut restaurierte Fachwerkhäuser. Zentraler Treffpunkt hier ist die Place du Bouffay – in dieser Fußgängerzone kann man sich gut auf ein Glas niederlassen. Das Quartier Île Feydeau ist schon seit 1936 keine Insel mehr, denn damals wurden die Nebenarme der Loire, die sie umgaben, zugeschüttet. Vor allem in der gepflasterten Rue Kervégan zeugen herrschaftliche Tuffsteinhäuser vom Reichtum der früheren Reeder, die ihr Vermögen mit Sklavenhandel machten. An ihren schmuckvollen Fassaden prangen schmiedeeiserne Balkone und sogenannte Mascarons – fantastische Steinmasken, die von den Geistern des Meeres und des Windes inspiriert sind. An die Opfer der Sklaverei erinnert dagegen im Quartier Graslin ein Mahnmal, das auch zum Kampf gegen moderne Formen der Sklaverei aufruft. Es umfasst Gedenksteine und einen 90 Meter langen Gang unter dem Kai, der an die im Bauch der Schiffe zusammengepferchten Sklaven erinnern soll.
Im selben Viertel liegt die prächtige Passage Pommeraye von 1843, ein weiteres Wahrzeichen der Stadt – das Einkaufszentrum, dessen gewaltiges dreistöckiges Treppenhaus mit Holzböden, schmiedeeisernen Geländern und einer Fülle von Büsten und Statuen ausgestattet ist. Eine Sünde wert ist hier die zauberhafte »Confiserie Georges Gautier« aus dem 19. Jahrhundert. In diesem Süßwarentempel kaufte schon der in Nantes geborene Schriftsteller Jules Verne als Kind Mascarons Nantais, Schokopralinen mit Krokant.

TOP ★ ERLEBNISSE

★ BRETONISCH-TOSKANISCHE HÖLLE

Nach den Zerstörungen in der Französischen Revolution wurde das südöstlich von Nantes gelegene Clisson von dem Maler Pierre Cacault, dessen Bruder François und ihrem gemeinsamen Freund, dem Bildhauer François Lemot, ganz unbretonisch im toskanischen Stil wiederaufgebaut. Besucher bummeln mit Vergnügen durch die engen Gassen und zum Château, das Lemot damals erwarb und restaurierte. Er legte auch einen Park nach italienischem Vorbild an. Doch einmal im Jahr ist hier alles anders, denn dann ist, wie in der Region Nantes üblich, Stilbruch Programm. Weder bretonisch, noch toskanisch – einfach nur höllisch. Drei Tage im Juni steigt hier das »Hellfest«, das große Festival für Punk, Metal und Hardcore mit 160 Bands und mehr als 100 000 Besuchern.

WEITERE INFORMATIONEN
www.levoyageanantes.fr

★ DIE GROSSEN WEITEN DES ALLS

Große und kleine Weltraumfans begeistert das Planétarium. In den verschiedenen Vorführungen lernt man viel über unser Planetensystem, für Kinder sind die komplexen Themen spielerisch aufbereitet.

WEITERE INFORMATIONEN
planetarium.nantesmetropole.fr

Die gewaltigen Bögen des Kirchenschiffs in der Kathedrale Saint-Pierre-et-Saint-Paul erreichen eine Höhe von 37 Metern.

DER SÜDWESTEN

Genuss für alle Sinne

Die besten kleinen Kuchen, *caneles*, bekommt man bei »Baillardran« (oben). Die Ernte der Weinlese im Anbaugebiet St. Émilion wird später im L'Intendant als einer von vielen Weinen angeboten (unten). Mit seinen 17 mächtigen Bögen überspannt der Pont de Pierre die Garonne (links).

Die Türme Tour Saint-Nicolas und Tour de la Chaine bewachen die Hafeneinfahrt von La Rochelle (oben). Der Uhrenturm am Hafen von La Rochelle eröffnet den Zugang zur Altstadt, die Promenade lädt zu einem Bummel am Wasser entlang (rechte Seite oben). Lebendige Gassen in der Altstadt (rechte Seite unten).

43 FREIHEITSLIEBEND UND REBELLISCH – LA ROCHELLE

Wohlhabend durch den Handel

Die einstige Hauptstadt des französischen Protestantismus hat die bewegten Jahrhunderte gut überstanden und sich zu einem beliebten Urlaubsziel mit eindrucksvollen historischen Bauten, großem Jachthafen und quirligem Leben entwickelt. Die Strände entlang der Küste, das nahe gelegene Rochefort und die Austerngebiete von Marennes machen den Aufenthalt zu einem erholsamen und kulinarischen Vergnügen.

Nachdem Eleonore von Aquitanien 1199 La Rochelle das Stadtrecht verlieh, blühte in der von Adel oder Feudalherrschern unabhängigen Stadt der Handel auf. Wein und Salz wurden exportiert, Tuch und Wolle importiert. Später folgten Felle aus »Neufrankreich«, der heutigen kanadischen Provinz Québec, über die Antillen entwickelte sich der Sklavenhandel. Durch die Handelsbeziehungen mit Nordeuropa kam auch der Protestantismus in die Stadt. Anfangs verhielten sich Katholiken und Hugenotten, wie die französischen Protestanten genannt wurden, noch kooperativ. Doch der neue Glaube wurde bald von der herrschenden Kirche verfolgt, die Religionskriege (1562–1598) verwüsteten das Land. In La Rochelle, mittlerweile in protestantischer Hand, wurden 1565 mehrere katholische Priester ermordet und von der Tour de la Lanterne ins Meer geworfen. Das ließen sich die Katholiken nicht gefallen und belagerten die Stadt. Von den Festungen kippten die Bewohner heißes Öl und Teer auf die Angreifer. Und da englische Schiffe La Rochelle mit Lebensmitteln versorgten, musste die Belagerung abgebrochen werden. Durch das von Heinrich IV. im Jahr 1598 erlassene Edikt von Nantes kehrte Frieden ein. Doch die Ruhe hielt nicht lange vor: Unter der Führung von Kardinal Richelieu wurde die Stadt 1627 erneut belagert, ein riesiger, mit Kanonen bestückter Damm verhinderte eine Unterstützung von See her. Ausgehungert ergab sich La Rochelle, rund 20 000 Einwohner hatten den Tod gefunden. Landesweit verfolgt, wanderten viele Huge-

epi de Blé
Bar // salon de thé
Grill Salades Crêpes
Grill Pub Lutèce Salades

Vor dem großen Uhrturm mit seiner Tordurchfahrt steht die Statue des Admirals Duperré (unten). Blick auf den erhöhten Altar in der Kathedrale Saint-Louis, erbaut im 18. Jahrhundert (rechte Seite oben). Scharwachtürme zeugen noch von der einstigen Bedeutung von Brouage (rechte Seite unten).

notten aus ganz Frankreich aus und gründeten im heutigen US-Bundesstaat New York die Stadt New Rochelle. Im französischen La Rochelle ging das einträgliche Handelsleben weiter. Selbst im Zweiten Weltkrieg blieb die Stadt unversehrt, da den deutschen Besatzern zugesichert worden war, sie nicht anzugreifen.

Dem Meer zugewandt

Der Überseehandel hat heute seine Bedeutung eingebüßt, doch das Meer spielt in La Rochelle immer noch eine große Rolle. Der Fischereihafen ist der viertgrößte, der Jachthafen sogar der größte in Frankreich.

Und nicht von ungefähr ist eine der größten Attraktionen der jüngeren Zeit das Aquarium mit Meeresfischen aus aller Welt. In insgesamt 65 Becken, attraktiv und naturnah angelegt, sind Fische der Nordmeere ebenso zu bewundern wie Korallen und Südseefische. Große Haie schwimmen in einem riesigen Becken, das sich über drei Stockwerke erstreckt. Die Einfahrt zum Alten Hafen ist beeindruckend: Rechter Hand erhebt sich der 42 Meter hohe, leicht schräge Festungsturm Saint-Nicolas aus dem 14. Jahrhundert, den man besteigen kann. Auf der anderen Seite der Hafeneinfahrt steht ein kleinerer Turm, der früher als Pulvermagazin diente. Nach der Kette, mit der er nachts mit seinem Gegenüber verbunden wurde, heißt er Tour de la Chaîne. Eine kurze Straße führt auf der mittelalterlichen Befestigungsmauer zur Tour de la Lanterne, einst Festungs-, Leucht- und Kerkerturm.

Faszination Altstadt

Der Uhrturm, die Porte de la Grosse-Horloge, bildet vom Hafen aus den Eingang zur Altstadt. Er gehörte einst zur Befestigung, die Kuppel mit Glocke und Uhren erhielt er erst später. Bedeutendstes Bauwerk der Altstadt ist das im Renaissancestil erbaute Rathaus. Am 28. Juni 2013 wurde der Bau durch einen Brand stark beschädigt, die Wiedereröffnung fand 2022 statt. Rundum gefallen in der ganzen Altstadt diverse Häuser aus dem 16. und 17. Jahrhundert, Arkadengänge und besonders in der Rue des Merciers viele gut erhaltene Fachwerkhäuser. Fangfrischen Fisch und eine große Gemüseauswahl bietet die Markthalle mit ihrer sehr hübschen Eingangsfassade. Im Saint-Nicolas-Viertel, ehemals von Fischern und Seeleuten bewohnt, finden heute mehrfach wöchentlich Trödel- und Antikmärkte statt, und man entdeckt Kunstgalerien und Buchhändler sowie die letzte handwerkliche Metzgerei der Stadt. Neben Rabelais fühlten sich hier auch Guy de Maupassant und vor allem Georges Simenon

wohl. Letzterer schlug im Café de la Paix in der Rue Chaudrier Nr. 54 sein Hauptquartier auf, einer der ältesten Brasserien Frankreichs. In derselben Straße hat auch die Kathedrale Saint-Louis ihren Platz, ein strenges Bauwerk mit Votivmalereien von Seeleuten. Allein für den Besuch der Museen der Stadt wären mehrere Tage erforderlich. Genannt seien hier nur das Museum der Neuen Welt mit Kolonialismus und Sklavenhandel als Themen, das auch für Kinder interessante naturgeschichtliche Museum, das Museum der schönen Künste, und der Bunker von La Rochelle, wo unter anderem die Bar der deutschen Besatzungsoffiziere gezeigt wird.

Von Kanonen und Austern

Auch Châtelaillon südlich von La Rochelle bietet Badefreuden und zu Ostern ein Drachenfestival am Strand. Im benachbarten Naturpark Marais d'Yves werden diverse Touren angeboten, um das Sumpfgebiet mit Fahrrad oder Kajak zu erkunden. Die Sandstrände von Fouras begeistern die Sonnenanbeter. Das dortige Fort Vauban war Teil der Küstenbefestigung und enthält ein Museum zur Regionalgeschichte. Von hier aus legen die Fährschiffe Richtung Île d'Aix ab. Als Schutz vor Angriffen der englischen Marine ließ Jean-Baptiste Colbert, Finanzminister unter Ludwig XIV., Rochefort zum Militärhafen ausbauen. Aus dieser Zeit stammt das Marinearsenal mit seinem Musée national de la Marine und die königliche Seilerei (corderie). Die derzeit größte Attraktion ist der Dreimaster »L'Hermione«, ein Nachbau der legendären »Frégate de 12«, deren Name sich auf die zwölfpfündigen Kugeln ihrer Kanonen bezog. Mit ihr segelte der Marquis de La Fayette 1780 über den Atlantik, um sich den aufständischen Amerikanern im Kampf für ihre Unabhängigkeit anzuschließen. Nach 17 Jahren Bauzeit überquerte auch »L'Hermione« im Sommer 2015 den Ozean. Im faszinierenden Haus des Reiseschriftstellers Pierre Loti entführt ein Rundgang in alle Welt. Eine 3-D-Präsentation führt durch das abenteuerliche Leben des Schriftstellers und Marineoffiziers. Von großer ökonomischer Bedeutung war früher die 176 Meter lange, eiserne Schwebefähre Pont Transbordeur de Rochefort, ermöglichte sie doch die Überquerung der Charente. Heute ist sie als Letzte ihrer Art in ganz Frankreich eine Touristenattraktion und ein beeindruckendes Transportmittel für Fußgänger und Radfahrer. Weiter südlich, gegenüber der Île d'Oléron, liegen in der Mündung der Seudre die Austernparks von Marennes. Im Hafen von Cayenne bieten die Züchter ihre Produkte in knallbunten Hütten zur Degustation an.

TOP ★ ERLEBNISSE

★ FRANKREICHS SCHÖNSTER HAFEN

Kaum vorstellbar, welch exzellenten Ruf Brouage im 17. Jahrhundert als Hafenstadt genoss. Im Mittelalter war sie die Salzmetropole Europas, später mit dem von Richelieu befohlenen Bau der Zitadelle die stärkste Festung an der Atlantikküste. Ihre Scharwachtürme oder Échauguettes, die einst die Wachtposten schützen sollten, prägen noch heute das Bild der Anlage. Der Niedergang der Stadt begann, als sich das Wasser zurückzog. Heute hat der Ort nur noch 650 Einwohner, doch es gibt viel zu sehen: die alten Festungsanlagen, den früheren Eiskeller, die königliche Schmiede, die öffentlichen Latrinen mit ihrer für damalige Zeiten hochkomfortablen Wasserspülung und die Kirche Saint-Pierre aus dem Jahr 1608. Auf den benachbarten Salzwiesen leben etwa 150 Vogelarten.

WEITERE INFORMATIONEN
www.le-brouage.com,
www.brouage-tourisme.fr

★ LABYRINTH AUS WASSERARMEN

Der Marais Poitevin, ein Sumpfgebiet nordöstlich von La Rochelle, lässt sich gut mit einem Kahn erkunden. Besonders empfehlenswert ist eine Bootsfahrt durch das sogenannte Grüne Venedig, die Venise Verte, auf der man kleine Häfen, Kanäle und Teiche kennenlernt.

WEITERE INFORMATIONEN
www.niortmaraispoitevin.com

44 PERLEN DER CHARENTE – ÎLE DE RÉ UND ÎLE D'OLÉRON

Die Weiße und die Leuchtende

Hochhäuser findet man zum Glück auf den Inseln keine. Die flachen Häuser auf Ré zeigen sich mit weiß gekalkten Fassaden, überwuchert von Stockrosen. Strände mit hellen Sanddünen und dazu ein gut ausgebautes Fahrradnetz machen die Insel zu einem Ferienparadies. Oléron präsentiert sich bunter, blumenreich und mit farbenfrohen Künstlerhütten. Nicht zu vergessen sind die kleine autofreie Île d'Aix und die Meeresfestung Fort Boyard.

Farbenfrohe Fischerhütten am Port des Salines auf der Île d'Oleron (unten). Aus dem 12. Jahrhundert stammt das ehemalige Zisterzienserkloster Notre-Dame de Ré, genannt »Les Châteliers«, auf der Île de Ré, von der heute nur noch eine Ruine übrig ist (rechte Seite oben). Gleich zwei Leuchttürme bietet die Île d'Aix (rechte Seite unten).

Die Île de Ré besteht aus vier kleinen Kalkinseln, die im Laufe der Zeit zusammengewachsen sind. So ist sie zwar 30 Kilometer lang, aber an den Nahtstellen nur etwa 100 Meter breit. Besucher erreichen die Insel über ein mautpflichtiges Viadukt. Als wichtigster Ort gilt Saint-Martin-de-Ré im Süden mit seinen von Vauban entworfenen Befestigungsanlagen. Alle Werke dieses Baumeisters von Ludwig XIV. gehören zum Weltkulturerbe der UNESCO. Die Zitadelle diente einst als Gefängnis, unter anderem für den zu Unrecht verurteilten jüdischen Offizier Alfred Dreyfus, und ist nicht zu besichtigen. Kurios ist der Parc de la Barbette, in dem Esel in karierten Hosen zu sehen sind, die sie früher in den Feuchtgebieten als Schutz gegen Mücken und Schneidegras trugen. Sehenswert sind die Fachwerkhäuser rund um die Place Anatole-

France sowie das Museum Ernest-Cognacq zur Geschichte der Insel. Wer gut zu Fuß ist, besteigt den Turm der Kirche Saint-Martin und genießt den Blick über Ré. In der Nähe liegen der Ort La Flotte mit seinem munteren Nachtleben und die Reste der Zisterzienserabtei Les Châteliers.
Die Fahrt führt an Weinbergen entlang, die Strände an der Westküste in Sichtweite.
Beim Ort Loix findet man die Austernbänke der Insel, das Naturschutzgebiet Lilleau des Niges und das Écomusée du Marais Salant, wo der Prozess der Salzgewinnung bestaunt werden kann. Schickster Ort der Insel ist Arsen-Ré, wo viele Pariser ihren Zweitwohnsitz haben. Mehr als 40 Meter ragt der spitze schwarz-weiße Turm der überwiegend gotischen Kirche Saint-Étienne empor, einst ein Orientierungspunkt für die Seeleute. Den nördlichsten Punkt der Insel markiert der Leuchtturm der Wale. Nach 257 Stufen hat man die Plattform erreicht und genießt einen phänomenalen Rundblick.

Fische, Salz und Austern

Oléron ist nach Korsika die größte Insel Kontinentalfrankreichs und über eine kostenlose Brücke zu erreichen. An einigen Stränden findet man noch Überreste des Atlantikwalls, den die deutsche Wehrmacht 1940 errichtete. Der Süden wird beherrscht durch den Wald von Saint-Trojan und die Strände Grande Plage und Plage de Gatseau. Für Kinder ein Muss: die Schmalspurbahn zwischen Saint-Trojan und der äußersten südlichen Spitze der Pointe de Gatseau. Der charmante Ort Le Grand Village Plage besitzt außer seinem Strand die noch aktiven Salinen sowie Austernklärbecken (claires). Die einstigen Hütten der Austernfischer leuchten heute in knalligen Farben und beherbergen das Écomusée und Künstlerateliers.
Die benachbarte Festung Château d'Oléron aus dem 17. Jahrhundert ist nach den Bombenangriffen 1945 nur noch eine Ruine. Die Mitte der Insel wird beherrscht von einem Feuchtgebiet, in dem sich die Zugvögel niederlassen. Der größte Fischereihafen der gesamten Region ist La Cotinière, von wo etwa 100 Schiffe zum Fang auslaufen. Spannend die Auktion des frischen Fangs – ein Besuch der Criée mit Degustation ist sehr zu empfehlen. An der Spitze der Insel bietet der Leuchtturm Phare de Chassiron einen herrlichen Blick aus 46 Meter Höhe. Der Nordosten von Oléron ist geprägt durch die Austernbänke von Fort Royer.

TOP ★ ERLEBNISSE

★ MIT DER KUTSCHE ZUM KAMEL

In Boyardville, im Nordosten der Île d'Oléron, geht die Fähre zur kleinen Île d'Aix ab. Die halbstündige Schiffstour führt vorbei an Fort Boyard als Teil der Festungsanlagen schon überflüssig geworden, als es fertiggestellt war. Es ist Schauplatz einer TV-Reihe, aber nicht zu besichtigen. Für eine Rundfahrt auf der autofreien Insel Aix stehen Mietfahrräder zur Verfügung – oder auch eine Pferdekutsche. Als Napoleon nach der Niederlage von Waterloo in die Verbannung geschickt wurde, machte er hier Halt. In seinem Quartier, der Maison de l'Empéreur, sind die beiden Museen von Aix untergebracht, das napoleonische und das afrikanische. Außer vom Tourismus leben die 250 Einwohner überwiegend vom Fischfang sowie der Muschel- und Austernzucht.

WEITERE INFORMATIONEN
www.iledaix.fr

★ ROYAN, SANDSTRAND AN DER »SCHÖNEN KÜSTE«

Mehrere Buchten mit feinem Sandstrand zeichnen Royan an der Côte de Beauté aus. Durch ihr mildes und gesundes Klima wurde sie in den 1920er-Jahren zur beliebten Sommerfrische. Besonders sehenswert sind die überdachte Uferpromenade am Strand sowie die Seebadarchitektur in den Stadtvierteln Quartier du Parc und Quartier de Pontaillac.

WEITERE INFORMATIONEN
www.royan-tourisme.com

Ruhig durchzieht die Dordogne das waldreiche Land des Périgord Noir (Schwarzes Périgord) (oben). Feinschmecker lockt es nach Sarlat, wenn es um foie gras, frischen Knoblauch und Schwarze Trüffeln geht (rechte Seite).

45 EIN KLEINOD IM PÉRIGORD – DAS TAL DER DORDOGNE

Von Bergerac nach Rocamadour

Die Dordogne rauscht aus dem Zentralmassiv durch Täler und Schluchten, um nach 472 Kilometern gemeinsam mit der Garonne bei Bordeaux als Gironde in den Atlantik zu münden. Auf seinem Weg fließt der Fluss durch das Département Dordogne, die historische Landschaft des Périgord. Hier stehen mittelalterliche Burgen, gewähren Höhlenmalereien einen Einblick in die Frühzeit des Menschen und Küche und Weine bieten feinste Genüsse.

An und nahe der Dordogne – der Name leitet sich von *du unna*, »schnelles Wasser«, ab – siedelten bereits vor Zehntausenden Jahren Menschen, die die ältesten bekannten Höhlenmalereien der Welt hinterließen. Im Mittelalter war die Region heiß umkämpft, weshalb hier zahllose Ruinen und Überreste von Burgen und Wehranlagen zu finden sind. Doch zurück in die Gegenwart: Dank der Weingärten an den Hängen der Dordogne und der ausgeprägten Landwirtschaft in der Region ist das Périgord vor allem bei Feinschmeckern beliebt. Delikatessen wie *confits* aus Fleisch, Enten- und Gänselebern, Walnüsse und vor allem die Schwarzen Trüffeln bringen die Augen der Liebhaber französischer Küche zum Leuchten.

Ein kulinarischer Streifzug

Kein Wunder, wenn bei vielen Urlaubern samstags der Markt in Sarlat auf dem Besichtigungs- und vor allem Einkaufsprogramm steht. Hier werden im Herbst säckeweise die in feine Netze abgepackten Walnüsse angeboten und im November liegt der Duft Schwarzer Trüffeln und frisch gesammelter

PLAT du JOUR
MENU
SALADE DE GESIERS
ou
MAGRET DE CANARD
POMMES DE TERRE
AUX CEPES

Noch ahnen sie nichts von ihrem Schicksal: Gänseleberpastete, die beliebte Foie gras (oben). Auch Käse, wie der Rocamadour, gehören zu den Spezialitäten des Périgord (unten). Das Hotel Château de la Treyne liegt an der Dordogne (rechte Seite oben). Weltberühmt: Höhlenmalerei in Lascaux (rechte Seite unten).

Pilze in der Luft. Man kann sich kaum sattsehen und probieren an der Unzahl von frischen und selbst gemachten Käseprodukten. In Staunen versetzt, auf welch vielfältige Arten Schweinefleisch verarbeitet werden kann: Eingemacht, gebraten, gepökelt, gekocht, aber auch frisch geräuchert und getrocknet wird es hier verkauft. Zu den kulinarischen Highlights zählen selbstverständlich auch *foie gras* und *pâté de foie gras*.
Bereits im 13. und 14. Jahrhundert basierte der Wohlstand der Stadt auf dem Stopfen der Gänse. Diese spezielle Form der Gänsemast ist vor allem bei Tierschützern umstritten und mittlerweile in vielen Ländern verboten. In Frankreich wurde die Stopfleber hingegen 2005 in einem Zusatz zum Landwirtschaftsgesetz zum »nationalen und gastronomischen Kulturerbe« erkärt. Deshalb ist die Stopfleber vom französischen Naturschutzgesetz ausgenommen.

Die riesige Freilichtbühne

Derlei Gedanken hegen Feinschmecker aber wohl kaum, wenn sie in Sarlat über die Place de la Liberté schlendern. Verweilen wir doch noch eine Weile in dieser Stadt, auch wenn sie nicht direkt an der Dordogne liegt. Schließlich gibt es nur wenige Orte, in denen das Mittelalter, die Renaissance und das 17. Jahrhundert so lebendig und präsent sind. Nach dem Hundertjährigen Krieg entwickelte sich das heute noch sichtbare Stadtbild mit beeindruckenden Bürgerhäusern, reich verzierten Steinhäusern, malerischen schmalen Gassen. Sarlat ist eine einzige, riesengroße Freilichtbühne, deren Bauten teilweise bereits über tausend Jahre alt sind!
An der zentralen Place de la Liberté steht das Rathaus aus dem 17. Jahrhundert, residiert das Tourismusbüro im vornehmen Hôtel de Maleville und befinden sich zahlreiche Cafés, Bistros und schicke Geschäfte. Vom Rathausplatz führt ein Rundgang durch die Stadt unter anderem in die Rue de la Salamandre. Dort schmücken sich viele Häuser aus dem 16. Jahrhundert mit dem Wappentier von König Franz I. An anderen Gebäuden prangen Enten in Stein und Bronze, schließlich hat man dem Federvieh hier viel zu verdanken.
In der Rue Montaigne ragt unübersehbar der Friedhofsturm Lanterne des Morts auf. Der ungewöhnliche Turm aus Vulkangestein hat ein kegelförmiges Dach und wurde zu Ehren des heiligen Bernhard errichtet, der hier im Jahr 1147 weilte. Wer es sich zeitlich irgendwie einrichten kann, sollte in der Kathedrale Saint-Sacerdos ein Orgelkonzert besuchen. Die barocke Orgel aus dem 18. Jahrhundert ist die Hauptattraktion der Kathedrale, die um das 16. Jahrhundert errichtet wurde.

Wer der Dordogne in westlicher Richtung zur Mündung in den Atlantik bei Bordeaux folgt, macht sicher gerne einen Abstecher zur weltberühmten Grotte de Lascaux. Weitere prähistorische Stätten befinden sich in den Tälern von Vézère und Beine.

Bergerac und Cyrano

Auf dem Weg nach Libourne und Bordeaux sollten Sie Bergerac nicht links liegen lassen. Die kleine Hafenstadt zu beiden Seiten der Dordogne ist ein Zentrum des Wein- und Tabakanbaus. Besonders sehenswert ist die Altstadt zwischen dem Hafen und der Rue de la Résistance. Die Stadt Bergerac hat im Übrigen nichts mit dem Dichter Cyrano de Bergerac zu tun, dem der französische Theaterschriftsteller Edmond Rostand ein Denkmal setzte. Dennoch sollte man in einem Café in der Nähe seines Standbildes ein Gläschen Monbazillac probieren – die gleichnamigen Weinberge liegen nur sieben Kilometer entfernt. Im Schloss kann man den süßen Weißwein ebenfalls verkosten.

Spektakulär in der Schlucht

Zurück zum Ausgangspunkt Sarlat. Wer Richtung Osten fährt, nach Clermont-Ferrand oder Lyon, der landet unweigerlich in Rocamadour – Namensgeber des kleinen runden Ziegenkäses. Achtung! In den Sommermonaten ist dieser berühmte Wallfahrtsort oft heillos überlaufen. Das liegt auch an der besonders reizvollen Lage in der engen Schlucht des Alzou. Dem Ort schreibt man unter anderem eine Reihe von Wundern zu.

Besondere Verehrung erfährt die Schwarze Madonna von Roc-Amadour in der Kapelle Notre-Dame von 1479. Der Wallfahrtsort verdankt seine Bedeutung auch einem alten Grab, das 1166 gefunden wurde und in dem ein unverwester Leichnam lag – angeblich die sterblichen Überreste des frühchristlichen Eremiten und Heiligen Amadour.

Der Kirchenkomplex, der aus den Felsen zu wachsen scheint, ist mit dem Aufzug oder über 233 Stufen zu erreichen. Auf dieser großen Treppe rutschten die Pilger betend hinauf.

Um die Kapelle Notre-Dame scharen sich unter anderem die Kapelle Saint-Michel mit gut erhaltenen Fresken, die Kapelle Sainte-Anne mit einem vergoldeten Altaraufsatz und die Kapelle Saint-Blaise. Zur Burg auf dem hohen Felsen führt der Chemin de Croix (Kreuzweg).

TOP ★ ERLEBNISSE

★ DIE HÖHLEN VON LASCAUX

1940 entdeckten vier Jungen in der Höhle von Lascaux über 1500 Felszeichnungen aus der Zeit von 17000 bis 15000 v. Chr. Da die Malereien seit 1963 aus konservatorischen Gründen nicht mehr zu besichtigen sind, baute man mit Lascaux II eine originalgetreue Kopie der Höhle und reproduzierte die Kunstwerke mit Originalpigmenten. Da die Besucherzahl täglich auf 2000 begrenzt ist, sollte man die Karten vorbestellen (www.semitour.com). Weitere prähistorische Stätten liegen in den Tälern von Vézère und Beine. Wo die beiden Flüsse zusammentreffen, liegt Les-Eyzies-de-Tayac. Es gehört wie Lascaux zum UNESCO-Welterbe. Einen Überblick über die prähistorischen Funde kann man sich im Musée National de la Préhistoire verschaffen. Die Höhlen von Rouffignac sind acht Kilometer lang.

WEITERE INFORMATIONEN
www.lascaux.fr
www.sarlat-tourisme.com

★ ART TOPIAIRE, FRANZÖSISCHE GARTENBAUKUNST

Im Herzen des Périgord noir befinden sich die Jardins du Manoir d'Eyrignac, ein Paradebeispiel aus dem 18. Jahrhundert für den Formschnitt von Bäumen und Sträuchern zu Figuren oder geometrischen Skulpturen.

WEITERE INFORMATIONEN
www.eyrignac.com

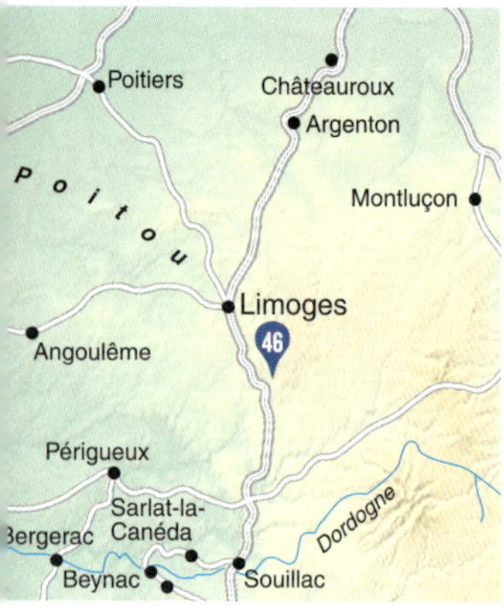

46 DIE STADT DES »WEISSEN GOLDES« – LIMOGES

Die Blumenverzierungen der berühmten Rosenmaler

Mit ihren charakteristischen Dekoren hat sich eine Porzellanmanufaktur ihren besonderen Stil bewahrt, und mit ihrem »weißen Gold« machte sich die kleine Stadt Limoges im Herzen Frankreichs international einen Namen: Porzellan aus den Manufakturen von Limoges findet sich auf Tischen und in Vitrinen in allen Teilen der Welt.

Begonnen hat die Erfolgsgeschichte der Porzellanproduktion von Limoges im Jahr 1768. Damals entdeckte ein Apotheker vor den Toren der Stadt den dafür notwendigen Rohstoff Kaolin. Lange Zeit waren die handgemalten Blumenverzierungen das typische Kennzeichen für das Porzellan aus Limoges. Die berühmten Rosenmaler der Manufakturen etwa setzten ihr künstlerisches Talent ausschließlich für die Perfektionierung dieses Dekors ein. Über 100 Jahre lang spielte ihre Kunst eine überaus wichtige Rolle.

Die älteste noch produzierende Porzellanmanufaktur in Limoges ist Royal Limoges. Eine 200 Jahre alte Tradition und neueste Technik ermöglichen dem Unternehmen als einem der wenigen Familienbetriebe am Ort zu verbleiben. Noch heute kommt mehr als die Hälfte des französischen Porzellans aus den ehemals königlichen Manufakturen, die vor allem mit ihrem Dekor trumpfen können. Übrigens begann auch Auguste Renoir als Porzellanmaler in seiner Heimatstadt Limoges. Der riesige Brennofen im alten Viertel Les Casseaux erzählt ebenso beeindruckend von der Geschichte des Porzellans wie das Musée National Adrien Dubouché mit seinen mehr als 12 000 Exponaten. Viele Manufakturen in Limoges sind auf Besucher eingerichtet und zeigen neben den Verkaufsräumen auch ihre Fabrikation.

INFO: www.destination-limoges.com

Seit dem 13. Jahrhundert überspannt der Pont St.-Etienne die Vienne (unten). Neben dem klassischen Rosendekor gibt es heute viele weitere Motive (rechte Seite oben). Vorbild für das Rathaus von Limoges war das Hôtel de Ville von Paris (rechte Seite unten).

KULINARISCHE VERLOCKUNGEN UND DAS FASZINIERENDE PHÄNOMEN DER GEZEITEN

Schätze des Meeres für Gourmets

Das Geschäft mit Salz ist in diesem maritimen Landstrich seit jeher einträglich gewesen. Bis heute ist das Fleur de sel de Guérande ein beliebtes und hochwertiges Mitbringsel und dient in vielen Küchen der Verfeinerung der Speisen. Auch Austern und andere Meeresfrüchte stehen hoch im Kurs. Im Becken von Marennes-Oléron, das sich von der Charente bis zur Gironde-Mündung erstreckt, befindet sich quasi die Wiege der Austern. Die hier gewonnene Menge versorgt fast die Hälfte des gesamten Marktes in Frankreich. Die Herkunftsbezeichnung Marennes-Oléron gilt international als Qualitätsmerkmal. Die Austernzucht im Norden der Vendée trägt den Namen Vendée Atlantique und wurde nach dem Zweiten Weltkrieg begonnen. Nördlich der Charente sowie zwischen den Buchten von Aiguillon und Fouras liegen ebenfalls ertragreiche Zonen. Hauptarten sind die Europäische Auster, deren natürlicher Lebensraum Sandbänke sind, und die Portugiesische, die auf Felsen lebt. Sie wurde im 19. Jahrhundert unabsichtlich eingeführt, als ein Schiff aus Portugal wegen eines Sturms zu lange in der Gironde Halt machen musste. Die Fracht Austern, die nach England geschifft werden sollte, verdarb und wurde ins Meer geworfen. Ein paar überlebten und nisteten sich ein. Die Bedingungen, Temperatur und Salzgehalt, vor der Küste der Charente begünstigen eine natürliche Vermehrung. Ein Teil des Laichs wird in die Bretagne und die Normandie verkauft, da die Auster sich dort nicht vermehrt.

Das Salz in der Suppe ... und nicht nur dort

An der Wasseroberfläche des œillet, des zentralen Beckens, aus dem das Salz abgeschöpft wird, erscheint die

Auf den Salzwiesen von Guerande wird auch die fleur de sel abgeschöpft.

Die Austern von Cancale kommen in ganz Frankreich gern auf den Tisch.

Salzblume, die fleur de sel. Ihre Kristalle sind je nachdem, wie der Wind das Wasser bewegt, unterschiedlich groß. Sie trocknet an der Sonne und schmeckt leicht nach Veilchen. Fleur de sel ist das teuerste Meersalz. Seit gut 20 Jahren erlebt der Beruf des Salzherstellers (saunier) eine Art Renaissance. Die Landwirte arbeiten nach der traditionellen Methode und ernten im Sommer. Schon seit dem 3. Jahrhundert wurden die Lagerkapazitäten der Lagune der Guérande genutzt. Die Gewinnung des Meersalzes erfolgt nach den Methoden der alten Zeit und geht auf die Mönche der Abtei Saint-Guénolé von Landévennec zurück. Die Salinen entsprechen noch den Vorgaben, die von den Mönchen im 10. Jahrhundert aufgrund ihrer Studien von Sonne, Meer und Gezeiten erarbeitet wurden. So wird hier das Salz ganz im Sinne der Nachhaltigkeit und des schonenden Umgangs mit der Landschaft abgebaut.

Kleine Gezeitenkunde

Steht der Mond über dem Meer, zieht er das Wasser an, dann ist Flut. Nach sechs Stunden, wenn sich die Erde ein Viertel um die eigene Achse gedreht hat, ist wieder Ebbe. Selbst bei Windstille bestehen Schwankungen, die sogenannte Dünung. Das Wasser scheint zu fließen, doch bleibt es unbewegt, was man anhand eines Versuchs mit einem schwimmenden Korken leicht überprüfen kann. Das Gegenstück zur Dünung ist die Windsee, bei der durch den Wind, der aktuell bläst, die Wellen entstehen. Beides zusammen ergibt den Seegang. An der Küste, wo das Wasser auf den flachen Meeresboden trifft, entsteht ein Ungleichgewicht, die Wellenkämme brechen sich dumpf und rhythmisch in langen Schaumkronen, der Brandung. Dort, wo Wellen auf Hindernisse wie Felsen oder Klippen treffen, bäumen sie sich auf, produzieren schäumende weiße Gischt und stürzen wieder herunter.

Ein Wintersturm tobt am Cap Fréhel.

Château Cognac Baron Otard, seit 1797 Sitz der gleichnamigen Cognac-Destillerie (oben); Verkostungen gehören bei jeder Brennereibesichtigung zum festen Programm (rechte Seite unten). Cognac-Fässer entstehen komplett ohne Nägel und Schrauben (rechte Seite oben).

47 DER NAME IST PROGRAMM – COGNAC

Im Herzen der Grande Champagne

Die von der Charente durchflossene Stadt zeigt sich wohlsituiert und elegant mit alten Bürgerhäusern, in ihrem grünen Umland erstrecken sich weite Weingärten. Der berühmte Weinbrand, der nach Cognac benannt ist, ist hier allgegenwärtig. Die prächtigsten Bauwerke der Stadt sind die Gebäude der großen Hersteller, und Besucher kommen in aller Regel vor allem seinetwegen.

Die Region Cognac ist nach dem Bordelais das größte Weingebiet Frankreichs. Es erstreckt sich über die beiden Départements Charente und Charente-Maritime. Hauptsächlich wird Ugni blanc angebaut, in Italien bekannt als Trebbiano. Aus den Trauben werden zwar auch geringe Mengen Landwein produziert, vornehmlich wird aus ihnen jedoch Cognac gebrannt. Das Gebiet ist aufgeteilt in sechs Großlagen, mit der Grande und der Petite Champagne an der Qualitätsspitze. Brände von dort sind geeignet für eine lange Lagerung, während die Destillate aus den anderen vier Gebieten, die bis auf die Île de Ré reichen, frühzeitig trinkbar sind. Die Weine werden zweifach gebrannt, wobei Vor- und Nachlauf abgetrennt werden und nur das Herzstück verwendet wird. Bei der Lagerung in Eichenfässern entweichen etwa zwei Prozent Alkohol. Dieser »Anteil der Engel« ist für den schwarzen Pilz mitverantwortlich, der an den Wänden der Lagerhäuser gedeiht.

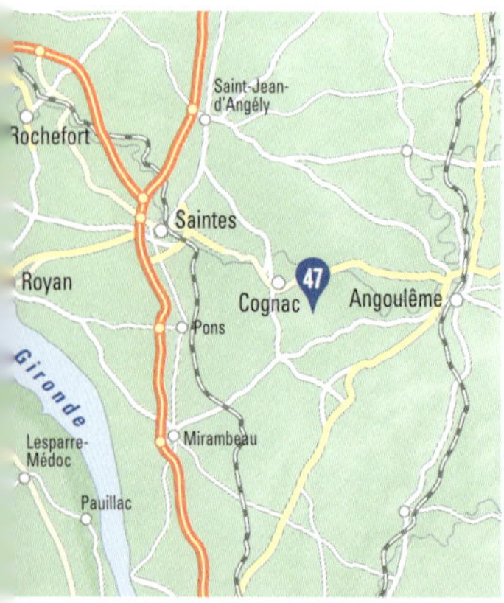

Ein verschlossenes Paradies

Ein Cognac ist in den meisten Fällen eine Cuvée aus Bränden verschiedenen Alters. Bei einem VS (Very Special) lagerte der jüngste Anteil mindestens zwei Jahre im Fass, bei einem VSOP (Very Superior Old Pale) mindestens vier und bei einem XO (auch Napoléon oder Hors d'age) seit April 2018 mindestens zehn Jahre. Die großen Häuser bieten außerdem Editionen uralter Brände in wertvollen Flakons, wie den »Richard« von Hennessy oder den »Louis XIII.« von Rémy Martin.

Von den besten Bränden lagern die Kellermeister stets einige Flaschen in einem fest verschlossenen Raum. In diesen »Paradiesen« finden sich teils noch kostbare Destillate aus dem 18. Jahrhundert. Etwa 500 Winzer brennen ihren eigenen Cognac, während die anderen 6000 Weinbauern ihren gekelterten Weißwein an die großen Häuser zum Destillieren verkaufen. Die großen Vier – Hennessy, Martell, Rémy Martin und Courvoisier – vereinen 80 Prozent der Produktion auf sich. Eine Spezialität der Region ist der Pineau des Charentes. Er wird aus Cognac und unfermentiertem Traubenmost hergestellt und überwiegend als Aperitif getrunken.

Lukrative Geschäfte

Dass mit Cognac viel Geld verdient wird, zeigen die Häuser der großen Hersteller. Heute gehören sie meist zu internationalen Konzernen, die von dem irischen Offizier Richard Hennessy begründete Destillerie beispielsweise zum Luxus-Imperium LVMH. Ihr Gebäude am Ufer der Charente kann – wie die Häuser anderer Firmen auch – besichtigt werden. Die Tour umfasst zudem eine Bootsfahrt zu den Kellern auf der anderen Seite des Flusses und die anschließende Degustation. Die imposante Maison Rémy Martin beeindruckt mit einem von Gustave Eiffel konstruierten Trakt. Die Produktion findet heute jedoch außerhalb von Cognac in Merpins statt; das Anwesen kann mit einem kleinen Zug erkundet werden. Das prächtige Château de Cognac Baron Otard aus dem 13. bis 16. Jahrhundert wurde einst von einer schottischen Familie als Destillerie betrieben. Das ältestes Cognac-Haus ist der 1715 erbaute Sitz der Brennerei Martell, deren Gründerfamilie von der Insel Jersey stammte. Sehenswert ist auch das Musée des Arts du Cognac, in dem zum Beispiel die Aromen des Brands erschnüffelt werden können. Seit 2018 besitzt Cognac ein Fünf-Sterne-Hotel, das in den alten Kellergebäuden von Cognac Monnet residiert.

Einen Besuch lohnen in der Stadt außerdem die Kirche Saint-Léger mit ihrem hohen romanischen Glockenturm, der große Park am Rathaus und das Museum für Kunst und Geschichte. In der Umgebung locken die Abtei von Châtre, die wunderhübschen Gärten Le Chaigne in Touzac sowie Segonzac. Als erste Gemeinde Frankreichs erhielt es von der Organisation Slow Food die Auszeichnung »Cittàslow« für besonders hohe Lebensqualität.

TOP ★ ERLEBNISSE

★ DIE KUNST DER KÜFER

Die Region Cognac ist auch ein Produktionszentrum von Eichenfässern. Hier arbeiten einige der berühmtesten Küfereien (tonnelleries), wie zum Beispiel Taransaud und Seguin Moraud. Zwei bis fünf Jahre lagert das Holz aus dem Allier oder den Wäldern des Tronçais in Mittelfrankreich unter freiem Himmel, bevor es in Faserrichtung gespalten wird. Die einzelnen Dauben werden zusammengestellt, über einem kleinen Feuer erwärmt und mit Wasser besprengt, um sie dann zu biegen. Dabei werden die Dauben durch Eisenreifen zusammengehalten und mit einem Hammer in die gewünschte Form gebracht. Die Verarbeitung erfolgt ganz ohne Nägel und Schrauben – eine faszinierende Kunst.

WEITERE INFORMATIONEN
www.tourism-cognac.com; Cognac Tasting Tour www.cognac-tasting-tour.fr

★ DAS MEKKA DES COMICS

Angoulême feiert jedes Jahr Ende Januar das Comic-Festival, und so sind die gezeichneten Geschichten auch allgegenwärtig in der Stadt: Comics zieren Hauswände, die Straßenschilder haben die Form von Sprechblasen. Aber auch sonst hat die Stadt einiges zu bieten: Es empfehlen sich ein Spaziergang durch die hübsche Oberstadt oder an der Charente.

WEITERE INFORMATIONEN
www.angouleme-tourisme.com

48 RUND UM DIE HAUPTSTADT DES WEINS – DAS BORDELAIS

In der Heimat kraftvoller eleganter Tropfen

Viele der größten Rotweine der Welt stammen aus der Region Bordeaux, denn hier begünstigen außergewöhnliche Böden und das atlantische Klima die Entstehung grandioser Tropfen. Die Preise für die am höchsten bewerteten Spitzenweine sind mittlerweile zwar ins Unermessliche gestiegen, dennoch findet man stets auch Rote, Weiße und Süßweine, die für weitaus weniger Geld Hochgenuss versprechen.

Das Château Lafite Rothschild in Pauillac gehört zu den berühmtesten Weingütern der Welt (unten). Traubenernte vor dem international bekannten Château Haut-Brion in Pessac (rechte Seite oben). Mit dem Alter immer besser: Bordeauxweine (rechte Seite unten).

Die Geschichte des Bordeaux-Weins begann im Jahr 1660 mit dem Weingut Haut-Brion, das dem damaligen Bürgermeister gehörte. Da er die Trauben länger als üblich auf der Maische stehen ließ, geriet der Wein dunkler und hatte einen ungewohnten Geschmack mit deutlichen Tanninen. Rasch wurde er in London, damals die Metropole der Weingenießer, zum begehrten Objekt der Begierde. Der Weinanbau rund um Bordeaux florierte und der Export erstarkte. Selbst der US-amerikanische Präsident Thomas Jefferson ließ sich Bordeaux-Wein ins Weiße Haus schicken.

Das gemäßigte Klima in Bordeaux – deutlich kühler als in den Mittelmeerregionen – ist für erhebliche Jahrgangsunterschiede verantwortlich. Zwar sorgen die Pinienwälder für Schutz vor allzu kalten Winden, doch gerade die spät reifende Rebsorte Cabernet Sauvignon braucht einen langen warmen Herbst, um die nötigen Zuckerwerte zu erreichen.

Die Böden der Region sind sehr unterschiedlich und insgesamt wenig fruchtbar. Das ist gut für den Wein, denn nicht so üppige Reben bringen zwar weniger Quantität, aber mehr Qualität. Aus dem gleichen Grund werden extrem viele Reben pro Hektar angepflanzt, im Schnitt 10 000, damit die einzelnen Stöcke miteinander um Nahrung konkurrieren, tief wurzeln und nur wenige Trauben pro Rebstock hervorbringen.

Aromen zum Träumen

Ein Bordeaux ist eine Assemblage aus verschiedenen Rebsorten. Welche Sorten angebaut und eingesetzt werden, hängt vom jeweiligen Boden und Mikroklima ab. Auf dem linken Ufer bildet Cabernet Sauvignon die Basis aller Weine, hinzu kommen Cabernet Franc und Merlot sowie seltener etwas Petit Verdot. Auf der rechten Seite dominiert Merlot, dazu kommt Cabernet Franc, während Cabernet Sauvignon hier nur die dritte Geige spielt. Weißweine, die überwiegend aus dem zwischen den Flüssen gelegenen Gebiet Entre-deux-Mers stammen, bestehen aus den Sorten Sauvignon Blanc, Sémillon und Muscadelle. Bei den edelsüßen Weinen wird meist auf Muscadelle verzichtet. Die Aromen der Rebsorten fallen je nach Lage unterschiedlich aus. Doch meist erinnert ein Cabernet Sauvignon an schwarze Johannisbeeren, grüne Paprika, Minze und Zedernholz. Merlot dagegen duftet in der Regel süß, nach dunklen Kirschen und Pflaumen, Cabernet Franc weist kräuterwürzige Aromen auf.

Bei der Pariser Weltausstellung von 1855 wurden die Weine einiger Appellationen klassifiziert. Im Médoc bilden folgende Châteaux die Spitze als Premiers Crus Classés: Lafite-Rothschild, Margaux, Latour, Haut-Brion, Mouton Rothschild. Im Süßweingebiet Sauternes erhielt Château d'Yquem den Status eines Grand Premier Cru. Bis auf den 1973 hochgestuften Mouton Rothschild ist diese Klassifikation seitdem unverändert. In Saint-Émilion existiert erst seit 1955 eine eigene Rangordnung, die etwa alle zehn Jahre überprüft wird. Als Premiers Grands Crus Classés A sind hier Châteaux Ausone und Cheval Blanc eingestuft. In Pomerol, Heimat des weltberühmten Pétrus, existiert wie in den anderen etwa 50 Appellationen keine Klassifikation.

Mehr als 6000 Châteaux gibt es im Bordelais, die sich jedoch nur »Château« nennen dürfen, wenn sie nur Qualitätsweine, aber keine Tafel- oder Landweine herstellen. Besuchen kann man die berühmtesten Châteaux – wenn überhaupt – nur nach Voranmeldung, die Winzer unbekannterer Güter freuen sich auch über spontane Besucher.

TOP ★ ERLEBNISSE

★ DIE LÄNGSTE WEINPROBE DER WELT

Eigentlich ist es ein Marathon, und unter den rund 8000 Teilnehmern befinden sich auch etliche Spitzensportler. Doch für die meisten, die alljährlich im September bunt kostümiert an den Start gehen, steht bei diesem Laufkarneval, dem Marathon du Médoc, der Spaß im Vordergrund. Die Strecke führt ab dem Start auf der Uferpromenade von Pauillac über Straßen und Wirtschaftswege, vorbei an berühmten Weingütern wie Château Lafite oder Château Mouton Rothschild. Überall wird für die Läufer Rotwein in Gläsern ausgeschenkt, auch frisch geöffnete Austern liegen zur Stärkung bereit. Zudem heizen mehr als 50 Bands die Stimmung noch weiter an. Beachtlich viele Teilnehmer erreichen trotz ständigen Probierens unter dem Jubel der fröhlichen Zuschauer tatsächlich das Ziel, wieder in Pauillac. Die Sieger bekommen Weine als Prämien.

WEITERE INFORMATIONEN
www.marathondumedoc.com

★ REIZVOLLE SCHLOSSANLAGE

Das Château de Cazeneuve liegt beschaulich an den Ufern des Ciron. Es wurde im 11. Jahrhundert als Wehrbau errichtet, im 14. Jahrhundert erweitert und im 17. Jahrhundert in einen Palast umgebaut. Hier lebten die Herren von Albret, König Heinrich IV. sowie Königin Margot.

WEITERE INFORMATIONEN
chateaudecazeneuve.com

Ein außerordentliches Ensemble bietet die Place de la Bourse: Im Halbkreis angeordnet spiegeln sich Zollmuseum und Handelskammer im Miroir d'Eau (oben). Schwer und mächtig: La Porte Saint-Eloi, ein Stadttor aus dem 15. Jahrhundert, wird wegen der großen Glocke auch La Grosse Cloche genannt (rechte Seite).

49 REICHTUM AM WASSER – BORDEAUX

Aushängeschild des Bürgertums

Die Stadt an der Garonne ist reich an repräsentativen Bauten und kann auf ein bedeutendes kulturelles Erbe zurückblicken. Museen, Kirchen und Theater bieten vielerlei Möglichkeiten für Rundgänge, Besichtigungen und Konzerte. In Bordeaux, Sinnbild für französische Spitzenweine, lässt sich vorzüglich speisen, aber auch ausgiebig feiern und nach Herzenslust shoppen.

Auf dem heutigen Stadtgebiet existierte bereits vor unserer Zeitrechnung eine Siedlung. Im Laufe der Jahrhunderte kamen und gingen Besatzer und Herrscher, bis Eleonore von Aquitanien den späteren englischen König Heinrich II. Plantagenet heiratete und Bordeaux zu England kam. Erst nach dem Ende des Hundertjährigen Krieges fiel die Stadt 1453 an Frankreich, behielt aber viele ihrer Handelsprivilegien und konnte so ihren Wohlstand bewahren. Über die Garonne fuhren die Schiffe mit Bordelaiser Wein vor allem nach England, von Bordeaux aus blühte aber auch der Sklavenhandel in einem Dreiecksgeschäft mit Afrika und den Antillen. Diesem düsteren Kapitel widmet sich das historische Musée d'Aquitaine – gegen den anfänglichen Widerstand einiger Familien, deren Vorfahren von dem schmutzigen Geschäft profitierten. Bordeaux liebt die Beständigkeit: Bürgermeister Jacques Chaban-Delmas war von 1947 bis 1995 im Amt, sein Nachfolger Alain Juppé brachte es auf 22 Jahre. Es bleibt abzuwarten, wie lange es Nicolas Florian schafft, den der Stadtrat am 6. März 2019 ins Amt wählte. Beständigkeit bedeutet nicht Stillstand: Eine Tram wurde gebaut, Fußgängerzonen geschaffen, das frühere Speicherviertel Chartrons umgestaltet und neue Attraktionen wie die Cité du Vin entstanden. Vom Wohlstand der Handelsmetropole zeugen die mächtigen bourgeoisen Häuser der Innenstadt, deren Fassaden häufig »Mascarons« genannte Fabelwesen und mythologische Figuren zieren.

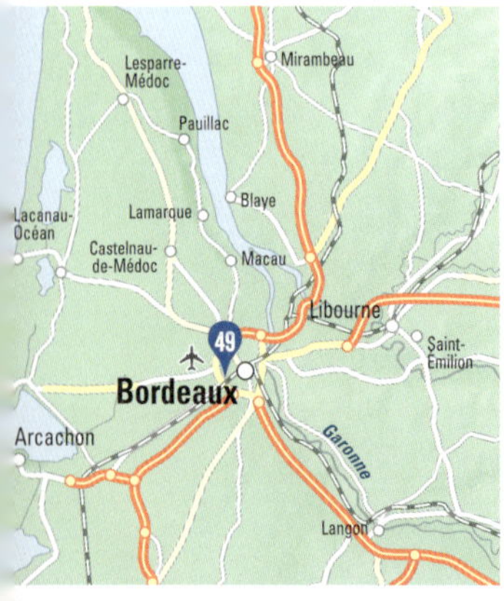

LCL

An wirbelnden Wein beim Schwenken des Glases soll die spektakuläre Form der Cité du Vin erinnern (oben). Rundes auch im Innern: Die Riesenflaschen enthalten interaktive Weininfos (unten). Die hübschen Türmchen dürfen nicht täuschen: Die Porte Cailhau aus dem 15. Jahrhundert wurde zur Verteidigung der Stadt gebaut (rechte Seite oben). Von Reben umgeben: das mittelalterliche St-Émilion (rechte Seite unten).

Lebendig und luxuriös

Lange Zeit überspannte der Pont de Pierre von 1822 als einzige Brücke die Garonne bei Bordeaux. Napoléon Bonaparte gab sie in Auftrag, und die 17 mächtigen Bögen entsprechen der Buchstabenzahl seines Namens. Sie führt auf die Porte de Bourgogne zu, die im 18. Jahrhundert im Stil eines römischen Triumphbogens erbaut wurde. Linkerhand liegt das bunte Viertel Saint-Michel mit der Markthalle Les Capucins. Weithin sichtbar sind die Basilika Saint-Michel aus dem 14. bis 16. Jahrhundert und ihr sechseckiger, frei stehender Turm – im Inneren des »Pfeils« (flèche) kann man in die unterirdische Krypta hinab- und auf die Panoramaterrasse hinaufsteigen. Südlich der schönen Synagoge von 1878 beginnt an der Place de la Victoire mit der Porte d'Aquitaine und der zeitgenössischen Säule des Bildhauers Ivan Theimer die Einkaufsstraße Rue Sainte-Catherine. Am anderen Ende dieser langen Fußgängerzone stößt man auf den luxuriösen »Triangle Bordelais«, das Straßendreieck Cours de l'Intendance, Georges Clémenceau und Allées de Tourny. In Letzterer lockt die traditionelle »Brasserie Le Noailles« zu einem Glas Wein.

In Saint-Pierre, dem ältesten Viertel, säumen Bars und Restaurants teils enge Gassen. Hier befinden sich das Rathaus im früheren Palais Rohan, das Museum der Schönen Künste, das Museum für dekorative Kunst und Design und die Kathedrale Saint-André mit dem freistehenden Turm Pey Berland. In der prächtigen Kirche wurden Eleonore von Aquitanien mit dem späteren König Ludwig VII. und Anna von Österreich mit König Ludwig XIII. getraut. Nicht verpassen sollte man den Besuch des angrenzenden Centre Jean Moulin zur Erinnerung an die Résistance.

Nicht weit entfernt lässt sich an der Dachterrassenbar des von Philippe Starck gestalteten Hotels »Mama Shelter« gut der frühe Abend genießen. Die Place Gambetta nördlich des Rathauses hatten sich einst die Jakobiner als Standort für ihre Guillotine auserkoren. An ihre Gegner erinnert das Girondisten-Denkmal auf der weiten Place des Quinconces – ein monumentaler Brunnen mit allegorischen Darstellungen und einer 43 Meter hohen Siegessäule, deren Abschluss eine bronzene Freiheitsstatue bildet. Sehenswert sind auch das Stadttor der »Grosse Cloche«, einer 7800 Kilogramm schweren Glocke, und die mit Türmchen verzierte Porte Cailhau an der Garonne. Sie wurde Ende des 15. Jahrhunderts zur Verteidigung der Stadt errichtet. In den Bars an der dortigen Place du Palais trifft sich

abends die Szene der Stadt, schauen Sie auf jeden Fall in der »Bar des vedettes – Chez Fred« vorbei mit Terrasse und eindrucksvollem Tresen im Stil der 1950er-Jahre.

Musik und Wein

Das prachtvolle Grand Théatre entstand in den Jahren 1773 bis 1780 und gehört zu den schönsten Opernhäusern der Welt. Architekt Victor Louis schuf einen klassizistischen Bau mit Säulen im antiken Stil, darüber auf der Balustrade die neun Musen und drei Grazien. Im Inneren hängt ein blitzender Lüster mit 14 000 Kristallen von der Decke. Auf der Place de la Comédie vor der Oper steht eine zeitgenössische Skulptur des katalanischen Künstlers Jaume Plensa, ein riesiger Frauenkopf aus oxidiertem Metall. Schräg gegenüber bietet der Bordeaux Weinverband (CIVB) Weinseminare und Workshops für jedermann. In dem Gebäude aus dem 18. Jahrhundert führt die »Bar à vin« des Verbands etwa 30 große Weine des Bordelais auf der Karte. Drei Restaurants der Stadt wurden mit je zwei Michelin-Sternen ausgezeichnet, Restaurants wie »Miles« oder »L'Exquis« sind auch nicht zu verachten.

Eine Sünde ist die süße Spezialität Cannelé wert – kleine zylindrische Küchlein, außen karamellisiert und knusprig, innen weich, mit Vanille und Rum. Etwas Garonne-aufwärts erhebt sich der schwungvolle Bau der Cité du Vin – seine Form soll an Wein erinnern, der beim Schwenken im Glas wirbelt. Hier finden Ausstellungen, Verkostungen und Seminare mit renommierten Winzern statt. Sie können sich interaktiv mit allen Facetten des Weins und Weinbaus interaktiv beschäftigen, auch in deutsch.

An der beliebten Place de la Bourse stehen im Halbkreis die Prachtbauten von Zollmuseum und Handelskammer, den Mittelpunkt bildet der Springbrunnen der drei Grazien, der 1864 das in der Französischen Revolution zerstörte Reiterstandbild von Ludwig XV. ersetzte. Zwischen Platz und Garonne spiegelt die Oberfläche des Miroir d'Eau die elegante Fassade der Bauten wider. Der »Wasserspiegel« ist nur zwei Zentimeter tief, von Zeit zu Zeit schießt Sprühnebel aus Düsen hervor – die im Prinzip simple Anlage dient gleichermaßen zur Erfrischung, zum Spiel für die Kinder oder ist einfach nur toll anzuschauen.

TOP ★ ERLEBNISSE

★ WEINBAU IM BORDELAIS

In 500 von 542 Gemeinden des Départements wird Wein angebaut. Weinliebhaber rühmen die Qualität der Produkte. In und um Bordeaux liegen viele Weingüter, die besichtigt werden können, so etwa die Châteaux Mouton-Rothschild und Lafite-Rothschild. Zu einer Verkostung lädt in Bordeaux der Weinladen L'Intendant in der Allée de Tourny ein. Am Cours 30 Juillet in der Maison du Vin de Bordeaux erhält man Info-Material für Ausflüge in das Bordelais.

WEITERE INFORMATIONEN
www.bordeaux-tourisme.com

★ LEBENDIGES MITTELALTER

Der Name Saint-Émilion geht zurück auf den Eremiten Émilion, der hier in einer Grotte hauste und meditierte. Die unterirdische Felsenkirche, 38 Meter lang und elf Meter hoch, ist die größte monolithische Kirche Europas. Bei einem Rundgang durch die kleinen Gassen sollte man weder die Burg noch das Franziskanerkloster Les Cordeliers auslassen.

WEITERE INFORMATIONEN
www.saint-emilion-tourisme.com; Infos über Verkostungen und Besichtigungen: www.vins-saint-emilion.com

50 IM HERZEN DES NATURPARKS

Rundfahrt durch den Parc naturel régional des Landes de Gascogne

Ein weitläufiger Naturpark für zahllose Outdoor-Aktivitäten, immer wieder mit prächtigen Erholungsflächen in herrlich grüner Landschaft versehen. Um das Wesen der Region zu verstehen, ist ein Besuch der an mehreren Orten verteilten Gebäude des Freilichtmuseums Écomusée de la Grande Lande hilfreich und liefert zusätzlich interessante Details über das Leben hier in den vergangenen Jahrhunderten.

Startpunkt der Tour ist Belin-Béliet, wo Eleonore von Aquitanien 1123 geboren worden sein soll. Ein Flachrelief erinnert an sie. Es wurde am ehemaligen Standort der Burg der Herzöge von Aquitanien aufgestellt (erreichbar durch die Rue Ste-Quitterie, wenn man den Pfeilen Hôtel Aliénor folgt).
Man verlässt den Ort Richtung Osten, in Joué geht es dann rechts ab, um Moustey zu erreichen. Der Ort besitzt zwei Kirchen aus dem eisenhaltigen Gestein der Gegend, das garluche genannt wird. Die Kirche Notre-Dame birgt das Musée du Patrimoine Religieux et des Croyances Populaires, eine Außenstelle des Freilichtmuseums.

Fährt man Richtung Süden aus dem Ort heraus, gelangt man auf der N134 nach Pissos. Die Maison des Artisans in der Mitte des Ortes verkauft kunsthandwerkliche Souvenirs. Richtung Sore gelangt man zu einer Ausstellung, die in einer ehemaligen Schäferei eingerichtet wurde und die Pflanzen- und Tierwelt der Region näher beleuchtet: das Relais Nature de la Haute Lande.
Es geht weiter nach Süden bis Solférino, wo kein Geringerer als Napoleon III. Mitte des 19. Jahrhunderts 7000 ha Land erwarb. Das Gelände wurde trockengelegt und er ließ ein Versuchsgut mit Modellen von Bauernhöfen einrichten. Das Dorf selbst entstand dann 1863.

Radfahrer überqueren den Viadukt von Graoux im Val de l'Eyre.

Nach Osten führt die Straße nach Sabres. Wer möchte, kann hier die Schmalspurbahn nehmen, um nach Marquèze zu fahren. Die historische Strecke durch den Wald ist fünf Kilometer lang. Sabres besitzt eine hübsche romanische Kirche. Man kommt im Airial Marquèze an. Es liegt im Landschaftsschutzgebiet der Eyre (auch: Leyre). Sie durchzieht über 116 Kilometer Länge den weitläufigen Naturpark, mündet ins Becken von Arcachon und versorgt den dortigen Meeresnaturpark mit Süßwasser. Im Airial erfährt man viel Wissenswertes und kann dann noch auf eigene Faust auf Erkundungstour gehen.

Alte Berufe kennenlernen

Südöstlich geht es dann nach Garein, wo ein interaktives Museum die Themen Holzverarbeitung und Waldnutzung veranschaulicht. Von hier aus

Auch zu Pferd lässt sich der Parc Naturel Régional des Landes de Gascogne erkunden.

kann man sich auf dem etwa 1,2 Kilometer langen Waldpfad die Beine vertreten und das Gelernte noch einmal durchdenken. Weiter fährt man in das im Osten liegende Brocas, indem ein Hochofen, Werkstätten und die früheren Unterkünfte der Arbeiter über das Schmiedehandwerk im 19. Jahrhundert informieren.

Luxey ist der nächste Halt, der sich im Norden auf der Tour anschließt. Hier erfährt man viel Wissenswertes über die Bearbeitung von Harz, wie die Bäume angezapft werden und Terpentinöl gelagert wird. Nach diesen informativen Zwischenstopps geht es zurück zum Ausgangspunkt in Belin-Béliet.

In der Kirche von Lugos gibt es Wandmalereien aus dem 15. Jahrhundert.

TOP ★ ERLEBNISSE

★ ARCHITEKTUR UND BERUFE DES 19. JAHRHUNDERTS

Durch das Airial werden auch Führungen angeboten. Es zieht sich über knapp 70 ha, gehört ebenfalls zum Écomusée de la Grande Lande und umfasst mehrere wirklich historische oder wieder aufgebaute Gebäude. Sehr sehenswert ist das großzügige Gutsherrenhaus von 1824 mit breiten Holzbalken, Strohlehmwänden und einem dreiseitigen Dach. Man kann durch den Wald zum Haus des Müllers und der Mühle spazieren, ebenso zur Köhlerei. Im Obstgarten werden mehr als 1600 Arten, die in der Region der Grande Lande beheimatet sind, erhalten.

★ PARADIES FÜR VÖGEL UND VOGELFREUNDE

Im Flussdelta der Eyre (oder Leyre) wurde ein Vogelschutzgebiet eingerichtet, der Parc ornithologique du Teich. Unzählige Arten sind hier ganzjährig beheimatet, auch Zehntausende von Zugvögeln machen hier Jahr für Jahr Station. Eine üppige Pflanzenwelt bietet den Tieren genug Nahrung und Plätze zum Nisten. Auf ausgeschilderten Wegen verschiedener Länge (etwa zweieinhalb, dreieinhalb oder sechs Kilometer) darf man sich durch den Naturpark bewegen.

★ DIE AUSSICHT VERSÖHNT

Nordwestlich, am Eingang des Beckens von Arcachon liegt der Badeort Cap-Ferret inmitten von Kiefern. Sein Leuchtturm verfügt über eine Linse, deren Strahl 50 Kilometer weit reicht. Wer die 258 Stufen auf den 52 Meter hohen Turm hinter sich bringt, wird mit einem fantastischen Panoramablick belohnt und sieht die ganze Halbinsel, das Becken und Arcachon, die helle Fläche der Dune du Pilat, die Fahrrinnen zum Meer und den Atlantik selbst.

51 ZWISCHEN WALD UND MEER – DAS BASSIN D'ARCACHON

Schwimmen und Schlürfen

Helle Sandstrände am Ozean mit der riesigen Düne von Pilat, ringsum Pinienwälder und mittendrin das Bassin d'Arcachon ... Die Lagune wird vom Meer und von Flüssen gespeist und bewegt sich im Rhythmus der Gezeiten. Zum leicht snobistischen Arcachon mit seinem mondänen Nachtleben bilden die Orte rund ums Bassin und die unübersehbaren Bänke der Austernzüchter mit ihren Degustationsständen einen reizvollen Kontrast.

Cap Ferret besitzt eine von der Natur privilegierte Lage: Der Badeort liegt zwischen Ozean und Lagune an der Spitze einer 20 Kilometer langen schmalen Landzunge, die an beiden Seiten mit Stränden aufwartet. Zur Freude der Kleinen verbindet eine Bimmelbahn Meer und Bucht. Vom 57 Meter hohen Leuchtturm schweift der Blick über das Wasser, über die Düne von Pilat und die Stadt Arcachon.

Etwas weiter nördlich wurde im Ort L'Herbe vor etwa 150 Jahren die pittoreske Villa Algérienne im maurischen Stil errichtet. Heute existiert nur noch die Kapelle, deren Kuppel mit Kreuz und Halbmond geschmückt ist. Nicht weit entfernt belegen Austernparks eine 800 Hektar große Fläche. Durch die Gezeiten werden die Tiere ständig mit frischem Plankton versorgt, außerdem bieten ihnen Wasser und Klima ideale Bedingungen für die Fortpflanzung. An den bunten Hütten der Austernfischer sind viele Stände zur Verkostung aufgebaut. Jedes Jahr findet im August ein großes Austernfest statt, die Fischer sind bei der Parade traditionell mit blauem Hemd und roter Hose gekleidet.

Die Réservoirs de Piraillan mit ihrer reichen Vogelwelt, vor allem vielen Fischreihern, können zu Fuß erkundet werden. Der muntere Nachbarort Ort Andernos-les-Bains mit seinen langen Stränden war bereits in der Prähistorie besiedelt. Hier sind in der Maison Louis David

Der Leuchtturm von Cap Ferret bietet nach dem Aufstieg einen tollen Rundblick über Bucht und Ozean (unten). Der Weg zum Strand ist kurz – wäre nicht die 105 Meter hohe Düne von Pilat im Weg (rechte Seite oben). Von der Vogelinsel ragen bei Flut nur die Stelzenhütten *tchanquées* aus dem Wasser hervor (rechte Seite unten).

Objekte aus gallo-römischer Zeit ausgestellt, die in den Überresten einer Villa gefunden wurden. Einen herrlichen Blick über das ganze Bassin bietet die 232 Meter in die Bucht ragende Mole. Biganos an der südöstlichen Spitze ist bekannt für seinen Kaviar. Von hier aus führen Wanderwege durch das Delta des Flusses Leyre, der das Bassin mit Süßwasser versorgt, und zum Vogelnaturpark Le Teich. Gujan-Mestras ist das Austernzentrum der Bucht und die Maison de l'Huître ein Muss für alle, die mehr über Geschichte, Aufzucht und Zubereitungsarten dieser schmackhaften Meeresfrucht erfahren möchten.

Kaiser Napoleon III. als Wegbereiter

Das Seebad Arcachon verdankt seine Entstehung der Eisenbahn, die seit 1857 bis zur heutigen Stadt führt. Bahnhof, Grand Hotel, das Kasino im maurischen Stil und elegante Villen entstanden unter der Leitung des Ingenieurs Paul Régnault, der von dem damals noch unbekannten, jungen Gustave Eiffel unterstützt wurde. Nach dem Besuch von Kaiser Napoleon III. strömte »tout Paris« nach Arcachon. Schon bald wurde das Sommerbad auch im Winter wegen seiner reinen balsamischen Luft frequentiert, so von Alexandre Dumas und Jean Cocteau. Die elegante »Sommerstadt« mit dem Kasino und vielen Restaurants erstreckt sich am Meer entlang. Hier liegt auch das Aquarium mit angeschlossenem Meeresmuseum, das die Tierwelt des Beckens von Arcachon und des nahen Ozeans präsentiert. Unweit der Mole Jetée de la Chapelle steht die Basilika Notre-Dame, deren Kapelle Votivbilder geretteter Seeleute schmücken. Westlich des Zentrums liegt die »Herbststadt« mit dem Jacht- und dem Fischereihafen. Das Nachtleben tobt vorwiegend in der »Frühlingsstadt« im östlichen Viertel Moulleau. Von hier erblickt man den Leuchtturm von Cap Ferret auf der anderen Seite der Bucht. Die etwas abseits vom Meer gelegene »Winterstadt« besitzt einen maurischen Park, das Observatorium Sainte-Cécile und mondäne Villen unterschiedlichen Baustils, die zwischen herrlichen Bäumen stehen. Zur Blütezeit machen Mimosen und Magnolien das Viertel zu einem farbenprächtigen Paradies.

Den strapaziösen, aber glücksbringenden Höhepunkt eines Aufenthalts in der Region Arcachon bildet die steile Düne von Pilat - hinauf geht es entweder direkt auf dem heißen Sand oder im nordöstlichen Teil über eine Treppe. Mit 2,7 Kilometer Länge, 500 Meter Breite und 106 Meter Höhe ist sie die größte Wanderdüne Europas. Von hier aus starten Gleitschirm- und Drachenflieger. Die meisten Besucher genießen allerdings nur die knallige Sonne und das grandiose Panorama.

TOP ★ ERLEBNISSE

★ SPIELBALL DER GEZEITEN

Die »Vogelinsel« Île aux Oiseaux liegt mitten im Becken von Arcachon und ist zwischen 300 und 1000 Hektar groß – je nachdem ob gerade Flut oder Ebbe herrscht. Trotz des Namens erwartet den Besucher keine reiche Vogelwelt, lediglich Brachvögel, Rotschenkel und Seeschwalben haben hier ihr Zuhause. Bei Ebbe tauchen niedrige Kiefern und Heidebüsche aus dem Schlick hervor, das Land ist durchzogen von Prielen und Tümpeln. Bei Flut ragen nur die berühmten »Stelzenhütten« (cabanes tchanquées) aus dem Wasser hervor. Die Vogelinsel und ihre Umgebung kann man mit dem Motorboot erkunden, oder auf einer Pinasse, einem schmalen, bunten Boot.

WEITERE INFORMATIONEN
Bootsreservierung unter www.bateliers-arcachon.com

★ KUNST UND ARCHITEKTUR

Wem nach den vielen schönen Naturerlebnissen der Sinn nach einer kulturellen Unternehmung steht, dem sei ein Besuch des Château de Roquetaillade empfohlen. Die im 12. und 14. Jahrhundert errichtete Anlage wurde im 19. Jahrhundert von Viollet-le-Duc restauriert. Der Kunsthistoriker war sehr auf den Schutz des Denkmals bedacht, ließ jedoch viele neugotische Elemente einfließen.

WEITERE INFORMATIONEN
www.roquetaillade.eu

Ausgezeichnete Wasserqualität zeigt die Blaue Flagge am Strand von Mimizan-Plage an.

52 STRÄNDE UND WELLEN – BISCAROSSE UND MIMIZAN

Küste der Abenteuer

Spaß für Wind- und Wellensurfer bietet die Küste Aquitaniens nahezu im Überfluss. Wem der Atlantik zu wild ist, kann in den Lagunen gemütlich baden und die Kleinen im Sand buddeln lassen.

Für Badeurlauber und Wassersportler ist die Küste ideal, zudem sind die Strände gut überwacht. Warnhinweisen sollte man allerdings unbedingt folgen, die Strömungen können äußerst tückisch sein. Aber auch an den beschaulicheren Binnenseen Étang de Cazaux et de Sanguinet, Étang de Biscarosse et de Parentis, am Lac d'Aureilhan und dem etwas weiter südlich gelegenen Étang de Léon findet man schattige Strände und das gesamte Wassersportangebot.

Für Erwachsene und Kinder gleichermaßen reizvoll sind das historische Museum für Wasserflugzeuge und das Musée des Traditions, das Bootsausflüge zur Entdeckung der Pflanzen- und Tierwelt anbietet.

Etwa 50 Kilometer landeinwärts widmet sich in Sabres das überaus interessante Écomusée de Marquèze den Traditionen der Region. Zu sehen ist unter anderem, wie früher Schäfer, mit Baskenmütze und in Schaffelle gehüllt, auf dem sumpfigen Terrain ihre Tiere auf Stelzen hüteten.

Mimizan besitzt mit seinem Glockenturm der Kirche Sainte-Marie aus dem 13. Jahrhundert ein UNESCO-Welterbe, an dem zudem der Jakobsweg vorbeiführt. Nur der Turm und die mit Wandmalereien aus dem 15. Jahrhundert verzierte Vorhalle der Kirche sind erhalten und bei einer Führung zu besichtigen. Im 15 Hektar großen Naturschutzgebiet »Les Pieds sur Terre« in Onesse-Laharie sind sowohl Nutztiere der Region als auch historische Maschinen sehen. Vom Étang de Léon verläuft der Courant d'Huchet bis zum Ozean. Auf einer Barke wird man durch eine eindrucksvolle Umwelt gerudert.

INFO: www.marqueze.fr

53 HAWAII IN EUROPA – HOSSEGOR UND CAPBRETON

Surfermekka und Naturparadies

Aus aller Welt reisen die besten Surfer jedes Jahr im Oktober an, um vor der Küste von Hossegor und Capbreton ihren einzigen Weltmeisterschaftswettbewerb Frankreichs auszutragen – den Quiksilver Pro & Roxy Pro France.

Die Strandpromenaden stehen natürlich im Zeichen des Wassersports. Statt Hochhausbauten sieht man hier viele hübsche Villen im Stil der hiesigen Region, der Landes, in den sich baskische Elemente mischen – basco-landais nennen die Franzosen diesen Baustil. Der See von Hossegor mit den heutigen Stränden wurde auf Befehl Napoleons III. mit dem Meer verbunden, sein Wasserpegel ist daher gezeitenabhängig. Restaurants und Tanzbars wurden errichtet, von der hier einst bedeutenden Austernzucht existieren heute noch einige Bänke. Für Wanderer ideal ist die Rundtour um den 730 Hektar großen Étang de Soustons. Im 19. Jahrhundert wurde das frühere Sumpfgebiet trockengelegt und mit Pinien bepflanzt. Einige große Auenlandschaften blieben bestehen, reich an Vögeln wie Reiher, Schnepfen und dem großen Kormoran sowie Insekten und Schmetterlingen. Der kleine Étang Blanc ist mit dem Naturschutzgebiet des Étang Noir durch einen Kanal verbunden – ein Paradies für Angler. Eine halbe Stunde dauert der Fußmarsch auf Holzstegen durch unberührte Natur. Zwei Panoramaplattformen gewähren einen großartigen Rundumblick. Früher wurden in den Pinienwäldern Harz gewonnen, heute wird hier Holz geschlagen und verarbeitet.
Capbreton wird von Hossegor nur durch den Canal du Bourret getrennt. Einst ein bedeutender Hafen, besitzt es nach der Umleitung des Flusses Adour heute nur noch wenige Fischerboote. Mit der Réserve Naturelle du Marais d'Orx wartet es jedoch mit einem äußerst sehenswerten Naturschutzgebiet auf, das von 247 Zugvogelarten bevölkert wird. Am Eingang verschafft ein sieben Meter hoher Aussichtsturm den Besuchern einen grandiosen Überblick über das Sumpfgebiet.
INFO: www.reserve-naturelle-marais-orx.fr

Hossegor ist Austragungsort des Quiksilver-Pro-Surf-Wettbewerbs – die Bretter stehen schon bereit.

Die hohen Wellen des Atlantik machen Capbreton zu einem beliebten Ziel bei Surfern der Spitzenklasse.

54 JUWEL IM BASKENLAND – BAYONNE

Schinken und Schokolade

Bayonne blickt auf eine bewegte Geschichte zurück, davon zeugen heute noch seine Befestigungsmauern und sein altes Schloss. Heute zeigt es sich Besuchern als muntere Stadt mit aufregenden Festen, ruhigen Fußgängerzonen und bunten Fachwerkhäusern. Hier erlebt man baskische Kultur und Gastfreundschaft und genießt Leckerbissen für Gourmands: Bayonner Schinken und feine Schokolade.

Als Eleonore von Aquitanien 1152 den englischen Thronfolger Heinrich II. Plantagenet heiratete, machte Bayonne im Hundertjährigen Krieg mit den Engländern gemeinsame Sache und prosperierte. Doch 1451 siegten die Franzosen, Bayonne wurde Teil ihres Königreichs, und den Bewohnern verging die Freude. Der Niedergang der Stadt wurde durch den Bau eines Kanals gestoppt, der den versandeten Fluss Adour zu seiner ursprünglichen Mündung in Bayonne umleitete und den Handel belebte. Gegen die militärische Bedrohung durch Spanien ließ Vauban, der legendäre Baumeister Ludwigs XIV., im 17. Jahrhundert Festungsanlagen errichten, die die Stadt effektiv schützten. Nach dem erneuten Niedergang im Zuge der Napoleonischen Kriege veranlasste Kaiserin Eugénie den Bau eines Bahnhofs, der die Wirtschaft belebte und schließlich die ersten Touristen in die Stadt brachte.

Hauptstadt der Kunst und Geschichte

Am Zusammenfluss von Adour und Nive liegen die alten Stadtteile: Grand und Petit Bayonne im Süden des Adour, Ersterer westlich, Letzterer östlich der Nive, und das Viertel Saint-Esprit nördlich des Adour. Ein Bummel durch die Fußgängerzonen und kleinen Gassen von Grand Bayonne führt zur charmanten Rue du Port-Neuf mit ihren kleinen Geschäften. Die Läden unter den Arkaden locken unter anderem mit Leckereien der besten Chocolatiers der Stadt. Bayonnes Schokoladentraditon begründeten Anfang des 17. Jahrhunderts spanische und portugiesische Juden, in den Glanzzeiten produzier-

Das Stadtbild von Bayonne wird von den Türmen der Kathedrale dominiert, die hoch über die typisch baskischen Fachwerkhäuser aufragen (unten). Höhepunkt des Jahres: die Fêtes de Bayonne, traditionell in rot-weiß (rechte Seite oben). Baskischer Volkssport ist Pelota, hier die Variante Cesta Punta (rechte Seite unten).

ten hier 31 Fabrikanten ihre Köstlichkeiten. Heute sind es weitaus weniger, die Qualität ist jedoch nach wie vor vom Feinsten. Im Nordosten der Stadt bietet das »Atelier du Chocolat« einen duftenden Rundgang und natürlich eine Verkostung. Höhepunkt für Genießer sind die Schokoladentage am Himmelfahrtswochenende.

Das schönste Fachwerkhaus der Stadt steht im Herzen von Grand Bayonne an der Ecke Rue de la Monnaie und Rue Orbe. Weiter geht's zur Kathedrale Sainte-Marie aus dem 13. bis 16. Jahrhundert, ein strenger Bau im nordischen Stil mit hübschen Renaissance-Fenstern, und zum gotischen Kloster aus dem 13. und 14. Jahrhundert. Das Château-Vieux, ein Musterbeispiel mittelalterlicher Militärarchitektur, ist noch immer im Besitz der Armee und kann nicht besichtigt werden.

Das Viertel der Nationalisten

Die Graffitis und Wandmalereien in Petit Bayonne machen deutlich, dass hier viele überzeugte Basken zu Hause sind. Neben der Pelota-Halle Saint-André zeigt hier das sehenswerte Musée Basque et de l'Histoire de Bayonne auf drei Etagen das Leben der Bauern und Schäfer, eine baskische Wohnung mit wunderbaren Wandteppichen und gewebten Vorhängen sowie Spiele, Sport, Musik und Tänze des Baskenlands. Das benachbarte Kunstmuseum Musée Bonnat-Helleu präsentiert Werke der namengebenden Künstler, aber auch Skizzen von Rubens sowie Arbeiten von Malern wie Degas, Delacroix, Rembrandt und Goya. Es ist seit 2011 geschlossen und wird zurzeit grundlegend umgestaltet. Alles über den Schinken aus Bayonne erzählt und zeigt Pierre Ibaïalde in seinem »Atelier du Jambon«. Die traditionelle Delikatesse stammt aus einem genau festgelegten Gebiet rund um den Ort Orthez. Die Schweine werden neun Monate nur mit Getreide gefüttert, ihre Hinterschinken müssen nach der Schlachtung ein Jahr lang reifen. Zu Ostern findet alljährlich eine viertägige Schinkenmesse statt.

Petit Bayonne ist reich an Bars und Restaurants, abends tobt hier das Leben. Den Höhepunkt des Jahres bilden Ende Juli die fünftägigen Fêtes de Bayonne mit Konzerten, Tanz, Boule- und Pelotawettbewerben. Bei den Kuhspielen, den Courses de Vaches, auf der Place Paul Bert steht anders als im spanischen Pamplona der Spaß im Mittelpunkt. Beim mitternächtlichen Toro de Fuego wird bei einem pyrotechnischem Spektakel ein künstlicher, funkensprühender Stier durch die Straßen getragen, und beim Korso am Samstagabend zieht ein langer Umzug mit reich geschmückten Wagen durch das Viertel.

TOP ★ ERLEBNISSE

★ MIT HARTER HAND

Der baskische Nationalsport Pelota gilt als Vorläufer des Tennis, ähnelt aber mehr dem Squash, da die Spieler den Ball gegen eine Wand schmettern. Es wird meist unter freiem Himmel, aber auch in Hallen gespielt – in Bayonne im Trinquet Moderne und im Trinquet Saint-André. Am gebräuchlichsten ist die Variante, die auf Baskisch Jai Alai heißt: Dabei wird der Ball mit einem spitz zulaufenden Korb an die Stirnwand befördert. Außer im Sommer findet an jedem Donnerstag ab 16 Uhr im Saint-André ein Spiel statt – baskische Tradition live.

WEITERE INFORMATIONEN
Trinquet Saint-André,
Rue du Jeu de Paume,
Tel. 06 13 25 27 30

★ SEEBAD MIT BASKISCHEM CHARME

Saint-Jean-de-Luz gilt mit seiner schönen Strandpromenade als baskischste Stadt nördlich der spanischen Grenze. Viele herrschaftliche Bauten stammen aus dem 17. Jahrhundert, wie die Maison Louis XIV oder die Maison de l'Infante, in der sich der Sonnenkönig mit Maria Theresia von Spanien vermählte.

WEITERE INFORMATIONEN
www.saint-jean-de-luz.com

In der Villa Belza über dem Strand von Port-Vieux soll es manchmal nicht ganz geheuer gewesen sein – erzählt man sich (oben). Eleganz des 19. Jahrhunderts: Hotel du Palais und Casino (rechte Seite oben). Gustave Eiffel baute die Brücke zum Jungfrauenfelsen mit der Marienstatue (rechte Seite unten).

55 BLAUES BLUT IM BASKENLAND – BIARRITZ

Als Napoleon seine Frau beschenkte

Kaiser und Könige sind heute eine eher rare Spezies, doch ihr einst bevorzugter Urlaubsort Biarritz hat sich seinen mondänen Charme erhalten. Hinzu kommt eine neue Klientel: Surfer haben sich die Stadt mit ihren langen Stränden und hohen Wellen zu ihrem Mekka erkoren. Auf dem Weg zur spanischen Grenze zeigt sich St-Jean-de-Luz mit Hafen und Strandpromenade von seiner feinsten baskischen Seite.

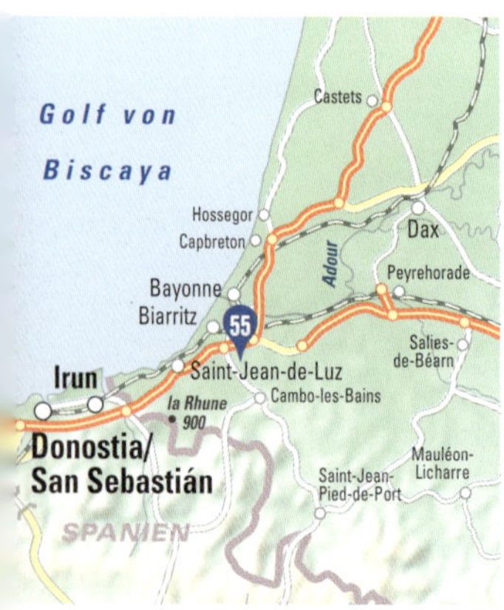

Biarritz war jahrhundertelang ein kleines Fischerdorf, das vor allem vom Walfang lebte. Als Anfang des 18. Jahrhunderts die Walgründe leer gefischt waren, verarmte das Dorf, bis es durch einen glücklichen Zufall aus seinem Elend erlöst wurde. Begeistert von der baskischen Küste, ließ Napoleon III. hier seiner Gattin Eugénie de Montijo die Villa Eugénie als prächtige Sommerresidenz errichten. Fortan gab sich der europäische Hochadel hier die Klinke in die Hand. Reiche Engländer kamen, russische Aristokraten, und Bismarck führte hier diplomatische Verhandlungen. Weitere Villen und Paläste entstanden, deren Besitzer darum wetteiferten, ihren Reichtum zu präsentieren. Die Haute Couture von Paris zeigte hier ihre Schauen und auch berühmte Künstler fanden sich ein: Schriftsteller wie Jean Cocteau und Hemingway, Komponisten wie Ravel und Strawinski, Schauspieler wie Sarah Bernhardt oder Charlie Chaplin. Die Villa Eugénie existiert heute noch als luxuriöses Hôtel du Palais, von dessen Balkonen die betuchten Gäste direkt auf Strand und Ozean blicken. 1956 brachte der US-Drehbuchautor Peter Viertel zum Dreh der Hemingway-Verfilmung »Fiesta« ein Surfbrett mit und löste so angeblich den

Ein schöner Spaziergang führt zum Biarritz vorgelagerten Rocher du Basta (oben). Die Chapelle Impériale wurde von Kaiserin Eugénie in Auftrag gegeben (unten). Neben einem Jachthafen hat St-Jean-de-Luz eine hübsche Altstadt mit Fachwerkhäusern zu bieten (rechte Seite oben). Besondere Aufmerksamkeit finden die Korsaren von St-Jean-de-Luz bei der Fête du Piment in Espelette (rechte Seite unten).

Surfboom in Biarritz aus. Heute trifft man die Surfer vor allem an der Plage de La Côte des Basques und der Plage de Marbella. Wer nur schwimmen oder sonnenbaden möchte, wählt die Grande Plage im Herzen der Stadt oder die etwas südlichere Plage de la Milady. Mit kleinen Kindern ist die sanfte Bucht am Port Vieux am angenehmsten.

Rund um die weiße Madonna ...

Ein Spaziergang vom südlichen Stadtrand Richtung Hafen führt zu einigen Hotspots. Zunächst lockt in der Cité de l'Océan, einem faszinierenden Bauwerk des amerikanischen US-Architekten Steven Holl, ein interaktiver Trip mit vielen Computeranimationen durch die Welt des Meeres. Verführung pur für Gourmands bietet »Planète musée du Chocolat« mit alten Werkzeugen, Reklameschildern, Kunstwerken und natürlich einer Verkostung. Weithin sichtbar, aber für die Öffentlichkeit nicht zugänglich, steht die Villa Belza (bretonisch für »schwarze Villa«) von 1880 mit ihrem runden Turm auf einem Felsvorsprung. Um sie ranken sich einige gruselige Geschichten. In Sichtweite bietet der Rocher de la Vierge mit seiner weißen Madonnenstatue und Gustave Eiffels Metallbrücke ein noch berühmteres Fotomotiv. Das benachbarte Aquarium, 1935 eingeweiht und seitdem ständig erweitert, zählt zu den größten in Frankreich. Neben Ausstellungen, zum Beispiel über den Walfang früherer Epochen, sind Meeresbewohner unterschiedlicher Zonen zu sehen: beeindruckende grüne Muränen aus der Karibik, riesige Rochen sowie Hammerhaie und sechs weitere Haiarten. Während der Fütterung herrscht bei den Seehunden der größte Besucherandrang.

... bis zur schwarzen Jungfrau

Rund um den 1870 gebauten Hafen laden in den einstigen bunten Fischerhäuschen (crampottes) heute Bars und Restaurants zu einem Gläschen Wein ein. Nach dem begehbaren Felsen Rocher du Basta beginnen die langen Sandstrände. Vom Kasino im Art-déco-Stil geht der Blick vom Roulette-Tisch direkt aufs Wasser. Nicht weit von der Kirche Sainte-Eugénie entfernt stehen das prachtvolle Hôtel du Palais und die Chapelle Impériale. Die Kapelle wurde im Auftrag von Eugénie in einem sehenswerten Stilmix erbaut und ist der schwarzen mexikanischen Jungfrau Notre-Dame de Guadelupe geweiht. Der einst großen russischen Gemeinde ist die orthodoxe Kirche zu verdanken, die einige Ikonen aus St. Petersburg bewahrt. Einige Straßen stadteinwärts widmet sich das Musée d'Art Asiatique – das zweitgrößte seiner Art in Frankreich – mit mehr als 1000 Exponaten

Religion und Alltag besonders in Kaschmir, Tibet und Nepal. Die Geschichte der Stadt Biarritz präsentiert das Musée Historique in einer ehemaligen anglikanischen Kirche. Gegenüber gibt es in der täglich geöffneten Markthalle Meerestiere vom Feinsten. Richtung Norden endet Biarritz an dem 1834 erbauten schwarz-weißen Leuchtturm auf dem Felsvorsprung Pointe Saint-Martin. Der 73 Meter hohe Turm bietet gut trainierten Besuchern nach 248 Stufen einen grandiosen Blick über Stadt, Meer und die Pyrenäen.

Im Herzen des Baskenlands

Die Stadt Anglet, längst mit Biarritz zu einem Ort zusammengewachsen, hat vor allem eins zu bieten: Strand mit allerfeinstem Sand. An der Plage de la Petite Chambre d'Amour schworen sich in der gleichnamigen Grotte heimlich der Waisenjunge Laorens und die reiche Bauerntochter Saubade ewige Liebe. Bei einem schweren Unwetter überspülte das tosende Meer die Grotte und trug die beiden für immer auf den Ozean hinaus. Von Biarritz Richtung Süden demonstrierte die Stadt Saint-Jean-de-Luz die friedliche Koexistenz zweier natürlicher Feinde: Hier bauten einst vermögende Reeder und erfolgreiche, in den Ruhestand gegangene Korsaren nebeneinander ihre Häuser. Zusammen mit den traditionellen farbigen Holzbauten entstand eine muntere Mischung aus verschiedenen Stilen, die das Flair von Saint-Jean ausmacht. Der Walfang ist zwar längst Geschichte, doch an seine Stelle ist das Fischen von Thunfisch, Anchovis sowie mit der Leine geangeltem Seehecht getreten. Der nach wie vor bedeutende Hafen bietet mit seinen bunten Booten eine fast kitschige Postkartenidylle, der frische Fang wird in der täglich geöffneten, wunderhübschen Markthalle angeboten. Zu einem Einkaufsbummel laden die zahlreichen individuellen Läden in der Fußgängerzone mit ihren Häusern im baskischen Stil ein, den man stilvoll mit einem Drink an der Place Louis XIV. abschließt. Der »Sonnenkönig« heiratete 1660 in der Kirche Saint-Jean-Baptiste – von außen streng, innen mit einem goldglänzenden Altar – die spanische Königstochter Maria Teresa. Ihre damaligen Villen, die Maison Louis XIV. und die Maison de l'Infante, sind zu besichtigen. Auf der anderen Seite des Hafens beherbergt in Ciboure das Geburtshaus des Komponisten Maurice Ravel heute das Tourismusbüro. Bei der Stadt Hendaye wurde auf der Fasaneninsel im Bidassoa, dem Grenzfluss zu Spanien, 1659 der Pyrenäenvertrag geschlossen. Er regelte die Staatsgrenzen und als Deal nebenbei auch noch die Hochzeit von Ludwig und Maria Teresa.

TOP ★ ERLEBNISSE

★ AUF ZUM JAKOBSWEG

Vier Wege führen aus Frankreich nach Santiago de Compostela. Die letzte Station vor der spanischen Grenze bildet Saint-Jean-Pied-de-Port, von Biarritz aus Richtung Südosten. Der Weg führt durch die kopfsteingepflasterte Rue de la Citadelle mit ihren baskischen Häusern bis zur Kirche Notre-Dame. Durch das Tor des Glockenturms hindurch überquert man den Fluss Nive mit alten Häusern auf beiden Seiten, deren Holzbalkone übers Wasser ragen. Die Pilger erreichen entlang der Rue d'Espagne das Stadtausgangstor für ihre Route, die Porte d'Espagne. Über dem Ort thront die 1627 errichtete Zitadelle.

WEITERE INFORMATIONEN
www.saintjeanpieddeport-paysbasque-tourisme.com

★ SCHÖN FEURIG

Im Herbst färben sich die Fassaden der Häuser in Espelette dunkelrot, denn die Paprikaschoten werden in Girlanden zum Trocknen aufgehängt. Der Gewürzpaprika ist das beliebteste Gewürz der Gegend. Am letzten Oktoberwochenende wird die Fête du piment gefeiert, bei der die Schoten gesegnet werden.

WEITERE INFORMATIONEN
www.espelette-paysbasque.com

56 DAS WASSER DER HOFFNUNG – LOURDES UND DIE PYRENÄEN

Wo Wallfahrer und Wanderer gemeinsam marschieren

Die Pyrenäen bilden einen Gebirgsriegel, der sich vom französischen Atlantik bis zum Mittelmeer erstreckt. Über verschiedene Routen führt hier der Jakobsweg die Pilger zu ihrem Ziel. Für Wallfahrer aus aller Welt ist Lourdes der Hauptanziehungspunkt in dieser Region, durch die über 1600 Kilometer markierte Wanderwege verlaufen. Im Winter locken die Pyrenäen zahllose Skitouristen an.

Mittlerweile sind es über fünf Millionen Besucher, die jährlich nach Lourdes kommen. Der Wallfahrtsort am Nordrand der Pyrenäen ist ein bedeutendes Zentrum der Marienverehrung, denn tatsächlich geht die Wallfahrt nach Lourdes auf die Marienerscheinungen der Bernadette Soubirous zurück. Insgesamt 18-mal soll dem damals 14-jährigen Hirtenmädchen im Jahr 1858 die Jungfrau Maria in der Grotte Massabielle erschienen sein.

Bernadette fand in der Grotte eine Quelle, deren Wasser als heilkräftig gilt. Seitdem pilgern Jahr für Jahr Tausende Kranke und Gebrechliche zu der Grotte unweit von Lourdes mit der Hoffnung auf Heilung. Rund um die Quelle entstanden Kirchen, Kapellen, Hospize – und selbstverständlich auch zahlreiche Devotionalienläden.

Über dem Grottenfelsen steht die neogotische Basilique Supérieure, die Obere Basilika, deren Turm 70 Meter aufragt. Die neobyzantinische Rosenkranzbasilika von 1889 fasst 1500 Besucher. Rampen führen dort hinauf, um auch Rollstuhlfahrern und Gebrechlichen den Weg zu erleichtern.

Die Sakramentsprozession führt von der Grotte zur Esplanade du Rosaire. An dem weiten Platz befindet sich eines der größten Gotteshäuser der Welt: die unterirdische

Nur über eine Brücke müssen die Pilger in Saint-Jean-Pied-de-Port gehen, um ihren Weg nach Santiago de Compostela zu beginnen (unten). Die Basilika Notre-Dame-du Rosaire (Rosenkranzbasilika) bietet 1500 Menschen Platz. Sie wurde 1901 geweiht. (rechte Seite).

Wallfahrer und Pilger besuchen in Lourdes zuerst die Grotte Massabielle, in der die Jungfrau Maria erschienen sein soll (unten). Der Pic du Midi de Bigorre mit 2877 Metern kann auf verschiedenen Wegen bestiegen oder mit der Seilbahn erobert werden (rechte Seite oben). Pilger auf dem Jakobsweg (rechte Seite unten).

Kirche Saint-Pie X von 1958. 20 000 Gläubige finden in ihrem 201 Meter langen und 81 Meter breiten Saal Platz.

Auf den Spuren von Bernadette

Die Familie Soubirous, aus der Bernadette stammt, ist in Lourdes natürlich nicht vergessen. Von 1856 bis 1863 wohnte die sechsköpfige Familie im Cachot (Loch). In der Rue B.-Soubirous stehen Bernadettes Geburtshaus Moulin de Boly und der Moulin Lacade. Hier wohnte die Familie, nachdem sich die Erscheinungen ereignet hatten. Mehr über das Leben von Bernadette erfährt man im Musée du Petit Lourdes.

Oberhalb von Lourdes thront eine mächtige Burg, von der man eine großartige Aussicht über die Stadt, den Heiligen Bezirk und die Pyrenäen genießen kann. Innerhalb der Festungsmauern liegt ein hübscher botanischer Garten am Fuß des Bergfrieds aus dem 14. Jahrhundert. Im Musée Pyrénéen kann man die bedeutendsten Sammlungen über die Geschichte der französischen und spanischen Pyrenäen entdecken, Fayencen und Mobiliar aus dem 18. Jahrhundert bewundern und Hirtenhütten, traditionelle Trachten und Miniaturen bestaunen. Den schönsten Panoramablick über die Pyrenäen bietet in Lourdes der über die Stadt aufragende Pic du Jer. Der Gipfel ist an seinem großen Kreuz, das bei Nacht beleuchtet ist, schon von Weitem erkennbar. Mit der alten Seilbahn ist man in wenigen Minuten auf dem 948 Meter hohen Berg. Oben führt ein Wanderweg zum Observatorium mit Aussichtsturm, von dem aus man einen völlig freien Panoramablick über Lourdes, Tarbes, Pau, das Tal von Argelès-Gazost und die Gipfel der Pyrenäen genießen kann.

Die Grottes de Bétharram sind ein unterirdisches Höhlensystem, das sich 16 Kilometer östlich von Lourdes erstreckt. Auf dem unterirdischen Fluss der tiefen Tropfsteinhöhlen kann man auch Boot fahren.

Die Pyrenäen

Die majestätische Bergkette der Pyrenäen verläuft vom Atlantik zum Mittelmeer und markiert die Grenze zwischen Frankreich, dem Baskenland und Spanien. Die Region lässt sich auch gut von dem Badeort Biarritz an der Atlantikküste aus erkunden. Die Westpyrenäen ziehen sich von der Côte Basque durch das Baskenland bis zum 2504 Meter hohen Pic d'Anie hinauf. Die Zentralpyrenäen erstrecken sich als ein geschlossener Kamm zwischen dem Col du Somport (1631 Meter) und dem Col de Puymorens (1915 Meter). Daran schließen sich die Ostpyrenäen an, die flach an der Côte Vermeille auslaufen.

Verschnaufpause für die Pilger

Eine bedeutende Station am Jakobsweg ist Saint-Jean-Pied-de-Port. Die roten Sandsteinhäuser des Ortes leuchten im Sonnenlicht, und noch heute werden die Glocken geläutet, wenn die Bewohner Pilger ausmachen. Rund um die Oberstadt verläuft eine Stadtmauer aus dem 15. Jahrhundert, durch die die Porte d'Espagne führt. Von dort folgt man den steilen Straßen hinauf zur Zitadelle, wo sich ein herrlicher Blick über die baskische Landschaft öffnet.

Oloron-Sainte-Marie bezeichnet sich selbst als Hauptstadt der wollenen Baskenmütze. Die berühmte Kopfbedeckung wird noch hier sowie in Nay, südöstlich von Pau, produziert. Oloron am Fuß des Samport-Passes ist hingegen stolz auf seine Kathedrale Sainte-Marie, deren romanisches Portal Szenen aus der Bibel und den Pyrenäen zieren.

Wer in der Gegend verweilen will, fährt weiter nach Pau. Britische Reisende entdeckten schon Mitte des 19. Jahrhunderts das milde Klima des Städtchens und machten es zu einem im Winter und Sommer beliebten Urlaubsort. Bei einem Spaziergang auf dem Boulevard des Pyrénées zwischen dem Château de Pau und dem Parc Beaumont kann man sich kaum sattsehen an dem Blick auf die unterhalb gelegenen Gärten und die höchsten, auch im Sommer oft schneebedeckten Gipfel der Pyrenäen. Im Château de Pau wurde 1553 Heinrich VI. geboren, und im 16. Jahrhundert machte Marguerite d'Angoulême Pau zu einer Stadt der Künstler und Freidenker. Nicht versäumen sollte man das Musée des Beaux-Arts mit Werken von Rubens, Tintoretto, Edgar Degas und El Greco.

Selbst die Tour de France kommt hier vorbei

Der Pic du Midi de Bigorre ist der Charakterberg und ein Wahrzeichen der Zentralpyrenäen. Etwas weiter Richtung Tal stellt der Col du Tourmalet eine von den Sportlern gefürchtete Etappe der Tour de France dar. An der herrlichen Bergszenerie dürften sich nur die Zuschauer und die Besucher erfreuen.

In Luz-Saint Sauveur im Tal des Gave de Pau verweilte 1860 Napoleon III. mit Gattin Eugénie. In dem südlich gelegenen Tal liegen die Felsenkessel Cirque de Troumouse, Cirque d'Estaube und Cirque de Gavarnie. Der gut einstündige Fußmarsch führt auch zur Grande Cascade. Der Wasserfall – mit 420 Metern der höchste in Europa – wird von einem unterirdischen Bach gespeist.

TOP ★ ERLEBNISSE

★ AUF DEM WEG NACH SANTIAGO

Seit über 1000 Jahren wandern Pilger zum Grab des Apostels Jakobus in der spanischen Stadt Santiago de Compostela. Paris, Vézelay und Arles sind Sammelpunkte der vier Routen durch Frankreich. Die Via Lemovicensis ist einer dieser vier historischen Jakobswege in Frankreich. Sie verläuft nördlich der Via Podiensis, die von der Auvergne nach Aquitanien führt. Die Routen überqueren die Pyrenäen bei Roncesvalles und Somport und vereinen sich in Puente la Reina zu einem Weg. In den Pyrenäen beginnt der 800 Kilometer lange Camino Frances, der eigentliche »Jakobsweg« und Hauptweg durch Nordspanien.

WEITERE INFORMATIONEN
www.jakobsweg.de,
www.lourdes-infotourisme.com
CRT Midi-Pyrenees:
www.crt-midi-pyrenees.fr

★ UNTERWEGS IN DEN PYRENÄEN

Das Béarn, ein Gebiet mit reicher Vergangenheit, hat sich neben Bauwerken und Dialekt auch seine Bräuche erhalten. Es bieten sich zwei spektakuläre Rundfahrten an: die Frange des Pyrénées ab Pau, etwa 80 Kilometer, sowie die Route de l'Aubisque mit Startpunkt in Eaux-Bonnes, die gut 100 Kilometer lang ist.

WEITERE INFORMATIONEN
www.gourette.com

Ein Blick macht deutlich, weshalb Toulouse den Beinamen »ville rose« trägt. Vorherrschendes Baumaterial sind Terrakotta-Ziegel (oben). Die zum Jakobinerkonvent gehörige gotische Kirche ist vor allem wegen ihres Gewölbes, das an eine Palme erinnert, bekannt (rechte Seite).

57 BEI PILGERN UND TOURISTEN BEGEHRT – TOULOUSE

2000-jährige Historie und Weltraumpark

Ein Besuch in Toulouse verwandelt den Reisenden immer wieder aufs Neue: Mal ist er Pilger in den Kirchen, mal ist er Schiffer auf der Garonne. Er zeigt sich als Historiker und Kunstbegeisterter in den Museen und wird zu einem Sternenkundigen in der Cité de l'Espace. Und natürlich genießt er das Savoir-vivre in den Cafés unter den Arkaden an der Place du Capitole.

Die 2000-jährige Geschichte von Toulouse hat in der Stadt ein unermessliches Kulturgut hinterlassen, das eindrucksvoll den südländischen Stil der verschiedenen historischen Epochen widerspiegelt. Pilger wie Tourist gleichermaßen haben den Besuch der Basilika Saint-Sernin ganz oben auf ihrer Agenda stehen. Das Kleinod der romanischen Kunst des 11. und 12. Jahrhunderts ist bei einer Wallfahrt auf dem Jakobsweg nicht zu verfehlen. Wer sie gesehen hat, schwärmt von ihr als von einem der schönsten romanischen Bauwerke. Zugleich ist die Kirche auch die größte romanische Basilika in Europa. Die Größe des Bauwerks ist in seiner Funktion als Pilgerkirche begründet. Insgesamt 115 Meter ist die Basilika lang, ihr Querhaus misst 64 Meter. Das Mittelschiff ist 21,10 Meter hoch und das Langhaus 32,50 Meter breit.

Im Inneren beherbergt die Basilika Saint-Sernin die Grabstätte des heiligen Saturnin. Im 3. Jahrhundert war er der erste Bischof von Toulouse. Schon von Weitem grüßt der Glockenturm aus Backstein, achteckig und nach oben spitz zulaufend. Seine dekorativen Arkadenreihen sind ein beliebtes Fotomotiv – und wurden von anderen Bauherren im Languedoc und in der Gascogne als Architekturelement gerne übernommen.

Seine moderne Seite zeigt Toulouse im Weltraummuseum (oben) und Aerospace Center (unten). Reliquienschrein des Thomas von Aquin in der Jakobinerkirche; er wurde anlässlich des 600. Todestages 1974 angefertigt (rechte Seite oben). Urlaub pur im Hausboot auf dem Canal du Midi (rechte Seite unten).

Das fünfschiffige Langhaus besitzt zwar Emporen mit eigener Belichtung, jedoch keine Obergadenfenster. Dadurch erhält die Tonnenwölbung im Mittelschiff kaum Beleuchtung. Das Hochschiff entstand erst nach 1118, der Hauptaltar von Bernardus Gelduinus hingegen schon vor 1096. Im Chorumgang sind sieben Marmorreliefs aus dem ausgehenden 11. Jahrhundert zu bewundern.

Morgens und abends violett

Von der Basilika schlendert man die Rue du Taur entlang bis zur Place du Capitole, dem Mittelpunkt der rosafarbenen Altstadt. Toulouse war besonders in der Renaissance eine wohlhabende Stadt, deren Reichtum vor allem auf dem Handel mit Getreide und dem blauen Farbpigment *pastel* basierte. Pittoreske Backsteinpalais spiegeln besonders hier an der Place du Capitole und in der nahen Altstadt um das Hôtel de Ville den früheren Wohlstand wider. In den zahlreichen Bistros und Restaurants am Platz und in der Stadt kann man bei einer kulinarischen Verschnaufpause in Ruhe den Wahrheitsgehalt des Satzes nachvollziehen, den man Toulouse in Frankreich nachsagt: Morgens rosa, mittags rot, und abends erscheint sie violett.

Auf der anderen Seite der Place du Capitole schlendert man durch die Fußgängerzone in der Rue Saint-Rome an edlen Geschäften vorbei. Wer seinen Blick beim Bummeln von den Schaufenstern losreißen kann, entdeckt hier wunderschöne Renaissance-Häuser. Unterwegs passiert man zudem die gotische Tour Séguy und die Tour de Sarta.
Am Eingang zur Rue de Metz steht auf der linken Seite das Hôtel d'Assézat. Der Farbenhändler Pierre d'Assézat ließ sich ab 1555 in zwei Jahren das vornehme Bürgerhaus mit dem markanten Turm erbauen. In dem Palais präsentiert der Kunstliebhaber Georges Bemberg in der Foundation Bemberg Kunstwerke unter anderem von Tintoretto, Paul Gauguin und Raoul Dufy.
Wer zur Garonne spaziert und am Quai Lucien Lombard zur Place Saint-Pierre schlendert, kommt an der barocken Basilika Notre-Dame-de-la-Daurade vorbei. Nicht weit davon entfernt steht die gotische Dominikanerkirche Église des Jakobins. Sie wurde ab 1216 errichtet und nach 200 Jahren Bauzeit fertiggestellt. Die Mönche des Dominikanerordens, die hier ein Kloster gründeten, veranlassten auch die Gründung der Universität im Jahr 1233.

Thomas von Aquin und Picasso

Die Backsteinkirche verzaubert mit einem unvergleichlichen Sternengewölbe in der Apsis. Die lichte Halle wird durch eine Säu-

lenreihe in zwei 28 Meter hohe Schiffe geteilt. Die palmenartigen Fächer im Chor verführen zu gymnastischen Dehnübungen des Halses. In der gotischen Kapelle Saint-Antonin aus dem Jahr 1337 kann man Fresken mit der Darstellung der Apokalypse bewundern. Seit 1974 werden in der Jakobinerkirche die Gebeine des heiligen Thomas von Aquin (1225–1274) wieder aufbewahrt – die Grabstätte befindet sich seit 1368 an dieser Stelle.

Um den ehemaligen Schlachthof der Stadt zu erreichen, muss man die Garonne über den Pont Neuf überqueren. In dem Gebäude zeigt das Musée des Abattoirs für moderne und zeitgenössische Kunst unter anderem Picassos Theatervorhang *Minotaurus im Harlekinskostüm*. Zurück geht es über den Pont Sant-Pierre am Kraftwerk Bazacle von 1889, das man auch besichtigen kann.

Bei Airbus und Mir

Das moderne Toulouse ist Zentrum der französischen Luft- und Raumfahrtindustrie. 1969 fand der erste Flug der Concorde statt. In Toulouse hat das Airbus-Unternehmen seinen Sitz, das am 27. April 2005 den A380 Airbus zu einem Testflug losschickte. Das Werk von Airbus ist etwas außerhalb von Toulouse in Blagnac gelegen und kann besichtigt werden. Hier sieht man sowohl den A380 Airbus als auch die Concorde.

Der »Weltraumpark« Cité de l'Espace im Südosten von Toulouse erzählt eindrucksvoll die Geschichte der Raumfahrt. Besucher des Planetariums bleiben nicht nur Beobachter des Himmels – sie sind gleichsam im Weltraum. Im Park stehen Raketen in Originalgröße wie etwa die Mir oder die Ariane 5. Auch hier erfährt man wieder hautnah, wie Raketen und Satelliten funktionieren. Für Kinder steht ein spezieller Weltraumspielplatz zur Verfügung.

Der bunte Kreuzgang von Moissac

Eine Fahrt entlang der Garonne führt nach Moissac mit der ehemaligen Benediktinerabtei Saint-Pierre und der Abteikirche. Am Südportal zeigt ein Meisterwerk romanischer Bildhauerei die Offenbarung des Johannes. Christus sitzt als Richter im Mittelpunkt des Geschehens. Der Kreuzgang aus dem 11. bis 13. Jahrhundert wartet mit 76 verschiedenen Kapitellen auf. Zu sehen sind Szenen aus dem Alten und Neuen Testament, Blumen und wilde Tiere. Der Kreuzgang wird abwechselnd von Einzel- und Doppelsäulen aus weißem, rosa, grünem und grauem Marmor gesäumt, die für ein wechselvolles Spiel mit Farbe und Licht sorgen.

TOP ★ ERLEBNISSE

★ AUF DEM CANAL DU MIDI

Vom Atlantik aus gelangte man schon immer auf der Garonne nach Toulouse, seit 1681 kann man von dort auf dem Canal du Midi nach Sète am Mittelmeer weiterschippern. Auf dem einst bedeutenden Wasserweg fahren heute in erster Linie Hausboote. Seit 1996 gehört der Canal du Midi zum Welterbe der UNESCO. Über eine Strecke von 240 Kilometern führt er von Toulouse (132 Meter Seehöhe) über den Scheitel bei Naurouze (189 Meter Seehöhe) bis zum Mittelmeer. Unterwegs passiert man im Durchschnitt alle 3,8 Kilometer eine der insgesamt 63 Schleusenanlagen. Eine besondere Attraktion ist bei Béziers die Schleusentreppe Fonserannes. Hier werden die Boote in sechs Schleusenkammern um 13,6 Meter gehoben oder gesenkt. Der einzigartige Kanaltunnel von Malpas verläuft auf 160 Metern Länge unter dem Hügel von Ensérune.

WEITERE INFORMATIONEN
www.toulouse-tourisme.com
www.cite-espace.com

★ IM HERZEN DER GASCOGNE

Etwa eine Stunde von Toulouse entfernt liegt Auch, die historische Hauptstadt der Gascogne. Die imposante spätgotische Kathedrale überragt die Dächer und ist Teil des Jakobswegs.

WEITERE INFORMATIONEN
www.auch-tourisme.com

Seit 1997 Weltkulturerbe: die mittelalterliche Cité de Carcassonne. Bis heute ist sie von einem geschlossenen Mauerring umgeben. In ihren Sträßchen können Besucher sich auf eine Zeitreise begeben (unten und rechte Seite).

58 EINE STADT SPIELT MITTELALTER – CARCASSONNE

Der intensive Blick in die Vergangenheit

Als ausgedehntes Freilichtmuseum präsentiert sich die restaurierte Oberstadt von Carcassonne. Unterhalb der beeindruckenden mittelalterlichen Festung, die zum UNESCO-Weltkulturerbe gehört, liegen der Pont Vieux über das Flüsschen Aude und die Unterstadt mit ihrem schachbrettartigen Straßennetz.

Diese Boulevards markieren die Lage der Stadtmauern, die im 18. Jahrhundert abgerissen wurden. Mittelpunkt der Ville Basse von Carcassonne ist die Place Carnot mit dem Neptunbrunnen von 1770. Die sehenswerte Kathedrale St-Michel wurde im 14. Jahrhundert in Languedoc-Gotik errichtet. Einst bildete der Pont Vieux mit seinen zwölf unterschiedlich großen Rundbogen die Grenze zwischen der Oberstadt und der Unterstadt. Carcassonnes Oberstadt, la Cité, wird von einer doppelten Ringmauer mit 52 Türmen beschützt. Lassen Sie sich hier durch die reizenden Gassen von den Stadttoren zum Zwinger und bis hin zur Basilika treiben.

Belagerung durch die Kreuzfahrer

Die Festung in der Festung – Le Château – ist ebenso einen Besuch wert wie die Basilika St-Nazaire. Der »Belagerungsstein«, den man in der Kathedrale sehen kann, erinnert an die Belagerung von Carcassonne 1209 durch die Kreuzfahrer.

INFO: www.carcassonne-tourisme.com

DIE MITTE UND DER OSTEN

Höhepunkte der Kultur und Natur

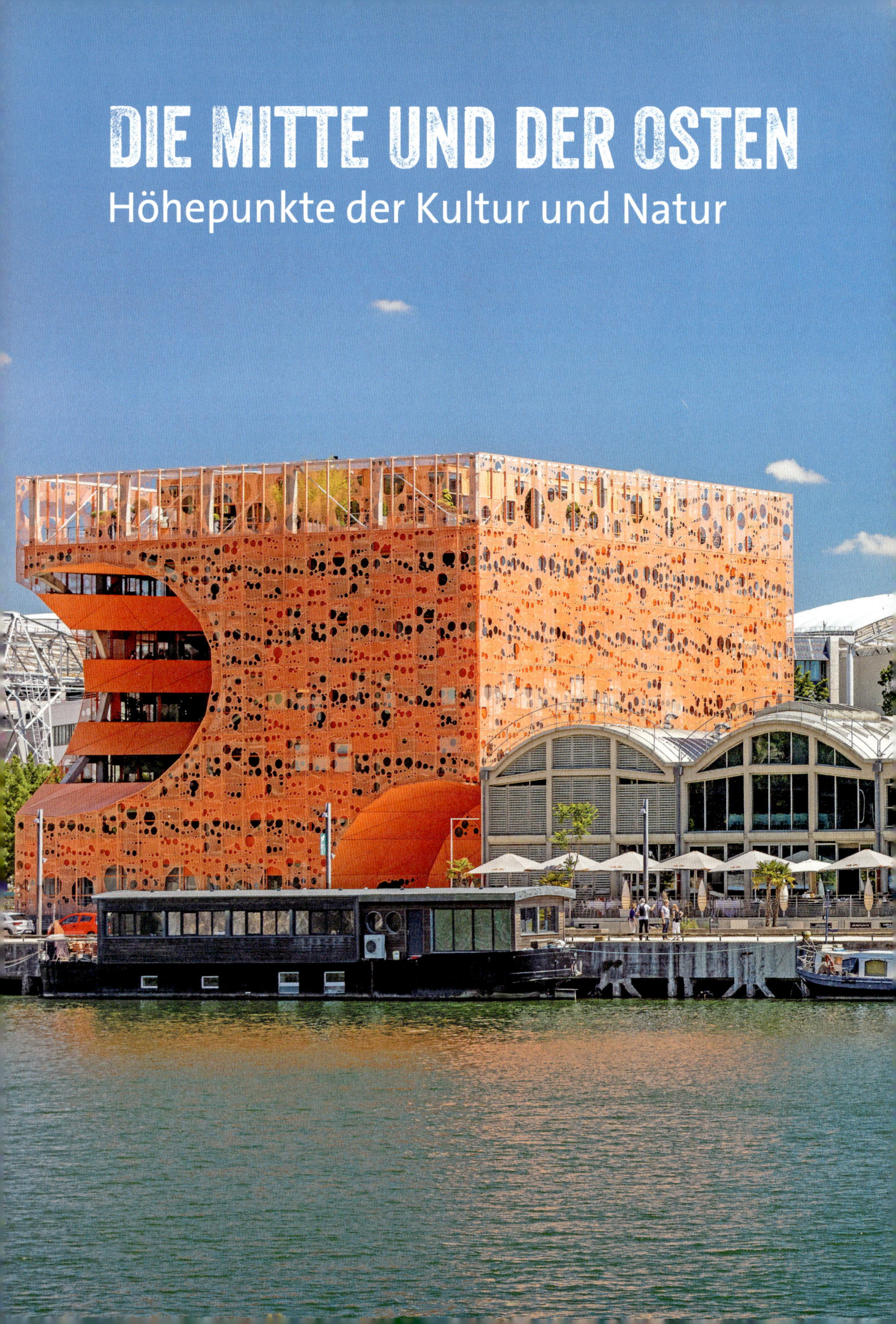

Frisches Brot direkt aus der Boulangerie (oben). Die Maison des Canuts ist ein Museum, das der traditionellen Seidenweberei Lyons gewidmet ist (unten). The Orange Cube ist das auffälligste Bauwerk in Lyons neuem Stadtteil La Confluence am Zusammenfluss von Rhone und Saone (links).

Chambord, das größte und prächtigste Schloss im Loire-Tal spiegelt sich im Fluss Cosson (oben). Weniger alt als es aussieht: Château de Valençay aus dem 18. Jahrhundert (rechte Seite oben). Mächtige Türme flankieren den Zugang zum Innenhof von Schloss Chaumont (rechte Seite unten).

59 IM »GARTEN FRANKREICHS« – DIE SCHLÖSSER AN DER LOIRE

Über 600 Burgen und Schlösser und die Abtei Fontevraud

Frankreichs großartigste Schlösser liegen an der Loire. Hier bauten nicht nur die französischen Könige prunkvolle Landsitze jenseits der Hauptstadt, sondern auch reiche Adelsgeschlechter. Sie ließen sich prächtige Schlösser errichten, die sich in die fruchtbare, hügelige Landschaft entlang des Flusses Loire wundervoll einpassten. So entstanden im Laufe der Zeit an die 600 Burgen und Schlösser.

Auf ihrem 1020 Kilometer langen Weg von den Cevennen zum Atlantik wirkt die Loire wie eine Lebensader einer harmonischen Landschaft, die der berühmte Renaissance-Schriftsteller François Rabelais als den »Garten Frankreichs« bezeichnete. Es verwundert nicht, dass sich Könige und Adelige gerade hier prachtvolle Landsitze erbauten – und dass die Loire und ihre Schlösser heute zu den beliebtesten Reisezielen in Frankreich gehören. In der Regel zieht es die Besucher in das Tal der mittleren Loire zwischen Giens und Ancenis bei Nantes, wobei der Abschnitt zwischen Sully und Chalonnes zum Weltkulturerbe der UNESCO gehört. Mehr als 600 Burgen und Schlösser entstanden im Laufe der Jahrhunderte im Umland des Flusses, nicht zuletzt auch deshalb, weil die Loire schiffbar und nicht zu weit von Paris entfernt ist. Die Bezeichnung »Schlösser an der Loire« ist jedoch im Grunde genommen nicht ganz korrekt, steht doch ein großer Teil der Bauwerke nicht an der Loire selbst, sondern an ihren Nebenflüssen wie Sologne, Allier, Indre, Cher und Sarthe.

Zwei starke Frauen prägten Schloss Chenonceau: Diane de Poitiers und Katharina von Medici (oben). Am Château Le Lude lassen sich Architekturstudien betreiben, von der Gotik bis zum Klassizismus (unten). Das Château von Montrésor liegt idyllisch am Indrois und war eine polnische Enklave (rechte Seite oben). Ruht in sich – die Abtei von Fontevraud (rechte Seite unten).

Bogen der Architekturgeschichte

Die Schlösser der Loire sind ein Spiegel der Baukunst aus sieben Jahrhunderten. Die ersten Wehrburgen wurden zwischen dem 11. und 14. Jahrhundert unter anderem in Chinon errichtet. Dort überredete im heute verfallenen Château de Chinon Jeanne d'Arc 1429 den späteren König Karl VII., ihr ein Heer im Kampf gegen die Engländer anzuvertrauen. Später entstanden die Renaissance-Schlösser, deren Prunk noch heute überwältigt, barocke und klassizistische Bauten, prachtvolle Gärten und Parkanlagen. Ein Beispiel für den Klassizismus ist etwa das 1634 an der Sologne bei Blois erbaute Château de Cour-Cheverny.

Dem Schöpfer der Comic-Helden Tim und Struppi, Hergé, diente es als Vorbild für das Schloss von Kapitän Haddock. Es befindet sich nach wie vor in Familienbesitz, steht jedoch bereits seit 1922 Besuchern offen.

Parade der Superlative

Mit Superlativen wird nicht gegeizt, wenn es um die Schlösser der Loire geht. Natürlich ist es jedem selbst überlassen, welches Bauwerk er besichtigen möchte und welches er für das schönste oder das prachtvollste oder das beeindruckendste hält. Für viele zählt jedoch das Château de Saumur sicherlich zu den schönsten Loire-Schlössern. Dieses wahre Märchenschloss ließ Herzog Ludwig I. von Anjou im 14. Jahrhundert errichten – und sein Enkel René von Anjou ein Jahrhundert später umbauen. Zu der dreiflügeligen Anlage gehören ein spätgotisches Treppenhaus aus dem Jahr 1371 und die beeindruckende Tour du Guet. Wer diesen hohen Turm besteigt, wird mit einem wunderbaren Ausblick auf die Loire und die Stadt Saumur belohnt.

Den Superlativ der Romantik darf hingegen das Château d'Ussé für sich beanspruchen. Im 15. Jahrhundert am Fluss Indre erbaut, soll es mit seinen romantischen weißen Türmchen, den Spitztürmen und Schornsteinen dem Dichter Charles Perrault als Vorlage für sein Märchen vom Dornröschen gedient haben. Das Château d'Azay-le-Rideau wiederum wird als das eleganteste Renaissance-Schloss bezeichnet, oft auch als das faszinierendste. Es steht auf einer Insel im Fluss Indre und wurde für den Schatzmeister Gilles Berthelot errichtet. Es beeindruckt mit einem dreistöckigen Treppenhaus mit Erkerfenstern und reich verzierten Giebeln sowie einem von Auguste Rodin gefertigten Kamin. Azay diente als Lustschloss und war nur im Sommer bewohnt.

Und noch ein Etikett: Als letztes großes Renaissance-Schloss wurde das Château de Villandry westlich von Tours ab 1536 von Jean le Breton erbaut. Im 19. Jahrhundert wurden

die Renaissance-Gärten restauriert und bilden ein Ensemble mit Küchen-, Zier- und Wassergarten. Anfang Juli erleuchten bei den Nuits de Mille Feux Tausende von Kerzen den Garten, und Barockmusik erklingt Mitte August im Schlosshof.

Königliche Prachtbauten

Die am häufigsten abgebildeten Loire-Schlösser sind wohl das Château de Chenonceau und Schloss Chambord. Das heute in Privatbesitz befindliche Château de Chenonceau stammt aus dem Mittelalter und wurde 1513 auf Geheiß von Cathérine Briconnet im Stil der Renaissance umgebaut. Für weitere Umgestaltungen waren Diane de Poitiers, die Mätresse Heinrichs II., Katharina von Medici und Louise de Lorraine, die Witwe Heinrichs III., verantwortlich.
Dass das Schloss die Französische Revolution überstand, hat es Madame Dupin zu verdanken, der tatkräftigen Frau des damaligen Gutsverwalters. Das Château de Chenonceau steht mitten im träge dahinfließenden Cher und wurde von dem Schriftsteller Gustave Flaubert als in der Luft über dem Wasser schwebend beschrieben. Wer sich auf der prächtigen Platanenallee dem Schloss nähert, kann diesen Eindruck nur bestätigen. Über das Wasser führt eine 60 Meter lange Brücke, die eine italienisch anmutende Galerie trägt. Die »weibliche Hand« ist vor allem in den herrlich möblierten Räumen und Schlafzimmern zu spüren.
Schloss Chambord, die größte Residenz an der Loire, entstand aus einem Jagdhaus des Grafen von Blois, das damals zwei Tagesreisen von Paris entfernt war. Hier ließ König Franz I. ab 1519 ein gigantisches Jagdschloss mit einem nahezu quadratischen Grundriss, vier Ecktürmen und über 400 Zimmern erbauen. Das Wappentier des Königs, der Salamander, ist in der ganzen Anlage rund 800 Mal zu sehen. Den Kern des Komplexes bildet der quadratische Zentralbau mit den vier runden Ecktürmen. Dort residierte König Franz I. im Obergeschoss des Nordostturms, Jahrzehnte später wohnte Ludwig XIV. während seiner Aufenthalte im Schloss jedoch in der Mitte des Hauptgebäudes. Die Chambre Royale des Sonnenkönigs wurde 1681 in seinen Prunkgemächern eingerichtet.
Ein absolutes Novum war zu damaliger Zeit das Treppenhaus, das möglicherweise von Leonardo da Vinci entworfen wurde. Auf den beiden Wendeltreppen mit der gemeinsamen Achse konnten zwei Personen hinauf- beziehungsweise hinuntersteigen, ohne sich zu begegnen. Die Treppen führen hinauf zu den Terrassen auf dem Dach, das mit seinen zahllosen Türmchen, Spitzen, Kuppeln und Giebeln an eine kleine orientalische Stadtkulisse erinnert. Von hier aus sah der Hofstaat Festen, Turnieren und Militärparaden zu.

TOP ★ ERLEBNISSE

★ JENSEITS DER SCHLÖSSER

Im Jahr 1099 gründete der Wanderprediger Robert d'Arbrissel in dem Städtchen Fontevraud eine Benediktinerkongregation, aus der sich die größte mittelalterliche Abtei Europas entwickeln sollte. Die Abbaye Royale de Fontevraud war ein gemischtes Kloster, dessen Nonnen und Mönche teilweise aus reichen Adelsfamilien stammten und der Abtei ein riesiges Vermögen erbrachten. Immensen politischen Einfluss erlangte die Abbaye durch ihre Äbtissinnen, die der mächtigen Aristokratie angehörten. Die einst enorme Bedeutung des Klosters lässt sich unter anderem in seiner Funktion als Grablege von Mitgliedern des Königshauses erkennen. Die Grabmäler des Hauses Plantagenêt, darunter die letzten Ruhestätten von Heinrich II. und Eleonore von Aquitanien, liegen im rechten Querhaus der schlichten Kirche.

WEITERE INFORMATIONEN
www.fontevraud.fr
www.valdeloire-tourisme.fr

★ EDLE PORZELLANKUNST

Vor 200 Jahren wurde Gien als Standort für eine Fayencewerkstatt ausgewählt, da die nötigen Materialien in der Nähe reichlich vorkamen und die Loire sich für den Transport anbot.Über die Grenzen Frankreichs hinaus ist die Manufaktur von Gien für ihre kunstvollen Designs bekannt und produziert bis heute vor Ort.

WEITERE INFORMATIONEN
Faïencerie de Gien,
www.gien.com

60 ZENTRUM DER MARIENVEREHRUNG – CHARTRES

Der Schleier der Jungfrau und das Huhn im Topf

Das Spiel mit dem Licht beherrscht die Kathedrale von Chartres in einer faszinierenden Art und Weise. Ihr einzigartiges Chartres-Blau ist weltberühmt. Das UNESCO-Weltkulturerbe ist die drittgrößte Kirche der Welt und der wohl älteste spätgotische Sakralbau. An Superlativen mangelt es nicht, mit denen sich die Kathedrale von Chartres schmücken kann.

Schon von Weitem sieht man die Kathedrale von Chartres, deren gotisches Mittelschiff 37 Meter hoch aufragt (unten). Reich mit Figuren geschmückt ist der Chorumgang (rechte Seite oben). Weltberühmt sind die Bleiglasfenster der Kathedrale, die biblische Erzählungen inszenieren (rechte Seite unten).

Wer von Paris aus zur Loire fährt, sieht schon von Weitem die Silhouette des Sakralbaus, die sich am Horizont abzeichnet. Dass die Kirche von Chartres schon von jeher bedeutend war, zeigt die Tatsache, dass Karl der Kahle 876 ihr die Tunika vermachte, die die Jungfrau Maria bei der Geburt Christi getragen haben soll. Dieses Tuch stammt aus dem Reliquienschatz von Karl dem Großen, der es 802 von der byzantinischen Kaiserin Irene geschenkt bekam. Dieser »Schleier der Jungfrau« blieb bei den Bränden 1119 und 1134 unversehrt und ist in der Krypta, der Chapelle Vendôme, zu sehen. Chartres ist deshalb auch ein Zentrum der Marienverehrung.

Die Kathedrale stammt aus dem Jahr 1260, ihre Form wird noch heute bewundert. Ihre Westfassade flankieren zwei unterschiedlich hohe Türme. Ab 1145 entstand das dreitorige Königsportal, von dem das mittlere Tympanon die Maiestas Domini zeigt. Die prachtvolle Fensterrose über den drei Hochfenstern misst stolze 13,35 Meter und wird von einer Königsgalerie aus 16 großen Statuen abgeschlossen, die Figuren aus dem Alten Testament darstellen.

Ein punktgenauer Lichtstrahl am 21. Juni

Denken Sie daran, dass Sie ein Fernglas mitnehmen, wenn Sie das Gotteshaus betreten – Sie werden es brauchen können! Doch vorerst bleibt der Blick auf dem Boden: Im Mittelschiff ist ein Labyrinth eingelassen, wie es üblich war in mittelalterlichen Pilgerkirchen. Der 262 Meter lange Weg wurde von den Pilgern auf den Knien rutschend zurückgelegt, wozu man ungefähr eine Stunde brauchte. Zur Sommersonnenwende am 21. Juni fällt ein Lichtstrahl auf den Messingknopf der weißen Fliese, die in den Boden eingelassen ist.
Doch nun zum eigentlichen Schatz der Kathedrale von Chartres, den unvergleichlichen weltbekannten Bleiglasfenstern, die das berühmte Blau von Chartres schmückt. Über 150 farbige Fenster schildern Szenen aus der Bibel und dem Leben der Heiligen. Das Chartres-Blau der Scheiben taucht Mauern und Fliesen der Kathedrale in ein abwechslungsreiches Farbenspiel. Königshaus, Adel und Zünfte hatten diese Fenster zwischen 1210 und 1240 gespendet.
Mit dem Fernglas lassen sich die Szenen noch besser erkennen. Sie erzählen unter anderem vom Jüngsten Gericht, stellen die Passionsgeschichte und Szenen aus dem Marienleben dar. Lassen Sie Ihren Blick über die Fenster schweifen und beginnen Sie sie von links unten nach rechts oben, von der Erde zum Himmel, zu lesen.

Das sprichwörtliche Huhn im Topf

Rund um diese viel besuchte Pilgerstätte wird natürlich auch für das leibliche Wohl reichlich gesorgt. Viele Gasthäuser bieten *poule au pot* an, was wörtlich übersetzt »Huhn im Topf« heißt. Das Gericht geht auf König Heinrich IV. zurück, der 1594 in der Stadt weilte und befand, dass jeder Bürger am Sonntag ein Huhn in seinem Topf haben sollte. Im Restaurant Le Georges, das sich im Hotel Le Grand Monarque in der Rue des Espars befindet, tischt Küchenchef Thomas Parnaud auf und leistet dabei der königlichen Anweisung vom »Huhn im Topf« auf seiner Speisekarte gerne und stetig Folge.
Wer danach noch ein wenig durch die Altstadt von Chartres bummelt, sollte sich die alten Waschhäuser und Mühlen entlang der Eure nicht entgehen lassen. Sie kann man besonders gut bewundern, wenn man die steilen Stufen zum Fluss hinabsteigt.

TOP ★ ERLEBNISSE

★ MALEREI HINTER GLAS

Die bunten Fenster der Kathedrale von Chartres sind weltberühmt. Auch, um sie zu erhalten und das Wissen über die Kunst der Glasmalerei weiterzugeben, hat man 1980 das internationale Zentrum für Glasmalerei in Chartres eröffnet. Seine Ausstellungen zu historischer und zeitgenössischer Glasmalerei zeichnen ein umfassendes Bild über die Kunst der Glasmalerei. Doch das Zentrum leistet noch mehr: Es fördert die Forschung im Bereich der Konservierung und Restaurierung mittelalterlicher Glasmalereien. Interessierte Besucher können Laien-Workshops besuchen. Im Museumsatelier lernt man die verschiedenen Schritte der Herstellung eines künstlerisch gestalteten Fensters kennen und erfährt viel über die Kunst und Techniken der Glasmalerei des Mittelalters.

WEITERE INFORMATIONEN
http://www.centre-vitrail.org
www.chartres-tourisme.com

★ PRÄCHTIGE SCHLOSS- UND GARTENANLAGE

Zwischen Chartres und Paris liegt im Tal der Chevreuse das Château de Breteuil, dessen Grundstein 1580 gelegt wurde. Der Schlosspark setzt sich aus drei Teilen zusammen: den herrschaftlichen französischen Gärten, dem Jardin des Princes und dem Parc romantique, von dem aus man einen weiten Blick auf das Chevreuse-Tal hat.

WEITERE INFORMATIONEN
www.breteuil.fr

Die Kathedrale Notre-Dame von Reims rühmt sich einer vollendeten Harmonie, besonders sichtbar an der Westfassade (rechte Seite), an der der lächelnde Engel (oben) die Besucher begrüßt.

61 EIN ENGEL LÄCHELT DEN KÖNIGEN

Die gotische Kathedrale ist Anziehungspunkt Nummer eins

Majestätisch grüßen von der Westfassade der gotischen Kathedrale Notre-Dame 56 Skulpturen französischer Könige. 2300 Standbilder und Reliefs schmücken diesen großartigen Bau, den man zu den Meisterwerken der Gotik zählt. Kein Wunder, dass diese Kathedrale zusammen mit dem Palais du Tau und der Basilika St-Rémi seit 1991 zum UNESCO-Weltkulturerbe zählt. Und bei Kunstkennern wie Kirchenliebhabern ganz oben auf der Besichtigungsliste steht.

Schon seit dem Jahr 401 stehen am Ort der Kathedrale im Zentrum von Reims sakrale Gebäude, und genau hier wurde 496 Frankenkönig Chlodwig von Bischof Remigius getauft. Reims sieht dieses Ereignis als erste französische Königskrönung. 1211 begannen die Bauarbeiten für die neue Kathedrale Notre-Dame. Sie dauerten bis 1294, lediglich die Turmgeschosse wurden erst 1428 fertiggestellt.

Das Recht der Bischöfe von Reims

Warum Reims, warum nicht Paris? Was veranlasste die Könige über Jahrhunderte, nach Reims zu reisen und während der Krönungsfeierlichkeiten im benachbarten Palais du Tau zu residieren? Die Bischöfe von Reims und ihre entscheidende Rolle bei der Christianisierung der Franken überzeugten die Karolinger so sehr, dass sie ihnen das Recht einräumten, den neuen König zu salben. Deshalb wurden ab dem 11. Jahrhundert alle Monarchen Frankreichs in der gotischen Kathedrale Notre-Dame gekrönt.

Und so kam es, dass Jeanne d'Arc am 17. Juli 1429 Karl VII. zu seiner Krönung in die Kathedrale begleitete und mit der Fahne neben ihm stand – ganz so, wie sie es in ihren

Visionen gesehen hatte. 1825 war Karl X. der letzte König in Frankreich, der an selbiger Stelle von den Bischöfen die Krone aufs Haupt gesetzt bekam.
Im Ersten Weltkrieg wurde Reims zu großen Teilen zerstört, auch das Dach und viele Skulpturen der Kathedrale. Der deutsche Heeresbericht vom 22. September 1914 begründete den Beschuss mit einem auf einem Turm befindlichen französischen Beobachtungsposten. Auf deutscher Seite wurde der Angriff auch als Vergeltung für die Zerstörung des Speyerer Doms durch französische Truppen im Jahr 1689 gerechtfertigt.
Zwischen den Weltkriegen wurde die Kathedrale wieder aufgebaut, den hölzernen Dachstuhl ersetzte man dabei durch einen aus vorfabrizierten Betonelementen. Erst 1938 konnte die Kathedrale wieder für Gottesdienste genutzt und der Öffentlichkeit zugänglich gemacht werden.
Die Westfassade sollte man in Ruhe auf sich wirken lassen. Majestätisch erhebt sich das dreigeschossige Portal mit den beiden gleichmäßigen Türmen. Die drei Spitzbogenportale mit ihren reichhaltigen Skulpturen, Bildern und Reliefs gleichen einem dicken Märchenbuch, in dem es immer wieder etwas Neues zu entdecken gibt.
Wie zur Begrüßung hebt der Sourire de Reims, der lächelnde Engel, am linken Portal gleich links neben der Tür seine rechte Hand. Nicht nur ihm hat die Kathedrale Notre-Dame den Beinamen »Kathedrale der Engel« zu verdanken. Der lächelnde Engel ist nur eine Figur unter 2300 Standbildern, mittelalterlichen Skulpturen und Reliefs, mit denen das Gotteshaus innen und außen geschmückt ist.

Die Magie der Abendsonne

Wer nach oben schaut, dessen faszinierter Blick bleibt an einem imposanten Rosettenfenster hängen. Es hat einen Durchmesser von zwölf Metern und zeigt die Heilige Jungfrau, umgeben von Aposteln und Engeln. Am besten kommt man vor dem abendlichen Aperitif noch einmal zur Kathedrale, wenn die Abendsonne auf das Rosettenfenster fällt und es wie magisch erleuchten lässt.
Selbstverständlich erstrahlt die Kathedrale in Reims – wie die Kathedralen in vielen anderen französischen Städten – in nächtlicher Illumination. Die Galerie der Könige über

Das Gotteshaus ist ein Meisterwerk der Gotik mit Spitzbogen und Rosetten (oben). Das gotische Mittelschiff mit den verzierten Säulen (unten) und die modernen bunten Fenster, die Marc Chagall 1974 entwarf (linke Seite), bilden eine harmonische Einheit.

Auch die Apsis der Kathedrale mit ihren Strebebögen und dem Vierungstürmchen bietet einen faszinierenden Anblick (unten). Das Grab des heiligen Remigius in der Basilika Saint-Remi; er taufte den Merowingerkönig Chlodwig I. (rechte Seite oben). Die Champagner-Route führt nach Charleville-Mézières (rechte Seite unten).

den Maßwerkfenstern und der Rosette wird gesondert angestrahlt, und durch die effektvolle Beleuchtung scheinen die 56 Statuen französischer Könige aus ihnen hervorzutreten.
Doch lassen wir noch ein wenig das Tageslicht auf das gotische Bauwerk fallen. Wer an der Südfassade entlang zur Apsis spaziert, erkennt unter den Fialen der Strebepfeiler die Erzengel, die symbolischen Beschützer der Kirche. Tiere aus der Mythologie sehen von der Apsisgalerie auf die Besucher herab. Die Kapellenkränze der Apsis sind mit achteckigen Pfeileraufsätzen verziert, Strebebogen stützen sie.

Die Kathedrale Notre-Dame in Reims ist mit 138,5 Metern die längste Kathedrale Frankreichs. Wer noch überwältigt von den üppigen Fassaden das Innere des Gotteshauses betritt, wird überrascht sein von der ernsten, ja, fast strengen Seite, von der sich die Kathedrale nun zeigt. Efeu- und Beerenmotive zieren die anmutigen Säulen, 120 Figuren verdeutlichen die Entwicklung der französischen Plastik im 13. Jahrhundert. Einige der bemalten Glasfenster wurden restauriert. Die Fenster der Axialkapelle etwa wurden von Marc Chagall 1974 entworfen.

Die Wandteppiche im Palais

Direkt neben der Kathedrale steht der Palais du Tau. Der Erzbischofspalast verdankt seinen Namen seinem T-förmigen Grundriss. Zwei Architekten von Versailles, Hardouin-Mansart und Robert de Cotte, gestalteten den Palast mit einer gotischen Kapelle und der Salle du Tau. In diesem Bankettsaal fanden die Festlichkeiten zur jeweiligen Krönung statt, in der Nähe lagen die Gemächer der Könige, die in dieser Zeit im Palais wohnten. Beeindruckend ist das Tonnengewölbe im Festsaal, dessen Wände Arras-Wandteppiche aus dem 15. Jahrhundert schmücken. Das Palais du Tau beherbergt heute ein Museum für Wandteppiche. Einer der Gobelins zeigt die Taufe von Chlodwig.

Das Öl der Basilika

Zum UNESCO-Weltkulturerbe zählt schließlich noch die Basilika St-Rémi. Diese älteste Kirche von Reims war eigentlich eine karolingische Basilika über dem Grab des heiligen Remigius und die Grabkirche vieler Erzbischöfe. In der ehemals königlichen Abtei neben der Kirche wurde über viele Jahrhunderte das heilige Öl zur Salbung der französischen Könige bei der Krönung aufbewahrt. Heute ist hier das Musée St-Rémi untergebracht. Es zeigt Wandteppiche mit

Szenen aus der Remigius-Legende und dem Leben in St-Rémi, Kunstwerke von der Antike bis zum Mittelalter.

Die Relikte von Durocortorum

Seine römische Vergangenheit ist in Reims nach wie vor zu sehen. Von der Kathedrale schlendert man zur Place Royale und kommt zur Place du Forum mit der Cryptoportique, dem Zugang zum römischen Forum. Über die Rue de Mars gelangt man zur Porte de Mars, einem 33 Meter hohen römischen Triumphbogen aus dem 3. Jahrhundert. Bis 1544 diente er als Stadttor, und noch heute setzt er auf der Place de la République einen städtebaulichen Akzent. Über den Boulevard Foch erreicht man schließlich den Square Colbert mit dem Bronzestandbild von 1860. Es erinnert an J.-B. Colbert, den Finanzminister von Ludwig XIV.

Auf ein Glas Champagner

Von hier ist es nicht mehr weit bis zur Place Drouet-d'Erlon mit ihren Ladenarkaden, Restaurants und Straßencafés, die zum Verweilen einladen und in denen man getrost ein wenig den Tag vorbeiziehen lassen kann. Hier schlägt das Herz von Reims.

Dass man sich in Reims ein Glas Champagner gönnen sollte, dürfte selbstverständlich sein. Doch worauf kommt es an bei einem guten Champagner? Wie etwa liest man ein Etikett? Gerne erklärt man Ihnen den Unterschied zwischen einem Champagne Brut, einem Jahrgangs-Champagner, einem Rosé, einem Blanc de Blancs, einer Spezial-Cuvée. Hinter diesen Namen verbergen sich unterschiedliche Weine mit unterschiedlichem Geschmack. Sie entsprechen verschiedenen Arten der Weinbereitung, die in drei Schritten erfolgt: Die Assemblage, die Komposition, ist der grundlegende Schritt bei der Champagner-Herstellung, denn sie ist ausschlaggebend für den typischen Charakter des Weins und somit seinen Geschmack. Die Dosage erfolgt, wenn am Ende der Reifung der Weinhersteller das Trubdepot entfernt und eine Mischung aus Zucker und Wein zusetzt. Diese süße Note, die je nach Wein verschieden ist, wird auf einer Skala von sehr herb bist süß eingeordnet, d. h. von Ultra-, Extra-dry und Brut (herb) über Sec (trocken) und Demi-sec (halbtrocken) bis Doux. Champagner muss zwischen 15 Monaten und fünf Jahren reifen, mit dem Alter verändern sich die Aromen.

TOP ★ ERLEBNISSE

★ TANZ DER MARIONETTEN

Seit 1961 findet alle drei Jahre das meistbesuchte Festival der Ardennen in Charleville-Mézières statt. In die »Welthauptstadt des Marionettentheaters« kommen zu diesem bunten Spektakel Puppenspieler aus aller Welt. Dann spazieren Wassermarionetten aus Vietnam an riesigen Figuren aus Afrika vorbei oder machen sich Tchanchès aus Lüttich über den Lyoner Akzent einer Puppe in einem Kasperltheater lustig. Das Festival begeistert mit seinen vielen Angeboten, Zum Programm zählen hier sozialkritische Stücke ebenso wie reines Kindertheater. Viele Vorführungen finden im Zentrum von Charleville-Mézières auf der Place Ducale statt.

WEITERE INFORMATIONEN
www.festival-marionnette.com
www.reims-tourisme.com

★ BEGEGNUNG DER KULTUREN

Die Chapelle Foujita, von der Firma Mumm gestiftet und 1966 eingeweiht, wurde von dem französisch-japanischen Maler Léonard Foujita (1886–1968) entworfen und ausgestattet. Maria und die Schmerzensmutter zeigt der Maler in der Kreuzigungsszene ganz in Schwarz. Er selbst hat sich rechts in der Menschenmenge am Fuß des Kreuzes dargestellt.

WEITERE INFORMATIONEN
musees-reims.fr/fr/musees/
la-chapelle-foujita/

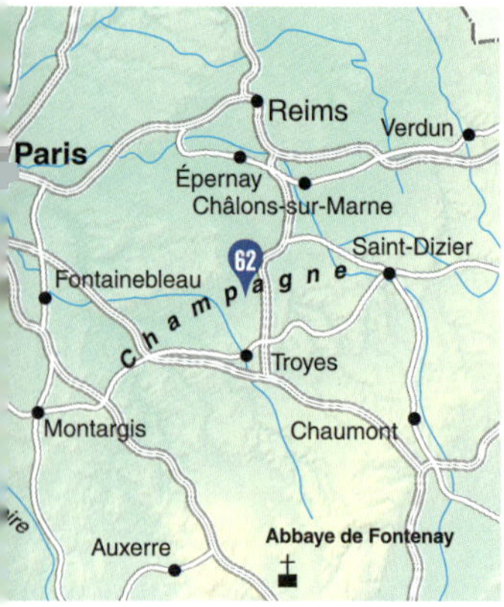

62 WO DIE PRICKELNDE KÖSTLICHKEIT ZU HAUSE IST – CHAMPAGNE

Champagner – auf die richtige Lagerung kommt es an …

Die durchschnittliche Wassertemperatur lag bei vier Grad, und das in 50 Metern Tiefe. Die Korken waren intakt – ideale Voraussetzungen also, um Champagner perfekt gekühlt und frisch zu halten. Die Rede ist nicht von Champagner des Jahrgangs 2010, gemeint ist Schaumwein aus der Zeit zwischen 1832 und 1844. Er lagerte in einem Schiffswrack, das im Sommer 2010 gehoben wurde.

Es war ein Sensationsfund vor den Aaland-Inseln in der finnischen Ostsee. Die rund 70 gut erhaltenen Flaschen im Wert von über 1,5 Millionen Euro lagen in 50 Metern Tiefe. Anhand der Flaschen und Korken haben Wissenschaftler ermittelt, dass der Champagner aus den beiden französischen Keltereien Veuve Clicquot und Juglar stammt. Den Forschern zufolge datiert der Veuve Clicquot aus der Zeit zwischen 1832 und 1844, die Flaschen der nicht mehr existierenden Marke Juglar wurden spätestens 1829 abgefüllt. Es wird vermutet, dass die Flaschen auf dem Weg nach Russland, vielleicht aber auch nach Finnland waren, als das Schiff sank.

Das Rathaus von Troyes ist Mittelpunkt des historischen Kerns der Stadt (unten). In Chamery bei Reims wachsen Trauben für Champagner (rechte Seite).

Kellermeister Dom Pérignon gelang die typische Gärung des Getränks (unten). Prinz Alain de Polignac Pommery lädt vor seinem Anwesen in Reims zu einer Verkostung ein (rechte Seite oben). Die Weinkeller von Ruinart in Reims (rechte Seite unten).

Der gefundene Champagner könnte somit auch der älteste noch trinkbare sein. Bislang nimmt die französische Kelterei Perrier-Jouët für sich in Anspruch, mit ihrem 1825er-Jahrgang den ältesten Champagner der Welt zu besitzen. Bei einer ersten Geschmacksprobe wurde der Schaumwein für genießbar befunden. Der schwedische Champagner-Experte Richard Juhlin sprach von einem »sehr starken, intensiven Bouquet« mit Spuren von Pfifferlingen und Lindenblüte.

Die Champagne erstreckt sich rund um Reims und ihr Anbaugebiet wird in fünf Zonen eingeteilt: Côte des Blancs, Côte de Sézanne, Côte du Bar, Montagne de Reims und Vallée de la Marne. In dem etwa 30000 Hektar umfassenden Anbaugebiet werden in erster Linie die für Champagner zulässigen Rebsorten Pinot Noir, Chardonnay und Pinot Meunier angepflanzt. Über 15000 Weingüter bewirtschaften etwa 90 Prozent der Rebfläche. Die meisten dieser Güter produzieren keinen eigenen Champagner, sondern liefern ihre Trauben an die großen Champagner-Häuser nach Reims und Épernay.

Wein wird in der Champagne schon seit gallo-römischer Zeit angebaut. Ende des 17. Jahrhunderts gelang es dem Kellermeister der Abtei von Hautvillers, Dom Pérignon, mit einer natürlichen Gärung, dass der Wein moussierte und dennoch klar blieb. Champagner wurde zum bevorzugten Getränk des europäischen Adels. Im Laufe der Jahrhunderte wurden die Haltbarkeit, die Lagerung und der Transport immer mehr verfeinert. Reims und Épernay haben kilometerlange Stollen im Kreide-Untergrund, ein idealer Ort zum kühlen Lagern der Champagnerflaschen.

Wo der Champagner zu Hause ist

Ganz und gänzlich von der Champagnerindustrie lebt Épernay mit seinen 27000 Einwohnern. 200 Millionen Flaschen Champagner lagern im Kreideuntergrund, den ein insgesamt 100 Kilometer langes Netz von Stollen durchzieht. An der Avenue de Champagne stehen Villen im Stil der Renaissance, Sitz berühmter Champagnerfirmen. Das größte Haus am Platz, die Villa Moët & Chandon, stammt aus dem Jahr 1743. Im Château Perrier kann man das Stadtmuseum besichtigen und erfährt in der Champagner-Abteilung das Wichtigste zu den edlen perlenden Tropfen. Die Kellerei De Castellane in der Rue de Verdun hat ebenfalls ein Museum. Das große Fass, das 1889 für die Pariser Weltausstellung gebaut wurde, steht bei Mercier. Wie verzweigt und ausgedehnt das Kellersystem der Champagnerfirmen ist, sieht man auch daran, dass die Besucher

bei Mercier mit einer elektrischen Bahn chauffiert werden.
Ein Besuch von Reims schließt selbstverständlich auch einen Besuch bei den bekannten Champagnerfirmen ein. Sie finden sich in den Straßen, die sternförmig von der Place du Général Gouraud abgehen: Veuve Cliquot, Taittinger, Piper-Heidsieck, Ruinart, Mumm und – im großen Park mit prächtigem Herrenhaus – Pommery.

Ein Champagner-Korken als Stadt

Wer zu einer Fahrt durch die Champagne aufbrechen möchte, wählt als Ausgangsort die ehemalige Hauptstadt Troyes. Hier teilt sich die Seine in mehrere Arme. Und der Seine-Bogen ist auch mit dafür verantwortlich, dass die Altstadt von Troyes die Form eines Champagner-Korkens besitzt, eingerahmt von den Boulevards Gambetta, Victor Hugo und 14 Juillet und dem Cours Jacquin. Die Altstadt lädt ein zu einer Zeitreise, denn sie besitzt eines der schönsten Fachwerkviertel Frankreichs.
Spaziert man durch den *bourg*, die Händler- und Handwerkerstadt, befindet man sich – bildlich gesehen – im Stopfen des Champagnerkorkens. Die *cité*, die Bischofs- und Adelsstadt mit der Kathedrale St-Pierre-et-St-Paul, bildet den Kopf des Korkens. Durch das Rosettenfenster der Kathedrale fällt lilarotes Licht in das Mittelschiff, tiefblau und türkis dringt es durch die Fenster der Apsis ein. Übrigens hat Troyes nicht viel mit dem gern getrunkenen Schaumwein zu tun: Troyes ist seit dem Mittelalter bekannt für seine Textilindustrie und die Läden, die direkt an die Fabriken angeschlossen sind. Heutzutage bezeichnet man diese als Factory-Outlets.

Von Brut bis Doux

Damit dieses golden schimmernde Getränk – wobei es auch roséfarbenen Champagner gibt, wenn auch weniger häufig – im Glas wirklich schön perlt, ist eine zweifache Gärung wichtig. Bei der ersten Gärung wird der Wein in Eichenfässern bei 20 bis 22 °C fermentiert. Danach wird er mit Wein früherer Jahre verschnitten. Eine Ausnahme bildet der Jahrgangs-Champagner.
Nach der Abfüllung in Flaschen werden Zucker und Hefe beigemischt. Der Zuckeranteil lässt sich später am Etikett ablesen: Champagne Brut etwa ist nur gering dosiert. Demi-sec ist der Wein mit einem Zuckergehalt von 32 bis 50 Gramm (je Liter). Bei Extra-dry liegt der Zuckergehalt bei 12 bis 17 Gramm. Mit 50 Gramm Zucker ist Champagner Doux der mildeste.

TOP ★ ERLEBNISSE

★ DAS »HEILIGE DREIECK DER CHAMPAGNE«

Reims, Épernay und Châlons-en-Champagne bilden die Eckpunkte der bekanntesten Routen, auf denen man die Champagne erkunden kann. Die 700 Kilometer lange Route Touristique du Champagne ist in sieben Abschnitte unterteilt. Das Massif de Saint-Thierry führt an Weinbergen entlang, durch Wälder und über malerische Straßen: Ab Reims nimmt man die Abfahrt Tinqueux. Ein Naturschauspiel bieten die Weinhänge im Gebirge von Reims, die Route ist zwischen Reims und Épernay ausgeschildert. Ab Épernay kann man entlang der Marne das Vallée de la Marne erkunden. Die Wiege des Chardonnay ist das Gebiet Coteaux de Sézannais, ab Épernay oder Villenauxe-la-Grande zu erreichen.

WEITERE INFORMATIONEN
www.champagnemercier.com
www.taittinger.com
www.tourisme-champagne-ardenne.com

★ UNTERWEGS IM NATURPARK

Der Parc naturel régional de la Forêt d'Orient bietet eine wunderschöne, vielfältige Landschaft mit den drei großen Seen Lac du Temple, Lac d'Orient und Lac Amance. Der Park lässt sich gut mit dem Fahrrad erkunden, wobei man auch die hübschen Fachwerkdörfer, die die Seen umgeben, kennenlernt, oder an den Seeufern entlang spazieren.

WEITERE INFORMATIONEN
www.pnr-foret-orient.fr

Die Oper von Metz an der Place de la Comédie, 1752 fertiggestellt, ist das älteste bis heute bespielte Theater Frankreichs.

63 ÜBER 22 KM AM UFER – METZ

Eine Stadt in Gold und Grün

Ein Spaziergang durch Metz gleicht einer Reise durch die Jahrhunderte. Schon die Römer schätzten die strategisch günstige Lage unterhalb der Moselhöhen am Zusammenfluss von Mosel und Seille. Die Flussarme, die das Stadtzentrum umschließen, bilden zusammen eine Uferstrecke von über 22 Kilometern.

Im Sonnenlicht ist Metz eine Stadt in Gold und Grün. Nachts erstrahlt sie im Licht von über 13 000 Scheinwerfern. Goldgelb leuchtet der Stein vieler Bauten – auch der Kathedrale Saint-Étienne. 6500 Quadratmeter misst die Fläche der Fenster, die buntes Licht in das Kircheninnere fließen lassen. Die ältesten stammen aus dem 13.Jahrhundert, die jüngsten schuf Marc Chagall 1963. Man muss den Kopf gehörig in den Nacken legen, um zur Decke der Kathedrale hinaufzuschauen. 42 Meter ist sie hoch, obwohl das Hauptschiff nur 13,5 Meter breit ist. Den imposanten neo-romanischen Bahnhof ließ Kaiser Wilhelm II. 1908 so anlegen, dass er hoch zu Ross zum Salonwagen reiten konnte.

Als erste dezentralisierte Außenstelle eines Museums in Frankreich beherbergt das am 11. Mai 2010 eröffnete Centre Pompidou-Metz drei verschiedene Ausstellungsbereiche unter einem kühnen Dach, ein architektonisches Meisterwerk des Japaners Shigeru Ban und des Franzosen Jean de Gastines. Die 77 Meter hohe Spitze verweist auf das Jahr 1977, in dem das Centre Pompidou-Paris eröffnet wurde. Das Centre Pompidou-Metz bietet als größter Ort für Wechselausstellungen in Frankreich herausragende moderne und zeitgenössische Kunst, eingebunden in ein innovatives Kulturprogramm als offene Plattform für den Dialog zwischen Gesellschaft und Kunst.

INFO: tourisme-metz.com/de

64 VOM BAROCK ZUM JUGENDSTIL – NANCY

Die Stadt der gehaltvollen Napfkuchen

Wer den Jugendstil liebt, dessen Herz schlägt in Nancy höher: In dieser Stadt stößt man überall auf Zeugnisse des Art nouveau, wie der Jugendstil in Frankreich heißt. Selbstverständlich ist eine Jugendstilvilla Heimstatt für das Museum der Schule von Nancy. Aber auch Freunde des Barocks kommen hier auf ihre Kosten.

Wer das Musée de l'École de Nancy besucht, sollte sich im unteren Teil seines Parks auf die Suche nach einem Grabmal machen: Es ist eines der ältesten Jugendstilgräber in Nancy.
Das barocke Stadtzentrum, das Altstadt und Neustadt verbindet, ist das Vermächtnis des einstigen polnischen Königs Stanislaw I. Nach ihm ist die wunderschöne klassizistische Place Stanislas benannt. Rathaus, Opern- und Schauspielhaus sowie das Kunstmuseum Musée des Beaux-Arts nehmen einen Teil der Gebäude am Platz ein. Das Ensemble gehört mittlerweile zum UNESCO-Welterbe. Von dort schlendert man weiter zur Place d'Alliance und zur Place de la Carrière.

Ein gehaltvoller Baba au Rhum

In ganz Nancy laden Brasserien und Cafés zum Verweilen ein. Probieren Sie doch einen Baba au Rhum – die kleinen Napfkuchen werden in Rumsirup getaucht. Der Überlieferung zufolge fand König Stanislaw eines Tages seinen geliebten Napfkuchen einfach zu trocken. Er ließ sich Malagawein bringen, tauchte den Kuchen darin ein, rief nach Safran – und nach mehrmaligem Probieren war Stanislaw zufrieden und Baba au Rhum erfunden. Der Name erklärt sich übrigens aus der Tatsache, dass der König just zu dieser Zeit die Märchen aus Tausendundeiner Nacht las.

INFO: nancy-tourisme.fr/de/

Fünf stattliche Palais stehen an der Place Stanislas, die der Herzog von Lothringen, Stanislaw I. (Stanislas auf Französisch) Leszczyński, im 18. Jahrhundert anlegen ließ. Das Ensemble gehört mittlerweile zum UNESCO-Welterbe.

65 DIE DEUTSCH-FRANZÖSISCHE SCHNITTSTELLE – STRAẞBURG

Hier studierte nicht nur Goethe

New York, Genf und Straßburg sind als einzige Städte Sitz von internationalen Institutionen, ohne Hauptstädte von Staaten zu sein. Dass nach dem Zweiten Weltkrieg die Wahl für die europäische Hauptstadt auf Straßburg im Elsass fiel, war kein Zufall, sondern ein Symbol für die Versöhnung zwischen den Völkern und für die Zukunft Europas. Mittlerweile ist Straßburg auch UNESCO-Welterbe.

Straßburg – die Schnittstelle Europas, wo sich schon zu Römerzeiten wichtige Verkehrswege zwischen den Völkern trafen. Hier hat der Mainzer Johannes Gutenberg zuerst im 15. Jahrhundert seine revolutionäre Druckkunst verwirklicht, hier studierte Goethe, hier wurde zum ersten Mal die Marseillaise gesungen. Nicht nur die Straßburger halten ihre Heimatstadt für eine der schönsten Städte in Europa – auch wegen des gewaltigen Münsters, dessen reiche Verzierungen an feinste Spitze erinnern.

Das goldene Leuchten des Münsters

Über romanischen Kirchenresten wuchs ab 1176 das gotische Münster aus rötlichem, in den Vogesen gebrochenem Buntsandstein zu einer einzigartigen goldfarbenen Silhouette. Der Straßburger Erwin von Steinbach schuf die zum Himmel strebende Fassade in reinster Gotik, der Kölner Johannes Hültz setzte dem Nordturm seine Spitze auf. Dessen Pendant auf der Südseite des Münsters bietet als Aussichtsplattform einen reizvollen Blick über Straßburg. Vom Eingang aus muss man 332 Stufen erklimmen, um die luftige Aussichtsplattform in 66 Metern Höhe zu erreichen. Auf halber Höhe erinnert eine Gedenktafel an einen Turmbläser, den an selbiger Stelle 1701 der Schlag traf. Fitnessgestählt eilt man lächelnd nach oben und stellt fest: Die Bezwingung des Münsters ist seit Generationen eine tou-

In Petite France lädt das Restaurant Maison des Tanneurs zum elsässischen Schmaus ein (unten). Mehrere Museen befinden sich im Palais Rohan, z. B. Beaux-Arts, Archäologie oder Kunstgewerbe (rechte Seite oben). Im 30 Kilometer von Straßburg entfernten Obernai sprudelt im Puits à Six Seaux seit dem 16. Jahrhundert das Wasser (rechte Seite unten).

ristische Routineübung. Denn bis etwa 1900 ritzten Steinmetze auf der Aussichtsterrasse gegen Entgelt die Namen von Besuchern in den Sandstein. Die Liste liest sich wie das Who's who der besseren Gesellschaft. Vom Turm reicht der Blick über den Platz hinaus auf Fachwerkhäuser und verwinkelte Altstadtgassen, überlaufene Plätze und stille Kirchhöfe ... In der Ferne zeichnen sich die grünen Vogesen ab, ist der Schwarzwald auszumachen und schimmert dazwischen der Rhein. Hat man wieder festen Boden unter den Füßen, sollte man sich sputen: Jeden Mittag Punkt 12.30 Uhr setzt sich die astronomische Uhr im Münster hinter einem Pfeiler in Bewegung. Das 18 Meter hohe Wunderwerk führt ein komplettes Welttheater auf, bei dem die vier Lebensalter vor einem Skelett defilieren, die zwölf Apostel sich von Jesus segnen lassen, der Hahn mit den Flügeln schlägt und kräht. Der Innenraum der Kirche lässt einem den Atem stocken – er ist 103 Meter lang und 41 Meter breit. Das Licht fällt durch die herrlichen Glasfenster aus dem 12. bis 14. Jahrhundert ein, die aus 500 000 Teilen gefertigt wurden.

Romantische Winkel im »Petite France«

Wer wieder hinaustritt in das quirlige Stadtleben, staunt zuerst am Münsterplatz über die beiden schönsten Fachwerkhäuser der Stadt: das Haus Kammerzell und die Hirschapotheke. Das Haus Kammerzell ist ein herausragendes Schmuckstück in der Stadt und war Geburtsstätte von mehreren Generationen von Kaufleuten. Das reich verzierte Fachwerk stammt aus dem Jahr 1589. Zur Krämergasse hin besticht die Hirschapotheke, die seit 1268 besteht. Das erzbischöfliche Palais Rohan gegenüber dem Münster beherbergt das Musée des Beaux-Arts mit Meistern von der Gotik bis zum 18. Jahrhundert.

Auf dem Weg zum Gerberviertel kommt man an der evangelischen Thomas-Kirche vorbei. Sie stellt ein sehr schönes Beispiel für die elsässische Gotik dar. Ihr Chor birgt das beeindruckende Mausoleum von Moritz Graf von Sachsen, ein Meisterwerk der barocken Grabkunst aus dem 18. Jahrhundert. Sie ist die einzige gotische Hallenkirche im Elsass. Weiter geht es nach »Kleinfrankreich« – Petite France ist das Stadtviertel am und im Wasser und das malerischste Quartier in der Altstadt von Straßburg. Früher lebten und arbeiteten hier Fischer, Müller und Gerber direkt am Wasser. Die Fachwerkhäuser mit den steilen, zu den Dachböden offenen Dächern stammen aus dem 16. und 17. Jahrhundert.

TOP ★ ERLEBNISSE

★ DAS GESPÜR FÜR KONFITÜRE

Christine Ferber aus dem elsässischen Niedermorschwihr ist eine Institution. »Man muss die Dinge spüren«, lautet die Maxime der mehrfach ausgezeichneten Pâtissière (Konditorin), Chocolatière und Confiseuse (Zuckerbäckerin) von Konfitüren. »Überqualifiziert« würde man einen Mitarbeiter wohl nennen, der nach seiner Ausbildung in Brüssel und Paris in sein Heimatstädtchen in der Nähe von Colmar zurückkehrt. Doch Christine Ferber spürte den Dingen nach, begann mit hand- und hausgemachten Pfefferkuchenhäuschen, wie sie es von ihrer Großmutter gelernt hatte, und mit Lebkuchen. Produziert wird nach wie vor in der Backstube.

WEITERE INFORMATIONEN
www.strassburg.eu
www.cathedrale-strasbourg.fr

★ LOKALKOLORIT IN REINKULTUR

Obernai oder Oberehnheim hat einen Teil seiner Stadtmauern bewahrt und wartet mit spitzgiebeligen Häusern und einem berühmten Brunnen auf. Der Puits à Six-Seaux (Sechs-Eimer-Brunnen) wurde 1579 erbaut und wird oft als schönster Renaissancebrunnen im Elsass bezeichnet. Drei verzierte Säulen tragen den Baldachin.

WEITERE INFORMATIONEN
www.obernai.fr

66 TOUR DURCH DEN NATURPARK NORDVOGESEN

Rundfahrt mit Vierburgenwanderung im Elsass

Zwar sind die Anhöhen hier nicht besonders hoch, doch ihr oft stark zerklüftetes Äußeres verleiht ihnen einen verwegenen, kühnen Gebirgscharakter. Auf vielen beinahe horizontalen Plateaus und Kuppen haben sich durch die Erosion des Sandsteins oft skurrile Felsen herausgebildet. Und dort liegen auch eine Reihe interessanter Burgen. In den Tälern gibt es reizvolle Dörfer.

Das hübsche, von der Lauter durchflossene Städtchen Weißenburg oder Wissembourg ist der Ausgangspunkt der Route. Auf der D3 geht es nach Climbach, wo man nach rechts Richtung Col de Litschhof fährt. Dann erhebt sich über dem Sauertal das Château de Fleckenstein (Burg Fleckenstein), wo auf Anfrage Führungen angeboten werden. Die mächtigen Mauern aus dem 12. Jahrhundert beeindrucken noch heute. Die Räume, darunter der große Rittersaal, die Salle des Chevaliers, mit einem mächtigen Mittelpfeiler wurden in den Fels gehauen.

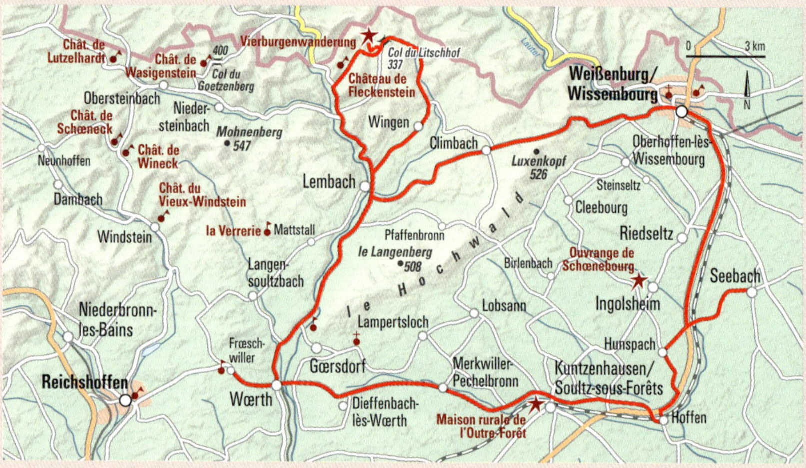

Vier auf einen Streich

Vom Parkplatz an der Burg Fleckenstein aus kann man sich nun auf den Circuit des 4 châteaux, die Vierburgenwanderung, begeben, der etwa zwei Stunden dauert. Man folgt den roten Rechtecken, nimmt rechts den Sentier des Rochers (Felsenpfad) zur Fontaine de la Jeune Fille (Jungfernquelle) und erreicht zunächst die Wegelnburg, die im Mittelalter Räuberbanden als Versteck diente. Der Blick reicht weit über die Pfalz. Zurück an der Quelle geht es geradeaus in Richtung Hohenburg, ein Lehensgut der Fleckensteiner, das 1680 zerstört wurde; lediglich eine mächtige Bastion und der Palas sind vom unteren Teil erhalten. Weiter Richtung Süden wird Burg Lœwenstein erreicht, auch sie war im Mittelalter eine Raubritterburg. Der Weg (mit rotem Rechteck gekennzeichnet) führt am Krappenfels aus rotem Sandstein vorbei zum Gimbelhof. Von hier sieht die Burg Fleckenstein besonders eindrucksvoll aus. Rechts zweigt ein Weg ab (rot-weiß-rotes Rechteck), der zurück zum Parkplatz führt.

Ein Halt bietet sich in Lembach an, wo man sich nach der Wanderung eine Stärkung gönnen könnte. In

Die gotische Kirche St.-Pierre-et-Paul überragt die Altstadt von Wissembourg.

Weit kann der Blick von einem Aussichtspunkt am Panoramaweg Lembach schweifen.

dem reizvollen Städtchen sind viele alte Bauten, darunter Bürgerhäuser, Waschhäuser und Gasthöfe, gut erhalten.

Der Weg führt nun weiter in ein Dorf, das charakteristisch für die elsässische Bauweise ist. Überall in Frœschwiller stehen Fachwerkbauten. Das Schloss des Dorfes wurde als Monument historique (historisches Monument) eingestuft und wird von einer Familie bewohnt, die es am Tag des Offenen Denkmals für Besucher öffnet.

Nun geht es auf der D28 nach Osten bis Merkwiller-Pechelbronn, dessen Heilquellen sich in der Rheumatherapie bewähren. Der nächste Halt ist Kutzenhausen mit der Maison rurale de l'Outre-Forêt. Mit lebensgroßen Wachsfiguren wird in dem Bauernhaus der Alltag der Nordelsässer anschaulich gezeigt.

Das kleine Hoffen ist ein Dorf wie aus dem Bilderbuch, adrett hergerichtet mit blumengeschmückten Häusern in Fachwerkbauweise, so weit das Auge reicht. Dem steht Hunspach, der nächste Ort auf der Rundfahrt, die nun wieder nach Norden führt, in nichts nach. Die weißen Fachwerkhäuser haben teilweise noch historische Butzenscheiben. Ein überwiegend harmonisches Ortsbild zeigt auch Seebach, ebenso hübsch zurechtgemacht und mit vielen Fachwerkbauten typisch fürs Elsass. Von dort aus führt die Route zurück nach Wissembourg, unserem Startpunkt.

Wie von Riesenhand aufgetürmt scheinen die Felsen auf dem Weg zur Burgruine Löwenstein.

TOP ★ ERLEBNISSE

★ SPIELERISCH DIE NATUR ERKUNDEN AM P'TIT FLECK
Rätselparcours für Kids von vier bis zwölf Jahren auf Burg Fleckenstein (www.fleckenstein.fr).

★ PANORAMAWEG LEMBACH
Wer nach der Vierburgenwanderung noch einen Rundweg anschließen möchte, kann dies in Lembach tun, wo am Rathaus der Circuit panoramique beginnt (Dauer: 1 Std.). Man gelangt zu einigen Aussichtspunkten, von denen aus der Blick weit ins Umland geht. Schautafeln erklären verschiedene Themen rund um die Landschaft, darunter Relief, Flora, Geologie und Besiedlung.

★ GESCHICHTE ZUM ANFASSEN
Einen Kilometer vom Panoramaweg entfernt befindet sich linker Hand der Zugang zu einem Fort der Maginotlinie, dem Four à Chaux de Lembach (Kalkofen), durch das Führungen angeboten werden. Originalausrüstung und Räume sind gut erhalten. Auf der Zahnrampe wurden die Munitionsloren vom unten gelegenen Eingang zu den übrigen Gebäudeteilen hinaufbefördert (www.lembach.fr).

★ NOCH MEHR GESCHICHTE
Das Elsass ist eine geschichtsträchtige Landschaft, und so kann man in den Innenräumen des Schlosses von Wœrth das Musée de la Bataille du 6 août 1870 (Museum zur Schlacht vom 6. August 1870) besichtigen. Neben Uniformen, Waffen und Ausrüstungsgegenständen werden auch Gemälde gezeigt, auf denen die an der Schlacht beteiligten Armeen dargestellt sind. Das Diorama ist mit nicht weniger als 4000 Zinnsoldaten besetzt.

Die historische Innenstadt von Colmar mit zahlreichen Bürgerhäusern und gemütlichen Restaurants und Cafés ist ein Juwel (oben). Der Isenheimer Altar ist der Publikumsmagnet Nummer eins in Colmar (rechte Seite unten). Mit Blick aufs Wasser der Lauch kulinarische Köstlichkeiten genießen in La Petite Venise (rechte Seite oben).

67 NICHT NUR PILGERSTÄTTE ZUM KREUZ – COLMAR

Das Unterlinden Museum und sein berühmter Altar

Wer nach Colmar kommt, steuert als Erstes das Musée Unterlinden an. Mit jährlich 200 000 verkauften Eintrittskarten belegt das Haus den zweiten Platz im Ranking der meistbesuchten französischen Kunstmuseen außerhalb von Paris. Besucher aus aller Welt strömen vor allem aus einem Grund hierher: Sie möchten den meisterhaften Isenheimer Altar bewundern.

Die um 1300 gegründete Präzeptorei von Isenheim unterstand dem Hospitaliterorden des heiligen Antonius, der Ende des 11. Jahrhunderts in einem Dorf in der Dauphiné gegründet wurde. Die Antoniter pflegten Menschen, die am sogenannten Antoniusfeuer litten. Im Mittelalter war diese Krankheit, die auch »Heiliges Feuer« genannt wird, eine regelrechte Plage. Sie wird durch »Mutterkorn«, einen Getreidepilz, verursacht: Der Verzehr von Mehl, das Mutterkorn enthält, führt zu einer Verengung der Blutgefäße. Die Antoniter pflegten die Kranken mit nahrhaftem Brot und *saint-vinage*. In diesen Heiltrank, der auf der Basis von Wein und Kräutern zubereitet wurde, tauchte man die Reliquien des heiligen Antonius. Nach und nach häufte das Antoniterkloster von Isenheim einen solchen Reichtum an, dass es zahlreiche Kunstwerke in Auftrag geben und finanzieren konnte.

Der Bildschnitzer Niklaus von Hagenau und der Maler Matthias Grünewald schufen den berühmten Isenheimer Altar zwischen 1512 und 1516. Das Polyptychon für den Hochalter der Klosterkirche wurde von Guy Guers in Auftrag gegeben, der dem Isenheimer Haus von 1490 bis 1516 als Präzeptor vorstand. Bis zur Französischen Revolution stand der Altar an der Klosterkirche von Isenheim. Um ihn vor der Zerstörung zu bewahren, wurde er 1792 nach Colmar in die Bibliothèque Nationale du District gebracht. 1852 verlegte man ihn in die Kirche des ehemaligen Domi-

nikanerinnenklosters Unterlinden. Er war das berühmteste Werk des Museums, das dort gerade eingerichtet wurde.
Neben dem Isenheimer Altar, dessen Skulpturen sowie die Malereien während der Corona-Pandemie aufwendig restauriert wurden, besitzt das Museum eine außergewöhnliche Sammlung von Gemälden und Skulpturen aus dem späten Mittelalter und der Renaissance. Die Sammlung für moderne Kunst präsentiert Werke von bedeutenden Künstlern wie Claude Monet, Pierre Bonnard und Robert Delaunay. Eine unterirdische Galerie mit drei Ausstellungsräumen verbindet den Gründungsbau des Museums mit dem 1906 eingeweihten alten Stadtbad und führt zum Ackerhof, dem alten Bauernhof des Klosters.

Die Stadt im Spiegel der Elemente

Doch zurück auf die Straßen der Stadt, die 823 erstmals als Columbarium, »Taubenhaus«, erwähnt wurde. In der historischen Altstadt findet man zahlreiche Bürgerhäuser des 16. und 17. Jahrhunderts. Aus dem »Goldenen Zeitalter« der Händler stammt die Maison des Têtes von 1609, die ihren Namen den 111 grotesken Köpfen und Masken an ihrer Fassade verdankt. Aber auch der französische Klassizismus ist hier mit schönen Gebäuden vertreten. Herausragend sind hier das Palais du Conseil Souverain, dessen klassizistische Fassade auf das Jahr 1771 zurückgeht, oder das 1744 erbaute Ancien Hôpital mit seinen sachlichen und ausgewogenen Proportionen.
Das Koïfhus ist ein ehemaliges Zollgebäude. Es wurde 1370 zum ersten Mal in Aufzeichnungen erwähnt, aber erst 1480 fertiggestellt. Colmars ältestes öffentliches Gebäude spielte einst eine zentrale Rolle im Wirtschaftsleben der Stadt und diente als Lager und Transitstelle für alle Waren, die nach Colmar eingeführt wurden.
Am Wochenende lassen 900 computergesteuerte Lichtquellen die Stadt in der Dunkelheit erstrahlen. Die Illuminationen symbolisieren die vier Elemente Wasser, Luft, Feuer, Erde. Im Laufe des Abends verändert sich die Kulisse der Altstadt immer wieder. Das Blau, das für Luft und Himmel steht, legt sich auf die Dächer; das Grün des Wassers, das am Flussufer stark hervortritt, betont die Reflexe von Gebäuden und Bäumen im Wasser; das Weiß, Farbe des Feuers und des Glaubens, lässt die Glockentürme erstrahlen. Die Farbe Goldbraun stellt die Erde des Elsass dar.

TOP ★ ERLEBNISSE

★ ROUTE DES CRÊTES

Nicht nur bei Motorradfahrern steht die nahezu 80 Kilometer lange Route des Crêtes zwischen Elsass und Lothringen hoch im Kurs. Ihren Anfang nimmt die Route bei Kaysersberg und führt bis nach Cernay. Stetig windet sich die Straße nach oben, über den Col du Bonhomme zum Pass Col de la Schlucht, eine der schönsten und steilsten Straßen der Vogesen. Im Hohneck ist man schon auf 1362 Meter, ehe man den Grand Ballon erreicht. Der Vogesen-Gipfel, 1424 Meter hoch, ist ein beliebtes Wintersportgebiet. Über 400 Meter tiefer liegt der Lac du Ballon. Die vielen hoch gelegenen Stellen, die Crêtes, gewähren bei schönem Wetter wundervolle Ausblicke. Darum ist diese Route gerade im Herbst sehr beliebt, wenn die bunt gefärbten Bäume die Straße und die Berghänge säumen.

WEITERE INFORMATIONEN
www.ot-colmar.fr,
www.musee-unterlinden.com

★ DIE WASSERWEGE VON COLMAR

Petite Venise, Klein-Venedig, wird Colmar auch genannt. Eine Bootsfahrt auf der Lauch ermöglicht es, die Stadt vom Wasser aus zu erkunden. Es gibt Fahrten auf den Flachkähnen, mit denen die Gemüsehändler einst ihre Waren transportierten.

WEITERE INFORMATIONEN
Association des bateliers de la Lauch, bateliersdelalauch.e-monsite.com

68 CHRISTLICHE MITTELPUNKTE – ABBAYE DE FONTENAY UND VÉZELAY

Hier Abgeschiedenheit – dort Wallfahrtsort

Die Abtei von Fontenay zählt zu den ältesten Zisterzienserklöstern Frankreichs. 1118 wurde sie von Bernard de Clairvaux gegründet, der die Mönche zu Armut und Meditation anhielt. Vézelay war hingegen im Mittelalter ein bedeutender Ort des Christentums: An diesem wichtigen Treffpunkt der Pilger auf dem Weg nach Santiago de Compostela begann der Zweite Kreuzzug.

Die Abtei von Fontenay liegt abgeschieden und versteckt auf halbem Weg zwischen Auxerre und Dijon tief im Wald in der Nähe von Montbard. Die Einsamkeit ist Programm, schließlich hat der Gründer Bernard de Clairvaux die Zisterziensermönche zu Frömmigkeit aufgerufen und dazu, allem Weltlichen zu entsagen. Dieses Bild der Armut als Gegenentwurf zum Prunk wird dem Besucher deutlich, wenn er vom Dorf Touillon aus zur Abtei wandert. Dennoch: Die Abtei als Einsiedelei zu bezeichnen, ist heute wohl nicht mehr ganz zutreffend. Denn das ganze Jahr über nehmen viele Besucher den Weg nach Fontenay auf sich, um die weitläufige Anlage zu erkunden.

Die Zisterzienser wurden unter Bernard de Clairvaux zu einem der größten Orden ihrer Zeit. Die Klosteranlage von Fontenay gedieh über all die Jahrhunderte, auch mit Unterstützung des Adels, blieb sogar von der Französischen Revolution verschont. Alle Gebäude aus der Romanik konnten erhalten werden, so die Abteikirche, das Dormitorium, der Kapitelsaal, das Scriptorium und die Wärmestube.

Die zwei Hektar große Parkanlage des Klosters wurde 2004 durch das Kulturministerium als »bemerkenswerter Garten« anerkannt. Bereits 1981 wurde das Zisterzienserkloster als eines der ersten Denkmäler Frankreichs von

Weithin sichtbar ist der Wallfahrtsort Vézelay, frühes Zentrum des Christentums (unten). Durch Schlichtheit beeindruckt das Innere der ältesten erhaltenen Zisterzienserkirche im Kloster Fontenay (rechte Seite oben). Jahrhundertelang Hospital, ist das Hôtel-Dieu in Beaune heute Museum (rechte Seite unten).

der UNESCO als Welterbe benannt. Seit 1820 ist Kloster Fontenay Privateigentum, war auch einmal eine Papierfabrik und wurde schließlich originalgetreu restauriert.
Heute ermöglichen der romanische Kreuzgang, die strenge Schönheit der Kirche und der karge Schlafsaal der Mönche einen Blick in eine Epoche, als die Zisterzienser nach dem Vorbild von Bernard de Clairvaux über 700 Abteien errichteten, um den christlichen Glauben zu den Wurzeln zurückzuführen.
In der Sommersaison ist das Kloster Fontenay zwei Nächte lang von 21 Uhr bis Mitternacht geöffnet. Während dieser zwei Nächte können die Besucher das Kloster und seine Gärten im Kerzenlicht bewundern und dabei einem außergewöhnlichen Konzert gregorianischer Gesänge lauschen. Zudem werden Degustationen burgundischer und klösterlicher Speisen angeboten.

Weithin sichtbar: Vézelay

Von Fontenay erreicht man Vézelay auf der Autoroute du Soleil Richtung Auxerre und dann nach Avallon und Pontaubert. Der Ort war im Mittelalter ein bedeutendes Zentrum des Christentums. 1146 rief hier Bernard de Clairvaux als Gesandter des Papstes zum Zweiten Kreuzzug auf, hier trafen sich der englische König Richard Löwenherz und Frankreichs König Philipp II. zum Dritten Kreuzzug nach Jerusalem. Bereits seit vielen Jahrhunderten folgen die Pilger der schmalen Straße, die vom Ort zur Abtei hinaufführt.
Die einstige Klosterkirche Sainte-Madeleine kann man schon von Weitem an ihren goldgelb schimmernden Mauern erkennen. Im 12. Jahrhundert wurde die Basilika als Aufbewahrungsort der Reliquien der Heiligen Maria Magdalena verehrt. Dank der Reliquien wurde die Abtei zum Wallfahrtsort und zu einer nördlichen Etappe des Jakobswegs. Doch die Echtheit der Gebeine wurde infrage gestellt, außerdem tauchten Reliquien der Heiligen auch in Saint-Maximin-la-Ste-Baume in der Provence auf. 1537 wurde die Abtei aufgelöst.
Während der Französischen Revolution wurden an der Kirche lediglich die Skulpturen der Westfassade zerstört. Viollet-le-Duc restaurierte die stark einsturzgefährdete Fassade ab 1840 nach alten Plänen. So blieb Vézelay ein Kunstwerk von hohem Rang und wurde deshalb 1979 zum UNESCO-Weltkulturerbe ernannt. Vor allem der Figurenschmuck des Hauptportals im Vorraum und der Kapitelle des Schiffs ziehen als Glanzstücke der burgundischen Romantik mit ihren Darstellungen von biblischen Geschichten, Legenden und Gleichnissen den Betrachter in ihren Bann.

TOP ★ ERLEBNISSE

★ DIE WANDMALEREIEN IN DEN GROTTES D'ARCY-SUR-CURE

Südlich von Vézelay lohnt sich ab Pierre-Perthuis die Fahrt zurück nach Auxerre durch das gut 100 Kilometer lange Cure-Tal – Burgund zeigt sich hier von seiner schönsten Seite. Die Kalksteinwände des Tals durchziehen ganze Höhlensysteme, die man etwa in den großen Grottes d'Arcy-sur-Cure besichtigen kann. Warme Kleidung einpacken, in den Höhlen liegt die Temperatur bei nur etwa 12 °C. Der Anblick einer der größten und schönsten prähistorischen Höhlen von Frankreich entschädigt jedoch für jedes Frösteln. Bekannt ist die Höhle durch ihre riesigen Säle, die auf 1252 Metern Länge Wandmalereien zieren.

WEITERE INFORMATIONEN
www.grottes-arcy.net
www.abbaydefontenay.com
www.vezelaytourisme.com

★ MITTELALTER-FLAIR IN VOLLENDUNG

Im Herzen der berühmten Lagen Burgunds liegt der hübsche Weinort Beaune. Seine Stadtmauer ist beinah gänzlich erhalten, im Juli findet jedes Jahr ein Barockmusik-Festival statt. Das architektonische Highlight ist das Hôtel-Dieu mit seinen aufwendig gestalteten Dächern, die aus bunt glasierten Ziegeln geometrische Muster zeigen.

WEITERE INFORMATIONEN
www.beaune-tourismus.com/entdeckungen/die-beauner-hospizien

Die Türme der gotischen Kathedrale und die Kuppel der barocken Kirche Saint-Anne ragen über die Häuser von Dijon hinaus. Saint-Anne beherbergt heute ein Museum religiöser Kunst.

69 GEBURTSORT EINES ARCHITEKTURKÜNSTLERS – DIJON

Gustave Eiffel und die zauberhafte Perle im Burgund

Wer Dijon nur mit Senf, Crème de cassis oder Lebkuchen in Verbindung bringt, tut der Universitätsstadt Unrecht. Anziehungspunkt Nummer eins in der Geburtsstadt Gustave Eiffels ist das seit dem Brand von 1137 nahezu unberührte historische Zentrum.

Einen Zeitsprung unternimmt der Besucher, wenn er in Dijon auf der Place de la Libération steht, die von einem halbrunden Ensemble im Stil des Klassizismus gesäumt wird. Diese Gebäudereihe mit Arkaden gegenüber dem Herzogspalast beherbergt viele Geschäfte und Restaurants.

Der herzogliche Palast wurde im 12. Jahrhundert errichtet und beherbergt heute das Rathaus. Wer die Mühe auf sich nimmt, die 316 Stufen im Turm Philippe-le-Bon aus dem 15. Jahrhundert hinaufzusteigen, wird oben mit einem grandiosen Ausblick belohnt.

Über den Ehrenhof geht es zum Eingang des riesigen Gebäudekomplexes, in dem sich unter anderem das Musée des Beaux-Arts befindet. Es gilt als Frankreichs bedeutendstes Kunstmuseum nach dem Louvre. Besondere Glanzstücke sind die Grabmäler der Burgunderherzöge.

Durch die Globalisierung kann man Dijon-Senf zwar überall kaufen – Marktführer ist die Firma Amora Maille –, aber um mehr über die Geschichte der würzigen Paste zu erfahren, lohnt ein Besuch in der Rue de la Liberté. Dort lässt die Firma Maille die Herzen der Senfliebhaber höher schlagen. Wer von Pfefferkuchen, Lebkuchen und Honigbrot nicht genug bekommen kann, der sollte an der Place Bossuet das Geschäft von Molut et Petitjean aufsuchen.

INFO: de.destinationdijon.com

70 IM WAPPEN HERZEN UND KAMMMUSCHELN – BOURGES

»Dem Tüchtigen ist nichts unmöglich.«

Eine der schönsten Städte Galliens, so nannte Caesar einst Bourges. Was ihn aber nicht daran hinderte, ihre 40 000 Einwohner nach der Erstürmung zu massakrieren. Von der gallo-römischen Siedlung haben nur die Mauern überlebt.

Bourges ist untrennbar mit dem Namen von Jacques Cœur verbunden, der sein Palais zwischen 1443 und 1453 auf den Resten der römischen Stadtmauern errichten ließ. Der imposante Wohn- und Kontorkomplex um den Arkadenhof stellt ein sehr eindrucksvolles Beispiel eines großbürgerlichen gotischen Stadtschlosses dar. Immer wieder stößt der Besucher auf das Cœur'sche Wappen: Kammmuscheln und Herzen, getreu dem Motto *A vaillan coeur, rien impossible* – »Dem Tüchtigen ist nichts unmöglich«.
Das mag man sich beim Anblick der Kathedrale Saint-Étienne denken und sich dabei an ihre Geschichte erinnern. Die Kirche entstand in zwei Etappen zwischen 1195 und 1324. Der rechte Turm blieb unvollendet, der linke wurde mit einer Buttersteuer während der Fastenzeit finanziert. Und es lag durchaus in der Absicht der Baumeister, die fünf nebeneinanderliegenden Portale nicht gleich zu gestalten. Für den Kirchenbesuch sollte man ein Fernglas mitnehmen, denn die Buntglasfenster im Chor bestechen durch ihre Malereien. Gespendet wurden sie von den Zünften.
Bei Einbruch der Dunkelheit führen blaue Laternen durch die Stadt, durch deren Licht architektonisches Details etwa an der Kathedrale wie Skulpturen oder elegante Portale unterstrichen werden.
INFO: www.bourgesberrytourisme.com

Glasmalereien im Kapellenkranz des Chors in der Kathedrale Saint-Étienne.

AUF DEN SPUREN VON MITTELALTER UND RENAISSANCE

Höfisches Leben und ritterliche Architektur

Machthungrige Herrscher gab es schon immer, bis heute erzählen Burgen und Wehrtürme, Jagdschlösser und herrschaftliche Anlagen uns von oft kriegerischen früheren Zeiten, aber auch von der Kunst und der Lebensart am Hofe. Damals oft zu Recht vehement von der hungernden Bevölkerung abgelehnt, sind diese Bauten heute großartige und anschauliche Zeugen vergangener gesellschaftlicher und architektonischer Epochen.
In der Champagne erhebt sich das Château fort de Sedan aus dem 15. Jahrhundert. Der Felssporn, den die Festung krönt, wird von Bièvre und Vra umflossen. Sie ist eines der ältesten Beispiele für Festungsarchitektur in Frankreich und konnte 4000 Soldaten aufnehmen. Die Burg lag 500 Jahre lang in strategisch wichtiger Position zwischen dem Deutschen Reich und Frankreich und wurde immer wieder verstärkt, ohne dass zuvor einer der existierenden Bauten abgerissen wurde.

Viele Türme zieren den Herzogspalast von Nevers.

Auf einer Insel in der Grosne wurde das Schloss Cormatin errichtet.

Unweit der deutschen und luxemburgischen Grenze erhebt sich das Château de Malbrouck (15. Jahrhundert) auf einem bewaldeten Hügel bei Meinsberg. 1705, als die Spanischen Erbfolgekriege tobten, richtete der Herzog von Marlborough hier sein Hauptquartier ein. Zur Begegnung mit den Truppen von Marschall Villars kam es nicht und Marlborough gab die Festung auf, taufte sie jedoch vorher noch auf seinen Namen.
Ein Must-see in Nancy ist der Herzogspalast, das Palais Ducal, dessen Fassade schlicht, aber dessen Portal kunstvoll mit Elementen aus der Spätgotik und der Renaissance verziert ist. Die Sammlungen dokumentieren sehr anschaulich die Geschichte, Kunst und das Brauchtum Lothringens, die

Hirschgalerie (Galerie des Cerfs) zeigt auf Wandteppichen und Gemälden Verflechtungen des Herzogshauses Lothringen mit anderen Herrscherhäusern.

Schon der Zugang zu Schloss Tanlay ist ausgesprochen prächtig.

Eine Burg wie aus dem Bilderbuch

Zwischen Colmar und Straßburg wurde von den Staufern das Idealbild einer mittelalterlichen Burg auf einem Bergrücken oberhalb der Rheinebene errichtet. Das Château du Haut-Kœnigsbourg war gut als Beobachtungsposten geeignet, von dem aus die Handelswege durch das Elsass und nach Lothringen überwacht werden konnten.

Etwa eineinhalb Stunden nordwestlich von Dijon befindet sich einer der schönsten Renaissancebauten von Burgund: das Château d'Ancy-le-Franc. Das nüchterne, strenge Äußere täuscht: Sein Innenhof ist kunstvoll gestaltet und die Wohnräume sind mit herrlichen Gemälden geschmückt. Errichtet wurde es 1546 für Antoine III de Clermont, den Schwager von Diana von Poitiers. Auf dem Schlossgelände finden im Frühjahr und im Sommer stimmungsvolle Antiquitäten- und Trödelmärkte statt.

Unweit von Auxerre versetzt einen das prächtige Château de Tanlay direkt zurück in die Zeit seiner Erbauung, die Renaissance. Es ist eines der wenigen Zeugnisse der burgundischen Renaissance und mit seinen ungewöhnlichen Obelisken, den Arkaden und dem eleganten Ehrenhof ein würdiges Beispiel des Stils Ludwigs XIII.

Das Château du Haut-Koenigsburg wurde zu Beginn des 20. Jahrhunderts stark renoviert.

Vaubans Erbe

Das Château de Bazoches im Département Nièvre nicht weit von Vézelay wurde iim 17. Jahrhundert von keinem Geringeren als Marschall Vauban, dem berühmten Festungsbaumeister Ludwigs XIV., bewohnt. Er schätzte das Schloss sehr, von ihm hinterlassene Andenken geben interessante Einblicke in seine Persönlichkeit, Familie, sein Leben und seine Arbeit. Bis heute leben seine Nachfahren hier.

Das aus der Renaissance stammende Château de Cormatin ist ein typischer Bau aus der Epoche Heinrichs IV. Vom ursprünglichen wehrhaften Charakter des Baus zeugen die breiten Wassergräben, die mit Wachtürmen und Schießscharten versehenen Eckpavillons sowie Überreste der Ringmauer, die Ende des 17. Jahrhunderts zerstört wurde.

Im Nordosten wurde das Château de Fléchères von Jean de Séve, einem überzeugten Calvinisten, ab 1608 um eine Kirche herum erbaut. Auch die Ausrichtung nach Osten und die Dekoration manifestieren die religiöse Orientierung. Zudem findet man Elemente der italienischen Baukunst, die Sevas Abstammung aus der alten italienischen Adelsfamilie Seva bekunden sollten.

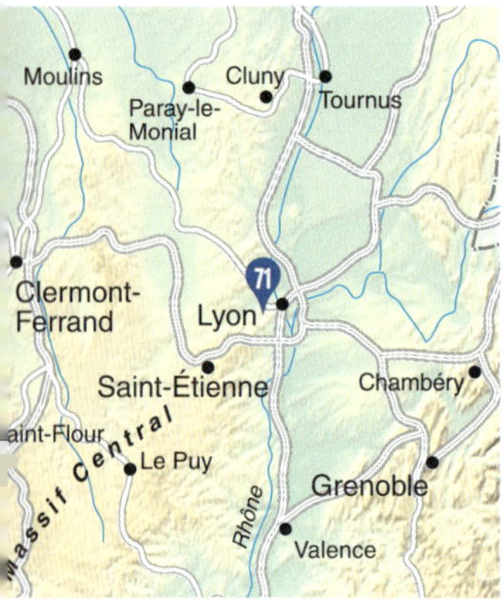

71 HISTORIE AUF HAUSWÄNDEN VEREWIGT – LYON

Die gemalte Stadtgeschichte und ein bekannter Koch

Lyon ist und bleibt die Pionierstadt der kunstvollen Wandbilder – rund 250 bemalte Hauswände gibt es hier zu sehen und zu entdecken. Die seit über 20 Jahren in der Vereinigung Cité de la Création aktiven Künstler zeigen die Geschichte und die Kultur der Stadt in einer riesengroßen Open-Air-Kunstgalerie.

Die Mauer der Seidenweber an der Ecke des Boulevard des Canuts und der Rue Denfert-Rochereau ist eine Dokumentation über das Leben der Seidenweber und vermittelt einen Eindruck von der Atmosphäre des Quartiers. Hier, im Stadtviertel Croix-Rousse, webten zeitweise bis zu 30 000 Arbeiter auf den 1805 von Monsieur Jacquard erfundenen Maschinen. Hier schlägt das Herz von Lyon und hier steht auch das Musée des Beaux-Arts.

Lyons Altstadt Vieux Lyon bildet einen der schönsten Renaissance-Komplexe in ganz Europa. Zusammen mit den Stadtteilen La Croix-Rousse und Presqu'île gehört sie zum Welterbe der UNESCO. Wer durch die engen Gassen schlendert und die liebevoll restaurierten Häuser aus dem 15 bis 17. Jahrhundert bewundert, atmet 200 Jahre Geschichte. Typisch für das alte Lyon sind die *traboules* – durch die überdachten Passagen konnte man Tuchballen bei jedem Wetter trocken befördern.

Hunger? – Kein Problem! Lyon ist voller Speiselokale, von kleinen Bistros bis zu erlesenen Gourmettempeln. Das wohl bekannteste Kind Lyons, das den Kochlöffel schwang, war Paul Bocuse. Wer den 2018 verstorbenen Meister in seinen Lokalen nicht persönlich antraf, sieht ihn nach wie vor an einer Hauswand Ecke Quai Saint-Vincent und Rue de la Martinière. Dort befindet er sich in illustrer Gesellschaft. Zu sehen sind hier unter anderem auch André-Marie Ampère, der Guignol, der kleine Prinz und Antoine de St-Exupéry.

INFO: de.lyon-france.com

Wandmalerei an der Rue des Augustins (unten). 1992 setzte Jean Nouvel eine Kuppel aus Glas und Stahl auf die Oper von 1831 (rechte Seite oben). Das Gebäude von Euronews im neuen Viertel La Confluence (rechte Seite unten).

euronews

Die Fußgängerbrücke Saint-Laurent verbindet die Altstadt von Grenoble mit dem Viertel Saint-Laurent (oben). Die Seilbahn verbindet seit 1934 Stadt und Fort de la Bastille, seit 1976 schweben die Bulles (Kugeln) hinauf. (rechte Seite unten). Im Naturpark Vercors stehen bizarre Kalkfelsen (rechte Seite oben).

72 DIE STADT IN LUFTIGER HÖHE ERKUNDEN – GRENOBLE

Als die Stadtseilbahn in den Skiort kam

Wer in den ehemaligen Olympiaort Grenoble kommt, sollte als Erstes hoch hinaus – eigentlich kein Wunder, befindet man sich doch in einer der malerischsten Bergregionen Europas. Doch es lohnt sich einfach, die Stadt von oben zu betrachten und mit einem Marsch zurück ins Tal zu erkunden. Auf geht's mit der Kabinenbahn zum Fort de la Bastille, das 250 Meter über dem Tal thront.

Am Flussufer der Isère liegt die Talstation am Quai S. Jay zwischen den Brücken Pont Gontard und Pont Saint-Laurent. Sie wurde erst in den letzten Jahren wieder erneuert. Lautlos gleiten die »Luftblasen«, die Bulles, wie die Kabinen der Seilbahn genannt werden, heran. Zu sechst teilt man sich eine gläserne Kabine, in deren Mitte man sitzen kann. Doch wer möchte das schon? Die Aussicht sowohl am Tag als auch in der Nacht ist überwältigend. Von einer Terrasse zur nächsten erstreckt sich der Horizont über den Gebirgszügen von Chartreuse, Vercors und Belledonne bis zum Montblanc. Das grandiose Panorama gibt Aufschluss über die Geografie, Geschichte und Entwicklung der Stadt Grenoble sowie die Olympischen Spiele von 1968.
Die Fahrt über die Isère und die Dächer des Stadtzentrums verläuft gleichmäßig und ohne Hast. Auch in der Kabine ist es ruhig – die Besucher machen sich flüsternd auf besondere Ausblicke aufmerksam, und das Klicken der Fotoapparate und der Handys ist gleichbleibende Untermalung.

Die erste Stadtseilbahn in einer Stadt

Im Fort de la Bastille angekommen, atmet man jahrhundertealte Geschichte. Mithilfe von Brücken und Aufzügen kann man die ganze Anlage erkunden. Die Zitadelle in der jetzigen Form wurde zwischen 1823 und

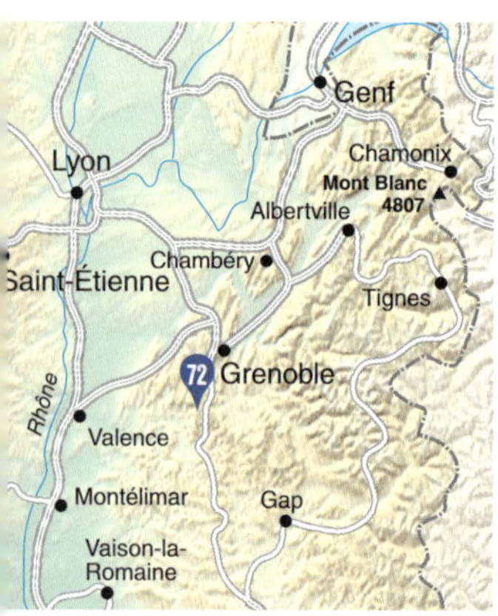

1848 erbaut. Doch bis ins 16. Jahrhundert hinein lassen sich die Türmchen und die aus solidem Kalkstein errichtete Anlage zurückverfolgen.
1934 wurde in Grenoble die erste innerstädtische Stadtseilbahn Frankreichs eingeweiht. Seit 1976 überwinden die charakteristischen Plexiglaskugeln, die »Bulles«, in etwa fünf Minuten einen Höhenunterschied von 262 Metern. Mit einem Spaziergang hinunter in die Stadt beginnt dann die eigentliche Erkundung von Grenoble. Sie haben die Wahl zwischen dem schönen Parc Guy Pape in westlicher Richtung oder der sehenswerten Kirche Saint-Laurent im Osten. Sie steht auf einer merowingischen Krypta aus dem 6./7. Jahrhundert.

Kunst und Sport

Das Zentrum von Grenoble liegt am linken Ufer der Isère in der Fußgängerzone um die Place Grenette. Achten Sie beim Bummel durch die Straßen nahe der Place Saint-André auf die ältesten Gebäude der Stadt: die Collégiale Saint-André aus dem 13. Jahrhundert und der Ancien Palais du Parlement du Dauphiné aus dem 16. Jahrhundert.
Die Kathedrale Notre-Dame aus dem 12. bis 15. Jahrhundert besitzt einen 14 Meter hohen Tabernakel, dem man alle seine Statuen geraubt hat.

Das moderne Musée de Grenoble an der Place de Lavalette gehört zu den bedeutendsten in Frankreich. Es besitzt eine großartige Sammlung moderner Kunst mit Werken von Chagall, Picasso und Matisse sowie Sammlungen alter Meister und von Künstlern des 19. Jahrhunderts von Courbet bis Monet.
Grenoble ist aber auch die Stadt Stendhals – der berühmte Schriftsteller kam hier zur Welt und ging hier auch zur Schule. Das Musée Stendhal ist im ehemaligen Schloss des Herzogs von Lesdiguières untergebracht.
Und: Grenoble ist natürlich auch ein Skiort. Die hohe Schneesicherheit in den Skigebieten des Pic Blanc und l'Entendard und die riesigen Angebote für Nicht-Skifahrer machen einen Winterurlaub unvergesslich. Östlich der Stadt liegt auf den Gipfeln der Belledonne-Kette acht Monate im Jahr Schnee. In 20 Minuten erreichen die Grenobler ihren Lieblingsskiort Chamrousse (1750 m). Vom Gipfel des Skigebiets blickt man auf das Oisans-Massiv, den Grand Pic de la Meije (3983 Meter) und den berühmten Skiort Alpe-d'Huez, 1968 Austragungsort der Olympischen Winterspiele in Grenoble. Durch Alpe d'Huez führt auch jedes Jahr die Tour de France. Im Westen von Grenoble erhebt sich das imposante Massiv des Vercors mit 400 Meter hohen Felswänden.

TOP ★ ERLEBNISSE

★ WASSERFÄLLE, HÖHLEN UND SCHLUCHTEN

Südlich und westlich von Grenoble liegt der Regionalpark Vercors auf einer mittleren Höhe von 1200 Metern. Das Gebiet durchziehen Bergkämme und Täler, die in Nord-Süd-Richtung verlaufen. Die Landschaft zeigt sich hier von ihrer wilden Seite. Die aufregende Route de Combe Laval windet sich an jäh abfallenden Felsen entlang über einem Abgrund, in dem tief unten ein Fluss rauscht. Die schönsten zugänglichen Tropfsteinhöhlen des Vercors sind die Grottes de Choranche. Ohne Ausrüstung begehbar sind unter anderem die Höhlen Glacière und Draye blanche sowie Luire. Sie wurden 1944 von der Résistance als Spital genutzt. Welch wichtige Rolle der Vercors als Stützpunkt für den französischen Widerstand spielte, erfährt man im Museum in Vassieux.

WEITERE INFORMATIONEN
www.parc-du-vercors.fr

★ KLEINE GIPFELBESTEIGUNG

Nördlich von Grenoble im Massif de la Chartreuse lohnt es sich, den Charmant Som (1867 Meter) zu besteigen und das herrliche Gipfelpanorama zu bewundern. Man parkt bei Les Bergeries und begibt sich dann auf die hin und zurück einstündige Tour. Vom Rand des Steilhangs sieht man auch die Klosteranlage La Grande Chartreuse.

WEITERE INFORMATIONEN
www.chartreuse-tourisme.com

73 EIN TRAUM IN WEIß – CHAMONIX

Ein Traumziel der Alpinsportler

Da leuchten die Augen, schlagen die Herzen höher: Chamonix ... – der Name zergeht auf der Zunge, fühlt sich an wie butterweicher Pulverschnee, durch den man elegant in die Tiefe spurt. Nicht allein die Skifahrer, auch Bergwanderer, Mountainbiker, ganz normale Urlauber sind fasziniert von dem französischen Ort am Fuße des Montblanc. Chamonix ist ein Hotspot des Alpinsports, wie es neudeutsch so schön heißt.

Wanderer im Montblanc-Massiv werden mit einer grandiosen Aussicht belohnt (unten). Im Eistunnel unter der Mer de Glace drängeln sich die Besucher (rechte Seite oben). Ein Traum in Weiß – Berglandschaft am Montblanc (rechte Seite unten).

Spätestens seit den Olympischen Winterspielen 1924 ist das Tal von Chamonix mit seiner Geländevielfalt und den legendären Tiefschneehängen ein Traumziel ganz besonders für Freeride-Fans. Sie wissen nicht, was das ist? Freerider sind – auf dem Snowboard oder auf Skiern – abseits der markierten Pisten unterwegs. Unberührte Tiefschneegebiete sind ihr Ziel. Und die finden sie im riesigen Montblanc-Gebiet um Chamonix in Hülle und Fülle.

Für jeden Geschmack etwas

190 Kilometer Pistenabfahrten für beste Brettl-Könner stehen zur Verfügung, an den Grands Montets und an der Aiguille du Midi gibt es grandiose Freeridehänge, schwärmen die Wintersportfreunde aus aller Welt. Doch keine Angst! Wer gemächlich ins Tal schwingen will, wird sich am Les Houches-Prarion oder im Skigebiet Domaine de Balme wohlfühlen. 60 Kilometer Loipen ziehen sich durchs Tal des Flüsschens Arve. Es gibt Funparks und

Skikindergärten, und wer am Morgen noch nicht weiß, welches Ziel er sich für den Tag aussuchen soll, der fragt am besten einen der vielen Skiverrückten, kurz »Skibums« genannt. Sie arbeiten für den nächsten Skipass, um als Erste die Spuren durch den Tiefschnee ziehen zu können, und sind so begehrte Ratgeber bei der Wahl des richtigen Skigebiets.

Europas Metropole des alpinen Bergsports ist eine charmante Kleinstadt inmitten imposanter Natur. Mithilfe eines engmaschigen Seilbahnnetzes kann jeder die Bergwelt des Montblanc genießen. Anlaufstelle Nummer eins für Wanderer und Alpinsportler ist die Maison de la Montagne, das Bergführerbüro im ehemaligen Pfarrhaus an der Place de l'Église. Ein Bergführer war es auch, der 1786 den Montblanc eroberte: Jacques Balmat. Er ist Namensgeber des Platzes, an dem sommers wie winters zahlreiche Veranstaltungen stattfinden. 2017 wurde die Höhe des Mont Blanc von einem Expertenteam neu erfasst – auf 4810 m.

Ein Abstecher zum Mer de Glace

Einen Besuch sollte man dem Alpenmuseum abstatten, das anschaulich die Entwicklung von Chamonix nachzeichnet, seitdem die ersten Touristen kamen, um die »Gletscher Savoyens« zu bestaunen. Im Ausstellungszentrum Tairraz gibt es ein Kristallmuseum, in dem man großartige Mineralien und Bergkristalle aus der Region entdecken kann.

Das Mer de Glace, einen aus drei Gletschern zusammenfließenden Eisstrom, kann man am besten bewundern, wenn man mit der Zahnradbahn auf den 1913 Meter hohen Montenvers fährt. Eine Seilbahn führt weiter zu einer Höhle, die jedes Jahr neu in den Gletscher gehauen wird.

Bei dem Angebot von über 67 500 Gästebetten findet mit Sicherheit jeder etwas nach seinem Geschmack und für seinen Geldbeutel. Les Houches am Anfang des Tales ist eine gemütliche Alternative zu Chamonix, denn hier geht es ruhiger und beschaulicher zu. In Les Praz, das ebenfalls in der Nähe liegt, findet man wunderschöne Häuser und Chalets aus Lärchenholz.

Das Grand Hotel des Alpes, das im Jahr 1840 erbaut wurde, und das Hotel Le Hameau Albert 1er zählen zu den besten Adressen in Chamonix. Das 1903 gegründete Le Hameau Albert ist benannt nach dem einstigen belgischen König, der hier oft zu Gast war. Zur Anlage gehören außerdem ein Chalet und ein Savoyer Bauernhof. Im Sterne-Restaurant heißt Chefkoch Damien Leveau die Gäste willkommen, im Keller lagern mehr als 20 000 Flaschen Wein.

TOP ★ ERLEBNISSE

★ EIN ALPINER TRAUM IN WEISS

Sie ist der absolute Traum eines jeden Skifahrers, die 20 Kilometer lange, unpräparierte und unmarkierte Route Vallée Blanche. Sie beginnt auf der Aiguille du Midi auf 3842 Metern und führt Skifahrer, Snowboarder und Trekker hinab in das auf rund 1000 Meter gelegene Chamonix. Das Naturspektakel, das man unterwegs erlebt, ist unvergleichlich. Doch ist bei dieser atemberaubenden Tour, das Risiko nicht zu unterschätzen: Für die Vallée Blanche ist ein Bergführer unentbehrlich. Gebucht wird er in der Maison de la Montagne in Chamonix.

WEITERE INFORMATIONEN
www.chamonix.com

★ ÜBER DAS MONT-BLANC-MASSIV SCHWEBEN

Mit der Seilbahn die Mont-Blanc-Gruppe zu überqueren, ist ein unvergessliches Erlebnis. Man kann entweder von La Palud auf der italienischen Seite des Tunnels nach Chamonix fahren oder in umgekehrter Richtung. Man kann auch, wenn man nicht ganz so hoch hinaus will, die ebenfalls sehenswerten Aussichtspunkte der Zwischenstationen nutzen.

WEITERE INFORMATIONEN
www.montblancnatural resort.com

Ein Skifahrer zieht seine Spuren durch den Tiefschnee in der Vallée Blanche an der Aiguille du Midi.

Sisteron liegt unterhalb des markanten Rocher de la Baume am Ufer der Durance (oben). Die mächtige Zitadelle oberhalb der Stadt war bis 1920 ein aktiver Militärstützpunkt. Von dort hat man einen herrlichen Blick über den Fluss und die Landschaft (rechte Seite unten). Einsam liegt das Kloster Ganagobie hoch über dem Tal der Durance (rechte Seite oben).

74 EIN WENIG ANDERS – SISTERON

Das Tor zur Provence

Wenn man von Grenoble aus dem Norden anreist, markiert das geschichtsträchtige Städtchen Sisteron den Übergang vom Dauphiné in die Provence. Hier hat sich auch der Fluss Durance einen Durchbruch durch die Felsen in Richtung Süden gegraben. Von der mächtigen Zitadelle oberhalb der Altstadt Sisterons reicht der grandiose Blick auf die bizarren Formationen des Rocher de la Baume.

Lavendelfelder, Weinberge und knorrige Olivenbäume machen deutlich, dass man sich in der Provence befindet. Doch die Einheimischen ticken hier etwas anders als an der Côte d'Azur oder in den touristisch bekannteren Regionen der westlichen Provence: Sie sind weitaus zurückhaltender. Das Gebiet rund um Sisteron ist dünn besiedelt, aufgrund ihrer strategisch günstigen Lage war die Stadt jedoch für Freund und Feind seit jeher interessant. Hier gründeten schon die Römer an der Via Domitia eine Siedlung. Rund 1000 Jahre später ließen die Grafen von Forcalquier eine Festung errichten, und aus der Zeit der Hugenottenkriege im 16. Jahrhundert stammen die Stadtmauern und die Zitadelle. Darin waren während des Zweiten Weltkriegs Juden und Kommunisten eingekerkert, bevor die Stadt im August 1944 von den alliierten Streitkräften befreit wurde.

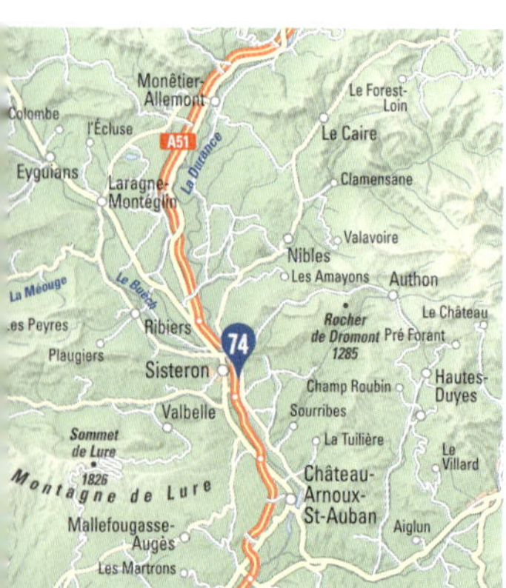

Hinauf zur Zitadelle ...

Eine Viertelstunde braucht man für den Aufstieg zur Zitadelle, die ebenso wie das Musée de la Citadelle zu besichtigen ist. Das Stadtbild prägen die gut erhaltenen runden Türme der einstigen Befestigungsmauer, von denen La Tour des Gens d'Armes einst auch bewohnt war. Die ehemalige romanische Kathedrale Notre-Dame des Pommiers aus dem 12. Jahrhundert wurde während der

Französischen Revolution geplündert und hat keine historischen Schätze zu bieten. Sehenswert sind dagegen zwei außergewöhnliche Museen: das Musée du Scoutisme Baden-Powell zur Geschichte der Pfadfinder und das Musée Terre et Temps, in dem historische Zeitmesser ausgestellt sind. Zu bewundern ist hier auch ein Nachbau des Foucault'schen Pendels, mit dem Léon Foucault 1851 ohne astronomische Messungen bewies, dass sich die Erde dreht.

Unübersehbar ist Sisterons Wahrzeichen: Fast senkrecht überragt der Rocher de la Baume die Stadt, ein felsiger Berg mit ausgeprägten Schichtrippen. Feinschmeckern sind die Lämmer ein Begriff, die bei Sisteron gezüchtet werden. Das Fleisch der Tiere, die das Gütesiegel »Agneau de Sisteron« tragen, ist unglaublich zart. Ihnen zu Ehren findet jährlich am Himmelfahrtswochenende ein Fest statt.

... und ab in die Berge

Die Montagne de Lure kann man zu Fuß erwandern. Oder man fährt mit dem Auto eine kleine Straße aus dem Vallée du Jabron kommend über das Dorf Valbelle in abenteuerlichen Serpentinen bis kurz unter den Gipfel in 1826 Meter Höhe. Eine Wanderung zum ehemaligen Kloster Notre-Dame-de-Lure führt durch einsame Landschaften mit Buchenhainen. Wenn am 15. August Mariä Himmelfahrt gefeiert wird, ziehen jedoch Pilgerscharen hinauf zum Kloster. Je höher man kommt, desto mehr dominieren mit Wacholder und Lavendelgestrüpp durchsetzte Geröllfelder die Landschaft. Früher weideten hier Schaf- und Ziegenherden; verlassene Hütten und Viehtränken zeugen von der einstigen Nutzung.

Die Durance fließt in der Ebene zwischen den Dörfern Château-Arnoux und Volonne und verbreitert sich hier zum Lac l'Escale. Obwohl nur eine kleine Ortschaft, besitzt Château-Arnoux mit dem Renaissanceschloss aus dem 16. Jahrhundert ein mächtiges Bauwerk, in dem heute das Rathaus seinen Sitz hat. Der Schlosspark und die oberhalb gelegene Kapelle Saint-Jean aus dem 17. Jahrhundert lohnen einen kleinen Fußmarsch. Einige Kilometer südlich befindet sich nahe dem Dorf Les Mées die Felsformation Les Pénitents de Mées. Die »Büßer von Mées« sind Mönche, die der heilige Donatus zu Stein erstarren ließ, weil sie Frauen zu lüstern nachgeschaut hatten. Dafür müssen sie jetzt bis in alle Ewigkeit büßen – so lautet zumindest die Legende.

TOP ★ ERLEBNISSE

★ TRADITIONELL MODERN

Im Hotel La Magnanerie lässt es sich trotz seiner Lage direkt an der Straße, aber umgeben von Lavendelfeldern und Weinbergen, sehr gut aushalten. Bevor es zu einem Ferienhaus umgebaut wurde, befand sich hier eine Seidenraupenzucht. Neun individuell gestaltete Zimmer, ein riesiger einladender Garten, ein Pool und eine große Terrasse garantieren einen entspannten Aufenthalt. Die Küche unter Leitung von Stéphan Paroche bietet Gerichte zwischen Tradition und Moderne, zum Beispiel Kaninchenrücken mit Karotten-Gnocchi oder Lammschulter mit Polenta und gratinierten Pilzen. Der Chef verwendet fast ausschließlich regionale Produkte, die Speisekarte richtet sich nach dem Angebot der jeweiligen Saison. Auch bei der Auswahl seiner Weine setzt er vorwiegend auf heimische Tropfen.

WEITERE INFORMATIONEN
www.la-magnanerie.net,
www.sisteron-tourisme.fr

★ EHRWÜRDIGE MAUERN

Ein Stück südlich von Sisteron an der Durance entlang kommt man zum Monastère de Ganagobie, das auf einem kieferbewachsenen Plateau liegt. Von dort hat man einen weiten Blick über das Durance-Tal und die Préalpes de Digne. Das Kloster ist vor etwa 1000 Jahren errichtet worden und birgt eines der schönsten Mosaike des Abendlandes. Seit dem 19. Jahrhundert ist es wieder bewohnt.

WEITERE INFORMATIONEN
www.abbaye-ganagobie.com

DER SÜDEN

Träume von Sonne und Meer

Diesem bacchantischen Weinbauern sieht man seine Lebensfreude an (oben). Über das Plateau de Valensole führt die Route de la Lavande – ein duftender Traum in Lila (unten). Der botanische Garten in Èze bietet einen fantastischen Blick auf Cap Ferrat (links).

Dafür ist die Camargue bekannt: für rosa Flamingos, die sich in der Seenlandschaft niederlassen (oben). Hoch über die Stadt Saintes-Maries-de-la-Mer erhebt sich die Kirche Notre-Dame-de-la-Mer (rechte Seite).

75 BEI FRANKREICHS COWBOYS – DIE CAMARGUE

Wo Land und Wasser miteinander verschmelzen

Eine völlig flache Landschaft, in der Wasser und Land grün, blau und braun scheinbar grenzenlos ineinander übergehen, mit Cowboys, schwarzen Stieren und weißen Pferden. Für die rosa Farbtupfer auf der Palette der Camargue sorgen dagegen unzählige Flamingos. Aber auch die berühmte Wallfahrt in Saintes-Maries-de-la-Mer sorgt für Farbe in dem faszinierenden Landstrich im Rhônedelta.

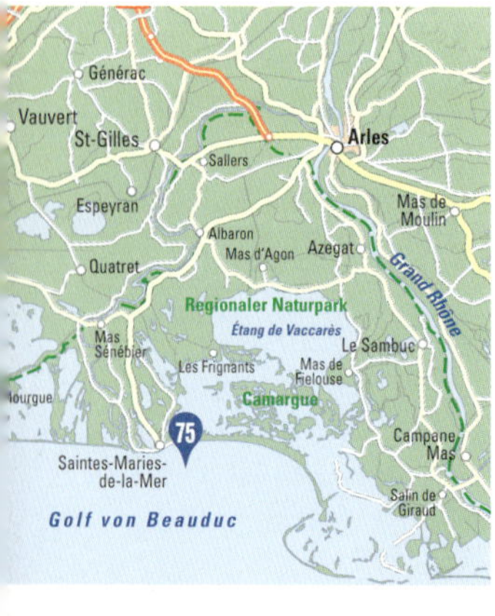

Das Schwemmland zwischen der Kleinen und der Großen Rhône liegt tief, teils unter dem Meeresspiegel, und ist zudem durch viele kleine Passagen, die Graus, mit dem Meer verbunden. Jahrhundertelang galt das Gebiet mit der großen Lagune Étang de Vaccarès inmitten der Flussarme als wirtschaftlich nicht nutzbar, deshalb konnte sich hier eine einzigartige Fauna und Flora entwickeln. Im Norden des Deltas allerdings begann man ab 1945, Drainagen und Bewässerungsgräben anzulegen. Wertvollere Erde lagerte sich ab, auf der Weizen, Obst und Gemüse, Mais und Raps angebaut werden können. Das bekannteste Lebensmittel, das hier produziert wird, ist der Reis, dessen Bedeutung durch die fernöstliche Konkurrenz stark zurückgegangen ist. Der Süden des Deltas hat seinen ursprünglichen Charakter jedoch erhalten. Er ist durchzogen von einem Gewirr kleinster Kanäle, besteht aus Brackwassersümpfen und salzigen Böden mit magerer Vegetation. Auf den kleinen Îlots des Rièges im Süden des Étang de Vaccarès herrscht dagegen eine farbenfrohe Flora mit Tamarisken, blauen Disteln, gelben Iris, Wacholder, Narzissen und anderen Pflanzen vor.

Um das einzigartige Ökosystem der Camargue zu erhalten, wurde 1970 der Parc naturel régional de Camargue geschaffen. In seiner Kernzone werden die Tiere von Besucherströmen nicht gestört, sie darf nur von

Zu den traditionellen Festen werden die feinsten Kleider angelegt (oben). Jedes Jahr im Mai ziehen die Gardians mit den *Saintes Maries* in einer Prozession von der Kirche zum Meer (unten). Früher Hütte der Gardians, heute auch Touristenunterkunft (rechte Seite oben). Bei den Abrivados zeigen die Cowboys der Camargue ihre Reiterkunst (rechte Seite unten).

Naturwissenschaftlern betreten werden. So können Vögel wie Silber- und Graureiher, Kormorane, Eisvögel, Bussarde und andere Greifvögel in Ruhe brüten, und das einzige europäische Brutgebiet für die etwa 30- bis 45 000 Flamingos scheint gesichert zu sein. Rückzugsgebiete finden hier auch Karpfen, Zander, Brassen, Aale und viele weitere Fischarten.

Das weiße Gold

Um Salz aus dem Meer zu gewinnen, benötigt man hohe Temperaturen und salzhaltiges Wasser – beides ist in der Camargue gegeben. Das Mittelmeer weist 3,8 Gramm Salz pro Liter Wasser auf, im Vergleich dazu bringt es die Ostsee gerade einmal auf 0,8 Gramm. Deshalb liegen die größten Salinen Europas am östlichen Rand der Camargue in Salin-de-Giraud, wo jährlich 800 000 Tonnen Salz produziert werden. Das Meerwasser wird durch flache Verdunstungsbecken geleitet und dabei mit Chlor und Natrium gesättigt, bis nur noch Salz übrig bleibt. Die beste Qualität bietet das Fleur de Sel. Dieses Salz, das nur bei großer Hitze in einer dünnen Schicht auf dem Wasser entsteht, wird per Hand abgeschöpft und kostet entsprechend viel. Die Ortschaft Salin-de-Giraud selbst ist völlig atypisch für die Provence: Von früheren Besitzern wurden hier für die Arbeiter Siedlungen im nordeuropäischen Stil errichtet, schlichte und funktionale Reihenhäuser. Einen guten Blick auf die Salzfelder hat man von der Pointe de vue an der Straße D 36 südlich des Orts.

La Capelière ist das Informationszentrum der Réserve nationale. Von hier aus führt ein Weg mit Informationen über die Tier- und Pflanzenwelt zu mehreren Beobachtungsstationen. Damit verbunden ist Salin-de-Badon, wo ein lohnender, gut vier Kilometer langer Fußmarsch einen Blick auf zahlreiche Vögel ermöglicht. Mehr als 200 in der Camargue lebende Vogelarten sind im Parc ornithologique de Pont-de-Gau zu entdecken, beste Besuchszeiten dafür sind Herbst oder Winter. Die Domaine de La Palissade ist die einzige der Camargue, die nicht von einem Deich geschützt ist. Auf drei Fußwegen kann man hier die Landschaft in ihrer Ursprünglichkeit entdecken.

Darüber hinaus sollte man zwei sehenswerte Museen nicht verpassen: das Musée de la Camargue an der Straße D 570 über die Menschen und Kultur der Camargue und das Musée du Riz über den Reisanbau in der Region. Es wurde von Reisbauern in dritter Generation eingerichtet, präsentiert alte Werkzeuge, Informationen über die Landschaft und einen kleinen Laden, in dem un-

terschiedliche Reissorten angeboten werden. Die wohl schönste Fahrradtour führt auf dem Seedeich Digue à la mer von Saintes-Maries-de-la-Mer zum Leuchtturm La Gacholle.

Unverwechselbare Topstars

Das Camargue-Klischee bedienen verwegen aussehende Gardians. Die Cowboys der Camargue reiten auf weißen Pferden und treiben so ihre schwarzen Stiere mit den lyraförmigen Hörnern in Herden vor sich her. Pferde und Stiere leben hier frei, sind aber keine Wildtiere. Anhand ihrer Brandzeichen kann man erkennen, wer ihre Besitzer sind. Die Pferde – klein, ausdauernd und robust – können sich dank ihrer breiten Hufe gut auf dem oft feuchten Untergrund bewegen. Die Stiere haben nach ihrem freien Leben oft keine lustige Zukunft vor sich. Die besten Manades, wie hier die Zuchtbetriebe genannt werden, schicken ihre kräftigsten Tiere in die Corridas von Nîmes, Arles, Béziers oder auch nach Spanien, wo sie in der Arena zwar keine Chance haben, aber immerhin – für sie nutzlosen – Ruhm erwerben können. Andere werden in den unblutigen Courses Camarguaises eingesetzt.

Die größte Ortschaft in der Camargue ist Saintes-Maries-de-la-Mer mit etwa 2500 Einwohnern. Das interessanteste Gebäude, die Kirche Notre-Dame-de-la-Mer, erhebt sich deutlich über die höchstens zweigeschossigen Häuser. Internationale Bekanntheit erreichte der Ort durch die Familien Reyes und Baliardo, aus denen der Gitarrist Manitas de Plata und die Gipsy Kings stammen. Viel früher, etwa im Jahr 40 n. Chr., sollen hier auf einem schiffbrüchigen Kahn Maria Jakobäa, die Schwester der Heiligen Jungfrau, Maria Salome, die Mutter der Apostel Jakobus und Johannes, sowie deren dunkelhäutige Dienerin Sara angelandet sein. Erst später, im Jahr 1448, fand man zwei Skelette und sah darin die Reliquien der beiden Marien. Der daraufhin entstandene Marienkult löste einen Pilgerboom aus. Die Gitans dagegen erkoren die Schwarze Sara zu ihrer Schutzheiligen. Ihr wird alljährlich am 24. und 25. Mai gehuldigt. Dazu trägt man ihre Statue, begleitet von Reitern auf weißen Pferden sowie Sinti und Roma aus aller Welt – und mittlerweile auch von vielen Touristen bestaunt – von der Kirche ins Meer, wo sie vom Bischof von Arles gesegnet wird, und trägt sie dann zurück zur Kirche.

TOP ★ ERLEBNISSE

★ DIE FRANZÖSISCHEN COWBOYS

Stiere und Pferde leben in der Camargue in *manades* genannten Herden und werden von berittenen Hirten gehütet. Diese französischen Cowboys heißen gardians. Der Patron ihrer Bruderschaft ist der heilige Georg, dessen Bild auch ihr Banner ziert. Eine eigene Tracht haben die Hirten erst, seitdem der Marquis de Baroncelli 1909 die Nacioun Gardiano gründete und eine einheitliche Kleidung einführte. Diese tragen die gardians nun immer bei ihrem alljährlichen Fest der Hirten am 1. Mai in Arles. Die Bruderschaft zieht dabei in einer Parade auf ihren Pferden aus allen Teilen der Camargue durch die Stadt. Am Nachmittag stellen die Hirten ihre Geschicklichkeit und ihre Reitkünste unter Beweis.

WEITERE INFORMATIONEN
www.parc-camargue.fr

★ VERWEGENES FESTIVAL D'ABRIVADO

Jedes Jahr am 11. November finden sich beim Festival d'abrivado elf Teams mit insgesamt 200 Gardians und 1000 Pferden aus der gesamten Provence am Plage Est von Saintes-Maries-de-la-Mer ein. Nach einem Frühstück im Freien startet um elf Uhr der erste von elf sogenannten Abrivados. Dafür ist ausnahmsweise der Strand für die Reiter freigegeben. Dicht an dicht galoppieren sie auf ihren weißen Pferden die sechs Kilometer bis zur Arena, zwischen ihnen eingekesselt die schwarzen Stiere.

WEITERE INFORMATIONEN
www.saintes-maries.com

Was für ein Schauspiel! Die Gardians, die berittenen Hirten, treiben die weißen Camargue-Pferde in manades, in Herden, zusammen – ein wunderschöner Tanz hoch zu Ross.

76 QUIRLIG UND GESCHICHTSTRÄCHTIG – MONTPELLIER

Mit der Tram durch die Stadt

Blau wie das Meer, mit weißen Möwen und großen Panoramafenstern – so gleitet die Tram der Linie 1 durch Montpellier, vorbei an der Drehscheibe der Stadt, der ovalen Place de la Comédie. Sie ist der quirlige Mittelpunkt einer der größten Städte an der französischen Mittelmeerküste.

Eine Fahrt mit der Tram auf den mittlerweile 4 Linien – Nummer 5 soll 2025 fertiggestellt sein –, etwa vom Opernhaus Corum durch das Antigone-Viertel mit postmodernen Häusern bis zum Freizeitpark Odysseum mit 3D-Planetarium, vermittelt einen ersten Eindruck dieser lebendigen Stadt. Die Innenstadt ist voller prachtvoller Bauwerke, junger Menschen, Straßencafés, grüner Parks.

Bereits im Jahr 1289 wurde die erste Universität gegründet, der Jardin des Plantes stammt von 1593. Die terrassierte Proménade du Peyrou eröffnet einen Blick bis zum Meer und führt zum Wasserturm, der Ende des 17. Jahrhunderts als Säulentempel gestaltet wurde. Das Wasser wurde 14 Kilometer weit über eine Leitung und einen Aquädukt herbeigeleitet.

Bedeutende Kunststadt

Das Musée Fabre am Boulevard Bonne Nouvelle zeigt Gemälde unter anderem von Courbet, Matisse und Dufy; das Musée Atger in der ehemaligen Abtei St-Benoît Zeichnungen von Caravaggio, Brueghel und Rubens.

INFO: www.montpellier-france.com

Das neue Viertel Antigone prägen Bauten des postmodernen Architekten Ricardo Bofill (unten). Montpelliers Drehscheibe ist die Place de la Comédie mit der Opéra Comédie, vielen eleganten Gebäuden aus dem 19. Jahrhundert und natürlich vielen Cafés, in denen man gerne einen Aperitif zur Abendeinstimmung trinkt (rechte Seite oben und unten).

mont
Gaumont
Quick
Quick

Ein Meisterwerk römischer Ingenieurskunst – der Pont du Gard (oben). Die Maison Carrée erbaut im 1. Jahrhundert als Tempel, war im Lauf der Zeit mal Kirche, mal Stall. Heute ist sie ein Museum (rechte Seite unten). Aigues-Mortes, im Mittelalter Ausgangspunkt zweier Kreuzzüge, lag einst direkt am Mittelmeer, heute ist es sechs Kilometer davon entfernt (rechte Seite oben).

77 HIER VERBINDET SICH DIE ANTIKE MIT DER MODERNE – NÎMES

Das Wasser kam vom Pont du Gard

In Nîmes ist man beim Spazierengehen nicht vor Überraschungen gefeit: Hier kann man Krokodile im Pflaster entdecken, tauchen römische Säulen in einem gläsernen Spiegel auf ... In Nîmes sind die Reichtümer in Sicht- und in Traumweite, verbindet sich Antike und Moderne. Die alte Stadt war in der Antike ein wichtiger Knotenpunkt im Languedoc-Rousillon.

Der Landstrich zieht sich entlang der Küste des Golfe du Lion und des bergigen Hinterlands mit dem Nationalpark Haut Languedoc. Montpellier wartet in dieser Region mit einem internationalen Flughafen auf – doch Nîmes besitzt eines der am besten erhaltenen Amphitheater seiner Art: Les Arènes.

Das Amphitheater ist der Mittelpunkt von Nîmes, dorthin führen alle Straßen. Auf den gestaffelten Sitzreihen der ovalen Anlage haben über 20000 Zuschauer Platz. Schon im 1. Jahrhundert n. Chr. scheint man Fluchtwege gekannt zu haben: Durch rund 124 Ausgänge konnten die Besucher das Theater in wenigen Minuten verlassen. Da das Amphitheater im 19. Jahrhundert restauriert wurde, wird es auch jetzt noch bespielt und dient als Bühne für Konzerte, Sportveranstaltungen und natürlich für Stierkämpfe, die nicht nur in Südfrankreich gern besucht werden. Auch im Winter ist die Arena dank eines Daches, das im Herbst auf- und im Frühjahr wieder abgebaut wird, voll bespielbar.

Römisches Erbe – ein Krokodil und ein Palmenzweig

Die Römer gaben der Stadt den Namen ihres Flussgottes Nemausus angeblich deshalb, weil die gallische Siedlung, die sie erobert hatten, an einer Quelle lag. Nach Nemausus zogen viele römische Veteranen, die in Ägypten gedient hatten. Aus diesem Grund zeigt

das Stadtwappen von Nîmes ein Krokodil mit einem Palmenzweig. An der ursprünglichen Quelle wurde im 18. Jahrhundert der barocke Jardin de la Fontaine mit Teichen und Terrassen angelegt. Dort hat man von der Tour Magne, einem 32 Meter hohen Turm, eine wunderbare Aussicht über die Stadt.
Zwischen dem Jardin de la Fontaine und der Arena steht auf der Place de la Maison Carrée ein römischer Podiumstempel mit korinthischen Säulen und Fries. Er wurde im Jahr 4 n. Chr. zu Ehren der Erben des Kaisers Augustus erbaut und ist der Stolz der Stadt: Die Maison Carrée zählt zu den besterhaltenen römischen Tempeln der Welt.
Die moderne Kunstgalerie auf der gegenüberliegenden Seite des Platzes wurde von Sir Norman Foster entworfen. Der Carré d'Art bildet zwar einen starken Kontrast zur Maison Carrée, hat jedoch viele architektonische Elemente des römischen Tempels übernommen, etwa den Portikus und die Säulen, die hier allerdings aus Stahl und Glas angefertigt sind. Der Gegensatz zwischen Moderne und Antike wird so durch bauliche Zitate abgemildert. Auch sonst sind die Stadtväter von Nîmes seit etwa 1985 um eine Neugestaltung der Stadt bemüht. Deshalb ist es auch nicht verwunderlich, wenn man an einer Bushaltestelle steht, die von Philippe Starck entworfen wurde.

Pont du Gard

Das Castellum in Nîmes ist ein äußerst seltenes Relikt aus römischer Zeit und der Endpunkt des 2000 Jahre alten Pont du Gard, der Wasser von der Quelle bei Uzès nach Nîmes leitete. Im Castellum wurde das Wasser gesammelt und durch dicke Rohre in alle Teile der Stadt geleitet. An den mächtigen Kalkablagerungen kann man erkennen, dass der Pont du Gard 400 bis 500 Jahre in Betrieb war. Der riesige Aquädukt ist ein Musterbeispiel des römischen Wasserleitungsbaus und gehört zum UNESCO-Weltkulturerbe. Um das Tal des Gardon zu überbrücken, errichteten die römischen Bauherren eine 48 Meter hohe und 275 Meter lange Brücke mit drei übereinander angeordneten Arkadenreihen. Für die mehr als zwei Millionen Besucher pro Jahr wurde ein modernes Besucherzentrum mit Museum und Audiovisionsschau errichtet. Am Abend erstrahlt der Pont du Gard im farbenfrohen Lichtspiel, in den Sommermonaten täglich, im Juni und September jeweils am Freitag und Samstag.

TOP ★ ERLEBNISSE

★ BLICK VON OBEN AUF UZÈS

Rund 25 Kilometer von Nîmes entfernt liegt über dem Tal des Alzon der kleine Ort Uzès. Das Wahrzeichen der Stadt ist die 42 Meter hohe Tour Fenestrelle neben der Kathedrale. Der Rundturm wurde im 12. Jahrhundert nach lombardischem Vorbild mit einem quadratischen Sockel und sechs runden Etagen in Form von Bogengängen errichtet und ist einzigartig in Frankreich. Wie ein italienischer Campanile steht er als Glockenturm neben der Kirche und ist mit ihr nicht verbunden. Auf die Tour Fenestrelle führt keine Treppe, dafür kann man jedoch von der Tour Bermonde aus dem 11. Jahrhundert einen herrlichen Blick auf die Altstadt mit der Place aux Herbes und das Schloss der Herzöge von Uzès genießen.

WEITERE INFORMATIONEN
www.uzes-tourisme.com
www.nimes-tourisme.com,
www.pontdugard.fr

★ WEHRHAFTER ORT IN DEN SALINEN

Eine lange, noch sehr gut erhaltene Stadtmauer mit mächtigen Rundtürmen umgibt Aigues-Mortes und schützt die kleinen Gassen dahinter vor dem salzhaltigen Wind. Einst eine einflussreiche Festungsstadt mit wichtigem Hafen, zog sich das Meer im Lauf der Jahrhunderte zurück und der Ort verlor an Bedeutung. Zahlreiche Kunstgewerbegeschäfte, Galerien und Cafés laden zum Flanieren ein.

WEITERE INFORMATIONEN
ot-aiguesmortes.com

78 DAS TOR ZUR CAMARGUE – ARLES

Vincent van Goghs Liebe zur Farbe Ocker

Arles kann sich damit brüsten, mit mehr als 300 Sonnentagen im Jahr wahrlich eine Stadt des Südens zu sein – und das Tor zur Camargue. Arlath nannten die Kelten die Stadt, eine »Stadt im Sumpf«. Arles ist eine Stadt mit großer Vergangenheit, die im Hier und Jetzt lebt. Davon zeugt der Samstagsmarkt – ein Ritual für die Bewohner von Arles. Hierher kommt man, um Bekannte zu treffen und sich die Zeit für einen Café oder einen Aperitif zu nehmen.

Die Rhone hat sich im Laufe der Jahrtausende ihren Weg gesucht und durch ihre Gabelung in die große und kleine Rhone das Gesicht der Camargue geprägt. Und Arles fungiert prächtig als Tor zur weiten grünen und weißen Sumpflandschaft Camargue, in der der schwarze Stier mit seinen typisch ausladenden Hörnern mehr als irgendwo anders in Frankreich der König ist. Seit der Antike ist er bis heute Teil des Alltags und weidet nach wie vor auf den Salzsteppen. Um ihn drehen sich Traditionen und Kultur.

Die Regeln des Spieles ...

Nur die besten Bullen werden für den Mini-Stierkampf ausgesucht. Bei diesen Stierspielen, den *courses camarguaises*, geht es dem Stier nicht ans Leben: Unbewaffnete junge Männer in weißen Anzügen versuchen, dem schwarzen Koloss eine zwischen den Hörnern befestigte Kokarde zu entreißen. Darüber hinaus gilt es, den Stieren eine rote Rosette zwischen die Hörner zu spießen. Das schwarz-weiße Ballett in der Arena verkörpert faszinierend Kraft und Geschicklichkeit und begeistert seine Zuschauer oft mehr als das dramatische, blutige Schauspiel in spanischen Stierkampfarenen.

... und des Kampfes

Das große Amphitheater von Arles wurde ab 1825 so gründlich renoviert und wieder in seine alte Form rückgebaut, dass hier Stierspiele mit unblutigem Ausgang für den

Im Abendlicht spiegelt sich Arles in der Rhone (unten). Das Amphitheater ist immer noch Schauplatz für Konzerte und Theater (rechte Seite oben) sowie von Ostern bis September für Stierkämpfe (rechte Seite unten).

Herausragende Bildhauerkunst ziert das romanische Portal von St-Trophime (oben und unten). Bei Festen wird auch heute noch die historische Tracht getragen (rechte Seite oben). Van Goghs Krankenzimmer kann besichtigt werden (rechte Seite unten).

Stier veranstaltet werden konnten. Die erste Corrida fand in der Arena von Arles erst 1853 statt, obwohl der spanische Stierkampf *(mise à mort)* bereits 1701 erstmals in Frankreich auftauchte.

Während der Stierkampfsaison zwischen Ostern und September bilden bis zu 12000 Zuschauer die Kulisse für die spannenden Dramen in der Arena. Gezeigt werden sowohl Stierkämpfe nach spanischer Art als auch die spielerische Form, die in der Camargue üblich ist. In der Stierkampfschule von Arles lernen stets rund 30 Schüler die Grundlagen des spanischen Stierkampfes, der in der Regel für den Stier tödlich ausgeht. In einer weiteren Schule wird zudem die *course camarguaise* gelehrt. Wer die Arena außerhalb der Wettkämpfe besucht, kann in aller Ruhe von den oberen Rängen den herrlichen Panoramablick über die Stadt genießen.

Zwei Witwen sind immer dabei

Nicht nur das Arles Festival findet im nahen römischen Theater statt. Das Théâtre Antique wurde in der Regentschaft von Kaiser Augustus um 25 v. Chr. erbaut und hatte ursprünglich 12000 Sitzplätze auf 33 Stufen. Da es im Mittelalter als Steinbruch für Baumaterial genutzt wurde, sieht man heute nur noch den Theatergraben und das Zuschauerhalbrund. Für die regelmäßigen Musikveranstaltungen und Filmvorführungen haben die »zwei Witwen« ein Dauerabonnement. So nennen die Arleser die beiden römischen Säulen, die dem mittelalterlichen Abbruch nicht zum Opfer gefallen sind.

Wer die Rue du Cloître überquert und zur Place de la République wandert, steht bald staunend vor der Kathedrale Saint-Trophime. Sie beeindruckt mit einer romanischen Fassade aus dem 12. Jahrhundert und einem romanisch-gotischen Kreuzgang. Das Portal, ein Meisterwerk der provenzalischen Bildhauerei, zieren Heiligenfiguren.

Theater, Arena, Kathedrale und auch die römischen Thermen gehören als Ensemble seit 1981 zum UNESCO-Weltkulturerbe. In den römischen Thermen (Thermes de Constantin) aus dem 4. Jahrhundert n. Chr. sind das Warmbad, Teile der Fußbodenheizung und des Tepidariums erhalten. Wer noch mehr über die römische Geschichte Südfrankreichs erfahren will, ist im Musée Arles Antique bestens aufgehoben. Der 1995 eröffnete Bau präsentiert eine umfangreiche Sammlung.

An der Rue du Grand Prieuré findet man in der alten Komturei des Malteserordens das Musée Réattu. Es zeigt wunderbare Zeichnungen von Picasso und Gemälde von Jacques Réattu sowie Werke der Pro-

venzalischen Schule. Die Qualität seiner Dichtkunst und die Wiederentdeckung des Provenzalischen brachte dem Dichter Frédéric Mistral 1904 einen Nobelpreis ein. Die damit verbundene Prämie stiftete er zur Errichtung des Museon Arlaten. In dem ethnografischen Museum, das nach langjähriger Renovierung ins digitale Zeitalter gehüpft ist, wird unter anderem das Geheimnis um die Tracht der Frauen von Arles gelüftet. Die eleganten Kleider wechselten zwar mit der Pariser Mode, unterstrichen aber immer auch den Wunsch der Frauen von Arles und der Region, sich von anderen abzuheben. Heute werden sie auf Festen getragen. Zum perfekten Outfit gehört eine bestimmte Frisur, die mit einem Seidenband geschmückt ist.

Am Samstag ist Markt

Der von Platanen beschattete Boulevard des Lices ist Treffpunkt, Flaniermeile und Zentrum des Samstagsmarktes. Auf diesem außergewöhnlich schönen und großen Markt bieten die Stände auf mehreren Kilometern einfach alles an: Obst und Gemüse, Käse, Blumen und Kräuter, Fleisch und Fisch, Honig, alle Frischprodukte und Produkte der Region, die man mit Vergnügen probieren kann, aber auch Bekleidung und Schuhe, Stoffe und Kunsthandwerk.

Jenseits des Boulevards beginnen die Alyscamps, eine Allee mit leeren mittelalterlichen Gräbern, früher römische Begräbnisstätte, später christlicher Friedhof. Manche Sarkophage wurden an Museen verkauft. Die »Elysischen Gefilde« inspirierten den Dichter Dante zu einer Beschreibung in seiner *Göttlichen Komödie* und wurden von Gauguin und van Gogh gemalt.

Arles und van Gogh

Arles' Gesicht prägen ockerfarbene Hauswände und ziegelrote Dächer. Davon war auch Vincent van Gogh begeistert, der hier 1888 und 1889 lebte und die Stadt und ihr Umland in über 300 Werken porträtierte. Dennoch hängt in den Museen von Arles, die zu den interessantesten der Region zählen, kein Bild des Künstlers. Das Hospital, in dem van Gogh 1889 behandelt wurde, ist heute ein Kulturzentrum.

TOP ★ ERLEBNISSE

★ DER SEHER UND DER MALER

Michel de Notredame, bekannt als der Seher Nostradamus, kam 1503 in Saint-Rémy-de-Provence zur Welt. Er war als Arzt, Pharmakologe, Astrologe und Seher tätig. Sein Geburtshaus steht bei der Kirche Saint-Martin. 1889 und 1890 wurde Vincent van Gogh etwas außerhalb von Saint-Rémy-de-Provence im Kloster Saint-Paul-de-Mausole psychiatrisch behandelt. Hier schuf er Kornfeld mit Zypressen und viele andere Werke. Die Rekonstruktion seines Zimmers ist öffentlich zugänglich.

WEITERE INFORMATIONEN
www.saintremy-de-provence.com, www.tourisme.ville-arles.fr

★ QUARTIER DE LA ROQUETTE

In den meist bunt geschmückten Gassen des Viertels haben Läden und Bistros eröffnet, zudem sind viele Künstler hergezogen und haben die Häuser liebevoll restauriert. Das hier direkt am Wasser gelegene »La Guinguette du Patio de Camargue« besticht durch tolles Ambiente, vorzügliche Paella und Tapas – und durch die Livemusik der Gipsy-Band.

WEITERE INFORMATIONEN
www.arlestourisme.com

Die alten Gemäuer von Les Baux werden nachts stilvoll in Szene gesetzt (oben). Lichtdurchflutete Steinbrüche – eine jährlich wechselnde Inszenierung (rechte Seite unten). Bei der Fête de la Tarasque wird dieses Monster in einem Umzug durch die Stadt geführt (rechte Seite oben).

79 DER ADLERHORST – LES BAUX-DE-PROVENCE

Sagenumwobener Ort der Troubadoure

Les Baux-de-Provence gehört offiziell zu den schönsten Dörfern Frankreichs, besitzt eine alles beherrschende Burgruine und nur wenige Einwohner, lockt jedoch im Sommer ganze Touristenscharen an. Es liegt auf einem Hochplateau im Herzen des Mittelgebirges Les Alpilles, der »kleinen Alpen«. In der Umgebung produziert man ausgezeichnete Rot- und Roséweine sowie vorzügliches Olivenöl.

Besiedelt war die 220 Meter hoch gelegene Fläche schon vor rund 8000 Jahren. Später legten die Kelto-Ligurer hier wegen der günstigen strategischen Lage eine befestigte Siedlung an. Seine Blütezeit erlebte Les Baux – der Name leitet sich von dem provenzalischen Wort baou, »steiler Felsen«, ab –, als die damals mächtige Fürstenfamilie Les Baux von hier aus über knapp 80 Dörfer der Region herrschte. Unter ihrer Herrschaft erblühte die Minnekunst, und in den Felsenort strömten die Troubadoure teils von weit her.
Als die Familie im 15. Jahrhundert ausstarb, wurde Les Baux-de-Provence ein Hauptort der Hugenotten. 1641 erhielten die Grimaldis den Ort geschenkt. Noch heute tragen die Fürsten von Monaco den Titel der Grafen von Les Baux, allerdings sind damit keine Rechte verbunden. Einen erneuten Aufschwung nahm der Ort Les Baux im 19. Jahrhundert, als hier ein Mineral entdeckt wurde, aus dem sich Aluminium gewinnen ließ. Nach seinem Fundort nannte man es »Bauxit«.
Les Baux-de-Provence zählte einst mehr als 3000 Einwohner, jetzt leben hier ständig weniger als 500 Menschen. Und Schönheit hat ihren Preis: Heute herrscht hier der Tourismus. Die größte Attraktion von Les Baux ist das frühere Schloss, dessen Geschichte Besucher mithilfe von Audioguides bequem nachvollziehen können. In der Kapelle Saint-Blaise sollte man sich den 13-Minuten-Film »La Provence vue du ciel« nicht entgehen lassen, der wunderschöne Landschaftsaufnahmen aus der Vogelperspektive präsentiert. Was

Menschen sich seit jeher alles ausdenken, um andere Menschen umzubringen, zeigen die Belagerungsmaschinen aus dem Mittelalter. Nachbauten in Originalgröße werden vorgeführt, und Besucher können sogar selbst mit einer Wurfmaschine, der Bricole, aus dem 12. Jahrhundert schießen.

Kunst im Steinbruch

Ein alter unterirdischer Steinbruch ist jährlich der 4000 Quadratmeter große Schauplatz einer gigantischen Veranstaltung. Mit 40 Projektoren und passender Musik präsentiert der Künstler Albert Plécy in den Carrières de Lumières eine Multimediaschau zu immer neuen Themen. 2022 lautete das Motto Venedig und Yves Klein. Fantastisch und wunderbar. Das Ticket berechtigt sowohl zum Eintritt ins Schloss als auch ins Museum des Malers Yves Brayer und in die Carrières. Selbst im Sommer empfiehlt sich für den Aufenthalt im Steinbruch etwas wärmere Kleidung, denn hier steigen die Temperaturen nur auf 16 Grad Celsius.

So manches Kleinod gibt es aber auch in den Alpilles zu entdecken. Das Val d'Enfer unterhalb von Les Baux ist ein Tal mit bizarren Felsformationen, deren Höhlen einst sogar als Behausungen dienten. Vor allem aber ranken sich zahlreiche Legenden um Hexen, Feen und Kobolde, die in diesem »Tal der Hölle« ihr Unwesen treiben. Fontvieille ist bekannt für die Moulin de Daudet. Hier spielt die Geschichte *Briefe aus meiner Mühle* von Alphonse Daudet, die er allerdings nicht hier, sondern in Paris schrieb. Maussane-les-Alpilles ist ein beschauliches Dorf geblieben und berühmt für sein ausgezeichnetes Olivenöl.

Rotweine mit Persönlichkeit und Finesse

Die Rebstöcke in der Appellation Baux-de-Provence wurzeln auf Kalkschutt von den Alpilles her. Die Roten entstehen hier aus mindestens zwei der Rebsorten Grenache, Mourvèdre und Syrah, daneben sind noch andere Sorten zugelassen. Zu den besten Tropfen gehören die Weine der Domaine Hauvette mit feinen Aromen von Johannis- und Brombeeren. Großartigen Biowein keltert das sehr sehenswerte Château Romanin mit seinem kathedralenartigen Kellergebäude. Eloi Dürrbach von der Domaine de Trévallon darf seinen Wein nicht mit dem AOP-Siegel Les Baux schmücken, da er mehr Cabernet Sauvignon enthält als zugelassen. Das ändert nichts an dessen Klasse: komplex, typisch mediterran, mit Noten von Garrigue-Kräutern und Trüffeln.

TOP ★ ERLEBNISSE

★ OUSTAU DE BAUMANIÈRE

Das Oustau de Baumanière ist kein Geheimtipp und schon gar nichts für kleine Geldbeutel, doch ab und zu mag man sich auch etwas ganz Besonderes gönnen. Das bekannte Luxushotel bietet nämlich Sterneküche vom Feinsten in fantastischer Umgebung. Hier begeistern innovative Gerichte, der riesige Weinkeller und der wunderbare Service. Und natürlich verwöhnt das 5-Sterne-Hotel auch mit Pool und Wellness.

WEITERE INFORMATIONEN
www.oustaudebaumaniere.com
www.lesbauxdeprovence.com/de

★ BUNTES DRACHENFEST

In Tarascon werden alljährlich ab dem letzten Freitag im Juni vier Tage lang die Fêtes de la Tarasque begangen. Das Stadtfest gehört zu den ältesten in der ganzen Provence. Zu diesem Anlass wird das legendäre Monster Tarasque in einem großen Umzug von Rittern durch die Stadt geschleppt, begleitet von dem berühmten literarischen Prahlhans Tartarin. Dazu kann man sich mit leckerem Essen und Trinken verwöhnen und vergnügen, unterhalten Musik und ein abschließendes Feuerwerk am Ufer der Rhône. Informationen dazu erhält man beim Office de Tourisme in Tarascon.

WEITERE INFORMATIONEN
www.tarascon-tourisme.com

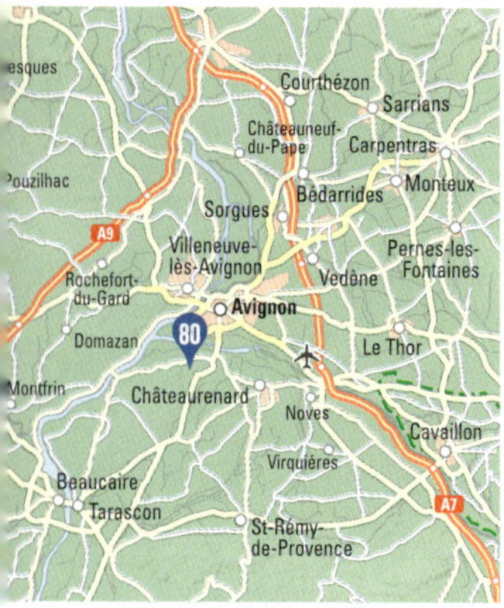

80 AUF DER BRÜCKE – AVIGNON

Die Stadt der Päpste

Man täte Avignon Unrecht, wenn man die Stadt auf die Epoche der Päpste und deren Palais reduzierte. Im Juli dominiert hier das Theaterfestival, und alles vibriert, tanzt und musiziert auch abseits des offiziellen Programms. Nach dieser heißen Phase kehrt trotz aller Touristenströme wieder Normalität ein. Dann ist genug Muße, um den Papstpalast und die berühmte Brücke von Avignon zu besichtigen.

Wie heißt es in dem berühmten Lied? *»Sur le pont d'Avignon, l'on y danse …«*. Der besungene Pont Saint-Bénézet wurde 1185 eröffnet und 1660 durch eine Flutwelle zerstört. Von seinen ursprünglich 22 Bögen blieben nur vier erhalten, darunter auch der Pfeiler mit der Kapelle Saint-Nicolas. Der Brückentorso gehört heute zusammen mit dem Papstpalast und der Kathedrale von Avignon zum UNESCO-Welterbe.

Wahrscheinlich basiert der Text des Liedes allerdings auf einem Fehler. Der Pont Saint-Bénézet verband einst die Provence mit dem Languedoc, die Rhône bildet die Grenze zwischen den beiden Regionen. Die Passage über den Fluss von Avignon nach Villeneuve-lès-Avignon war viel befahren, deshalb ist es kaum vorstellbar, dass *auf* dem Bauwerk getanzt wurde. Wahrscheinlich hieß der Text ursprünglich wohl *»sous le pont«* – denn »unter der Brücke« befand sich eine Guinguette, ein traditionelles Tanzlokal.

Kämpferischer Theaterdirektor

Im Juli lockt das Festival d'Avignon Scharen von Besuchern in die Stadt. Das Festival wurde 1947 von dem Schauspieler und Regisseur Jean Vilar zunächst als reines Theaterfestival gegründet, Tanz und Gesang kamen erst später hinzu. Seitdem findet es jährlich statt.

Seit mehr als 350 Jahren ist die berühmte Brücke von Avignon nur noch ein Torso (unten). Im Angesicht des Papstpalasts schmeckt ein Aperitif gleich noch mal so gut (rechte Seite oben). Statuen in der nördlichen Sakristei im Papstpalast (rechte Seite unten).

Während des Festivals von Avignon fährt ein Clown auf dem Rad vor den zahlreichen Ankündigungen für Veranstaltungen vorbei (oben). Nächtliche 3D-Installation auf der Mauer des Papstpalastes (unten). Das Leiden Christi, dargestellt in der Sakristei des Palastes (rechte Seite oben). Eine Papiermühle betreibt an der Sorgue unweit Fontaine-de-Vaucluse ihr altes Handwerk (rechte Seite unten).

Das Festival nimmt in den letzten drei Juliwochen die ganze Stadt drinnen und draußen in Beschlag. Die Innenaufführungen finden unter anderem im Papstpalast, in Klöstern und der Opéra Grand Avignon statt. Hier glänzte Gérard Philipe als Schauspieler und Regisseur, und auch die Deutschen Pina Bausch, Tänzerin und Choreografin, und Regisseur Thomas Ostermeier, Künstlerischer Leiter der Berliner Schaubühne, vermehrten hier ihren Ruhm. Seit 1968 gehören Freiluftaufführungen dazu: Junge Schauspieler zeigen bei mehr als 1000 Spektakeln ihre Kunst auf Straßen, Plätzen und Hinterhöfen. Gaukler machen sich einen Jux mit den Touristen,

Zauberkünstler gehen von Tisch zu Tisch, ein Artist läuft auf Händen über voll gedeckte Tische, klaubt sich hier eine Olive vom Teller, dort ein Stück Brot …

Päpste und Gegenpäpste

Avignon ist aber nicht nur Festivalstadt, sondern auch die Cité des papes, die »Stadt der Päpste«, die im späten Mittelalter von Avignon aus die Christenheit regierten. Das Verhältnis zwischen Kirche und Politik ist heute in Europa trotz aller Meinungsverschiedenheiten sicherlich deutlich entspannter als im frühen 14. Jahrhundert. Damals lieferten sich in Italien rivalisierende Adelsgruppen blutige Auseinandersetzungen, sodass dem Franzosen Bertrand de Got, der als Papst den Namen Clemens V. trug, dort die Lage zu heiß wurde. Der französische König Philipp IV., genannt »der Schöne«, nötigte den Papst, nach Südfrankreich überzusiedeln. Clemens V. suchte sich zunächst eine neue Bleibe in der Grafschaft Venaissin, die nahe Avignon lag und sich in päpstlichem Besitz befand. Sein Nachfolger, Johannes XXII., war zuvor Bischof von Avignon gewesen und blieb deshalb bequemerweise in seinem Bischofspalast wohnen, der zum Papstpalast avancierte.

Den Grundstein des berühmten Palais des Papes ließ Benedikt XII. legen. Der Papst war Mitglied des Zisterzienserordens, der sich dem einfachen, entsagungsvollen Leben verschrieben hatte. Entsprechend schlicht fiel der Palais Vieux, der Alte Palast aus – eindeutig zu wenig prunkvoll für Papst Clemens VI., der 1342 Benedikts Nachfolge antrat. Er ließ direkt an das Palais Vieux das Palais Nouveau errichten und bekannte Künstler zur Ausschmückung der Räumlichkeiten dieses Neuen Palasts kommen. Zudem kaufte er der Gräfin Johanna von Provence die Stadt Avignon für 80 000 Goldgulden ab und fügte sie der päpstlichen Enklave hinzu. Nach sieben Päpsten bis 1377 und zwei Gegenpäpsten während des anschließenden großen Schis-

mas der christlichen Kirche war 1417 Schluss in Avignon: Die Heiligkeiten zogen wieder nach Rom.

Auf Schatzsuche

Jahrhunderte später wurde der Papstpalast im Zuge der Französischen Revolution 1791 geplündert, von der Originaleinrichtung blieb kaum etwas erhalten. Ein Besuch des gigantischen Bauwerks lohnt sich trotzdem, sei es im Rahmen einer Gruppenführung oder individuell, wobei man nicht auf den in deutscher Sprache erhältlichen Audioguide verzichten sollte. Am schönsten sind die Kapelle Saint-Martial, deren Fresken von Matteo Giovannetti in 35 Episoden das Leben des heiligen Apostels Martial darstellen, sowie La Chambre du Cerf. Das »Hirschzimmer« war das Arbeitszimmer von Papst Clemens VI. und ist mit Wandmalereien verziert, die Jagdszenen zeigen.
Weitere Kunstschätze findet man an allen Ecken der Stadt. So zeigt das Musée Calvet Gemälde europäischer Künstler aus dem 16. bis 19. Jahrhundert sowie moderne Kunst unter anderem von Alfred Sisley und Camille Claudel. Das private Musée Angladon wurde von einem hiesigen Künstlerpaar gegründet und ist erst seit 1996 allgemein zugänglich. Hier kann man Werke von Cézanne, Manet, Picasso, Modigliani und anderen Berühmtheiten bewundern. Sehenswert auch das Petit Palais mit seiner Sammlung italienischer Wandteppiche, seinen zahlreichen Skulpturen und Gemälden von Meistern wie Botticelli.

Flanieren in der Altstadt

Avignons weltliches Zentrum ist die Place de l'Horloge, um die sich Restaurants und Cafés scharen. Von dort erreicht man bequem zu Fuß die Markthalle an der Place de Pie. Der außergewöhnliche Bau mit seiner grün bewachsenen Nordseite ist ein Paradies für Gourmets. Ein Bummel durch die vielen kleinen Gassen sollte auch durch die Rue des Teinturiers führen. Dort arbeiteten früher Hunderte Tuchfärber, heute reihen sich hier Bistros, Musikkneipen, Trödelläden und Kunstgalerien aneinander. Einen würdigen Abschluss des Avignon-Besuchs bildet der Rocher des Doms. Von dem Felsvorsprung mit einem schön angelegten Garten hat man einen herrlichen Blick auf die Stadt sowie in der Ferne auf die Dentelles de Montmirail und den Mont Ventoux.

TOP ★ ERLEBNISSE

★ PÄPSTLICHE SOMMERFRISCHE

Tapetenwechsel im Sommer – das strebten auch die Päpste von Avignon an. Von der Sommerresidenz in Châteauneuf-du-Pape aus dem 14. Jahrhundert stehen lediglich Mauerfragmente und der Wehrturm. Der Ort in den Côtes du Rhône gehört zu einem der berühmtesten Weinanbaugebiete Frankreichs. Die Reben wachsen auf den Kiesbänken östlich der Rhone zwischen Orange und Avignon und werden zu vollmundigem Rotwein gekeltert.

WEITERE INFORMATIONEN
www.chateauneuf.com
www.ot.avignon.fr,
www.palais-des-papes.com

★ STILVOLL SCHREIBEN

Von einst vier Papiermühlen in Fontaine-de-Vaucluse ist nur eine übrig geblieben: die Vallis Clausa. Auf den kostenlosen Führungen durch die Produktionsstätte kann man erleben, wie aus Stofflumpen feinstes Papier hergestellt wird – und in der dazugehörigen Boutique wunderschönes Papier oder weitere geschmackvolle Produkte erwerben, wie Drucke von Texten von Dichtern wie Petrarca oder von berühmten Dokumenten der Weltgeschichte, wie der Deklaration der Menschenrechte.

WEITERE INFORMATIONEN
www.moulin-vallisclausa.com

Die römische Brücke über die Ouvèze hielt allen Hochwassern stand (oben). Bei einem Bummel durch Vaison erfreuen bunte Blüten das Auge (rechte Seite unten). Die Qualität eines Trüffels erkennt man am besten mit der Nase (rechte Seite oben).

81 STADT MIT GESCHICHTE – VAISON-LA-ROMAINE

Lebenskunst seit über 2000 Jahren

Den Zusatz »la Romaine« gab sich Vaison zwar erst im Jahr 1924, aber völlig zu Recht, denn das Erbe der Römer ist hier überall zu entdecken. Doch die Stadt ist keineswegs auf ihre Geschichte fixiert. Insbesondere in den Sommermonaten ist sie ein Besuchermagnet für Touristen, die im Umland ihren Urlaub verbringen und Vaisons Atmosphäre genießen. An Markttagen platzt die Stadt aus allen Nähten.

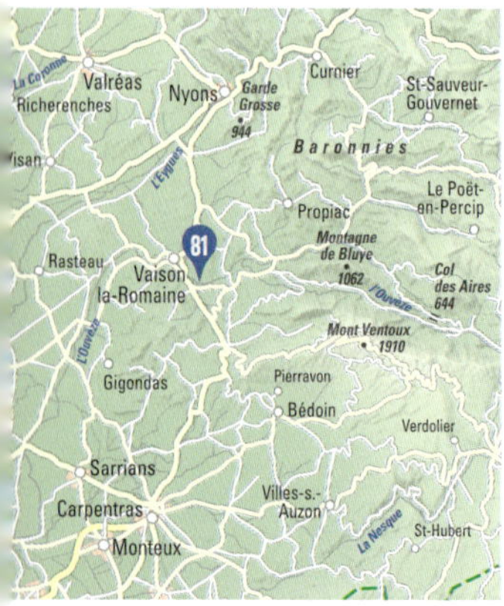

Dienstagvormittag. Die Stadt ist bereits seit den frühen Morgenstunden von geschäftigem Treiben erfüllt. Nördlich des Flusses Ouvèze haben Händler in der gesamten Innenstadt für den Wochenmarkt Stände aufgebaut. Zum Angebot stehen leuchtend gelbe Stoffe und Tischdecken mit blauen Mustern und Motiven, Keramiken, Säckchen mit Herbes de Provence oder Lavendel und weitere landestypische Andenken. Maler stellen ihre Werke aus, Winzer lassen ihre Weine verkosten, Bekleidung – neu und secondhand – wird an jeder Ecke probiert. Überbordend sind die Lebensmittelstände mit Fleisch, frischen Tomaten, Knoblauch, Fenchel und Auberginen, Aprikosen, Feigen und Melonen, Oliven, Schafs- und Ziegenkäse. Nach dem Einkauf bieten die Cafés und Bistros an der Place de Montfort Gelegenheit, den Vormittag bei einem Glas Wein oder Pastis zu beschließen.

Das Leben der Vocontier

Vaison wurde vor rund 2300 Jahren von keltischen Vocontiern gegründet. In römischer Zeit gedieh Vasio Vocontiorum zu einer reichen Stadt, die wenige Jahrhunderte später von Alemannen und Goten mehrmals geplündert und schließlich zerstört wurde.

Besucher der gallorömischen Relikte brauchen viel Fantasie, um sich anhand der Ruinen das damalige Leben vorzustellen – ein Audioguide erleichtert aber das Verständnis. Vasio erstreckte sich auf locker bebauten 70 Hektar und war eine bunte Mischung aus luxuriösen Palästen, Häusern und Bruchbuden. Im 1. Jahrhundert erhielt die Stadt eine typisch römische Struktur mit rechtwinklig angelegten Straßen.

Antikes Erbe

Die Ausgrabungsstätten im Quartier du Puymin und Quartier de La Villasse liegen beiderseits der Avenue du Général de Gaulle. Puymin wird dominiert von einem antiken Theater, das 6000 Zuschauern Platz bietet. Noch heute ist es Schauplatz für kulturelle Veranstaltungen und fasziniert durch seine grandiose Akustik.
Das archäologische Museum zeigt Alltagsgegenstände, Waffen und Marmorstatuen. Wie die Reichen lebten, lässt sich in den Überresten der Maison à l'Apollon Lauré nachvollziehen. In La Villasse sieht man die einstigen Thermen, eine gepflasterte frühere Einkaufsstraße und die Ruinen des Herrenhauses Buste d'argent mit Pool und Garten. Dass die Römer ihr Bauhandwerk verstanden, beweist die 2000 Jahre alte, immer noch stark befahrene Brücke über die Ouvèze. Als am 22. September 1992 das sonst so unscheinbare Flüsschen plötzlich auf 17,50 Meter Höhe anschwoll und mehr als 30 Menschen in den Tod riss, Häuser und moderne Brücken zerstörte, erlitt die antike Brücke nur kleinere Schäden.

Mittelalterliche Bauwerke

Trutzig erhebt sich der quadratische Glockenturm von Notre-Dame-de-Nazareth am westlichen Rand der Stadt. Die romanische Kathedrale aus dem 11. und 12. Jahrhundert ist im Inneren schlicht gehalten, die Kapitelle des angrenzenden Kreuzgangs sind mit Blättern und kleinen Figuren verziert. Nach der Zerstörung der römischen Stadt wechselten die Bewohner in die Oberstadt auf der linken Seite der Ouvèze, bis im Hochmittelalter die alte Siedlung neu belebt wurde. Nach Streitigkeiten mit der Kirche ließ Raymond V., der Graf von Toulouse, Ende des 12. Jahrhunderts in der Haute Ville ein Château errichten, dessen Reste heute noch zu sehen sind. Denkmalschutz war damals noch nicht aktuell: Die Steine für die Befestigungsmauern oder Remparts wurden aus der römischen Stadt abgetragen.

TOP ★ ERLEBNISSE

★ ÖL MIT TRADITION

Seit mehr als drei Jahrhunderten produziert die Familie Farnoux Olivenöl auf althergebrachte Weise. So entsteht feinstes Olivenöl, auf dessen Basis Alain Farnoux auch Produkte wie Tapenade, eine Olivenpaste, oder die Sauce Pistou herstellt. Hinzu kommen kosmetische Erzeugnisse wie Cremes auf Olivenölbasis. Die Mühle liegt etwa fünf Kilometer nordöstlich von Vaison-la-Romaine.

WEITERE INFORMATIONEN
https://levieuxmoulinfarnoux.fr
www.vaison-danses.com,
www.choralies.fr

★ ALLES ÜBER TRÜFFELN

Unweit von Richerenches liegt Saint-Paul-Trois-Châteaux im Herzen der Trüffelregion Tricastin. Das dortige Trüffelmuseum zeigt alles über die geheimnisvolle Welt der schwarzen Diamanten. Es bietet Informationen über die Entwicklung der Trüffelvorkommen, die verschiedenen Trüffelregionen und die unterschiedlichen Arten. Die Besucher erfahren, welche Böden ideal sind, welches Klima Trüffeln bevorzugen, mit welchen Wirtsbäumen sie sich am besten verstehen, wie man sie findet, ob man sie züchten kann, wie man sie lagert. Trüffeln vom Feinsten bietet wieder das Hôtel Restaurant La Beaugravière in Mondragon. Dort zaubert Chef Guy Jullien wunderbare Trüffel-Menüs.

WEITERE INFORMATIONEN
www.maisondelatruffe.com,
www.beaugraviere.com

MALERISCHE LANDSCHAFTEN UND ZAUBERHAFTES LICHT

Auf den Spuren von Cézanne, Picasso und Co.

Romantik pur: St-Paul-de-Vence

Das besondere Licht und natürlich die herrlichen Landschaften im südlichen Frankreich haben seit mehr als 100 Jahren viele Maler veranlasst, ihren Lebens- und Arbeitsmittelpunkt hierher zu verlagern. Und das ist gut so: Womöglich wären ihre Werke nicht ansatzweise so ausdrucksstark ausgefallen, wären sie in deren nordfranzösischer oder flämischer Heimat auf die Leinwand gebracht worden.

Spricht man von Malern in der Provence, darf sein Name auf keinen Fall fehlen: Paul Cézanne (1839–1906). Der in Aix-en-Provence geborene Künstler ist einer der wichtigsten Vertreter des Impressionismus und schuf zahlreiche weltbekannte Werke wie Badende, Blick auf Estaque oder Haus in der Provence. Zwischen 1904 und 1906 entstand seine Reihe um den Hausberg von Aix, die Montagne-Sainte-Victoire, die er auf etwa 30 Bildern darstellte, aus verschiedenen Blickwinkeln, zu sämtlichen Tageszeiten, in unterschiedlichsten Stimmungen. Nach seinem Tod orientierten sich Künstlerkollegen wie Picasso, Braque, Matisse oder André Derain an seinem Schaffen, um nur einige zu nennen. Raoul Dufy (1877–1953) zog aus Le Havre in der Normandie nach Südfrankreich. Die Bilder dieses Vertreters des Fauvismus zeigen heitere Hafen- und Stadtszenen, die er mit seinem unverkennbaren Stil prägte. Georges Braque (1882–1963) verbrachte einige Sommer um die Jahrhundertwende im Süden. Der 1882 in Argenteuil geborene Maler, Grafiker und Bildhauer war zunächst ebenfalls ein Anhänger des Fauvismus, wandte sich dann jedoch dem Kubismus zu, dessen Mitbegründer er zusammen mit Pablo Picasso war. Seine 1908 gemalten Häuser in Estaque fangen das Licht der Côte d'Azur ein und zeigen den neuartigen Stil in Perfektion.

Wechselwirkung Matisse–Picasso

Matisse wurde 1916 von seinem Arzt empfohlen, sich wegen seiner Bronchitis an die Côte d'Azur zu begeben. Er lebte von da an einige Jahre in Nizza. In den Jahren vor seinem Tod 1954 arbeitete er an Entwürfen für

Heute wird Van Gogh in Arles mehr Achtung zuteil als zu Lebzeiten, wie hier im Kulturzentrum Espace Van Gogh.

Die Montagne Sainte-Victoire wurde unzählige Male von Paul Cézanne im Bild festgehalten.

eine Kapelle der Dominikanerinnen, die Rosenkranzkapelle in Vence. Seine langjährige Freundin, Schwester Jacques-Marie, hatte ihn gebeten, eine Kapelle für das Kloster zu errichten. Seit Ende des Zweiten Weltkriegs war Picasso öfter nach Antibes und Nizza gereist, um seinen Künstlerkollegen Henri Matisse zu besuchen. Die beiden verband eine Kameradschaft, die sich gegenseitig befruchtete und sehr produktive Schaffensphasen beider Künstler begünstigte. In dieser Zeit entstanden einige von Picassos wichtigsten Werken, darunter die *Demoiselles d'Avignon*, ein großes Werk des Kubismus, sowie *Mädchen mit Mandoline*. Später, 1948, zog Picasso nach Vallauris und blieb Zeit seines Lebens in Südfrankreich. Pierre-Auguste Renoir (1841–1919) gilt als einer der wichtigsten Vertreter der impressionistischen Epoche. Er zog aus gesundheitlichen Gründen 1907 nach Cagnes-sur-Mer. Vincent van Gogh (1853–1890) reiste 1888 nach Arles, wo er nur Station machen wollte auf der Weiterreise nach Nizza. Dann blieb er jedoch 16 Monate. Diese Zeit war ungeheuer produktiv, es entstanden 187 Gemälde, darunter Werke wie die *Brücke von Langlois*, die *Caféterrasse am Abend* sowie *Sternennacht*, das in der für ihn charakteristischen Malweise des Post-Impressionismus bzw. frühen Expressionismus den Nachthimmel in Saint-Rémy-de-Provence zeigt.
All diese großartigen Künstler eint eine Verbindung mit Südfrankreich. Die dortigen Landschaften, Düfte, Stimmungen und Lichtverhältnisse haben sie zu Werken inspiriert, die noch lange nach ihrem Tod Menschen in aller Welt faszinieren und begeistern.

Die Brücke von Langlois kam durch Van Gogh zu Weltruhm.

Der barocke Pavillon de Vendôme

Von den Weinbergen zu Füßen der Dentelles de Montmirail stammen feinste Tropfen (oben). Ein Dorf schöner als das andere – hier Gigondas (rechte Seite).

82 EINFACH SPITZE – DIE DENTELLES DE MONTMIRAIL

Für Sportler und Genießer

Ein wundersam gezackter Gebirgszug erhebt sich südlich von Vaison und nördlich von Carpentras: die Dentelles de Montmirail. Die Berge erreichen zwar nicht die Höhe des benachbarten Mont Ventoux, doch für Wanderer, Radfahrer und Kletterer bieten sie jede Menge Auswahl. Und unter Weinliebhabern sorgen die Dörfer an ihren Hängen stets für aufregende Entdeckungen.

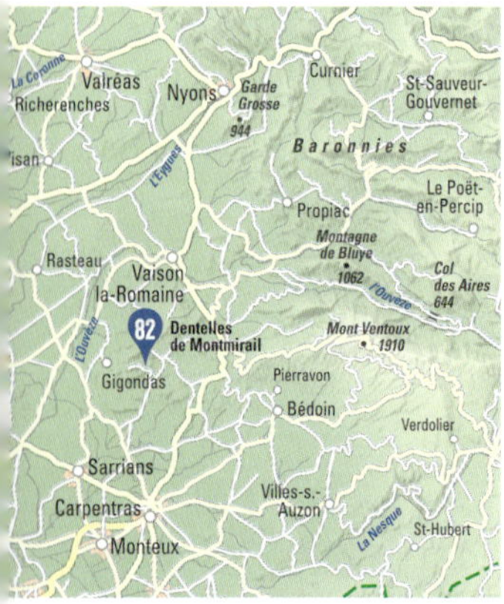

*D**entelles* sind Spitzen, sowohl bei Bergen als auch beim Häkeln. Montmirail kommt vom lateinischen *mons mirabilis* und bedeutet »bewundernswerter Berg«. Damit ist eigentlich schon alles gesagt. Die Kalksteinberge der Dentelles erstrecken sich über acht Kilometer. Sie beginnen im Südwesten mit dem Grand Montmirail, es folgen das Tal Col d'Alsau, die Dentelles Sarrasines und der Rocher du Turc, der Col du Cayron, Le Cayron und Les Trois Yeux. Die mit 730 Metern höchste Erhebung, die Crête de Saint-Amand, befindet sich am nordöstlichen Ende. Alle Wander- und Mountainbikerouten sind gut ausgeschildert. Man kann seine Tour in Gigondas beginnen und sich langsam nach oben arbeiten, doch die wohl schönste, insgesamt rund 90 Minuten lange Route führt vom Col du Cayron zu den Dentelles Sarrasines. Unterwegs stößt man auf die Trois Yeux, eine Felsgruppe mit drei großen Löchern – daher der Name »Drei Augen« –, und wer möchte, erklimmt den mehr als 600 Meter hohen Rocher du Turc. Auch bei schönem Wetter kommt man hier ohne feste Schuhe nicht weit. Den höchsten Gipfel, die Crête de Saint-Amand, erreicht man als Wanderer am besten von Suzette aus. Das kleine Dorf mit nur gut 100 Einwohnern liegt bezaubernd auf einem Felsen und ist von Weinbergen umgeben.

Weingärten bei Vacqueyras; im Hintergrund wacht der Mont Ventoux (unten). In Séguret laden lauschige Lokale zu provenzalischer Küche ein (rechte Seite oben). Das Restaurant »L'Oustalet« ist eine Top-Adresse in Gigondas (rechte Seite unten).

Genaue Regeln für den Wein

Am Fuß der Dentelles liegen Weinorte, bei deren Namen Kenner glänzende Augen bekommen. Für die hiesigen Winzer gelten klare Regeln, über deren Einhaltung der Verband Inter Rhône aufmerksam wacht. Das Regularium bestimmt unter anderem die Hierarchie der Weinorte. Die Bezeichnung »Côtes-du-Rhône« dürfen Weine aus 171 Gemeinden tragen, die sich über sechs Départements verteilen. Die nächste Qualitätsstufe nennt sich Côtes-du-Rhône Villages, zu der 95 Orte gehören. Eine Stufe darüber stehen 18 Côte-du-Rhône Villages, die ihren Gemeindenamen dazusetzen dürfen, wie zum Beispiel Séguret und Sablet. Die Spitze bilden die 16 lokalen Appellationen, sogenannte Crus, jeweils acht an der nördlichen und an der südlichen Rhône. Am Rande der Dentelles sind das Gigondas, Vacqueyras und Beaumes de Venise. Die Einstufung erfolgte nach der Qualität des Terroir – dem Zusammenspiel von Klima und Boden – und der Weine aus diesem Gebiet.

Vorgeschrieben ist ebenfalls, welche Rebsorten benutzt werden dürfen. Für Côtes-du-Rhône sind insgesamt 21 Rebsorten erlaubt, wobei die weißen kaum eine Rolle spielen und nur vier Prozent der Produktion ausmachen. Rotweine sind in der Regel Cuvées aus mehreren Rebsorten, wobei sie mindestens 40 Prozent Grenache sowie mindestens 15 Prozent Syrah und/oder Mourvèdre enthalten müssen. Jede Rebsorte spielt ihre eigene Rolle: Grenache sorgt für die Fruchtigkeit sowie für warme und runde Aromen, Syrah für Johannisbeernoten und gemeinsam mit Mourvèdre für Würzigkeit, eine dunkle Farbe und für Tannine, Gerbstoffe, die dem Wein ein langes Leben verleihen können. Um Weine mit Kraft und Charakter zu bekommen, sind die Erträge, gemessen in Hektoliter pro Hektar, per Dekret begrenzt. Für einen Côtes-du-Rhône Villages darf der Winzer 45 Hektoliter erzielen, für einen Côtes-du-Rhône Villages mit Zusatz des Gemeindenamens nur 42 Hektoliter.

Die Starappellation

Das am Fuß der Dentelles gelegene Gigondas ist die bekannteste Ortsappellation. Hier entstehen komplexe Rote mit einer breiten Aromapalette von schwarzen, sehr reifen Früchten, von Pflaumen und würzigen Noten wie Thymian und Lakritz. In Gigondas arbeiten die Winzer mit sehr strikter Ertragsbeschränkung bei nur 24 Hektolitern pro Hektar. Durch die Schatten des Bergmassivs ist die tägliche Sonnenzeit kurz, so können die Trauben lange ausreifen und entwickeln keine marmeladigen Töne.

Auch positiv: Die kieselhaltigen Tonböden sind sehr wasserdurchlässig, die Reben bekommen keine »nassen Füße«, und der oft heftig pustende Mistral sorgt für schnell trocknende Trauben.

Charmante Dörfer

Séguret steht auf der Liste der schönsten Dörfer Frankreichs. Seine Häuser staffeln sich an einem Hügel; dazwischen verlaufen enge, teils steile Gassen. Man trifft auf einen hübschen Brunnen mit drei Mascarons, wasserspeienden Köpfen, die die bösen Geister abschrecken sollten, einen Turm aus dem 14. Jahrhundert und die Kirche Saint-Denis aus dem 12. Jahrhundert. Von einem feudalen Schloss sind noch die Ruinen zu sehen, von der Aussichtsplattform geht der Blick auf die Dentelles und über die weite Ebene des Comtat.

Auf einer kleinen Anhöhe liegt Sablet, ein rund angelegtes Dorf mit pittoresken schattigen Gassen und einer Stadtmauer mit Türmen, die die Häuser mit dem Glockenturm der Kirche St-Nazaire aus dem 12. Jahrhundert umgibt. Gigondas lebt in erster Linie von seinem Wein, auf der Anhöhe ist neben den Resten der alten Mauern und den Ruinen des ersten Schlosses ein Weinlehrpfad angelegt. Im und rund um das Feudalschloss sind zeitgenössische Skulpturen zu bewundern. Auch der Ruhm von Vacqueyras beruht vor allem auf seinem Wein. Der auf einem Hügel angelegte charmante Ort weist einen alten Wachtturm aus dem 12. Jahrhundert und Reste der alten Dorfmauern auf.

An den südlichen Ausläufern der Dentelles spielt in Beaumes-de-Venise der Muscat, einer der berühmtesten Süßweine der Provence, die Hauptrolle. Besichtigen sollte man auch die Ortschaft La Balméenne, bekannt für ihr ausgezeichnetes Olivenöl. Östlich davon stehen die teils merkwürdig geformten Sandfelsen von Rocalinaud, deren Höhlen in prähistorischer Zeit als Unterschlupf dienten. Richtung Westen, unweit der Dentelles, lohnt sich der Besuch zweier weiterer Winzerorte. Rasteau mit engen, gepflasterten Gassen, Zeugnissen seiner mittelalterlichen Vergangenheit und einem sehenswerten Weinbaumuseum liegt in einem Rot- und Süßweingebiet. In Cairanne können Besucher des *Parcours sensoriel* im Genossenschaftskeller Aromen und Geschmack des Weins riechen, hören, ertasten und letztlich schmecken. Spannend.

TOP ★ ERLEBNISSE

★ RESTAURANT DER WINZERFAMILIE

Im Ortszentrum von Gigondas findet man ein kulinarisches Highlight der Dentelles: L'Oustalet. Das Restaurant ist im Besitz der Winzerfamilie Perrin aus Châteauneuf-du-Pape, einer der renommiertesten Weindynastien in ganz Frankreich. Laurent Deconinck kocht moderne provenzalische Gerichte der Saison mit Produkten aus eigenem Gemüsegarten. Auf seiner angenehm überschaubaren Karte legt er Wert auf das Zusammenspiel von Wein und Essen. Die Weinkarte enthält eine riesige Auswahl von Châteauneuf-Weinen und anderen ausgezeichneten Tropfen aus der Region. Wer danach nicht mehr fahren möchte: Das Haus bietet drei elegant eingerichtete Zimmer.

WEITERE INFORMATIONEN
www.loustalet-gigondas.com
www.gigondas-dm.fr

★ HOCH HINAUS

Freunde des Sportkletterns aufgepasst: Die Dentelles eignen sich mit fast 630 ausgestatteten Wegen der Schwierigkeitsgrade 3+ bis 8b an Felsen von 20 bis 100 Metern Höhe hervorragend zum Klettern. Die Tourist-Informationen von Beaumes-de-Venise und Gigondas bieten Führer dazu an.

WEITERE INFORMATIONEN
Zwei Hochgebirgsführer organisieren Kurse: Régis Leroy, www.alpimondo.com/blog/blogger/regis, André Charmetant, www.charmetant.org

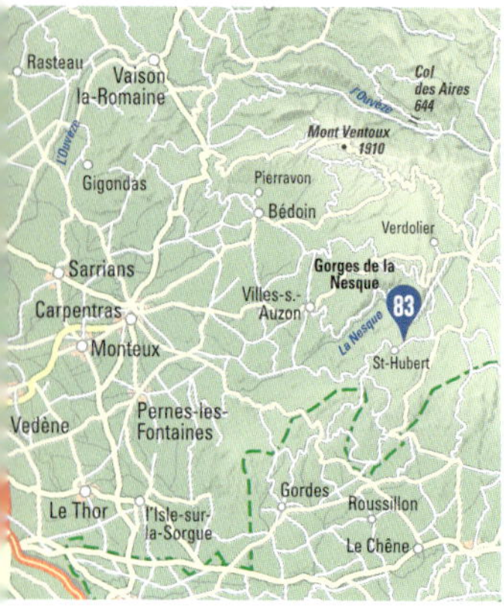

83 TIEFE SCHLUCHTEN – DIE GORGES DE LA NESQUE

Schönheit in Fels

Südlich des Mont Ventoux hat sich der kleine Fluss Nesque zwischen den Orten Sault und Villes-sur-Auzon tief in den Felsen gegraben und eine faszinierende Schlucht gebildet, die Gorges de la Nesque. Radfahrern bietet das fast menschenleere Gebiet eine anspruchsvolle Tour, und auch die Kondition der Wanderer ist hier stark gefordert. Die Schönheit der felsigen Landschaft entschädigt aber für alle Strapazen.

Die Nesque entspringt am Osthang des »windigen« Mont Ventoux, passiert die Monts de Vaucluse und fließt nach rund 70 Kilometern in die Sorgue de Velleron. Diese wiederum ist ein Nebenfluss der Ouvèze, die am Ende ihrer Wegstrecke schließlich in die Rhône mündet. Mit anderen Worten: Die Nesque ist kein bedeutender Fluss. Im Sommer führt sie nur wenig Wasser und ist zeitweise sogar ausgetrocknet. Sie hat es allerdings geschafft, sich im Laufe der Jahrtausende ein Flussbett zu schaffen, das von bis zu 400 Meter hohen Felswänden umgeben ist. Für Wassersportler hat die Nesque nichts zu bieten, für Wanderer und Radfahrer dafür umso mehr.

Die Landstraße D 942 zieht in scheinbar endlosen Windungen am rechten Flussufer der Nesque entlang. Von Villes-sur-Auzon geht es 22 Kilometer langsam bergauf, zunächst durch eine liebliche, dann immer kargere Landschaft, bis der Ort Monieux erreicht ist. In der Ebene sieht man von hier die Lavendelfelder von Sault, und wer Lust hat, verlängert die Tour noch auf der D 1 in die Hauptstadt des Lavendels. Die D 942 führt durch mehrere Tunnel und natürliche Steinbögen – und nicht nur das Auge freut sich darüber. Denn diese Durchfahrten sind so schmal, dass Wohnmobile und Lkws nicht hindurchpassen, sodass sich das Radfahren sehr komfortabel gestaltet. Der schönste

Zum kleinen Fluss Nesque geht es steil bergab (unten). Für Autos zu schmal – ein Paradies für Zweiradfahrer (rechte Seite oben). Monieux weist noch einige mittelalterliche Gemäuer auf (rechte Seite unten).

Aussichtspunkt der Route ist der 734 Meter hoch gelegene Belvédère de Castellaras. Er heißt nach einem einstigen Oppidum, einer befestigten Siedlung. Knochen- und Werkzeugfunde beweisen, dass hier bereits vor rund 60 000 Jahren Menschen in den Felsen Unterschlupf fanden und sich ansiedelten. Vom Belvédère aus reicht der Blick auf die andere Seite der Schlucht, auf den 872 Meter hohen Rocher du Cire und in die 300 Meter tiefer gelegenen Gorges.

Kleine Entdeckungen

Wanderer erobern die Gorges de la Nesque auf dem Fernwanderweg Grande Randonnée GR 9. Der Weg beginnt im Zentrum von Monieux und leitet am linken Ufer durch eine Landschaft mit Olivenhainen und grünen Eichen. Dem Schild »Chapelle Saint-Michel« folgend, überquert man die Nesque und stößt auf die in den Felsen gebaute romanische Kapelle – Habitat troglodytique, »Höhlenbauweise«, nennt sich diese Art der Architektur. Die Anstiege sind teils sehr steil, erfordern eine gute Ausrüstung und Schwindelfreiheit – schließlich ist auf engen Pfaden ein Höhenunterschied von 500 Metern zu überwinden. Für die Tour sollte man etwa dreieinhalb Stunden einplanen.
Ebenfalls ab Monieux beginnt der botanische Wanderweg Saint-Hubert, eine einfache Strecke von etwa zweieinhalb Stunden Dauer. Auf dem gut ausgeschilderten Weg wird dem Wanderer die Flora der Region nahegebracht. Man bewegt sich hier in einem Biosphärenreservat, das gegründet wurde, um die Vielfalt der Natur zu bewahren und mittlerweile seltene Tiere wie Steinadler oder Wanderfalken zu schützen. Der Weg führt entlang den Resten der 1721 erbauten Pestmauer. Die 25 Kilometer lange und zwei Meter hohe Trockenmauer sollte die nördlichen Landesteile vor der im Süden wütenden Pest schützen und wurde von eintausend päpstlichen Soldaten bewacht. Als die Pest dann Avignon und andere nördlich gelegene Städte erreichte, übernahmen königliche Soldaten die Wache, um jetzt den Süden vor dem Norden zu schützen.
Weiter geht es vorbei an Zeugnissen des früheren Lebens auf dem Lande, den Ruinen des Bauernhofs Lausemolan aus dem 17. Jahrhundert, den Arbeitsstätten der Köhler und den von den Bauern angelegten Wasserstätten. Zu diesen sogenannten Aiguiers wurde das Wasser aus den Bächen umgeleitet, um das Vieh zu tränken und auch die abgelegenen Höfe mit Wasser zu versorgen. Etliche dieser Reservoirs sind überdacht, mit Mauern in Trockenbauweise wie die berühmteren Bories im Luberon, und dienten vor allem zur Unterbringung von Viehherden.

TOP ★ ERLEBNISSE

★ ERSTAUNLICHE KOMBINATION

Ein Museum für Trüffeln und Eierbecher – diese Zusammenstellung verwundert. In Monieux wird alles über die schwarze Knolle gezeigt, die man hier in der Region findet und die auf dem Markt in Carpentras angeboten wird. Außerdem ist in diesem Museum eine Sammlung von 3500 Eierbechern aus aller Welt zu sehen. Wer sich danach mit sehr guter regionaler Saisonküche – auch mit Trüffeln – stärken möchte, dem sei das Restaurant Les Lavandes empfohlen.

WEITERE INFORMATIONEN
www.provence-tourismus.de
www.restaurant-les-lavandes.fr

★ SPASS NICHT NUR FÜR KINDER

Auf dem Weg auf der D 942 von Carpentras Richtung Avignon lohnt ein Stopp in Monteux. In dem kleinen Ort wurde der Eremit Saint Gens geboren, der es angeblich regnen lassen konnte, weshalb ihn die Bauern zu ihrem Schutzheiligen erkoren. Abwechslung bieten in Monteux aber auch der Badesee Lac de Monteux – und vor allem Splashworld. Europas größter Aquapark lockt mit insgesamt 15 Attraktionen, darunter Riesenrutschen und einer Anlage für Surfer mit drei Meter hohen Wellen. Direkt daneben ist ein Themenpark dem Comichelden Spirou gewidmet.

WEITERE INFORMATIONEN
www.splashworld.net, Parc Spirou, www.parc-spirou.com

Lavendel, hier bei Sault, ist das Sinnbild der Provence.

84 ZUFLUCHT DER KÜNSTLER – GORDES UND ROUSSILLON

Frankreichs schönste Dörfer

Unter den reizvollen Ortschaften in den Bergen des Luberon südöstlich von Avignon ragen zwei besonders hervor: Gordes und Roussillon. Beide gehören offiziell zu den schönsten Dörfern Frankreichs. Während das wie ein Adlerhorst auf einem Berg gelegene Gordes mit seiner einmaligen Lage und seinen charmanten Gassen punktet, fasziniert Roussillon seine Besucher mit roten Ockerfelsen.

Romantische Gasse im Ortskern von Gordes (unten). Ockerfarbene Häuser in Roussillon, überragt vom Mont Ventoux im Hintergrund (rechte Seite oben). Von gelb bis rot leuchten die Ockerbrüche von Roussillon (rechte Seite unten).

Im Luberon fanden im Zweiten Weltkrieg Widerstandskämpfer und den Nationalsozialisten unliebsame Künstler Unterschlupf. Gordes wurde 1944 von den deutschen Truppen allerdings stark zerstört – und glücklicherweise später wiederaufgebaut. Der Maler Marc Chagall konnte rechtzeitig fliehen. In Roussillon versteckte sich der Schriftsteller Samuel Beckett, ein aktives Mitglied der Résistance. Internationale Aufmerksamkeit erreichte Gordes nach dem Krieg, als Victor Vasarely, ein Begründer der Op-Art, das hiesige Schloss zu einem Museum für seine Werke umgestaltete. Nach der Schließung des Museums 1996 stellte der flämische Künstler Pol Mara dort seine Lithographien und Gemälde aus.

Calades heißen im Provenzalischen die engen Kopfsteinpflastergassen, die von den Caniveaux genannten Rinnsteinen gesäumt werden. Sie prägen das Ortsbild von Gordes, enden teilweise an einer Treppe, führen durch Torbögen und vorbei an alten, schmalen, hohen Häusern. Die meisten Besucher drücken sich die Nasen an den Schaufenstern der Kunsthandwerker und Souvenirläden

platt. Darüber thront das monumentale Schloss, das in der Renaissance im Stil einer mittelalterlichen Festung erbaut wurde und einen großartigen Panoramablick über den Luberon bietet.
In uralte Zeiten versetzt fühlt man sich im Village des Bories. Die runden Steinhäuser wurden vor Jahrhunderten in Trockenbauweise errichtet. Ihre einstigen Bewohner haben die Steine der Häuser vollkommen ohne Wasser und Mörtel kunstvoll aufeinandergeschichtet. Die Häuser wurden bis Anfang des 19. Jahrhunderts genutzt, ihr ursprünglicher Zweck ist nach wie vor ein Rätsel.

Das rote Dorf

Wie das umliegende Land präsentiert sich auch Roussillon farbenfreudig. Seine Häuser, die in allen erdenklichen Gelb- und Rotschattierungen leuchten, sind besonders bei Sonnenuntergang prächtig anzusehen. Und in den schmalen Gassen stellen Künstler und Töpfer ihre Waren aus. Unter dem Glockenturm hindurch führt der Weg zu einer »Castrum« genannten Plattform, auf der ein fantastischer Rundblick begeistert.
Roussillon ist berühmt für seine Ockersteinbrüche – das natürliche Mineralgemisch aus Tonerde und Sand ist durch Eisenoxid gelb, braun oder rot gefärbt. Als Erdfarbe war Ocker bereits in prähistorischen Zeiten bekannt, wie die Wandmalereien in der Grotte von Lascaux beweisen. Die industrielle Herstellung von Ockerfarbe, bei der die reinen Pigmente vom Sand getrennt werden, ersann der Einheimische Jean-Etienne Astier gegen Ende des 18. Jahrhunderts. Zu Beginn des 20. Jahrhunderts wurden in Roussillon 36 000 Tonnen Ocker produziert. Die Pigmente wurden vielseitig genutzt: in Farben für Hausfassaden, aber auch für Lebensmittel sowie für das Papier der Zigarettenmarke Gitanes Maïs. Ab den 1930er-Jahren begann mit dem Siegeszug der synthetischen Farben der Niedergang der hiesigen Ockerproduktion.
Mit weißer Kleidung sollte man sich nicht auf den Sentier des Ocres, den »Ockerweg«, machen. Auf dem je nach Route 30 oder 50 Minuten langen Rundweg durch die Ockerfelsen erklären Informationsschilder alles Wissenswerte zur Geologie, zum Ockerabbau und zur von Wacholder und Steineichen geprägten Vegetation. Auf dem Cheminée de fées – »Weg der Feenkamine« – genannten Abschnitt sind hoch aufragende Ockersäulen zu sehen, die mit ihren härteren Deckschichten oft an Phalli erinnern. Über den rot ausgeschilderten Weg erreicht man an der Chaussée des Géants die größten Felsen.

TOP ★ ERLEBNISSE

★ IM PROVENZALISCHEN COLORADO

Ockerfelsen halten sich nicht an Ortsgrenzen, und so bietet nicht nur Roussillon, sondern auch das Dorf Rustrel einen sehr lohnenden Rundgang durch die rot-gelbe Welt des bunten Gesteins. Das hiesige Gebiet wird »Colorado provençal« genannt, und seine Sehenswürdigkeiten tragen so abenteuerlich klingende Namen wie »Sahara« oder »Les Cascades«. Pigmente kann man in der Maison du Colorado erwerben, die üblichen Kitschartikel und Souvenirs sind dort übrigens auch erhältlich.

WEITERE INFORMATIONEN
Boulevard de Colorado (von Rustrel in Richtung Sault), www.coloradoprovencal.fr

★ ZAUBERHAFTE HÖHLENWELT

Unterhalb des verfallenen Schlosses von Thouzon und eines Klosters, drei Kilometer nördlich von Le Thor, liegen die Grottes de Thouzon. Der 230 Meter lange Gang ist an einigen Stellen 22 Meter hoch, sehr feine Stalaktiten hängen von der Decke, den Boden bedecken farbige Tropfsteine in bizarren Formen.

WEITERE INFORMATIONEN
www.grottes-thouzon.com

Bonnieux' Häuser schmiegen sich an den Hang (oben). Beliebtes Malermotiv: die Abtei von Sénanque (rechte Seite).

85 GESCHÜTZTE NATUR – DER LUBERON

Im Herzen der Provence

Mitten in der Provence, doch abseits des Massentourismus: Die Montagne du Luberon ist ein Paradies für Naturfreunde, die lieber wandernd und Rad fahrend auf Entdeckungsreise gehen als mit dem Auto die Region im Schnelltempo zu erkunden. Felsen und Wälder, Lavendelfelder und Weinberge prägen die Landschaft, an deren Berghänge sich Schutz suchend kleine malerische Dörfer schmiegen.

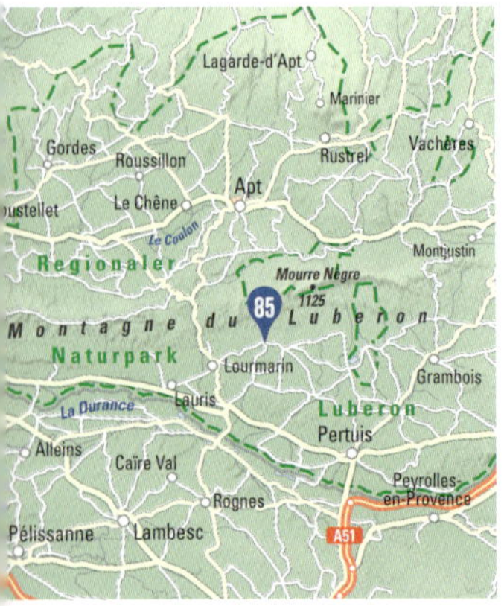

Der mit Steineichen und Zedern bewaldete Gebirgszug Luberon erstreckt sich südöstlich von Avignon über eine Länge von 50 Kilometern von Cavaillon im Westen bis nach Manosque im Osten. Der Petit Luberon im Westen ist etwas mehr als 700 Meter hoch, der Grand Luberon weiter östlich erreicht mit dem Mourre Nègre eine Höhe von 1125 Metern. Um die Ursprünglichkeit dieser spröden Landschaft zu erhalten, wurde 1977 der Regionalpark Luberon gegründet. Zusätzlich erklärte die UNESCO das nur dünn besiedelte Gebiet zum Biosphärenreservat.

Zahlreiche gut markierte Wanderwege und ein 250 Kilometer langer Radrundweg machen es den Besuchern einfach, den Luberon kennenzulernen. Unterwegs sind hier viele seltene Pflanzen zu bewundern, darunter auch mehrere Orchideenarten. Greifvögel kreisen am Himmel, immer auf der Suche nach Kleintieren, die sich auf den Felsen tummeln.

Bergnester und Gaumenfreuden

Die kleinen Dörfer des Luberon scheinen an den Berghängen zu kleben oder thronen wie Vogelnester auf den Kuppen. In der Regel bieten sie sehenswerte, meist romanische Kir-

chen, nette Gassen, malerische Burgen oder Burgruinen, eine schöne Aussicht und viel Natur ringsum.

Einen Besuch lohnt unter anderem Oppède-le-Vieux. Das Dorf war schon fast verlassen gewesen, als es von Künstlern und Aussteigern entdeckt wurde. In Ménerbes lebte bis 1997 Dora Maar, die Geliebte Pablo Picassos. Hier kann man in der Maison de la Truffe et du Vin du Luberon ganz in die köstliche Welt der Weine und Trüffeln der Region eintauchen oder das Korkenzieher-museum besuchen. Lacoste ist vor allem durch sein Château bekannt, das einst dem Marquis de Sade gehörte. Bonnieux besitzt ein Bäckereimuseum und interessante Bories. Diese in Trockenbau errichteten Steinhäuser sind weitaus weniger touristisch als die in Gordes. Lourmarin war der Wohnort zweier berühmter Schriftsteller, die hier auch bestattet sind: Henri Bosco und Albert Camus.

Die Spezialität von Lourmarin sind die Gibassiers, gesüßte Pfannkuchen mit Olivenöl. Darüber hinaus ist der gesamte Luberon für seinen Obstanbau berühmt. Auf den Märkten der Dörfer quellen die Stände je nach Saison von Erdbeeren, Kirschen, Aprikosen, Pfirsichen und Mandeln über. Besucher freuen sich über den Anblick der üppigen Lavendelfelder.

Der hiesige Wein heißt Côtes du Luberon und besitzt seit 1988 den Status als Appellation d'Origine Protégée (AOP). Zugelassen sind lediglich Hanglagen mit Karstboden, auf denen pro Hektar höchstens 50 Hektoliter erzielt werden dürfen. Die Weine müssen zudem mindestens elf Volumenprozent Alkohol aufweisen.

Kulinarische Kleinstädte

Das von den Römern als Colonia Julia Apta gegründete Apt hat rund 12 000 Einwohner und ist das Wirtschaftszentrum der Region. Nicht versäumen sollte man einen Besuch der tausendjährigen Cathédrale Sainte-Anne, deren Krypta einen Altar aus dem 5. Jahrhundert hütet. Apt ist zudem seit Jahrhunderten für seine kandierten Früchte bekannt. Diese werden mittlerweile leider überwiegend industriell produziert – unter anderem in der Confiserie Aptunion, deren angeschlossenes Museum man auf einer Führung besichtigen kann. Handwerklich arbeitet noch die empfehlenswerte Confiserie Le Coulon.

Cavaillon ist etwa doppelt so groß wie Apt und blickt ebenfalls auf eine römische Vergangenheit zurück. Davon zeugt heute noch der Torbogen Porte d'Avignon. Die jüdische Geschichte der Stadt ist im Musée

Eine große Auswahl an getrockneten Kräutern und Gewürzen hat man auf dem Markt von Saint-Saturnin-Lès-Apt (oben). Frisches Obst, wie hier Kirschen, verlockt auch häufig auf Märkten zum Kauf (unten). Gelbe Pracht: Sonnenblumen bei Lourmarin (rechte Seite oben). Das Château von Lacoste war einst im Besitz des Marquis de Sade (rechte Seite unten).

Juif Comtadin nachzuvollziehen. Berühmt ist Cavaillon allerdings vor allem für seine Melonen.

Der christliche Luberon

In der christlichen Geschichte des Luberon spielten die Zisterzienser und Waldenser eine bedeutende Rolle. Die nördlich von Gordes gelegene Abbaye de Sénanque wurde 1148 von Zisterziensern gegründet. Heute leben nur noch sechs Mönche in der Abtei, die man im Rahmen von Führungen besichtigen kann. Einen schweren Schlag erlitt das Kloster 1544, als es von aufständischen Waldensern überfallen und teilweise niedergebrannt wurde. Die Waldenser, auf Französisch Vaudois, wollten die katholische Kirche reformieren und wurden als Ketzer verfolgt. 1545 wurden viele von ihnen im Luberon ermordet. 1791 erwarb ein privater Investor die verbliebenen Bauten der Abtei und verhinderte so, dass sie während der Französischen Revolution vollständig zerstört wurde. Dem Zisterzienserorden gehörte früher auch die Abbaye de Silvacane, die im Süden der Region am linken Ufer der Durance liegt. Die restaurierte Abtei ist heute in Staatsbesitz und kann besichtigt werden.

Veränderungen bewirkte auch die Literatur in der Region. Mit seinen Büchern, darunter »Mein Jahr in der Provence«, »Toujours Provence« oder »Ein guter Jahrgang«, in denen er Leben und Mentalität der Südfranzosen – und ihre Küche – beschreibt, erreichte der britische Schriftsteller Peter Mayle Welterfolge. Nachdem sein Bauernhaus in Ménerbes im Luberon zu einem Wallfahrtsort seiner Fans geworden war, zog er entnervt in die USA, kehrte aber bald in den Luberon zurück. Seine Adresse in Lourmarin verriet er vorsichtshalber diesmal nicht.

Mayles Bücher entfachten einen regelrechten Hype. Vor allem Engländer suchten sich in der Provence schöne Häuser als Zweit- oder Drittwohnsitz. Die Einheimischen sehen diese Entwicklung mit gemischten Gefühlen. Zwar kurbelten die Maylistes die Umsätze von Handwerkern und Händlern an, doch waren die Immobilienpreise für junge Franzosen bald nicht mehr erschwinglich. Auch in Bezug auf die kulturelle Integration ist nicht alles eitel Sonnenschein. Ridley Scott, der Peter Mayles Roman »Ein guter Jahrgang« unter dem Titel »Ein gutes Jahr« verfilmte und in Oppède jetzt auch ein Weingut besitzt, prozessierte gegen Geflügelzüchter in seiner Nachbarschaft wegen Lärm- und Geruchsbelästigung. Geflügel kam in Roman und Film ja auch nicht vor. Zum Glück unterlag er vor Gericht.

TOP ★ ERLEBNISSE

★ KUNST UND WEIN

Ein Weingut mit zeitgenössischer Kunst unter freiem Himmel, das bietet das Château La Coste in Le Puy-Ste-Réparade. International renommierte Künstler und Architekten haben in den Weinbergen und Olivenhainen auf einer riesigen Fläche beeindruckende Werke errichtet. Mindestens zwei Stunden Fußmarsch sind für die Erkundung erforderlich, anschließend lockt die Verkostung der hauseigenen Bioweine. Ein luxuriöses Hotel mit Spa ist gerade im Bau.

WEITERE INFORMATIONEN
www.chateau-la-coste.com, www.vintruffeluberon.com, www.cavaillon.org

★ EIN DUFTES MUSEUM

In dem wunderschönen, modern interpretierten provenzalischen Steinhaus erfährt man alles rund um das intensiv duftende lila Gewächs. Alte Destilliergeräte aus reinem Kupfer werden gezeigt, das älteste aus dem Jahr 1626. Die zum Verkauf angebotenen Erzeugnisse werden aus Echtem Lavendel hergestellt, der auf dem Château du Bois auf dem Plateau d'Albion angebaut wird.

WEITERE INFORMATIONEN
www.museedelalavande.com

Tief eingegraben hat sich der Verdon zwischen die Felsen – ein Paradies für Wassersportler und Kletterer (oben). Der Eingang zur Schlucht ist noch breit und ruhig – ideal für Bootstouren mit der Familie (rechte Seite).

86 WILDE SCHÖNHEIT – DIE GORGES DU VERDON

Frankreichs Grand Canyon

Die Schlucht des Verdon ist die grandioseste Landschaft im Süden – Frankreichs Grand Canyon ist jedoch nicht nur beeindruckend, sondern bietet auch fantastische Möglichkeiten für Wanderer und Kletterer, für Kanu- und Kajakfahrer. Auf seinem rund 170 Kilometer langen Weg zur Durance speist der Verdon zudem den Stausee Lac de Sainte-Croix, ein Paradies für Wassersportler mit hübschen Dörfern an seinem Ufer.

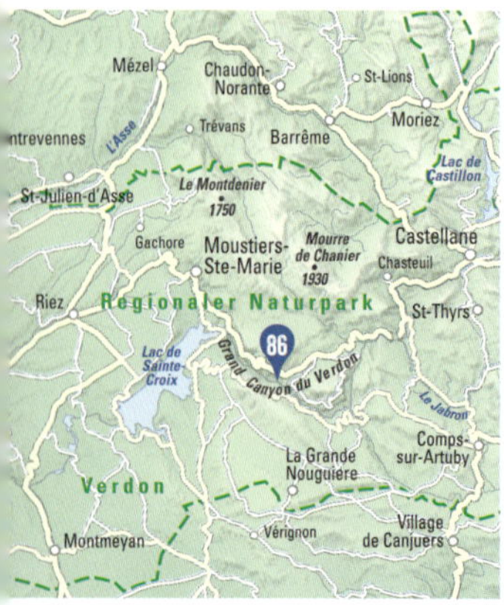

Während der eiszeitlichen Klimaschwankungen vor etwa 2,5 Millionen Jahren wurden durch das Abschmelzen des Gletschereises immense Wassermengen freigesetzt, die das Bett für den Verdon bis zu 700 Meter tief in das weiche Kalkgestein gruben. Es entstand eine gewaltige Schlucht, deren Form variiert: Der an seinem Grund zwischen 6 und 100 Meter breite Canyon wird von mächtigen Felswänden flankiert, die teils 250 Meter, teils 700 Meter aufragen und 200 bis 1500 Meter voneinander entfernt sind.

Früher war der Verdon ein gefährlicher Fluss. Seine Zuflüsse aus den Gebirgen ließen den Wasserstand in kürzester Zeit anschwellen, sodass reißende Strömungen entstanden. Seit 70 Jahren sorgen die nach und nach gebauten Staudämme für einen gleichmäßigeren Wasserpegel. 1948 wurde als erster Damm der Castillon-Staudamm fertiggestellt, 1974 entstand der Stausee Lac de Sainte-Croix, als man das Tal und das Dorf Les Salles-du-Verdon überflutete. Aber auch heute noch können die Wasserstände in der Schlucht stark ansteigen, je nachdem, wie

viel Wasser bei den Schleusen hindurchgelassen wird.

Abenteuerliche Traumstrecken

Die Strecke am Nordrand des Canyons führt von Moustiers nach Castellane. Besonders Motorradfahrer lieben die kurvigen Bergstraßen, die in bis zu 1032 Meter Höhe über den Col d'Ayen führen. Danach ist der Flusslauf etwas von der Straße entfernt, sodass es sich anbietet, in La Palud-sur-Verdon abzubiegen und sich auf der im Winter gesperrten Route des Crêtes wieder dem Fluss zu nähern. Unterwegs öffnen sich immer wieder atemberaubende Blicke in die Tiefe. Die Straße steigt beim Collet Barris auf 1459 Meter an und führt im Halbkreis wieder nach La Palud zurück.

Wer zurück von Castellane nach Moustiers eine andere Strecke nehmen möchte, wählt die Corniche Sublime, die südlich des Flusses verläuft. Dazu biegt man in Pont-de-Soleils ab, um nach einigen Kilometern die Schlucht zu erreichen und den ersten Stopp bei den Balcons de la Mescla einzulegen, von deren Aussichtspunkt die fantastische Schönheit der Landschaft gut zu genießen ist. Der Pont de l'Artuby überquert den gleichnamigen Nebenfluss des Verdon in schwindelerregender Höhe – hier suchen Bungeespringer den ultimativen Kick. Am Fluss entlang und nach einigen Serpentinen stößt die Corniche am Lac de Sainte-Croix angekommen auf die D 957, auf der es zurück nach Moustiers geht.

Imker Bernard Trigance preist seinen Honig an (oben). Entlang der 21 Kilometer langen Verdonschlucht erblickt man von vielen Aussichtspunkten den jadegrünen Fluss, der sich bis zu 700 Meter tief gegraben hat (unten). Das schön gelegene Moustiers ist berühmt für seine Fayencen (rechte Seite oben). Es gibt auch geführte Bootstouren durch den Grand Canyon du Verdon (rechte Seite unten).

Reizvolle Wanderungen

Zu Fuß folgt man am besten dem Sentier Martel. Der Weg ist nach dem Höhlenforscher Edouard Alfred Martel benannt, dem es 1905 als Erstem gelang, den wilden Canyon zu durchqueren. Die Stauseen gab es damals noch nicht. Heute ist der Weg vergleichsweise ungefährlich, allerdings sollte man sich unbedingt an die Sicherheitsvorkehrungen halten, da die Schleusen gelegentlich geöffnet werden. Erforderlich sind auf jeden Fall feste Schuhe, ausreichend Trinkwasser – immerhin sind mindestens fünf Stunden Fußmarsch notwendig, mit Pausen bis zu acht Stunden –, eine gute Kondition und Schwindelfreiheit. Vom Chalet de la Maline an der Route des Crêtes folgt man dem ausgeschilderten Weg in Richtung Point Sublime. Steil hinauf geht der Weg zum Aussichtspunkt Brèche Imbert – und über eine Metalltreppe wieder hinunter. Dann wird die Strecke leichter, führt durch zwei unbeleuchtete, 100 beziehungsweise 670 Meter lange Tunnel und dann immer am Fluss entlang zum Ziel. Wer noch Kraft hat, macht sich auf den Weg in das nahe mittelalterliche Dorf Rougon und erholt

sich dort von den Strapazen. Mehrere Unternehmen bieten Kajak- und Raftingausflüge an, aber auch gut abgesicherte Klettertouren. Freeclimber finden in einigen Passagen paradiesische Bedingungen. Der winzige Ort La Palud-sur-Verdon wird von Sportlern gern als Zwischenstopp genutzt und bietet einige Restaurants und Übernachtungsmöglichkeiten.

Im Nordosten strömt der Verdon in den 2200 Hektar großen Lac de Sainte-Croix. Der Stausee hat sich zu einem attraktiven Urlaubsziel entwickelt und ist mit seinem smaragdgrünen Wasser ideal zum Baden, Bootfahren und Surfen. Und nicht zuletzt ist er sauber – Motorboote sind tabu, Schmutzwasser wird hier nicht eingeleitet.

Das frühere Dorf Les Salles-sur-Verdon ist in den Fluten des Sees in 30 Meter Tiefe versunken, für seine Bewohner war der Verlust der Heimat natürlich eine bittere Erfahrung. Zwar wurden das Kriegerdenkmal, der historische Brunnen und die Kirchturmglocke bewahrt, doch eine alte Brücke mit neun Bögen, die seit 1500 Jahren den Verdon überspannte, versank mit Bauernhöfen und Feldern im Wasser. Der Ort wurde auf einem Hügel am See wieder neu aufgebaut, besitzt aber nicht dessen alten Charme. Ebenso wie im winzigen Sainte-Croix du-Verdon steht der Tourismus mit Bootsverleihen und Campingplätzen absolut im Vordergrund. Auch für Unterhaltung ist gesorgt: Nachts ist hier in den Open-Air-Discos einiges los.

Hübsche Dörfer

Bauduen an der Südostseite des Sees hat sich noch am ehesten seine Ursprünglichkeit bewahrt, und Moustiers-Sainte-Marie nördlich des Sees gehört offiziell zu den »schönsten Dörfern Frankreichs«. Der kleine Ort besitzt mit der Église Notre-Dame-de-l'Assomption eine von außen romanische Pfarrkirche aus dem 12. Jahrhundert. Oberhalb der Kapelle Notre-Dame-de-Beauvoir spannt sich zwischen zwei Bergspitzen eine mindestens 150 Meter lange Kette mit einem fünfzackigen vergoldeten Stern über das Bett eines Baches. Bislang streiten sich die Historiker, wann sie angebracht wurde. Bekannt ist Moustiers jedoch vor allem durch seine Fayence-Produktion, die ihre Blütezeit unter König Ludwig XIV. erlebte – nachdem der Herrscher seinem Adel untersagt hatte, goldene und silberne Teller zu benutzen. Heute ist das Töpferwesen eine der Haupteinnahmequellen des Ortes. Wer sich für die Herstellung und Geschichte der Fayencen interessiert, sollte das Musée Historique de la Faïence besuchen.

TOP ★ ERLEBNISSE

★ KREATIV, MEDITERRAN

Seit 1997 betreiben Catherine und Patrick Crespin ihre »Ferme Sainte-Cécile« in einem umgebauten Bauernhof aus dem 18. Jahrhundert. Das Haus steht außerhalb von Moustiers-Sainte-Marie, bietet eine lauschige Terrasse und einen großartigen Blick über die Landschaft. Patrick zelebriert eine kreative moderne Küche, mediterran geprägt, und bietet dazu Weine aus seinem gut sortierten Keller. Nicht vergessen: Tischreservierung ist erforderlich.

WEITERE INFORMATIONEN
www.ferme-ste-cecile.com, http://lac-sainte-croix.com, www.parcduverdon.fr

★ RAFTING AUF DEM VERDON

Wildwasserfahrten sind einer der Gründe, warum Touristen und Aktivsportler die Verdon-Schlucht so lieben. Die Strömung ist zwar reißend und das Ganze sieht gefährlich aus, doch das täuscht: Staudämme regulieren die Wassermenge, die durch die Schlucht fließt, zumindest zur Hauptferienzeit im Juli und August. Um der Wassersportler willen wird an zwei Tagen pro Woche aus den oberen Stauseen zusätzlich Wasser zugeführt.
In Castellane sitzen mehrere Anbieter mit versierten Bootsführern. Zum Baden lädt der Stausee Lac de Sainte-Croix ein mit durchschnittlich 24 °C Wassertemperatur im Sommer.

WEITERE INFORMATIONEN
www.rafting-verdon.com, www.castellane.org

87 CÉZANNES BERG – MONTAGNE SAINTE-VICTOIRE

Ein Fall von Besessenheit

Das bis zu 1011 Meter hohe Kalksandsteingebirge Sainte-Victoire erstreckt sich östlich von Aix-en-Provence. Es ist untrennbar mit dem in Aix geborenen Maler Paul Cézanne verbunden, für den das Gebirge eine wichtige Quelle der Inspiration war, die ihn stets faszinierte. Für Wanderer ist das einsame Gebiet ein reizvolles, gelegentlich auch schweißtreibendes Ziel.

Lange Zeit galt Cézanne in seiner Heimat als Tunichtgut, der nicht einmal ein anständiges Bild zustande brachte. Erst später feierte man ihn als einen der »Väter der Moderne«, und seine Heimatstadt beging sein 100. Todesjahr 2006 mit einer großartigen Hommage. Im Rahmen dieser Veranstaltungen huldigte ihm Denis Coutagne, früherer Direktor des Museums Granet in Aix-en-Provence: »Es gibt keine Malerei, die dermaßen universell und gleichermaßen an einem Ort verwurzelt ist.« Während andere Künstler in jener Zeit naturalistische Motive bevorzugten, bunte Felder und Märkte malten, beschäftigte sich Cézanne in seiner provenzalischen Heimat immer und immer wieder mit dem gleichen Motiv: der Sainte-Victoire. Zwar hatte er Kontakt zu Impressionisten, doch interessierte ihn weniger das Licht als die Komposition seiner Bilder und die tatsächlich vorgefundenen Farben. Diese wechselten je nach Tageszeit und Wetter, und so malte er »seinen Berg« aus verschiedenen Perspektiven und zu unterschiedlichen Zeiten. Seine Besessenheit wirkte ansteckend: Auch Pablo Picasso, Pierre-Auguste Renoir und Wassily Kandinsky kamen hierher, und der Schriftsteller Peter Handke orientierte sich in »Die Lehre der Sainte-Victoire« an den Gedanken Cézannes.

Sport für Könner und Anfänger

Das Massiv erstreckt sich fünf Kilometer in der Breite und 18 Kilometer in der Länge. Daher

Auf die Montagne Sainte-Victoire führen reizvolle Wanderwege bis nach ganz oben zu einem früheren Kloster (unten). Viele Hobbymaler möchten Paul Cézanne nacheifern und den Berg im Bild festhalten (rechte Seite oben). Von den Weinbergen am Fuße des Bergs kommen vor allem kräftige Rote (rechte Seite unten).

läuft man sich nicht gegenseitig über den Haufen, obwohl hier jedes Jahr rund 700 000 Besucher unterwegs sind. Das Gebiet ist unter Paraglidern populär, die meisten Menschen kommen jedoch zum Wandern und Bergsteigen zur Montagne Sainte-Victoire. Im Hochsommer ist der Zugang zu den Wanderwegen allerdings strikt reglementiert – zu groß ist die Feuergefahr. 1989 fiel die Natur auf einem 50 Quadratkilometer großen Areal einem Feuer zum Opfer, die Vegetation hat sich dort trotz Aufforstungen noch immer nicht ganz erholt. Am Fuß des Gebirges verlaufen leichte Wanderwege, besonders hübsch sind die Touren um die Stauseen Lac de Bimont und Lac Zola, den der Ingenieur François Zola anlegte, der Vater des berühmten Schriftstellers Émile Zola. Anspruchsvoller ist der Weg zur Prieuré Notre-Dame-de-Sainte-Victoire, einem 900 Meter hoch gelegenen Komplex aus Kapelle, Klostergebäude und den Ruinen eines Glockenturms. Noch ein bisschen Kletterei und man hat das Croix de Provence erreicht, ein 17 Meter hohes Kreuz auf einem elf Meter hohen Sockel. Von hier nach Osten verläuft der Chemin des Crêtes, der Weg über den Bergkamm, vorbei an der dunklen, 150 Meter tiefen Schlucht Gouffre du Garagaï und dem Pic des Mouches, der höchsten Erhebung mit einem 360-Grad-Rundblick bis zum Ort Puyloubier. In jedem Fall sind für diese Wanderungen festes Schuhwerk, Wasser und Sonnenschutz erforderlich.

Reizvolle Dörfer

Wer sich kurz vor dem Ort Vauvenargues befindet, kann beim Hof Les Cabassols die Wanderung zum Croix de Provence beginnen oder weiter in den Ort hineinfahren. Bekannt wurde Vauvenargues durch das Renaissanceschloss. 1958 kaufte es Picasso, der hier in der Einöde allerdings nur drei Jahre lebte. Dennoch befindet sich sein Grab hier im Park. Puyloubier ist ein hübsches kleines Dorf – es erstaunt nicht, dass es sich die Fremdenlegion bereits vor mehreren Jahrzehnten als Domizil für ihre Invaliden erkoren hat. Meyrargues nördlich von Aix-en-Provence besitzt ein schön gelegenes Château, heute ein Hotel, sodass nur dessen Gäste die großartige Aussicht genießen können. Am südlichen Rand des Bergs Sainte-Victoire erwartet die Besucher in Gréasque ein ungewöhnliches Museum: Dort arbeiteten einst in der mit über 1100 Meter tiefsten Kohlenmine Europas zwischen 1922 und 1960 rund 300 Bergleute. Den Alltag der Minenarbeiter kann man im Museum Pôle historique minier nachvollziehen.

TOP ★ ERLEBNISSE

★ KRÄFTIGE ROTE UND AROMATISCHE ROSÉS

Seit 2005 bildet das Weinbaugebiet Sainte-Victoire eine offizielle Unterappellation der AOP (Appellation d'Origine Protégée) Côtes-de-Provence. Mindestens zwei Rebsorten sind obligatorisch, zugelassen sind Grenache, Mourvèdre, Cinsault, Tibouren und Syrah. Der Höchstertrag pro Hektar darf 50 Hektoliter nicht überschreiten. In der Appellation gibt es 32 Privatkellereien und Kooperativen, die jährlich 17 000 Hektoliter Rosé- und Rotwein produzieren. Die Vinothek befindet sich in Trets und führt alle Weine, die von den Winzern der Sainte-Victoire produziert werden.

WEITERE INFORMATIONEN
www.vins-sainte-victoire.com

★ NATUR ENTDECKEN UND LERNEN

Im kleinen Beaurecueil bei St-Antonin-sur-Bayon südlich der Montagne Ste-Victoire lädt die Maison de la Ste-Victoire dazu ein, sich über die umgebende Landschaft zu informieren. Eine Ausstellung über das Gebirgsmassiv sowie ein Lehrpfad vermitteln Wissen über sein Ökosystem, seine Geschichte und die Bemühungen, die Wälder nach den Bränden von 1989 wieder aufzuforsten.

WEITERE INFORMATIONEN
www.grandsitesainte victoire.com

Historischer Brunnen am Place d'Albertas in Aix en Provence (oben). Das Rathaus wird beherrscht von seinem berühmten Uhrenturm, einem ehemaligen Wachturm der Stadt (rechte Seite).

88 STADT MIT DEN 1000 BRUNNEN – AIX-EN-PROVENCE

Auf den Spuren von Cézanne

Es sind die Farben, die es ermöglichen, auf den Spuren von Paul Cézanne durch Aix-en-Provence zu schlendern. Immer mit dabei: sein Selbstbildnis mit Melone. So lernt man die schöne Stadt in der Provence und ihre Umgebung einmal aus einem anderen Blickwinkel kennen. Und doch – für viele ist ein Besuch in Aix nicht vorstellbar ohne einen Bummel über den Cours Mirabeau.

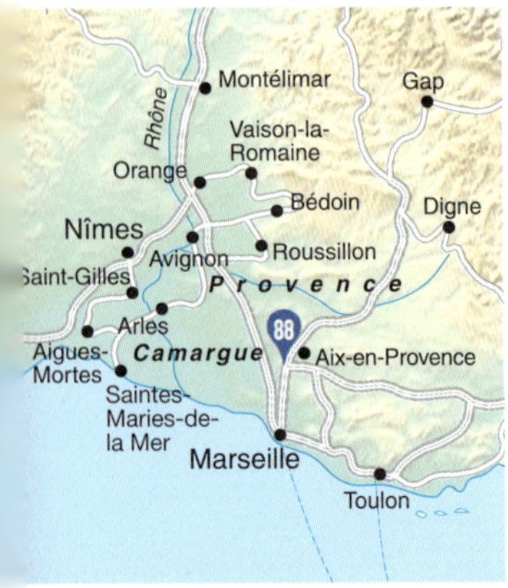

Aix-en-Provence wird auch gern als die Stadt mit den 1000 Brunnen bezeichnet. Drei der schönsten Vertreter dieser Art findet man an der prächtigen Platanenallee Cours Mirabeau. Sie wurde im Jahr 1649 als Flaniermeile und Boulevard für Kutschen angelegt und verbindet das Mazarin-Viertel im Süden mit der Altstadt und ihren Geschäften im Norden.

Die Fontaine Chaude wird von einer 34 °C warmen Thermalquelle gespeist. Der Brunnen von König René aus dem 19. Jahrhundert, die Fontaine du Roi René, ist ein Werk des Bildhauers David d'Angers. Die Statue zeigt den König mit einer Traube in der Hand, weil der Monarch die Muskatellertraube in der Provence einführte. Am westlichen Ende steht auf der Place de Gaulle der große Rotonde-Brunnen. Er wurde 1860 angelegt und ist von drei Statuen bekrönt. Die Justitia blickt zum Cours Mirabeau, die Verkörperung der Landwirtschaft ist Richtung Marseille gewandt und die der Schönen Künste Richtung Avignon.

Der eine ließ sich mit einem Brunnen verewigen, der andere – weitaus früher – taucht in einem berühmten Gemälde auf. Gemeint ist König René le Bon, unter dessen Regent-

AUX MANES
DES DEFENSEURS
DE LA PATRIE

schaft Aix-en-Provence im 15. Jahrhundert als Stadt der Künstler und Gelehrten seine Blütezeit erlebte. Der König ist in der Kathedrale Saint-Sauveur aus dem 13. Jahrhundert zu sehen. Nicolas Froment schuf für die Kirche das herrliche Tryptychon *Maria im brennenden Dornbusch* und verewigte seinen Förderer im linken Flügel. Zierliche Säulen und schöne Kapitelle machen den Reiz des Kreuzgangs von Saint-Sauveur aus.

Ein Gang durch die Museen

Auch wenn die Stadt – wie viele ihrer »Kolleginnen« in der Provence und an der Côte d'Azur – mit mehr als 300 Sonnentagen lockt, sollte man dann und wann die Kühle des Museums nicht verschmähen. Im Erzbischöflichen Palais präsentiert das Musée des Tapisseries Gobelins aus Beauvais. Der Pavillon de Vendôme lockt mit Möbeln und Kunstwerken von Jean-Baptiste van Loo, die Foundation Vasarely im Vorort Jas de Bouffan besticht durch ihr schwarz-weiß gestaltetes Gebäude. Hier kann man Werke von Victor Vasarely, Hauptvertreter der Op-Art, bestaunen. Das Musée Granet zeigt neben keltischen und römischen Skulpturen und Reliefs Werke bedeutender Maler wie Hans Holbein der Jüngere, Rubens und Rembrandt. Besonders viel Raum wird selbstverständlich den Werken von Paul Cézanne gegeben.

Der Sohn der Stadt

Paul Cézanne saß gern mit Freunden im Café des Deux Garçons am Cours Mirabeau. Dieser Treffpunkt von Künstlern und Schriftstellern ist heute noch beliebt, um ein wenig zu sehen und gesehen zu werden. Nach einer Verschnaufpause im Café macht es sich leichter auf den Weg zum Atelier des großen Impressionisten in der Av. Paul Cézanne 9. Es liegt etwa 1,5 Kilometer außerhalb der Altstadt Richtung Norden und ist seit Cézannes Tod 1906 unverändert geblieben.

Wenn die Wege Farben tragen

Besonders reizvoll ist die Möglichkeit, die Stadt auf den Spuren von Cézanne zu entdecken und sie gleichsam mit den Augen des Künstlers zu betrachten. Auf fünf Wegen, die ganz im Zeichen der Malerei stehen, kann man vom Stadtzentrum aus die »Landschaften Cézannes« erkunden. Entlang der Routen weisen 15 Säulen, die leicht an Cézannes *Selbstbildnis mit Melone* erkennbar sind, den Weg zu den wichtigsten Motiven des Künstlers in der Umgebung von Aix. Die jeweils durch eine Farbe gekennzeichneten Routen führen nach Le Tholonet (grün), zum Jas de Bouffan (gelb), zum Steinbruch von Bibemus (rot), zu den Ufern der Arc und zur

Wer vom Besuch im Musée Cézanne (oben) hungrig geworden ist, kann sich am Markt im Zentrum mit leckerem Obst eindecken (unten). Die Kathedrale Saint-Sauveur hat einen bezaubernden Kreuzgang (rechte Seite oben). Nach dem Vorbild des Pont du Gard wurde Mitte des 18. Jahrhunderts der Aquädukt von Roquefavour geschaffen (rechte Seite unten).

Brücke Les Trois Sautets (blau) sowie zum Atelier des Meisters auf dem Hügel von Les Lauves und zum Chemin de la Marguerite, wo er seine letzten Sainte-Victoire-Bilder malte (grau).
In der Stadt selbst kann man bei einem Spaziergang den Metallplaketten mit Cézannes Namen folgen, die in den Straßenbelag eingelassen wurden. Sie verweisen auf Stätten, in denen Cézanne lebte und arbeitete. »Bildernächte« nennt das Atelier Cézanne einen nächtlichen Rundgang, der jeweils im Sommer angeboten wird.
Bei Einbruch der Nacht öffnet das Atelier seine Pforten für eine Reise in das Reich der Fantasie und lässt Cézannes Welt durch Bilder, Licht und Ton erstehen. Den Teilnehmern bleibt es individuell überlassen, wie lange sie vor den einzelnen Bildern verweilen.

Die Uhr und die vier Jahreszeiten

Doch wieder zurück in das Hier und Jetzt, etwa am Rathausplatz. Hier stehen das imposante Hôtel de Ville (1655– 1670) mit italienischer Fassade, geschnitzten Portalflügeln und schönem Innenhof sowie die Tour de l'Horloge. Der auffällige Turm wurde 1510 auf römischen Fundamenten als Stadttor und Wachturm erbaut und erhielt 1661 eine astronomische Uhr, unter der abwechselnd die Figuren der vier Jahreszeiten auftauchen. Die ehemalige Getreidehalle (1759–61) – jetzt das Postamt – steht an der Südseite des Platzes und wird von einem Giebelrelief von Jean Pancrace Chastel bekrönt. Es zeigt eine allegorische Darstellung der Rhone und der Durance. In der Mitte des Brunnens, den ebenfalls Chastel schuf, ragt eine römische Säule auf. Rundum laden Cafés und Bistros zum Verweilen ein, wenngleich es nicht ganz billig ist, hier einen Café au Lait zu trinken: Aix gilt nach Paris als teuerste Stadt Frankreichs.
Spaziert man um die Getreidehalle herum, kommt man zur Place Richelme, wo jeden Morgen der Obst- und Gemüsemarkt zum Bummeln einlädt. Am Ende der Place de l'Archevêché steht das bischöfliche Palais (1650–1730), ehemals Sitz der Erzbischöfe von Aix, mit seinem schönen Portal im Régence-Stil. Hier werden seit ihrer Gründung im Jahr 1948 jedes Jahr im Juli die Internationalen Opern- und Musikfestspiele veranstaltet. Das renommierte Festival gehört zu den großen europäischen Musikfestspielen und widmet sich unter anderem auch den Opern von Wolfgang Amadeus Mozart. Die Aufführungen finden unter freiem Himmel statt.

TOP ★ ERLEBNISSE

★ AUSFLUGSZIELE RUND UM AIX-EN-PROVENCE

Südlich von Ventabren wurde 1847 der Aqueduc de Roquefavour für den Canal de Marseille errichtet. 84 Meter hoch und 375 Meter lang, ist er wesentlich größer als sein Vorbild, der Pont du Gard. Ein schöner Wanderweg führt von Les Cabassols zur 945 Meter hohen Croix de la Provence. Von der Ruine des Priorats Notre-Dame-de-Sainte-Victoire von 1656 reicht der herrliche Blick in die Camargue und bis zu den Alpen. Östlich von Aix lebte Pablo Picasso ab 1958 in Vauvenargues in einem Schloss aus dem 17. Jahrhundert.

WEITERE INFORMATIONEN
www.aixenprovencetourism.com

★ TREFFPUNKT DER STARS

Die Brasserie Les Deux Garçons – benannt nach den beiden Kellnern, die die Bar 1840 kauften – existiert bereits seit 1792 am Cours Mirabeau. Picasso, Édith Piaf und Winston Churchill waren hier zu Gast, ebenso Schauspieler wie Jean Reno, George Clooney und Patrick Bruel.

WEITERE INFORMATIONEN
www.lesdeuxgarcons.fr, www.aixenprovencetourism.com/de/

Der Alte Hafen wird überragt von der Kirche Notre-Dame-de-la-Garde (oben). Die Kirche ist berühmt für ihre ornamentalen Mosaiken wie die vier Engel in der Hauptkuppel (rechte Seite).

89 FASZINIERENDE VIELFALT – MARSEILLE

Frankreichs zweitgrößte Stadt

Marseille ist Frankreichs zweitgrößte Stadt und ein Schmelztiegel der Kulturen. Hier hört man perfektes Französisch, Arabisch und den typischen Marseiller Slang. In den vergangenen fünf Jahren hat sich in der Hafenmetropole viel verändert: Nachdem man Marseille zur Kulturhauptstadt Europas 2013 ernannt hatte, wurde im Zentrum viel umgekrempelt – und ausnahmsweise einmal zum Positiven.

Ausgangspunkt für Marseillebesucher ist zumeist der Vieux Port, der alte Hafen. Einst legten hier tatsächlich Frachtschiffe an, heute ankern hier Jachten und legen die Ausflugsschiffe zu den Frioul-Inseln, zum Château d'If und dem Marseiller Badestrand von Pointe Rouge ab.

Die Frioul-Inseln sind nicht besonders aufregend, sondern größtenteils Ödland.

Das Château auf der Île d'If lebt vom Ruhm des fiktiven Grafen von Monte Christo, der in dem gleichnamigen Abenteuerroman von Alexandre Dumas hier eingekerkert war – für Freunde französischer Literatur ist der Besuch also ein absolutes Muss.

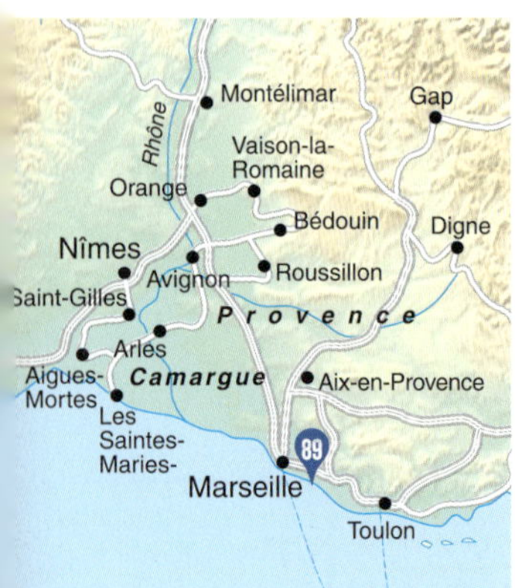

Am Hafen bieten Fischer ihren Fang der letzten Stunden an. Hier erwartet einen kein spektakulärer Markt, sondern nur ein paar schlichte Stände, doch die Ware ist stets frisch. Wer selbst eine Bouillabaisse zubereiten möchte, findet hier die geeigneten Zutaten. Wer lieber einem guten Koch vertraut, geht ins Miramar an der rechten Hafenseite. Eventuell sollte man vorher mit seinem Kreditberater sprechen – eine gute Bouillabaisse kostet hier über 100 Euro. Auf der anderen Hafenseite, an der Place de l'Huile und ihren Nebenstraßen, gibt es diverse Restaurants mit günstigeren Angeboten, doch deren Qualität hat nichts mit einer echten Bouillabaisse zu tun.

Das Museum MuCEM links, Fort St-Jean rechts – seit Marseille 2013 Kulturhauptstadt Europas war, hat sich viel verändert.

Gelungene Kombination aus Alt und Neu

Wer als Kulturhauptstadt auftrumpfen möchte, beschäftigt die weltweit besten Architekten. In Marseille hat sich der britische Stararchitekt Norman Foster am Alten Hafen verewigt. Da es hier keine Bäume gibt, der Besucher aber gelegentlich gern Schatten hätte, hat der Meister direkt am Hafenrand eine große Kuppel mit einem Spiegeldach installiert. L'Ombrière heißt das architektonische Kunstwerk, in dem man sich selbst in einer etwas ungewohnten Perspektive sieht. Autofahrer müssen durch die Umgestaltung der Innenstadt deutlich zurückstecken. Man fährt nicht mehr vierspurig um den Alten Hafen, doch dafür können jetzt Fußgänger unbeschwert auf breiten Promenaden flanieren. Am rechten Ufer des Hafens geht es vorbei am Rathaus mit Blick auf das dahinter gelegene luxuriöse Intercontinental Hôtel de Dieu, das Hotel im früheren Hospital. Zwei Festungsanlagen säumen die Einfahrt zum Alten Hafen. Fort St-Nicolas auf der linken Seite ist nur an besonderen Tagen geöffnet, aber im Inneren unspektakulär. Fort St-Jean auf der rechten Seite wurde – verbunden mit dem MuCEM – für das Kulturhauptstadtjahr 2013 aufwendig restauriert.
Die Galerie in dem nach Plänen des Architekten Rudy Ricciotti erbauten MuCEM – das Musée des Civilisations de l'Europe et de la Méditerranée – präsentiert eine Galerie mit Kunst des Mittelmeerraums und wechselnde Projekte, wie im Jahr 2016 eine Picasso-Ausstellung. Der kastenförmige Bau erweckt von Weitem den Eindruck, dass er aus einem Holzgeflecht erbaut worden sei. Und seine Pfeiler ähneln Bäumen. Tatsächlich ist jedoch alles aus einem speziellen Stahl errichtet, dem Regen und Meersalz nichts ausmachen.
Ein Übergang führt zur Festung aus dem 17. Jahrhundert, in der auch ständig wechselnde Ausstellungen gezeigt werden, sei es über die Entwicklung der Mode oder über Marionetten für Kinder. Über 79 Stufen gelangt man im Festungsturm auf eine Plattform, die einen grandiosen Blick über den Vieux Port und die gesamte Stadt

bietet. Gegenüber sieht man das Palais du Pharo, das Napoleon III. für seine Frau erbauen ließ. Der Palast wurde jedoch nie bewohnt und dient heute für Empfänge und Kongresse.
Vorbei am sehenswerten Museum Regards de Provence gelangt man zur Cathédrale de la Major. Die größte Kirche der Stadt wurde erstaunlicherweise im byzantinischen Stil erbaut. Von dort ist es nicht weit zu den Voûtes, den früheren Lagerhallen des Hafens, in denen sich heute Geschäfte, Restaurants und Galerien angesiedelt haben. Die alten Docks im Nachbarviertel La Joliette sind völlig entkernt worden, nur von außen ist noch ihre frühere Funktion erkennbar. Im Inneren enthalten sie Läden, Künstlerateliers und Restaurants. Alte Hafentradition findet sich auch daneben im Silo, dem städtischen Kulturzentrum in einem einstigen Getreidespeicher.
Auf der anderen Straßenseite sind die Terrasses du Port ein weiteres Beispiel für das neue Marseille. Sie sind im Inneren ein ganz normales Einkaufszentrum, doch im Obergeschoss erstreckt sich eine riesige Terrasse mit Bars, Restaurants und vielen Stühlen, auf denen man sein mitgebrachtes Baguette verzehren und den Blick genießen kann. Der reicht über das Mittelmeer bis zur Estaque-Küste, zu den Frioul-Inseln und über den Fährhafen, in dem unter anderem die Schiffe in Richtung Korsika abdampfen. Der Fracht- und Industriehafen von Marseille ist längst ausgewandert und liegt außerhalb der Stadt in Fos-sur-Mer. Nicht zu übersehen ist der mehr als 140 Meter hohe Turm der Schifffahrtsgesellschaft CMA-CGM, zu dessen Füßen bereits die nächsten, ähnlich hohen Bauten entstehen. Hier wächst die Manhattan-Skyline von Marseille heran.

Idylle inmitten der Hektik

Deutlich beschaulicher ist das traditionelle Panier-Viertel, nicht weit entfernt vom Meer. Hier ist es ruhig, es herrscht eine eher kleinstädtische Atmosphäre. Das frühere Hospice de la Charité mit seinen Arkaden ist einen Besuch wert, direkt daneben auf der Place Père Pierre Saisse trinkt man in aller Ruhe seinen Pastis und bewundert die großen Wandgemälde. Eine Institution im Viertel ist die Pizzeria (!) Chez Etienne, auf deren sehr übersichtlicher Speisekarte unter anderem nur zwei Sorten Pizza stehen, die aber von ausgezeichneter Qualität sind.
Die allermeisten Marseiller haben Vorfahren, die nicht aus Frankreich stammen, den größten Anteil machen Menschen mit arabischen Wurzeln aus. Deshalb ist es nicht verwunderlich, dass sich hier der wohl größte Souk nördlich des Mittelmeers erstreckt. Der Mar-

Kein Zeugnis aus römischer Zeit – der Triumphbogen Porte d'Aix stammt aus dem 19. Jahrhundert (oben). Am Eingang zum Alten Hafen, sind vier griechische Göttinnen zu sehen, die Augen und Ohren nach allen Seiten offenhalten (unten).

Der Turm der Wallfahrtskirche Notre-Dame-de-la-Garde wird von einer vergoldeten Marienstatue bekrönt, die über die Stadt und den Hafen wacht (unten). Der Boulevard Longchamp führt zum Palais Longchamp, einem stolzen Bau mit Museen und einem Wasserspeicher (rechte Seite oben). Jeden Morgen werden am Alten Hafen die Zutaten für eine Bouillabaisse angeboten (rechte Seite unten).

ché du soleil in der Avenue Camille Pelletan, unweit des zentralen Bahnhofs Gare de St-Charles, wirkt von außen eher bescheiden, birgt aber riesige Räumlichkeiten im Inneren, in denen man orientalische Lebensmittel, Gewürze, Kleidung, Küchenbedarf und Mitbringsel für Freunde zu Hause findet.

Einkaufen wie im Orient

Nun geht es wieder zurück zum Ende des Alten Hafen, dessen Verlängerung die Canebière bildet. Die frühere Prachtstraße hat zwar viel von ihrem Glanz eingebüßt, wird aber dennoch von zahlreichen Boutiquen gesäumt.

In ihren Nebenstraßen geht es lauter zu, denn dort findet täglich der arabisch geprägte Marché de Noailles statt, der auch Marché des Capucins genannt wird. In den Fleisch- und Fischgeschäften in der angrenzenden Rue Longue des Capucins gibt es ebenfalls stets frische Waren zu fantastisch niedrigen Preisen. Einige Läden des Viertels sind Marseiller Institutionen. Dazu gehört beispielsweise die historische Kaffeerösterei Noailles, in der man in ockerfarben und pastellgrün gehaltenen altmodischen Räumen den morgendlichen Kaffee genießt. Oder das abenteuerlich duftende Saladin mit einer Riesenauswahl von Gewürzen aus aller Welt. Sehenswert sind auch die 1827 von François Empereur gegründete Maison Empereur, eine immense Eisenwarenhandlung mit allem, was man im Haushalt benötigt, und nicht zuletzt der Kräuterladen Père Blaize, dessen Gründer Toussaint Blaize bereits im Jahr 1815 auf die heilende Kraft von Gewürzen und Pflanzen setzte.

Südlich des Marktplatzes stößt man auf die große Fußgängerzone Cours Julien, deren umliegende Häuserfassaden mit teils sehr kunstvollen Graffiti geschmückt sind. Sie ist ein Platz zum Entspannen, zum Bummeln durch die Antiquitätengeschäfte, Buchhandlungen und Galerien oder zum Genießen in einem der zahlreichen Restaurants und Cafés. Rund zwei Kilometer Richtung Nordosten auf der Canebière erreicht man das prächtige Palais Longchamp. Mit dem 1869 vollendeten Triumphbau feierte man die Fertigstellung der Trinkwasserversorgung mit Wasser aus dem Fluss Durance. Heute beherbergt der Bau das Musée des Beaux-Arts mit wechselnden Ausstellungen und im rechten Flügel das naturhistorische Museum.

Sport und Architektur

Mit Auto oder Straßenbahn geht es nun nach Süden zum Stadion Vélodrome, in dem unter anderem der Fußballklub Olympique Marseille seine Spiele austrägt. Viel besucht sind

Museum und Boutique des 1899 gegründeten Vereins.
Nicht weit davon entfernt sieht man die kurz nach dem Zweiten Weltkrieg errichtete berühmte Cité radieuse des Architekten Le Corbusier. In dem riesigen Gebäude – 2137 Meter lang, 24 Meter breit und 56 Meter hoch – wohnen etwa 1500 Menschen, es enthält eine Schule, Turnhalle, Kindergarten, Restaurant, Hotel, Läden und eine öffentlich zugängliche Dachterrasse. Für die damalige Zeit setzte Le Corbusier eine revolutionäre architektonische Idee für ein besseres gemeinsames Leben um. Die Cité ist keine Wohnkaserne, sondern farbenfroh und lichtdurchflutet. Von der UNESCO wurde der Komplex zum Welterbe ernannt.
Die Hauptstraße Avenue du Prado führt zu den innerstädtischen Badestränden und zum 17 Hektar großen Parc Borély, einer der grünen Lungen der Stadt, mit Rosengarten und schattigen Spazierwegen. Vom Park aus hat man Zugang zum Musée des Arts décoratifs, de la Faïence et de la Mode. Hier kann man beeindruckendes Kunstgewerbe, Fayencen und über 7000 Modeexponate aus den 1920er-Jahren bis heute bewundern.

Im Fischerhafen

Die Küstenstraße, die wieder zurück ins Zentrum führt, heißt Corniche Kennedy. Fragt man einen Marseillais nach dem Haus mit dem riesigen Wandgemälde von Zizou, weiß er sofort Bescheid. Von 1998 bis 2006 prangte hier das Bild Zinédine Zidanes, des berühmtesten Fußballspielers der Stadt, dessen Spitzname »Zizou« lautet. Auf der anderen Straßenseite gelangt man hinunter zum pittoresken Fischerhafen Vallon des Auffes. Unter der Brücke der Corniche fahren die Fischer aufs Meer, einige Wohnhäuser ähneln Puppenstuben, die Restaurants bieten diverse Spezialitäten. Am bekanntesten sind die Pizzeria Chez Jeannot und das Restaurant Fonfon, in dem man die wohl beste Bouillabaisse der Stadt bekommt.
Der abschließende Besuch gilt der Basilique Notre-Dame-de-la-Garde, die 154 Meter hoch über Marseille thront. Die Kirche aus dem 19. Jahrhundert enthält wunderschöne Mosaiken und Wandmalereien – und bietet einen fantastischen Blick über die ganze Stadt. Den 60 Meter hohen Glockenturm bekrönt die berühmte Bonne Mère. Die fast zehn Meter hohe, vergoldete Statue der Jungfrau Maria mit ihrem Sohn ist das Wahrzeichen von Marseille.

TOP ★ ERLEBNISSE

★ ECHTE BOUILLABAISSE

Eine Bouillabaisse, das typische Marseiller Fischgericht, ist nichts für arme Leute, auch wenn sie einst als Arme-Leute-Gericht kreiert wurde. Bei einer wahren Bouillabaisse werden Fische und Suppe getrennt serviert. Unentbehrlich sind drei Fische: Rascasse (Drachenfisch), Grondin (Knurrhahn) und Congre (Meeraal). Dann kommen je nach Koch weitere Fische hinzu, wie zum Beispiel Loup (Wolfsbarsch), Rouget (Rotbarbe) oder Lotte (Seeteufel). Die Suppe wird aus Zwiebeln, Knoblauch, Tomaten, Fenchel, Thymian, Lorbeer, Salbei und Orangenzesten zubereitet, dazu etwas Safran. Die Touristenfallen an der Place de l'Huile servieren angebliche »Bouillabaisse« für 30 Euro, in der Regel bezahlt man dafür jedoch zwischen 70 und 100 Euro. Hervorragende Bouillabaisse serviert beispielsweise »Chez Fonfon«.

WEITERE INFORMATIONEN
www.marseille-tourisme.com, www.chez-fonfon.com

★ LE RELAIS DE PASSE-TEMPS

In einem kleinen Tal am Fuß des Garbalan versteckt liegt das Restaurant Le Relais de Passe-Temps. Hier locken eine gute provenzalische Küche und eine Weinkarte mit einer grandiosen Auswahl, die auch große Tropfen aus Bordeaux bietet.

WEITERE INFORMATIONEN
www.tourisme-paysdaubagne.fr
www.lepassetemps.com

Von oben kann einem beim Blick auf die Calanque tief unten schon leicht schwindlig werden (oben). Die zu Cassis gehörige Calanque de Port-Miou wurde zum Jachthafen ausgebaut (rechte Seite unten). Tiefblau ist das Meer um die Riou-Inseln (rechte Seite oben).

90 EIN WAHRER NATURSCHATZ – DIE CALANQUES

Steile Felsen, blaue Buchten

Kaum vorstellbar, dass sich direkt vor den Toren der Großstadt Marseille eine völlig andere Welt auftut. Statt Häuserblocks und dicht befahrenen Straßen erlebt man hier ein mehr als 5000 Hektar großes Kalksteinmassiv, das sich 20 Kilometer lang bis nach Cassis zieht. Viele Buchten in den Calanques sind nur zu Fuß zu erreichen, sodass die Natur weitgehend unberührt geblieben ist.

Vegetation und Tierwelt sind in den Calanques außerordentlich vielfältig. Neben Pinien, Aleppokiefern und wilden Olivenbäumen wachsen hier Myrten, Meereslavendel sowie der seltene Astragale de Marseille, der wegen seiner Dornen auch »Schwiegermutterkissen« genannt wird. Überall duftet es nach Thymian und Rosmarin. Den Himmel bevölkern Unmengen großer Möwen, Wanderfalken und sogar Adler. Zu den bemerkenswerten Tierarten am Boden zählen die bis zu zweieinhalb Meter lange Eidechsennatter, die längste Schlange Europas, und die sehr seltene Perleidechse. Diese größte Eidechse Europas kann 70 Zentimeter lang werden.

Im Nationalpark

Doch immer wieder haben Feuer einen Teil der Flora zerstört, hinzu kommen eingeschleppte exotische Pflanzen, die die heimischen Arten bedrohen. Seit 2012 hat man zum Schutz der Natur den Parc national des Calanques geschaffen. Campen ist im gesamten Gebiet nicht gestattet und im Sommer – zwischen dem 1. Juni und dem 30. September – sind Wanderungen abseits des Küstenstreifens untersagt. Auch bei starkem Mistral sind die Calanques für Wanderer geschlossen. Mit kleinen Kindern empfehlen sich sowieso eher Bootsausflüge ab Marseille, Cassis oder La Ciotat.

Entlang der Küste bis Cassis

Von Marseille aus ist die Calanque von Les Goudes, das noch zu Marseille gehört, entlang der Küstenstraße mit dem Auto zu erreichen. Das hübsche ehemalige Fischerdorf punktet mit großartiger Felskulisse und einem winzigen familiengerechten Strand, der im Sommer aufgrund der bequemen Zufahrt aber stark überlaufen ist. Taucher finden in Les Goudes ein interessantes Revier. Beliebt bei den Marseillais sind die zahlreichen Tavernen, die sogenannten Guinguettes. Die Straße führt weiter nach Callelongue, einer kleinen Calanque mit wenigen Häuschen, einigen Booten und einem Restaurant – aber keinem Strand. Ab jetzt heißt es: Wanderstiefel an und zu Fuß gehen, auf dem GR 98-51 bis zur Calanque de Marseilleveyre mit Kiesstrand, einigen Fischerbooten und Klettermöglichkeiten in der Umgebung. Zur benachbarten Calanque Sormiou mit Sandstrand, zahlreichen Häuschen und zwei Restaurants kommen die Einheimischen mit dem Auto – und diejenigen, die in einem der Restaurants reserviert haben. Der Ort ist von der benachbarten Calanque Morgiou durch das Cap Morgiou getrennt, von dem der Ausblick über diese beiden Buchten fantastisch ist. In 37 Meter Tiefe befindet sich hier eine Unterwassergrotte, entdeckt vom Taucher Henri Cosquer, der darin Höhlenzeichnungen aus der Frühgeschichte der Menschheit fand – heute aus Sicherheitsgründen zugemauert und nicht zu besichtigen. Morgiou ist für Nichteinheimische nur außerhalb der Sommersaison mit dem Auto zu erreichen. Eine schöne Bucht mit kleinen versteckten Stränden, Restaurant und kleinem Hafen.
Die FKK-Bucht Sugiton mit ihrem Kieselstrand und einigen im Hochsommer sehr nützlichen schattigen Ecken gehört zu den Lieblingscalanques vieler Besucher. Türkis- und smaragdfarben schimmert das Wasser in der wohl schönsten Bucht En-Vau, eingerahmt von beeindruckenden Felsen, die sehr beliebt bei Kletterern sind. Der Zugang zu den Calanques Port-Pin und Port-Miou ist von Cassis aus einfach und daher bei den dortigen Familien als Badeziel beliebt. Da der Zugang zu jeder einzelnen Bucht unterschiedlich und auch jahreszeitlich anders geregelt ist, empfiehlt sich ein vorheriger Blick auf die Website des Nationalparks.

TOP ★ ERLEBNISSE

★ DER POLIZIST VON LES GOUDES

Die erste der Calanques hinter Marseille, Les Goudes, ist Wohnort des Polizisten Fabio Montale. Montale ist die Hauptfigur im bekanntesten Werk des Schriftstellers Jean-Claude Izzo, der Marseille-Trilogie, die in der Stadt selbst und in ihrem Umland spielt. In Total *Khéops, Chourmo* und *Solea* kämpft Montale gegen korrupte Polizeikollegen, die Mafia und Rechtsextreme, Gewalt ist allzeit präsent. Dennoch wird die Liebe des Schriftstellers zu Marseille und dessen Umgebung auf jeder Seite deutlich. Izzo starb im Jahr 2000 an Lungenkrebs und erhielt posthum den Deutschen Krimipreis. Die Marseille-Trilogie wurde 2001 mit Alain Delon verfilmt.

WEITERE INFORMATIONEN
www.calanques-parcnational.fr

★ VOM WASSER AUS GENIESSEN

Da der Zugang im Sommer untersagt ist, empfiehlt sich ein Schiffsausflug an den Calanques entlang, wobei auch die Inseln des Riou-Archipels angesteuert werden. Der Felsen von Maïre wurde von Ziegen kahlgeweidet, von Jarre und Jarron verbreitete sich die Pestepidemie von 1720. Die steilste Insel und Nistplatz für große Vogelkolonien ist Riou.

WEITERE INFORMATIONEN
www.croisieres-marseille-calanques.com,
Les Amis des Calanques:
www.visite-calanques.fr

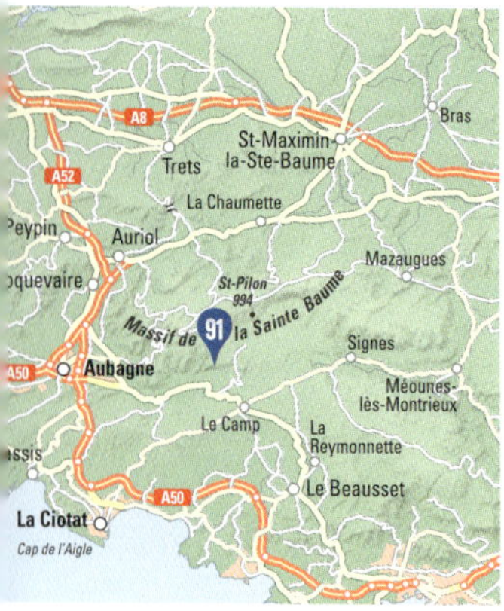

91 HEILIGE HÖHLE – MASSIF DE LA SAINTE-BAUME

Vom Park in die Berge

Das stark bewaldete Massif de la Sainte Baume ist der höchste und ausgedehnteste Bergrücken der Provence. Es erstreckt sich von Aubagne aus in östlicher Richtung und erreicht 1148 Meter Höhe. Hier locken Wanderungen in den Wäldern und ein Besuch in der Stadt Saint-Maximin-la-Sainte-Baume. Die meisten Besucher kommen jedoch wegen der Höhle der heiligen Maria-Magdalena.

Der hübsche Ort Gémenos mit dem Schloss aus dem 17. Jahrhundert ist Ausgangspunkt für den Ausflug in das Massif. Von hier aus geht es in den Parc de Saint-Pons, ein für Wanderer ideales Gelände mit einer alten, verlassenen Windmühle, einem Wasserfall und einer Zisterzienserabtei aus dem 13. Jahrhundert. Diese ist normalerweise nicht zu besichtigen, aber im Sommer für Konzerte geöffnet. Die alte Pfarrkapelle Saint-Martin versteckt sich ebenfalls in diesem grünen Gebiet. Auf dem kurvigen Weg D 2 gelangt man hinauf auf den 728 Meter hohen Col de l'Espigoulier, der einen herrlichen Blick über das gesamte Massif und den Berg Sainte-Victoire gewährt.

Weite Wälder

Nach dem Hochplateau Plan-d'Aups beginnt der Fôret domaniale de la Sainte-Baume. In dem geschützten Waldgebiet stehen riesige alte Rotbuchen und Linden. Für Kleintiere und diverse seltene Käferarten ist das Gebiet ein Dorado.

Am Südhang des Fôret bietet der knapp 1000 Meter hohe Saint-Pilon einen wunderbaren Panoramablick. Richtung Norden sieht man den Mont Ventoux, im Süden reicht der Blick bis zum Mittelmeer. Auf der D 95 wenige Kilometer ostwärts Richtung Mazaugues trifft man auf die nächste Besonderheit des Gebiets. Hier hatte man im 19. Jahrhundert Eiskeller angelegt, die im Winter von unter-

Ziel von Pilgern aus aller Welt: La Grotte Sainte-Marie-Madeleine mit einem Schrein, der ihre Reliquien enthalten soll (unten). Zeit zur Besinnung bietet die Hostellerie de la Sainte-Baume in der Nähe der Grotte der Heiligen Maria-Magdalena (rechte Seite oben). Dominikanermönche betreiben die Hostellerie (rechte Seite unten).

irdischen Kanälen gespeist wurden. Sobald das Wasser gefroren war, wurden die Keller bis zum Sommer verschlossen. Während der großen Hitzetage versorgten dann diese insgesamt 17 Glacières vor allem die großen Städte Toulon und Marseille mit Eis. Das Musée de la Glace organisiert auf Wunsch geführte Besichtigungen der restaurierten Glacière de Pivaut.

Legendenbildung

Vom Parkplatz bei der Hostellerie de la Sainte-Baume führt ein zwei Kilometer langer Fußweg mit 250 Meter Höhenunterschied zur Grotte Sainte-Marie-Madeleine. Die biblische Maria Magdalena war eine Sünderin, die aber von Jesus dennoch akzeptiert wurde. Sie bereute ihr sündiges Leben und folgte ihrem Heiland. Auf dem Berg Golgatha stand Maria Magdalena am Fuß des Kreuzes Christi, und sie war die Erste, der sich der auferstandene Jesus am Ostermontag zeigte. In der Provence wird auch die Fortsetzung dieser Legende erzählt: Als die Christenverfolgungen begannen, machte sich Maria Magdalena mit anderen Heiligen auf die Flucht übers Meer und landete schließlich in Saintes-Maries in der Camargue. Predigend und missionierend wanderte sie über Land, bis sie ihr Weg schließlich nach Sainte-Baume führte. Dort verbrachte sie 33 Jahre in einer Höhle mit Gebeten und Kontemplation, bis sie – den nahen Tod vor Augen – in die Ebene hinabstieg und vom heiligen Maximinus von Aix den letzten Segen erhielt. Die Maria-Magdalena-Höhle ist noch heute das Ziel vieler Pilger, die teilweise barfuß hinaufsteigen, und ein beliebtes Wanderziel. Ein Schrein rechts neben dem Altar soll die Reliquien der Heiligen enthalten, die man aus dem nahen Ort Saint-Maximin hierhergebracht hatte. In einer Einbuchtung hinter dem Altar befindet sich eine Statue von Maria Magdalena. Dieser einzige trockene Platz in der Grotte war früher angeblich der Ort, an dem die Ex-Sünderin Buße tat.

Die Anerkennung durch den Papst

1279 entdeckte man im heutigen Saint-Maximin-la-Sainte-Baume zwei Gräber, die Papst Bonifatius VIII. als die von Maria Magdalena und dem heiligen Maximinus anerkannte. Charles d'Anjou, Graf der Provence, ließ daraufhin eine beeindruckende gotische Basilika bauen. Das parallel gebaute Kloster beherbergt heute keine Mönche mehr – deren Zellen sind mittlerweile zu Gästezimmern umfunktioniert worden, und der frühere Kapitelsaal ist ein Restaurant. Wer sich noch den Ort ansehen möchte: In den schachbrettartig angelegten Straßen mit seinen kleinen schattigen Plätzen und Springbrunnen kann man gut flanieren.

TOP ★ ERLEBNISSE

★ WOHNEN IN SPIRITUELLER ATMOSPHÄRE

Drei Kilometer östlich vom Ort Plan-d'Aups gelangt man zur ganzjährig geöffneten Hostellerie de la Sainte-Baume. Die Unterkunft wird von einer Gemeinschaft von Dominikanern betrieben, aufgenommen werden Familien, Paare, Einzelpersonen und auch Gruppen von Wanderern und Pilgern. Von Einzelzimmern bis zu größeren Schlafsälen für junge Leute ist alles vorhanden. Das preiswerte Essen wird vor Ort aus frischen Produkten der Region zubereitet. Und an einem Ort wie diesem gibt es natürlich auch eine Kapelle zum Gebet. Eine vorherige Reservierung ist erforderlich, auch wenn man nur eine Nacht bleiben möchte.

WEITERE INFORMATIONEN
www.saintebaume.org,
www.pnr-saintebaume.fr

★ DIE GROTTE STE-MARIE-MADELEINE

Östlich von Plan-d'Aups kann man am Gästehaus parken und zu einer Grotte spazieren (hin und zurück vier Kilometer). Über das Felsenmeer Le Canapé gelangt man zum Carrefour de l'Oratoire. Rechts führt ein Weg zu einer in den Fels gehauenen Treppe, die an einer Terrasse endet. An ihrer Nordseite öffnet sich in einem Halbrund die Grotte mit Hauptaltar, Reliquienschrein und einer Liegefigur der Maria Magdalena.

WEITERE INFORMATIONEN
www.la-provence-verte.net/ot_plandaups/

Die weiße Küste der Calanque de l'Éverine (oben). Wegen der vielen von Brücken überspannten Kanälen hat Martigues den Beinamen »Venedig der Provence« bekommen (rechte Seite).

92 VERSTECKTE BUCHTEN – LA CÔTE BLEUE

Die Calanques der blauen Küste

Es ist erstaunlich, dass es an der französischen Mittelmeerküste noch Stellen gibt, die vom Massentourismus verschont geblieben sind und sich weitgehend ihre alte Struktur erhalten haben. Westlich von Marseille macht die Côte Bleue, die »blaue Küste«, ihrem Namen alle Ehre: Das Wasser ist hier tiefblau. Das Baden ist in dieser noch fast intakten Naturlandschaft ein großes Vergnügen.

Allgemein wird die Küste von Marseille ostwärts bis zum Ort Cassis als »Calanques« bezeichnet. Doch auch westlich von Marseille findet man diese Küstenformation: tiefe, steile Einschnitte, die an die Fjorde Nordeuropas erinnern. Viele dieser Küstenorte sind schwer erreichbar. Erst als die kleine Eisenbahnlinie 1915 hierher gebaut wurde, wurden Teile der Region ihrer Isolation entrissen. Die Küstenbewohner kamen jetzt leichter nach Marseille, die Marseillais hatten dagegen ein neues Ausflugsziel vor ihrer Haustür. Darüber hinaus findet man nur wenige Touristen, die in die Fischerhäfen in den versteckten Buchten kommen.

Abgeschirmt vom Felsmassiv

Etwa 25 Kilometer lang erstreckt sich der Küstenabschnitt zwischen Marseille und Martigues, das dahinterliegende, bewaldete Kalkmassiv der Chaîne de l'Estaque schützt vor Nordwinden und unangenehmen Umwelteinflüssen. Eine kleine Straße führt in Küstennähe von Carry-le-Rouet bis Sausset-les-Pins, die meisten anderen kleinen Häfen sind oft nur zu Fuß mit Rucksack zu erreichen. Die Tour beginnt in L'Estaque, das zum Marseiller Stadtgebiet – dem 16. Arrondissement – gehört, sich aber seinen dörflichen Charakter bewahrt hat. Zwar hat die Industrialisierung hier ihre

Die versteckte Bucht von Niolon wird besonders von Tauchern geschätzt (oben). Ensuès-la-Redonne lockt Bootsbesitzer mit einem schönen Jachthafen (unten). Die Pointe de Figuerolles ist nur zu Fuß oder übers Wasser erreichbar (rechte Seite oben). Frische Seeigel sind in den Wintermonaten ein besonderer kulinarischer Genuss an den Küstenorten (rechte Seite unten).

Spuren hinterlassen, doch die meisten der einst 300 Fabriken sind inzwischen wieder geschlossen. Warum der Ort viele Künstler anlockte, kann man am Hafen gut nachvollziehen, in dem Dutzende kleine Fischerboote liegen. Georges Braque malte hier 1906 seine berühmte Hafenszene, eine Kopie des Gemäldes ist am »Weg der Maler« zu sehen. Er zeigt, wo die Künstler einst lebten und arbeiteten. In den Calanques war es ruhig, das Leben war preiswert, Licht und Farben begeisterten die Maler. Paul Cézanne hielt sich hier auf, auch Auguste Renoir arbeitete hier, und August Macke machte in L'Estaque einen Zwischenstopp auf dem Weg nach Tunis.

Von Marseille aus zuckelt ein Nahverkehrszug an den Küstenorten entlang. Unterwegs hat man einen fantastischen Blick auf Buchten, die man mit dem Auto nicht erreichen kann. Gemächlich geht es über spektakuläre Viadukte. Zum farbenprächtigen Panorama gehören das Blau des Meeres, das Weiß der Kalkfelsen und das Grün der Wälder. Die Bäume sind meist niedrig, oft von Wind und dem kargen Felsuntergrund zu wilden Formen gedrängt. Hier wachsen Aleppokiefern und immergrüne Eichen, dazwischen Mandeln, Oliven und Feigen – und immer wieder die Garrigue, die niedrige Strauchheide mit Rosmarin, Thymian und Ginster.

Der Charme der Stille

Westlich von L'Estaque kommt man nach Niolon. Mit dem Auto ist die direkte Zufahrt auf den schmalen und kurvigen Straßen der Calanques schwierig – und zudem an Wochenenden zwischen Anfang Mai und Ende September verboten. Vom Parkplatz am Ortseingang sind es aber nur 800 Meter Fußmarsch bis zum Wasser. Wer den Weg auf sich nimmt, wird belohnt mit einer faszinierenden Aussicht auf den Eisenbahnviadukt, die scheinbar an den Felsen geklebten Häuser und den winzigen Hafen. Niolon besitzt ein renommiertes Taucherzentrum, auch Sonnenbaden auf den Felsen mit Blick auf die Reede von Marseille lockt an Wochenenden Besucher aus der Großstadt an. Von Niolon führt der »Zöllnerpfad« Sentier des douaniers etwa sechs Kilometer zu den Calanques von Méjean und von Érevine, die einen schönen Blick auf die Frioul-Inseln bieten. Weiter geht es nach Ensuès-la-Redonne. Es liegt auf einem Hochplateau, von dem man auch die Küstenorte La Madrague-de-Gignac, La Redonne und Cap Méjean mit ihren winzigen, hübschen Häfen erreicht.
Zum Schutz der Fische und um Besucher über die Fauna und Flora der Unterwasserwelt zu informieren, wurde 1983 von Cap Rousset bis Carry-le-Rouet der Meerespark

Parc marin de la Côte Bleue gegründet. Für Kinder und Erwachsene werden in Carry kostenlose Schnorchelausflüge angeboten, Schwimmflossen und Schnorchelmasken sind hier erhältlich. Das einstige Fischerdorf ist heute der Hauptausflugsort der Marseillais an der Côte Bleue. Rund um den Jachthafen liegen Bars und Restaurants, Felsenbuchten und Strände sind ideal zum Baden. Oberhalb des Hafens besaß einst der in Marseille geborene Schauspieler Fernandel, unvergessen als Don Camillo, eine Villa. Das benachbarte Sausset-les-Pins ist ein Badeort mit familiärer Atmosphäre. In diesem einstigen Zentrum der Thunfischjagd war es früher der Höhepunkt des Jahres, wenn sich die Männer des Ortes versammelten, die Fischgründe mit ihren Booten einkreisten und die Tiere in ein rundes Netz zwischen ihren Booten trieben. Heute sind Thunfische geschützt und unterliegen strikten Fangquoten. La Couronne besitzt mit der Plage du Verdon zwar den größten Sandstrand der Côte Bleue, dazu viele Bars und Restaurants, ist aber im Sommer stark überlaufen. Vom äußersten Ende des Cap Couronne mit seinem Leuchtturm hat man einen herrlichen Blick auf Marseille und die Frioul-Inseln. Carro schließlich ist eine Bastion des Fischfangs geblieben. 45 Familien leben noch von der Fischerei, und jeden Morgen findet am Hafen ein Fischmarkt statt. Der Strand hinter dem Hafen ist beliebt bei Surfern.

Gute Nachbarn, schlechte Nachbarn

Rund um die Côte Bleue liegen der Golfe de Fos mit seiner Schwerindustrie und den Ölraffinerien im Westen, der Étang de Berre, ebenfalls mit Raffinerien, im Norden, und der Marseillaiser Flughafen Marignane direkt am Ufer der Lagune. Dennoch gibt es hier ein hübsches Ziel: Martigues. Die Stadt bietet einen reizvollen Kontrast zu den nahe gelegenen Industriegebieten. Martigues verdankt seinen Beinamen »Venedig der Provence« dem von Kanälen durchzogenen Quartier de l'Île. Dieser Ehrenname mag etwas hochtrabend sein, doch lohnt der Besuch, sei es zum Bummeln und Shoppen im Stadtteil Jonquières oder wegen des Musée Ziem im Quartier de Ferrières. Es zeigt die Sammlung des Malers Félix Ziem mit Werken provenzalischer Künstler, Gemälden von Raoul Dufy und anderen Fauvisten sowie Arbeiten von Rodin und Camille Claudel.

TOP ★ ERLEBNISSE

★ EINE STACHELIGE ANGELEGENHEIT

Wer jemals auf einen Seeigel getreten ist, wird sich lange an den Schmerz erinnern. An der Côte Bleue kann man Rache nehmen und die stacheligen Biester verspeisen. In der Region feiert man im Winter die Oursinades genannten Seeigel-Feste – Seeigel heißt auf Französisch oursin –, in Sasset-les Pins im Januar, in Carry-le-Rouet im Februar. Von November bis April dürfen sie gesammelt werden. Kenner essen sie roh, doch man kann sie auch grillen oder gekocht mit Petersilie, Schalotten und Olivenöl verzehren. Die Seeigel werden mit einer speziellen Zange geknackt, verspeist wird nur das Corail, das sternförmig angeordnete orangefarbene bis rötliche Innere – die Fortpflanzungsorgane.

WEITERE INFORMATIONEN
www.otcarrylerouet.fr

★ WANDERN AUF DEM SENTIER DES DOUANIERS

Am Bahnhof von Niolon beginnt eine sehr reizvolle Wanderung auf dem Zöllnerweg (Gr 51). Er führt die Calanque d'Érevine bis zur Calanque von Méjean und gewährt wunderbare Blicke auf die Îles du Frioul und die Bucht von Marseille. Für die sechs Kilometer benötigt man zwischen eineinhalb und zwei Stunden, der Weg ist erst gelb, dann rot-weiß ausgeschildert.

WEITERE INFORMATIONEN
www.mairie-ensues.fr

Aus der Luft lässt sich gut erkennen, weshalb Martigues, am Rand des Etang de Berre gelegen, den Beinamen Venedig der Provence bekam.

93 ZUM SCHWÄRMEN – CASSIS

Ein gelungener Wandel

Die meisten Fischerboote sind längst den Jachten gewichen, doch Cassis ist die Perle der Calanques geblieben. Trotz der nahen Großstadt Marseille und des Ansturms der Touristen im Sommer spielt sich das Leben immer noch rund um den Hafen ab. Heute steht hier allerdings ein Restaurant neben dem anderen, und wo früher geangelt wurde, tummeln sich die Wassersportler.

Besser als der Sardellenfischer Calendal in Frédéric Mistrals Epos »Calendau« kann man es nicht sagen: »Wer Paris gesehen hat, aber nicht Cassis, hat nichts gesehen.« Und tatsächlich ist das Panorama von Cassis spektakulär: Auf der einen Seite erheben sich die roten Felsen des Cap Canaille, der höchsten Steilküste Frankreichs, auf der anderen Seite liegen die weißen Buchten der Calanques. Das Licht dieser Bucht inspirierte Maler wie Henri Matisse, Raoul Dufy und Maurice de Vlaminck.

Einst war die Sardellenfischerei die Haupteinnahmequelle der Bewohner von Cassis. Heute fahren nur noch einige wenige Fischer aufs Meer und bieten ihren Fang täglich am Hafen an. Auch die Prud'homie, das im Jahr 1791 eingerichtete Fischereigericht, zeugt von der glorreichen Vergangenheit. Hier steht in einer Nische eine Statue von Petrus, dem Schutzheiligen der Fischer. Sie wird alljährlich zum Fischerfest Fête des Pêcheurs durch die Straßen von Cassis getragen.

Pures Freizeitvergnügen

Die Stadt ist schnell erkundet. Ein Rundgang am Jachthafen und durch die engen Gassen rund um die Kirche Saint-Michel aus dem 19. Jahrhundert, dann hat man schon fast alles gesehen. Über der Stadt thront das befestigte Château, das im 16. Jahrhundert zur Militäranlage ausgebaut wurde, als sich die Einheimischen in zunehmendem Maß nach unten Richtung Meer orientierten und sich

In Cassis spielt sich das Leben immer noch rund um den Hafen ab, nur die Akteure sind heute andere (unten). Das Cap Canaille ist eine der steilsten Meeresküsten Europas (rechte Seite oben). Eine Reihe von Jachten haben Cassis als Heimathafen (rechte Seite unten).

dort ansiedelten. Heute befindet es sich in Privatbesitz, beherbergt luxuriöse Gästehäuser und ist nicht zu besichtigen.
Für Bade- und Tauchurlauber bietet Cassis wegen des klaren Wassers ideale Bedingungen. Neben den beiden Sand- und Kiesstränden Plage de la Grande Mer und Plage du Bestouan findet man ruhigere Zonen an den Roches plates. An den »flachen Felsen« fällt das Wasser sofort tief ab, die Stelle ist daher für kleinere Kinder nicht geeignet.

Auf der Route des Crêtes

Spektakulär ist eine Fahrt auf der Route des Crêtes, die sich von Cassis über das Felsenmassif nach La Ciotat schlängelt. Unterwegs reicht die grandiose Aussicht vom Mont de la Saoupe, dem Cap Canaille und dem Sémaphore du Bec-de-l'Aigle weit über die Bucht, die Inseln und die beiden Orte Cassis und La Ciotat. Wer lieber zu Fuß geht, nimmt den Sentier du Petit Prince. Entlang des felsigen Lehrpfads auf der Halbinsel von Cassis bei Port-Miou werden Fauna, Flora und die Geografie der Region auf Tafeln erklärt. Der Weg wurde in Gedenken an Antoine de Saint-Exupéry angelegt. Der Autor von »Der kleine Prinz« wurde 1944 in seinem Flugzeug wahrscheinlich hier über dem offenen Meer abgeschossen.
Das Weinbaugebiet von Cassis ist gerade einmal 196 Hektar groß, besitzt aber bereits seit 1936 den Status AOP (früher AOC) als geschützte Herkunftsbezeichnung. Überwiegend wird Weißwein angebaut, vor allem aus den Rebsorten Clairette und Marsanne, deren Anteile in einem Wein zusammen mindestens 60 Prozent betragen müssen. Daneben sind noch einige andere Sorten zugelassen. Die Erzeugung von Rotwein macht nur 15 Prozent aus, Rosé hat einen Anteil von fünf Prozent. Von den zwölf hier existierenden Weingütern ist Clos Sainte-Magdeleine das bekannteste. Allein der Blick von der Domäne über die Bucht von Cassis lohnt einen Besuch – und die Verkostung sowieso. Die besten Weine des Guts sind Marie de Magdala und Joseph Savon, beide überwiegend aus der Marsanne-Traube, von über 50 Jahre alten Rebstöcken. Reine Bioweine, auf steilen, kalkhaltigen Hängen in Nord- und Nordost-Lagen angebaut, stets von einer frischen Meeresbrise verwöhnt. Die Erträge sind dadurch gering, sodass Weine von hoher Qualität mit einer außerordentlichen Konzentration entstehen.

TOP ★ ERLEBNISSE

★ DAS FISCHERFEST

Die Fête de la Mer et des Pêcheurs findet jedes Jahr am letzten Wochenende im Juni statt und ist eines der wichtigsten Daten in Cassis' Jahreskalender. Zu den malerischen Feierlichkeiten gehören ein großer Umzug durch die Stadt, die Segnung der Fischerboote und eine Messe in provenzalischer Sprache genauso wie Musik und Tanz auf den Straßen und Plätzen. Besonders unterhaltsam ist die Ruderregatta, für das leibliche Wohl sorgen viele Sardinenstände.

WEITERE INFORMATIONEN
www.ot-cassis.com

★ CASSIS – MEHR ALS EIN GETRÄNK

Der kleine, für seinen Weißwein bekannte Küstenort Cassis liegt malerisch zwischen den Kalksteinfelsen, den Calanques. Im kleinen Cassis mit seinen alten Häusern haben die Felsen, die steilen Hänge und die Altstadtviertel trotz der heutigen Lebhaftigkeit viel von dem bewahrt, was Maler wie Raoul Dufy oder Henri Matisse Anfang des letzten Jahrhunderts hier fanden. Die tief eingeschnittenen Buchten der Calanques erreicht man von Cassis aus teilweise per Boot. Traumhafte Ausblicke bis zum Cap Croisette hat man von der kurvenreichen Corniche des Crêtes, die in Cassis beginnt. Die Höhenstraße führt am Kamm der Falaises entlang, der höchsten Steilküste Frankreichs. Das Cap Canaille ragt 416 Meter über dem Meer auf.

WEITERE INFORMATIONEN
www.ot-cassis.com
www.marseille-tourisme.com

94 UNTERWEGS IM HINTERLAND

Die Bergdörfer in der Umgebung von Bandol und Sanary-sur-Mer

Manchmal, besonders im Hochsommer, kann es ratsam sein, die laute, volle Uferregion links liegen zu lassen und sich vom Trubel zu entfernen. Hier gelangt man in malerische, ruhige Dörfer, die mit der ein oder anderen Überraschung aufwarten. Und danach freut man sich auf eine Abkühlung an einem der herrlichen Strände der azurblauen Küste.

Bandol, ein Stück westlich von Toulon, ist der Startpunkt dieser Route. Der Ort verfügt über einen Segelhafen und mehrere Sandstrände. In östlicher Richtung folgt zunächst ein letzter Halt an der Küste, denn das hübsche Sanary-sur-Mer sollte man sich nicht entgehen lassen.

Nach Nordosten führt die Route nun nach Ollioulles. Die Straßen werden von alten, laubengeschmückten Häusern gesäumt, über denen sich eine Burg aus dem 13. Jahrhundert erhebt. Der Ort ist auf schwarzem Basalt errichtet.

Etwas nördlich erreicht man Évenos, eine an einen steilen Hang gebaute Basaltstadt. Oben auf einem Vulkankegel, dessen Schlacke noch immer zu sehen ist, wurde der Wohnturm der Burg errichtet. Die Burg ist nur noch eine Ruine und überragt den Ort. Der Blick über die nahe Destelschlucht, den Croupatier, Cap Sicié und den Gros Cerveau bis zum Ste-Baume-Massiv im Nordwesten ist herrlich.

Auf der D62 bis Col du Corps-de-Garde fahren, dann links auf die D662. Steil geht es hinauf, es bieten sich immer wieder fantastische Aussichtspunkte. Auf 801 Metern ist der Gipfel des Mont Caume erreicht, von dem aus man ein großartiges Panorama hat.

Zurück in Évenos ist Le Beausset (nordwestlich) der nächste Halt. Hier wartet ein Kleinod sakraler Architektur, die Chapelle Notre-Dame-du-Beausset-Vieux. Sie weist eine Madonna mit Kind aus dem frühen 18. Jahrhundert auf, die von einem Schüler Pierre Pugets, Louis Olivier, gefertigt wurde.

Treffpunkt der Boliden

Nun heißt es für Freunde der Formel 1 aufgepasst. Richtung Norden gelangt man zum Circuit du Castellet Paul-Ricard. Die Rennstrecke wurde 1970 für den ersten Grand Prix in Frankreich angelegt und es gibt unzählige Rennen auf der 5,8 Kilometer langen Strecke.

Bandol, ein Urlaubsziel für Wassersportler und Weinliebhaber

Das Cap Saint-Louis bei Saint-Cyr-Mer ist eine beliebte Surfer-Destination.

Besonders im April und im Mai finden hier viele Veranstaltungen statt.
Es geht rechts auf die DN8 Richtung Aubagne bis zur Kreuzung Le Camp-du-Castellet, dann links auf die D26 und noch einmal links auf die D226. Le Castellet ist ein auf einem bewaldeten Berg gelegenes Dorf, das schon für mehrere Filme als Kulisse diente, nicht zuletzt wegen der gut erhaltenen Stadtmauer, einer hübschen Kirche und seiner Burg.
Auf der D66 geht es weiter nach La Cadière-d'Azur. Der uralte Ort mit seinen reizvollen Gassen war einst befestigt, was die Überreste der Stadtmauer bezeugen. Vom östlichen Ortsrand eröffnen sich schöne Aussichten auf das Hinterland bis zum Ste-Baume-Massiv. Der nächste Halt ist Saint-Cyr-sur-Mer, wo man, falls man ein Stück zu Fuß zurücklegen möchte, wählen kann zwischen einer Wanderung auf dem Küstenwanderweg, dem Sentier du littoral, oder einem Weg durch die Weinberge, dem Sentier des vignes. Nach so vielen neuen Eindrücken im doch eher unbekannten Hinterland macht, wer mag, einen Abstecher nach La Madrague, um sich ins angenehme kühle Nass zu begeben. Die Tour führt dann zurück zum Startort Bandol, wo man den Tag mit einem Glas Rotwein ausklingen lassen kann.

Faszination der Formel 1 bietet der Circuit Paul Ricard in Le Castellet.

TOP ★ ERLEBNISSE

★ GANZ OHNE PS
In Bandol führt ein Spazierweg, der Chemin de la Corniche, zu vielen versteckten kleinen Badebuchten, die nicht unbedingt mit dem Pkw erreichbar sind. Der Weg umrundet die kleine Halbinsel und ermöglicht immer wieder reizvolle Blicke auf die vorgelagerte Insel Bendor sowie die sich weit hinziehende Küste vom Cap de l'Aigle (Adler-Kap) bis zum Cap Sicié.

★ INSPIRATIONSQUELLE
Hubert Robert malte das Flüsschen Reppe im 18. Jahrhundert, Victor Hugo schrieb begeistert darüber. Bei den Gorges d'Ollioules hat die Reppe eine Schlucht mit vielen Windungen sowie die durch die Erosion stark ausgehöhlten Grès de Ste-Anne geschaffen.

★ UNTER FISCHEN
Wer sich gern mit Tauchausrüstung inklusive Anzug, Flossen, Schnorchel und Tauchermaske unterhalb der Wasseroberfläche aufhält, um zu erkunden, was da geboten ist, dem sei der Unterwasserpfad, der Sentier sous-marin, bei Saint-Cyr-sur-Mer empfohlen. Nach Reservierung kann man hier in aller Ruhe die Welt unter Wasser mit ihrer Tier- und Pflanzenvielfalt erforschen.

★ WEINE AUS BANDOL
Unbedingt probieren: Das Anbaugebiet Bandol ist eine der ersten AOC-Lagen Frankreichs. Die Weine verdanken ihren guten Ruf dem hervorragenden Mikroklima: viel Sonne, ausreichend Regen, Südhanglage und die milde Meeresluft. Besonders die Rotweine haben die Lage berühmt gemacht; die Mourvèdre-Traube, an sich in Frankreich eher selten angebaut, verleiht hier nach 18 Monaten im Eichenfass und mindestens fünfjähriger Reifezeit dem Wein sein charakteristisches vollmundiges Aroma.

Blick auf die Altstadt von Hyères mit dem Stift St-Paul (oben). Die ehemaligen Salinen von Hyères sind heute Naturschutzgebiet (rechte Seite unten). Die Klippen bei Le Pradet fallen steil ins Meer ab (rechte Seite oben).

95 ROYALE SOMMERFRISCHE – HYÈRES

Altes Zentrum, junge Surfer

Vor mehr als einem Jahrhundert war Hyères Winterquartier für die High Society, darunter sogar Queen Victoria mit ihrem Gefolge. Doch abseits der Küste gelegen, verlor die Stadt bald ihren Rang an die aufstrebenden Seebäder direkt an der Côte d'Azur. So ist Hyères heute ein nettes, beschauliches Städtchen – sein Anhängsel im Meer, die Halbinsel Giens, dagegen ein beliebtes Surferzentrum.

Dort, wo das heutige Hyères liegt, wurde erstmals im Mittelalter ein befestigter Ort mit einer Burg angelegt. Reste der Stadtmauer und vier Stadttore sind noch erhalten. Durch die Porte Massillon gelangt man auf den gleichnamigen Platz mit netten Cafés. Hier steht seit dem 12. Jahrhundert die von Templern erbaute Tour des Templiers, die auch Tour St-Blaise genannt wird. Wer eine gute Kondition hat, kann den Turm besteigen, die Kunstausstellungen im Innern bewundern und den tollen Ausblick genießen. Auf der höher gelegenen Place St-Paul steht das frühere Kloster der Stiftskirche St-Paul. Die Kirche, die Ancienne collégiale St-Paul, präsentiert eine Mischung aus verschiedenen Epochen, wobei die ältesten Teile aus dem 12. Jahrhundert stammen. Eine ständige Ausstellung von Votivbildern zeigt Ereignisse aus den Religionskriegen.

Künstlertreff für die Avantgarde

Durch alte Gassen geht es an Häusern aus den Glanzzeiten der Stadt vorbei. Der Spitzbogen der Porte des Princes ist zu sehen – der Torbogen wurde wahrscheinlich von einem exzentrischen Bürger der Stadt Anfang des 20. Jahrhunderts erbaut –, dann linker Hand die Ruinen des Château St-Pierre. Die Villa Noailles wurde 1933 konsequent im

Architekturstil der Moderne errichtet. Die Besitzer, die Mäzene Graf Charles de Noailles und seine Ehefrau Marie-Laure, stellten ihr 60-Zimmer-Haus als Treffpunkt für Künstler zur Verfügung. Picasso, Dalí, Buñuel (dessen Film *Das goldene Zeitalter* die Noailles produzierten), Man Ray (der hier seinen Film *Les Mystères du château de Dé* drehte), Jean Cocteau, der Bildhauer Giacometti – sie alle gingen hier ein und aus. Das Leben tobt hier auch heute noch, und wieder ist es die Avantgarde, die sich hier trifft. Präsentiert werden wechselnde Ausstellungen über Mode, Design, Architektur und Fotografie, dazu als Highlights das internationale Mode- und Fotofestival Ende April/Anfang Mai und die Design Parade im Juli/August.
Leicht bergab führt der Weg in den Parc St-Bernard, den die Noailles mit exotischen und mediterranen Pflanzen anlegen ließen. Unbedingt empfehlenswert auch der Parc du Castel Sainte-Claire, in dem seltene südamerikanische und australische Gewächse wachsen. Er ist mit St-Bernard durch einen kleinen Pfad verbunden. Die städtischen Jardins Olbius-Riquier schließlich bieten auf sieben Hektar Fläche exotische Pflanzen, die teils in Gewächshäusern stehen, Spiele und Ponyreiten für Kinder, einen See sowie Damhirsche, Strauße, Affen und andere Tiere. Hyères liegt zwar im Hinterland, zum Stadtgebiet gehören dennoch insgesamt 20 Kilometer Strand: im Osten Ayguade-le-Ceinturon und im Westen L'Almanarre, ein Sandstrand für Familien, aber auch ein Dorado für Surfer. Zeitweise pustet der Wind hier zur großen Freude der Kite- und Windsurfer ziemlich heftig.

Salz und Tomboli

Nicht weit entfernt wurden in den Salinen des Étang des Pesquiers einst bis zu 30 000 Tonnen Salz geerntet. 1995 wurde die Produktion eingestellt. Der Étang liegt zwischen der Route de Sel im Westen und der Route de Giens im Osten, die beide parallel zur Halbinsel Giens führen. Die einstige Insel ist durch sogenannte Tomboli zur Halbinsel geworden: Sie wurde durch angeschwemmten Sand und Kiesel mit dem Festland verbunden – Gleiches ereignete sich übrigens in der Bretagne an der heutigen Halbinsel Quiberon. Der westliche Tombolo, die Route de Sel, ist durch ständige Erosion bedroht. Um ihn zu erhalten, sperrt der Küstenschutz die Straße alljährlich zwischen Allerheiligen und Ostern und siedelt zudem Seegras an. Diese Pflanze wurzelt im Meeresboden, trägt unter Wasser sogar Blüten und wirkt als natürliches Bollwerk. Giens mit dem gleichnamigen Dorf ähnelt den benachbarten Inseln: bergig, bewaldet und mit felsigen Buchten. Das schönste Panorama bietet La Tour-Fondue am Ostzipfel der Halbinsel.

TOP ★ ERLEBNISSE

★ AUF DEN SPUREN DER GRÜNDER

Die Geschichte von Hyères beginnt mit Griechen, die von Marseille kamen und an der Küste im 4. Jahrhundert v. Chr. die Siedlung Olbia gründeten. Später eroberten und zerstörten die Römer den Ort und bauten ihn wieder auf, weil sie einen Hafen zum Verschiffen des Salzes brauchten. Die heutige archäologische Stätte von Olbia zeigt die Reste der Festungsanlage, griechische und römische Relikte, Thermen, Altarräume, Brunnen und Grundmauern von Wohngebäuden. Die Ruinen des Château des Aires liegen nördlich der Stadt auf einem gut zu verteidigenden Felshügel. Sie dokumentieren einen späteren Zeitabschnitt. Die Burg wurde im 11. Jahrhundert von den Herren von Fos erbaut, 1596 auf Befehl Heinrichs IV. teilweise und unter Ludwig XIII. endgültig zerstört.

WEITERE INFORMATIONEN
www.hyeres-tourisme.com, https://hyeres.fr/site-olbia

★ STRANDFREUDEN IN LE PRADET

Westlich von Hyères befindet sich der hübsche Badeort Le Pradet. Die schönen Strände erstrecken sich zwischen Felsen, es gibt verschiedene Spazierwege durch die reizende Landschaft. Wer sich für Geologie interessiert, dem sei noch das mineralogische Museum empfohlen.

WEITERE INFORMATIONEN
www.mine-capgaronne.fr, www.ot-lepradet.fr

96 MEHRFACH EROBERT – DIE ÎLES D'HYÈRES

Drei Perlen im Meer

An dem traumhaften Abschnitt der Côte d'Azur zwischen Hyères und Le Lavandou liegen vor der Küste Porquerolles, Port-Cros und Le Levant, die Îles d'Hyères. Hier ist Wandern angesagt, denn Autos sind auf den drei Inseln verpönt und Fahrräder nur auf Porquerolles erlaubt. Porquerolles ist die größte, Le Levant die steinigste und Port-Cros die bergigste Insel. Welche die schönste ist, müssen die Besucher selbst entscheiden.

Das Fort de Moulin auf der Île de Port-Cros besitzt eine grandiose Lage (unten). Für die wenigen Einwohner bietet die Kirche von Porquerolles ausreichend Platz (rechte Seite oben). Ideal für einen Kurzaufenthalt: L'Auberge des Glycines auf Porquerolles (rechte Seite unten).

Bis sie im 16. Jahrhundert vertrieben wurden, nutzten Piraten die Inseln als Unterschlupf und starteten von dort ihre Kaperfahrten. Anschließend profitierte das Militär von der strategisch günstigen Lage der Inseln. Es erbaute dort Festungen, um die Küste vor feindlichen Angriffen zu schützen. Erobert werden die Inseln aber erst seit einigen Jahrzehnten – durch die Touristen. Die allermeisten sind Tagesgäste, da es auf der Insel nur wenige Übernachtungsmöglichkeiten gibt. Am besten kommt man deshalb außerhalb der Saison im Frühling oder Herbst.

Auf Porquerolles

Porquerolles gehörte ab den 1930er-Jahren dem belgischen Ingenieur Jean-François-Joseph Fournier, dessen Erben die Insel 1971 an den französischen Staat verkauften. In der Folge wurde sie unter Naturschutz gestellt und ein Waldstreifen als Feuerschutzschneise gerodet. Dort pflanzte der Elsässer Winzer Laurent Vidal 1985 Reben und gründete damit seine Domaine de la Courtade. Porquerolles ist sieben Kilometer lang, zweieinhalb Kilometer breit und damit die größte der Inselgruppe. Während auf ihrer Südseite

das Ufer steil abfällt, liegen auf der Nordseite etliche Sandstrände, die von Pinien, Büschen und wohlriechenden Myrten gesäumt werden. Vom Sandstrand La Courtade lohnt ein Abstecher zur gleichnamigen Villa, um dort die große Sammlung zeitgenössischer Kunst der Fondation Carmignac zu bewundern, darunter Werke von Andy Warhol und Roy Lichtenstein. Sehenswert ist auch das Fort Saint-Agathe, das zu den einstigen Befestigungsanlagen gehört. Es wird von einen 15 Meter hohen Turm mit vier Meter dicken Mauern überragt. Der auf der Insel gelegene Ort Porquerolles hat nichts Provenzalisches an sich. Die Place d'Armes mit Hotels, eine schlichte Kirche und einige Fischerhäuser – das war's. Interessanter ist das südwestlich gelegene botanische Konservatorium, das sich den Erhalt der mediterranen Flora zum Ziel gesetzt hat.

Nationalpark für Land und Meer

Die Île de Port-Cros besitzt den kleinsten Nationalpark Frankreichs. Er schützt die 700 Hektar große Insel und auf 1800 Hektar die sie umgebenden Gewässer. Hier darf man weder Feuer machen noch campen, in der Natur rauchen, Pflanzen sammeln, fischen, Fahrrad fahren oder die vorgegebenen Wege verlassen. Dennoch stellen die Touristenmassen eine Bedrohung für die Natur dar: Die Insel zählt jährlich etwa 600 000 Besucher – und hat nur ein einziges Hotel mit 21 Zimmern.

Das geschützte Meer rund um Port-Cros ist ein Paradies für Taucher. Hier kann man Zackenbarsche beobachten, aber auch Barrakudas, Zahnbrassen und Doraden von enormer Größe. Das Seegras bildet hier eine regelrechte Unterseeprärie und bietet Lebensraum für 70 Fischarten, Seepferdchen und Meeresschnecken. Auch Vögel lieben die Insel und haben sie zu ihrem Brutplatz erkoren, wie zum Beispiel der Mittelmeersturmtaucher. Für ausdauernde Spaziergänger empfehlen sich der etwa zwei Stunden lange Weg im Vallon de la Solitude oder der Zehn-Kilometer-Rundweg vom Hafen bis zur östlichen Spitze Port-Man und zurück. Attraktionen im Norden sind die Plage de la Palud, gleich daneben das unter Richelieu erbaute Fort de l'Estissac und der 300 Meter lange Pfad vom Strand bis zur Miniinsel Rascas. Der Weg verläuft unter Wasser vorbei an unterseeischen Infotafeln, die dafür notwendige Ausrüstung kann man sich ausleihen. Die dritte Insel, Le Levant, ist zu 90 Prozent militärisches Sperrgebiet, der restliche Teil ist das Revier der Nudisten.

TOP ★ ERLEBNISSE

★ HIER STIMMT DIE LEISTUNG

Ein Aufenthalt auf Porquerolles und Port-Cros ist nicht gerade billig. Zu viele Besucher bei zu wenigen Betten treiben die Preise nach oben. Daher sind Hotels in der Regel auch nur mit Halbpension zu buchen. Wenn dann wenigstens die Leistung stimmt, kann man glücklich sein. Die Auberge des Glycines auf Porquerolles lohnt einen mehrtägigen Ausflug: Die Preise halten sich vergleichsweise noch in Grenzen, die Zimmer sind angenehm. Das Restaurant zeigt sich in provenzalischem Dekor, auch die Küche ist provenzalisch inspiriert. Sie serviert Deftiges wie Daube (Rinderschmorbraten), aber natürlich vor allem Meeresfrüchte (Seeigel!) und Fisch.

WEITERE INFORMATIONEN
www.auberge-glycines.com, www.porquerolles.com, www.portcrosparcnational.fr

★ SPAZIERGANG ZUM LEUCHTTURM

Diesen eineinhalbstündigen Spaziergang sollte auch unternehmen, wer nur kurz auf Porquerolles ist, da er solch einen einzigartigen Blick über die ganze Insel ermöglicht. Vom Standort des Leuchtturms auf der Südspitze der Insel sieht man die Höhen der Pointe du Grand Langoustier, das Fort Ste-Agathe, das Sémaphore, die Bucht von Hyères und sogar das Massif des Maures auf dem Festland.

WEITERE INFORMATIONEN
www.porquerolles.com

Die Kirche St-Pons von Collobrières sah schon bessere Zeiten (oben). Wunderbare Naturerlebnisse bieten Wanderungen durch das Massif des Maures (rechte Seite unten). Maronen wachsen im milden Klima gut und werden zu vielfältigen Spezialitäten verarbeitet (rechte Seite oben).

97 WASSER UND WANDERN – LE LAVANDOU

Von der Küste ins Massif des Maures

In den 1930er-Jahren war Le Lavandou der größte Fischerhafen des Département Var. Heute liegen hauptsächlich private Jachten im Hafen des Städtchens, das sich zu einem beliebten Familienseebad entwickelt hat. Das Massif des Maures im Hinterland ist bis auf einige Dörfer kaum bevölkert. Hier ist die Landschaft weitgehend wild und unberührt geblieben.

Nach wie vor gibt es in Le Lavandou einige wenige Pescadous, wie die Fischer hier genannt werden. Wenn sie frühmorgens in den Hafen zurückkehren, bieten sie ein malerisches Schauspiel mit ihren bunten Booten. Auch sonst gibt es in Le Lavandou Malerisches zu sehen: 14 Springbrunnen und drei Gärten, die für frisches Grün sorgen. Im Jardin du Cadran wachsen eine riesige Palme, die nur noch durch Stahltrosse gehalten werden kann, Lavendel und Santoline (Heiligenkraut) sowie diverse Kakteenarten. Im Jardin du Grand-Bleu sind Pflanzen aus südlichen Weltregionen zu sehen, beeindruckend ist ein großer Jacaranda-Baum mit malvenfarbenen Blüten aus dem tropischen Südamerika. Rosa Tamarisken steuert der Grand Jardin bei.

Auf dem Malerweg

Auf die Spuren der neoimpressionistischen Maler, die sich hier Anfang des 20. Jahrhunderts vom Viertel St-Clair inspirieren ließen, führt der Chemin des Peintres. Den zweieinhalb Kilometer langen Weg säumen 14 Tafeln mit 19 Gemälden, die in Le Lavandou entstanden.

Und nicht zuletzt lockt Le Lavandou mit zwölf Stränden, die insgesamt zwölf Kilometer lang sind. Besonders schön ist der weitläufige, etwas abseits der Straße gelegene Strand von St-Clair. Am Strand Le Layet tref-

fen sich die Nudisten und der vor dem Mistral gut geschützte Strand von Cavalière bietet breite Wassersportmöglichkeiten sowie eine Segel- und Windsurfschule. Abends kann man sich in den Bars und Diskotheken am Hafen hervorragend amüsieren, und während der Saison unterhalten an jedem Freitagabend ein kostenloses Open-Air-Konzert und Feuerwerk.

Wandern in der Einsamkeit

Etwa 60 Kilometer lang erstreckt sich das Massif des Maures im Hinterland von Hyères bis zum Fluss Argens bei Fréjus. Nicht die Mauren stehen als Namenspaten für diesen Gebirgszug – der Name stammt vom provenzalischen bzw. okzitanischen Wort maouro für »schwarz, dunkel«. Streckenweise ist die Region karg, dann wieder dicht bewachsen mit Kastanien, Aleppokiefern und Eichen. Auch Esskastanien gedeihen hier. Waldbrände sind eine stete Gefahr; an Stellen, die den Flammen zum Opfer fielen, steht dichtes Buschwerk mit Ginster und anderen Sträuchern. Besonders auffällig sind die zahlreichen Korkeichen. Wenn sie erstmals nach etwa zwölf Jahren geschält werden, ist ihre Rinde so hart, dass daraus Fußbodenbeläge angefertigt werden. Die folgenden Ernten erfolgen jeweils im Abstand von rund zehn Jahren. Der so gewonnene Kork kann für Flaschenverschlüsse verwendet werden.

Über holperige Straßen geht es bis ins Innere des Massivs. Vorbei am Arboretum de Gratteloup und über den Col de Babaou gelangt man in den Ort Collobrières mit dem schönen Marktplatz, wo die Confiserie Azuréenne mit ihrem grandiosen Maronenmus lockt. Richtung Norden bietet Gonfaron ein sehenswertes Schildkrötendorf mit mehr als 2500 Tieren, und zwischen Collobrières und Grimaud führt auf halber Strecke ein Weg zum mehrfach zerstörten und wiederaufgebauten Kartäuserkloster Monastère de la Verne mitten in der grünen Wildnis. Zu besichtigen sind in dem Nonnenkloster neben einigen restaurierten Gebäudeteilen die Bäckerei mit ihrem riesigen Ofen, die Olivenölpressen und der große Gewölbekeller mit einer hölzernen Christusfigur. Nördlich von Grimaud erreicht man bei La Garde-Freinet nach 20 Minuten Fußmarsch die Ruinen einer Burganlage und eines mittelalterlichen Dorfes – und südlich von Grimaud kommt man nach Cogolin. In dem Dorf mit dem Uhrturm aus dem 14. Jahrhundert und der teils noch älteren Kirche St-Sauveur-St-Étienne verbrachte der Schriftsteller Antoine de St-Exupéry einen Teil seiner Jugend.

TOP ★ ERLEBNISSE

★ KULINARISCHE SPEZIALITÄT

Esskastanien oder Maronen sind in der Region überall kandiert, roh zum Selbstzubereiten sowie in Form von Maronenmus erhältlich. Auf vielen Bauernhöfen werden sie zum Kauf angeboten. Die Maronen selbst zu sammeln, ist allerdings verboten. Gekochte Maronen, zusammen mit Zwiebeln und Knoblauch als Beilage zu einem Rinderschmorbraten, Maronenmus als Aufstrich für süßes Brot und Crêpes oder mit Maronenmus bestrichene Geflügelbrust im Blätterteig – es gibt viele Verwendungsmöglichkeiten für diese Leckerei. Die Region feiert ihre Spezialität in Collobrières an den letzten drei Sonntagen im Oktober, in Gonfaron am vorletzten Oktoberwochenende und in La Garde-Freinet am dritten und vierten Oktobersonntag jeweils mit großen Märkten und ausführlichen Verkostungen.

WEITERE INFORMATIONEN
www.visitgolfe.com

★ PER STRANDZUG UNTERWEGS

Die Bahnlinie, die einst von Toulon nach St-Raphaël führte, existiert nicht mehr und wird heute als Radweg genutzt. Über diesen verkehrt der Strandzug und fährt den Küstenabschnitt von L'Anglade bis Pramousquier entlang. So lernt man die Stadt aus einer anderen Perspektive kennen.

WEITERE INFORMATIONEN
www.lelavandou.com

98 TRÈS CHIC – SAINT-TROPEZ

Sehen und gesehen werden

Saint-Tropez? Da denkt jeder Urlauber an Jetset, an Playboys und Paparazzi, an riesige Jachten und wildes Nachtleben. Der Eindruck ist nicht falsch. Denn Saint-Tropez' Zeiten als beschaulicher Fischerort sind längst vorbei. Doch es gibt auch eine andere Seite zu entdecken – wenn die Hauptsaison vorbei ist und der Ort vor allem wieder den Einheimischen gehört.

Zuerst spürten die Künstler den Charme des kleinen, versteckt liegenden Orts. Ende des 19. Jahrhunderts sah der Schriftsteller Guy de Maupassant von seiner Jacht aus den Hafen mit den Fischerbooten und Frachtkähnen und war begeistert. Die Maler Paul Signac und Henri Matisse verewigten Saint-Tropez in diversen Gemälden, weitere Malerkollegen folgten, die Schriftstellerin Colette verbrachte hier die Wintermonate. Sie war es auch, die darauf drängte, dass nach den Zerstörungen des Kriegs der Hafen originalgetreu wiederaufgebaut wurde.

In den 1950er-Jahren kamen Errol Flynn und die Schriftstellerin Anaïs Nin vorbei, dann die Literaten vom Pariser St-Germain-des-Prés und Leute vom Film. Einer von ihnen machte Saint-Tropez einer breiteren Öffentlichkeit bekannt: Roger Vadim. Er drehte mit Brigitte Bardot an der Plage de Tahiti den Film *Und ewig lockt das Weib* – und er heiratete sie damals auch. Als das Sexsymbol B. B. in nächster Ehe 1966 den Playboy Gunther Sachs ehelichte, war St-Trop' auch den Deutschen endgültig ein Begriff geworden. Zu dieser Zeit kam das Oben-ohne-Baden in Mode, damals

Die Statue von Pierre André de Suffren vor dem Hotel Sube hat die Jachten im Hafen immer gut im Blick (unten). Auch heute inspiriert der Charme von Saint-Tropez Maler (rechte Seite oben). Im Mai und Juni feiert Saint-Tropez mit Paraden und viel Pulverdampf seine Bravades (rechte Seite unten).

ein Skandal, heute absolut kein Aufreger mehr. Louis de Funès machte in *Der Gendarm von Saint-Tropez* Jagd auf die barbusigen Frauen, musste sich aber letztlich geschlagen geben. Heute spazieren trotz der nervigen Anfahrt mit kilometerlangem Stop-and-Go täglich Tausende Touristen am Hafenkai entlang und bestaunen die mit allem Luxus ausgestatteten Jachten. Deren Besitzer lieben offenbar dieses »Zoo-Feeling«. Die Schiffe liegen mit dem Heck zum Kai, sodass jeder sehen kann, wie livrierte Kellner die Reichen und Schönen bedienen und immer wieder von Land neue Champagnerflaschen holen.

Baden und Bummeln

Westlich des Orts liegt der bei Windsurfern beliebte Strand La Bouillabaisse. Zu den östlichen Stränden gehören Les Graniers und La Baie des Canebiers mit Blick auf die Villen La Madrague von Brigitte Bardot, La Treille Muscate von Colette und La Hune von Paul Signac. Auf der anderen Seite des Cap de Saint-Tropez folgen die Strände Plage des Salins und Tahiti. Der anschließende große Strand Pampelonne befindet sich teilweise in Privatbesitz und gehört offiziell zur Gemeinde Ramatuelle.

Für einen Stadtrundgang bietet sich zunächst das Quartier de la Ponche an. In diesem ältesten und charmantesten Stadtviertel wohnten früher Fischer und Künstler. Neben dem Rathaus ragt der Turm des früheren Château de Suffren aus dem 16. Jahrhundert auf. In der Kirche Notre-Dame-de-l'Assomption ist die Büste des heiligen Torpes ausgestellt, die anlässlich der Bravade im Mai durch die Straßen getragen wird. Auf der Place aux Herbes nahe dem Hafen findet morgens der Markt statt, auf dem auch die frischen Fänge der Fischer angeboten werden. Deren Zahl hat wieder zugenommen, nachdem die Nachfrage durch viele neue Restaurants gestiegen ist. Der Ortsmittelpunkt für die Einheimischen ist die Place des Lices, an der sich Cafés unter Platanen ducken und Boule-Kugeln klicken. Wenn Pressefotografen da sind, mischen sich auch gern Möchtegernstars unter die Menge.

Optisch wird die Stadt von der Zitadelle mit dem Wehrturm und den drei runden Türmen aus dem 16. Jahrhundert dominiert. Sie war bis zum Zweiten Weltkrieg ein wichtiges militärisches Bauwerk, heute bietet sie einen wunderbaren Blick über Golf und Berge.

Auf jeden Fall sehenswert ist das Museum der maritimen Geschichte von Saint-Tropez im Inneren der Zitadelle. Für Kunstfreunde ein Muss ist das Museum L'Annonciade mit Werken von Signac und anderen Pointillisten, von Fauvisten wie Matisse, Braque und Vlaminck sowie von Utrillo und weiteren Expressionisten. Für die faszinierende Schmetterlingssammlung in der Maison des Papillons hat der Maler und Insektenkundler Dany Lartigue 4500 Arten aus aller Welt zusammengetragen.

TOP ★ ERLEBNISSE

★ DIE BRAVADES

Saint-Tropez heißt nach dem heiligen Torpes, einem christlichen Märtyrer, der auf Befehl Neros gefoltert und geköpft worden sein soll. Seinen Leichnam warf man – so die Legende – mit einem Hund und einem Hahn in eine Barke, die im heutigen Saint-Tropez angespült wurde. Seit dem 13. Jahrhundert wird dieses Ereignisses mit einer Prozession gedacht. Dabei wird die Büste des Heiligen durch den Ort getragen, begleitet von Trommlern und Pfeifern. Zu diesem Anlass wird ein großes Fest gefeiert. Diese Bravade findet alljährlich vom 16. bis 18. Mai statt. Gefeiert wird zudem am 15. Juni zur Bravade des Espagnols. Sie erinnert an den Sieg der örtlichen Miliz über die spanische Flotte im Jahr 1637.

★ VON SAINT-TROPEZ ZUM TAHITI STRAND

Diese dreistündige Wanderung sollte man mit festen Schuhen antreten. Los geht es an der Plage des Graniers ganz im Westen des Hafens. Man geht die Küste entlang und genießt die herrlichen Aussichtspunkte auf die Ausläufer des Maurenmassivs und die ersten roten Felsen des Esterelmassivs. Nach der Pointe des Rabiou und dem Cap de Saint-Tropez gelangt man zur Plage des Salins. Hinter dem Cap Pinet liegt die Plage de Tahiti, der nördliche Abschluss der Bucht von Pampelonne.

WEITERE INFORMATIONEN
www.sainttropeztourisme.com

Blick von der Zitadelle auf die Stadt mit der Kirche Notre-Dame-de-l'Assomption und den Golf von Saint-Tropez

Blick vom Table de l'Orientation in Gassin auf die Bucht von Saint-Tropez (oben). Die Burg von Grimaud wurde in der Französischen Revolution als Steinbruch verwendet; heute ist sie Ruine (rechte Seite oben). Ein knorriger Ölbaum steht vor einem Bruchsteinhaus in Gassin (rechte Seite unten).

99 EIN UFERPARADIES AUF 250 KM – CÔTE D'AZUR

Die himmelblaue Küste – immer in schönstem Licht

Wenn Europa Anfang des Jahres dem Frühling entgegenbibbert, steht die Côte d'Azur schon in schönster Blüte, wetteifern Mimosen, Rosen, Jasmin und Stiefmütterchen mit ihrer Farbenpracht. Die Pflanzen entwickelten sich zu Frühblühern und erfüllen damit eine wichtige Aufgabe: Sie sollen die Gäste erfreuen, die heute wie zu Beginn des 19. Jahrhunderts Jahr für Jahr kommen, um die Wintermonate im milden Klima an der Côte d'Azur zu verbringen.

Es waren in der Hauptsache reiche Nordeuropäer und gut betuchte Briten, die es vom kalten langen Winter in der Heimat an die leuchtende Riviera zog. Entlang der »himmelblauen Küste« stehen die eleganten Villen direkt am Meer, an den Hügeln und im Hinterland der Provence. Seit gut 100 Jahren ist an der Côte d'Azur für die High Society, für Stars und Sternchen und für Jachtbesitzer das ganze Jahr Saison. Und in den Ferienmonaten ist die ganze Provence mit ihren feinen Stränden, alten Ortschaften und großartigen Kunstschätzen ein Urlaubsziel ersten Ranges.

250 Kilometer zieht sich der traumhafte Küstenstreifen am Ligurischen Meer von Marseille bis hinauf zur italienischen Grenze. Wer ihn entlangfährt, passiert unterwegs Toulon, die »goldenen« Îles d'Hyères und das Massif des Maures, sieht Sainte-Maxime und Fréjus – und natürlich die Berühmtheiten Cannes, Nizza und Saint-Tropez.

Treffpunkt Saint-Tropez

Saint-Tropez! Hier wurde 1956 *Et Dieu créa la femme* gedreht. Brigitte Bardot trug einen Bikini, ein Novum in der Filmgeschichte. So viel Sexappeal – Saint-Tropez und die Côte

Fréjus bietet neben einem Jachthafen auch Zeugnisse seiner jahrhundertealten Geschichte (oben). Die île d'Or, eine Privatinsel im Osten der Stadt Saint-Raphaël, bei Sonnenaufgang vom Cap Dramont aus gesehen (unten). Ramatuelle, schmiegt sich oberhalb von Saint-Tropez an den Fuß des Massif des Maures (rechte Seite oben). Jean Gabin, als Pfeifenkopf verewigt (rechte Seite unten).

d'Azur galten seitdem als Synonym für einen freizügigen Lebensstil.
In den Sommermonaten ist es angebracht, mit den Ausflugsschiffen aus den angrenzenden Küstenstädten hierher zu schippern , die Zufahrtsstraße ist heillos überfüllt. Im Ort selbst gilt die Devise: Sehen und gesehen werden. Dabei hat Saint-Tropez mehr zu bieten, etwa in der Zitadelle aus dem 16. Jahrhundert das Musée Naval. Am Nouveau Port punktet in der Verkündigungskapelle das Musée de l'Annonciade mit einer großartigen Sammlung mit Kunst des Impressionismus und der Klassischen Moderne.

Der beschauliche Ort Grimaud liegt über dem Golf von Saint-Tropez rund 12 Kilometer von Saint-Tropez und nicht weit von Saint-Maxime entfernt. Überragt wird das Städtchen von den Ruinen einer imposanten Burg aus dem 11. Jahrhundert. Von hier genießt man einen traumhaften Blick über die Bucht und auf die umliegenden grünen Hügel des Massif des Maures.
Grimaud besitzt einen malerischen Dorfkern mit alten Gassen, der mit den Jahren liebevoll restauriert wurde. In diesem typisch provenzalischen Bergdorf finden Urlauber alle Ruhe und Erholung. Die schmalen Gassen sind gesäumt von Kakteen, wildem Wein und Glyzinien. Statt In-Boutiquen und Souvenirshops entdeckt man hier kleine Kunsthandwerksläden und Galerien.

Blau überall

Die Morgensonne strahlt vom azurblauen Himmel und wärmt auch im Winter die Gäste der Straßencafés, die den ersten Café au Lait zu sich nehmen. Das Blau des Himmels wird vom Meer aufgenommen, die blau-blaue Spiegelung ist ein reizvoller Kontrast zu den Hängen und Hügeln, deren Grün changiert zwischen Matt, Satt und Silber. Dazwischen das Grau-Beige der Schieferfelsen. Dazu eine milde Brise aus Afrika – und wenn's denn mal der Mistral oder im Sommer der heiße Schirokko sein sollte, ist es auch kein Problem – *c'est la vie*. Das Leben ist viel zu kurz und zu schön, um sich über so etwas aufzuregen.
Zwischen Hyères und Fréjus liegt das Massif des Maures. Bis auf 779 Meter ragt es auf, fast 65 Kilometer dehnt es sich aus, bedeckt von dichten Kiefern-, Eichen- und Kastanienwäldern. La Garde-Freinet ist das Zentrum der Korkenherstellung, in Cogolin entstehen Pfeifen aus Wurzeln des Bruyère-Strauchs, der Baumheide. Abstecher ans Küstenstädtchen Lavandou oder nach Ramatuelle lohnen immer. Dort ist auf dem Friedhof der französische Schauspieler Gérard Philipe begraben.

Schon Königin Victoria zog es hierher

Nicht weit entfernt kommt man in eines der ersten Kurbäder an der Côte d'Azur, nach Hyères. Es ist die südlichste Stadt in der Provence. Im 19. Jahrhundert machte Königin Victoria dem Bad ebenso ihre Aufwartung wie der Schriftsteller Robert Louis Stevenson. Prächtige Villen, Hotels und das Casino lassen den Belle-Époque-Charme des ältesten Winterkurorts an der französischen Riviera erblühen. Ein Schmuckstück ist die Altstadt um die Place Massillon.

Von Hyères aus steuern die Ausflugsschiffe die drei Inseln Porquerolles, Port-Cros und Île du Levant an. Die waldreichen Îles d'Hyères sind geologisch dem Massif des Maures vorgelagert und locken mit schönen Badeplätzen, zerklüfteten Steilküsten und kilometerlangen Wanderwegen. Mit Taucherbrille und Schnorchel kann man auch die Unterwasserwelt erkunden.

Am anderen Ende des Bergrückens und schon am Fuß des Esterel-Massivs liegt Fréjus. Im Jardin la pomme d'Ambre kann man dort wie in anderen privaten Themengärten auch die sorgsam gepflegte und gehegte Blumenvielfalt bewundern, die gerade in den Wintermonaten blüht und ab Mai in sattes Grün übergeht. Die bedeutendsten römischen Zeugnisse der Stadt sind das Amphitheater, die Reste eines Aquädukts, eines Theaters und Teile eines Wehrtors. Der Ort geht nahtlos über in Saint-Raphaël, das sich charmant präsentiert mit Jugendstilhäusern und Palmen, die die Uferpromenade säumen.

Wieder hinauf in die Berge führt der Weg nach Grasse. Mit Katharina von Medici kamen im 16. Jahrhundert parfümierte Lederhandschuhe in Mode und damit wurde der Grundstein gelegt zur Parfümindustrie in Grasse. Das Gerberhandwerk existierte bereits seit dem 13. Jahrhundert in der Stadt inmitten der Lavendel-, Jasmin- und Rosenfelder. Einen informativen Einblick in die Parfümherstellung gewährt das Musée International de la Parfumerie mit einem Garten voller duftender Pflanzen.

Am Gipfel ist man schnell

Durch das Massif de l'Esterel geht es zurück zur Küste. Das etwa 20 Kilometer lange Gebirge fällt schroff zum Meer hin ab. Die Küstenstraße Corniche d'Or verbindet Saint-Raphaël mit La Napoule auf dem Weg nach Cannes. Die roten Porphyrfelsen, die grüne Vegetation und das Blau des Meeres bieten dem Auge einen wunderbaren Dreiklang der Natur. Vom Mont Vinaigre, mit 618 Metern höchster Gipfel des Massivs, hat man einen fantastischen Panoramablick über die Riviera. Vom Parkplatz aus ist es nur ein kurzer Fußweg bis zum Gipfel.

TOP ★ ERLEBNISSE

★ MALERISCHE CÔTE D'AZUR

1882 kam Renoir auf Anraten seines Arztes an die Küste, um sein Rheumaleiden zu lindern. Er kaufte das Anwesen Les Collettes in Cagnes-sur-Mer und verbrachte hier seine letzten zwölf Lebensjahre. Das von Olivenbäumen umgebene Haus ist heute ein Gedenkmuseum, das Musée Renoir. Die Wohnräume der Malerfamilie haben ihr Originalmobiliar behalten. Die hier ausgestellten Gemälde stammen aus seiner letzten Schaffensperiode.

WEITERE INFORMATIONEN
Musée Renoir, www.cagnes-sur-mer.fr/culture/musee-renoir

★ DIE PFEIFEN AUS COGOLIN

Das Städtchen im Hinterland von St-Tropez besitzt eine langjährige Handwerkertradition und bewahrte so seinen urigen Charakter. Besonders berühmt ist es für seine Pfeifen, die aus dem Holz der Baumheide, bruyère, gefertigt werden. In der Fabrique de pipes de Cogolin kann man sie direkt vom Hersteller kaufen und sich über die Produktion informieren.

WEITERE INFORMATIONEN
Fabrique de pipes de Cogolin, Maître de Pipes: www.courrieu-pipes.com

Der Pic du Cap-Roux ist ein reizvolles Ziel für geübte Wanderer (oben). Der kleine Hafen von Saint-Raphaël wird von der mittelalterlichen Basilique Notre-Dame-de-la-Victoire überragt (rechte Seite).

100 RAU UND ZERKLÜFTET – MASSIF DE L'ESTEREL

Ein Gebirge von wilder Schönheit

Purpurrote Felsen, überwiegend vollkommen kahl, im farblichen Kontrast dazu das Blau des Mittelmeers – das Massif de l'Esterel bietet einen Anblick zum Schwärmen. Am westlichen Rand des Gebirges liegen die munteren Städtchen Fréjus und Saint-Raphaël, und auch die kleinen Küstenorte lohnen einen kurzen Badeaufenthalt. Das Landesinnere verspricht dagegen ungestörte Wanderungen.

Die Erosion prägte das Gesicht des Massif. Mit dem 618 Meter hohen Vinaigre als höchster Erhebung ist es relativ niedrig. Trotzdem erweckt es durch die tiefen Einschnitte und die zerklüftete Oberfläche gelegentlich den Eindruck einer Hochgebirgslandschaft.

Der Gebirgszug ist vom Massif des Maures nur durch das Flusstal des Argens getrennt, dennoch bestehen trotz der geografischen Nähe große geologische Unterschiede: Les Maures besteht aus kristallinem Schiefer, das Massif de l'Esterel aus Eruptivgestein, hartem Porphyr vulkanischen Ursprungs. Landwirtschaftlich wurde es aufgrund dieses Untergrunds nie genutzt. Einst war das Gebirge von Eichenwäldern bedeckt, Waldbrände haben jedoch ganze Arbeit geleistet und viele kahle Areale hinterlassen. Das mag man bedauern, andererseits macht das leuchtende Rot der Felsen gerade den Reiz der Landschaft aus.

Berühmter Straßenräuber

Im Norden wird das Massif begrenzt durch die N 7, die auf weiten Strecken identisch ist mit der römischen Via Aurelia. Die Auberge des Adrets, heute ein exklusives Hotel, war

Spannende Höhenwanderungen nahe des Abgrunds (unten). Von wilder Schönheit ist die Küste am Cap Dramont bei Saint-Raphaël – hier mit Blick zur Île d'Or (rechte Seite oben). Ein ruhiger Platz in der Altstadt von Fréjus (rechte Seite unten).

im 18. Jahrhundert der Unterschlupf des Banditen Gaspard de Besse, der mit seinen Kumpanen die Berge unsicher machte. Seine Karriere währte nicht lange: Im Alter von 24 Jahren wurde er hingerichtet. Bis zum Ende des 19. Jahrhunderts war das unzugängliche Gebirge ein beliebtes Versteck von entflohenen Zwangsarbeitern aus Toulon. Vom Gipfel des Mont Vinaigre schweift der Blick bis zum Meer, nach Cannes und über die Gipfel des Massif des Maures und des Massif de l'Esterel. Auch auf die etwas niedrigeren Berge Pic de l'Ours und Pic du Cap-Roux führen schöne Wanderungen, die Quelle der Ste-Baume erscheint nach den langen Märschen wie das Paradies. Der Ravin du Mal Infernet diente im Mittelalter zur Entsorgung der Pestkranken, die man kurzerhand in diese Schlucht warf. Nur wenige Hundert Meter weiter gelangt man an den kleinen Lac de l'Écureuil.

Steile Küsten

Abseits der kleinen Orte fällt die Küste zum Meer hin steil ab. Im Wasser sind Steinblöcke und Miniinseln zu sehen. Häufig sind sie mit Flechten überzogen, deren Grün einen weiteren Tupfer auf der Farbpalette der Region bildet. Wer etwas Kraxelei nicht scheut, findet aber auch hier kleine Buchten mit schattigen Badeplätzen. In Le Dramont erinnert eine Stele an die Landung von 20000 GIs am 15. August 1944; der Leuchtturm (Sémaphore) von Dramont dient der militärischen Überwachung der hiesigen Küste. Im Meer vor dem Badeort Agay fand man 2000 Jahre alte römische Amphoren, die von einem untergegangenen Schiff übrig geblieben waren. In Sichtweite der Pointe de l'Esquillon, mit herrlichem Blick übers Meer bis zum Cap d'Antibes und den Îles de Lérins vor der Küste von Cannes, steht das avantgardistische Haus des Modeschöpfers Pierre Cardin. Das Palais Bulle wurde in Anlehnung an Cardins berühmte Kreation, die Robebulle – das »Kugelkleid« – rund gebaut, da Ecken und Kanten der menschlichen Natur widersprächen. Bei Théoule-sur-Mer mit der Pointe de l'Aiguille, einem Park am Wasser zum Spazierengehen, Baden und Schnorcheln, fällt das Massif de l'Esterel zum Golfe de Napoule ab.

Alt und Neu im Miteinander

Florierender römischer Hafen, mittelalterliche Stadt, bedeutende Militärbasis mit kolonialer Vergangenheit, beliebter Badeort – Fréjus am westlichen Ende des Massivs blickt auf eine wechselvolle Geschichte zurück. Jede Epoche hat hier Spuren hinterlassen. Als die römische Flotte unter Octavian nach dem Sieg über

Marcus Antonius und Kleopatra bei Actium 300 Galeeren heimbrachte, wurde Fréjus in den Rang einer römischen Kolonie erhoben samt wichtigem Kriegshafen und dem Forum Julii. Danach wurde Fréjus 940 von Sarazenen größtenteils zerstört, von Bischöfen wiederaufgebaut und 1475 von Piraten erneut in Schutt und Asche gelegt. Erst unter Kaiser Karl V. erwuchs die Stadt im 16. Jahrhundert zu alter Größe.

Im Lauf der Zeit wurden viele Relikte aus römischer Zeit als Baumaterial verwendet, bis man Ende des 19. Jahrhunderts mit archäologischen Grabungen begann. Erhalten blieben das Amphitheater, das Théâtre romain und Reste des Aquädukts, worüber damals Wasser aus dem 40 Kilometer entfernten Mons in die Stadt kam. Ein doppelköpfiger Hermes aus weißem Marmor wurde bei Ausgrabungen unter dem Park Clos de la Tour gefunden. Die Statue eines Römers in der Stadt stellt übrigens nicht Caesar da, sondern den Britannieneroberer Agricola, der in Fréjus geboren wurde.

Das Mittelalter wird lebendig im befestigten Domviertel; das Domportal zieren Skulpturen aus dem Leben Marias und Bilder der beiden Heiligen Peter und Paul. Es ist nur im Rahmen von Führungen zu besichtigen, doch die Taufkirche aus dem 5. Jahrhundert, die Kathedrale und das Kloster lohnen den Besuch – nicht zuletzt wegen der 1200 teils merkwürdigen kleinen Zeichnungen von Tieren, Heiligen und Schimären an der hölzernen Decke des Klosters.

Im Ersten Weltkrieg spielte Fréjus eine wichtige Rolle als Durchgangsstation für die Kolonialtruppen. Daran erinnern die buddhistische Pagode Hông Hiên, das Mahnmal für die Indochinakriege, die (nicht zu besichtigende) senegalesische Moschee Missiri und das Museum der Marinetruppen. Nachdem der Hafen einst versandet war, hat die Stadt mit dem Retortenort Port-Fréjus seit 1989 wieder Zugang zum Meer – und einen breiten Sandstrand.

Napoleons Schicksalshafen

Die Schwesterstadt Saint-Raphaël ist erst in jüngerer Zeit aus ihrem Dornröschenschlaf erwacht. Zur Gemeinde gehören 36 Kilometer Küste mit zahlreichen Stränden, allerdings keine besonderen Sehenswürdigkeiten, sieht man einmal ab von der romanischen Kirche aus dem 12. Jahrhundert, die auch als Festung diente. Zu Napoleon Bonaparte gibt es eine besondere Verbindung: Hier landete er 1799 nach seinem gescheiterten Ägyptenfeldzug und von hier aus wurde er 1814 in seine Verbannung nach Elba geschickt.

TOP ★ ERLEBNISSE

★ ES WERDE LICHT

In Saint-Raphaël findet wie in vielen anderen Städten Südfrankreichs ein Weihnachtsmarkt statt. Zur gleichen Zeit bieten die Fêtes de la lumière, die Lichtfestspiele, neben Straßentheater mit vielen Lichteffekten und Konzerten mit provenzalischer Musik spektakuläre Shows. Bei den Evasions Imaginaires wird die Basilique Notre-Dame-de-la-Victoire kunstvoll illuminiert. Dazu wird auf die Mauern der Basilika ein Trickfilm über das Leben der Fischer projiziert, untermalt von Sprache und Musik. Von einem Riesenrad kann man das herrlich bunte Treiben von ganz oben bestaunen.

WEITERE INFORMATIONEN
www.saint-raphael.com

★ HÜBSCHER ALTSTADTSPAZIERGANG

Spuren aus der Antike und dem Mittelalter begegnen einem bei einem Bummel durch Fréjus auf Schritt und Tritt. Am Ende der Rue de Fleury im Domviertel ist rechts an der Hausnummer 92 eine Tür aus grünem Serpentin zu sehen. Hausnummer 112 in der Rue Jean-Jaurès ist das ehemalige Rathaus mit einem geschwungenen Balkon an der Fassade, überdacht von einer säulenverzierten Loggia. Die Rue Grisolle führt an der mittelalterlichen Stadtmauer entlang.

WEITERE INFORMATIONEN
www.frejus.fr

101 BLÜTENDUFT – GRASSE

Die Parfümhauptstadt

Weltweit bekannt ist Grasse als Hauptstadt der schönen Düfte. Spätestens seit dem Roman »Das Parfum« von Patrick Süskind kennen selbst eingeschworene Kernseifenbenutzer das Städtchen. Doch die Parfümindustrie hat sich gewandelt, und so bietet sich nach einigen Stunden Aufenthalt und Besichtigungen eine Fahrt ins attraktive Hinterland von Grasse an.

Ein Highlight in Grasse ist neben den Parfümerien die Kathedrale Notre-Dame-du-Puy (unten). Wie auf einer Klaviatur komponiert der Parfumeur bei Fragonard seine Kreationen (rechte Seite oben). Entwurf für Stühle im Stil Ludwigs XV. (rechte Seite unten).

Tausende Tonnen von Blüten wurden Anfang des 20. Jahrhunderts gepflückt und verarbeitet. Sie wuchsen auf den Feldern rund um die Stadt Grasse – wilde Orangen, Lavendel, Myrten, aber vor allem Jasmin, Rosen und Tuberosen (Nachthyazinthen). In den 1960er-Jahren kamen synthetische Aromen auf, zudem konzentrierte man sich aufgrund der zu hohen Kosten auf Sorten aus anderen Ländern. Daher kommt heute der Jasmin aus Ägypten, die Damaszenerrose aus der Türkei und Bulgarien, die Tuberose aus Indien und die Orangenblüte aus Tunesien.

Parfüms und Museen

Rund um Grasse werden nur noch etwa zehn Tonnen Blüten gepflückt, deren Pflanzen auf 40 Hektar wachsen. Die meisten Firmen produzieren nur die Rohstoffe, lediglich einige kreieren daraus ihre Parfüms. Die großen Parfümhersteller wie Fragonard, Galimard oder Molinard sind zu besichtigen. Lohnend ist ein Besuch des Musée international de la Parfumerie (MIP) mit Exponaten wie dem Reisenecessaire von Marie Antoinette, früheren Geräten der Parfümeure, den Pflanzen für die Parfümherstellung und einer riesigen

Sammlung von Parfümen. Auf Anfrage gibt es Führungen von anderthalb Stunden Dauer und die Möglichkeit, die Gärten des MIP in Mouans-Sartoux, zwölf Kilometer südöstlich, zu besuchen.

In der Stadt markieren Messingschilder am Boden einen Rundgang, Schilder an den Hauswänden geben Erklärungen. Der Weg führt vom privaten Musée provençal du Costume et du Bijou mit Kleidern aus dem 18. Jahrhundert und außergewöhnlichem Schmuck zum Musée Fragonard. Dort präsentiert die Gründerfamilie Costa, die ihre Parfümerie nach dem aus Grasse stammenden Maler Jean-Honoré Fragonard benannte, 15 seiner Bilder, dazu die Werke zwei anderer ortsansässiger Maler. In der Kathedrale Notre-Dame-du-Puy sind neben einem schönen Triptychon vor allem drei Werke von Rubens zu sehen. Der Rundgang endet bei der Maison du Patrimoine, wo Kunst und Geschichte der Stadt erläutert werden. Dem Maler Fragonard ist ebenfalls ein Museum gewidmet, der Eintritt ist kostenlos.

Rundfahrt durch die Voralpen von Grasse

Einige Kilometer westlich von Grasse stehen in Cabris die Ruinen des Schlosses der Marquise de Cabris, der Schwester des Grafen Mirabeau. Viel ist von dem während der Französischen Revolution zerstörten Bau nicht verblieben, aber der Blick von hier ist grandios. Nicht weit entfernt bietet die Grotte de St-Cézaire 40 Meter unter der Erde einen 200 Meter langen Parcours entlang von Tropfsteinen, die durch Vorgänge der Kalklösung in Millionen Jahren entstanden sind. In der 56 Meter tiefen Höhle La Baume Obscure erleben die Besucher in den unterirdischen Sälen die Lightshow »Son et lumière«. Und gleich nebenan bieten sich vom 984 Meter hohen Pas de la Faye, vom zu Fuß erreichbaren Belvédère de Baou Mourine und vom Col du Pilon einzigartige Panoramen Richtung Grasse und zum Mittelmeer.

Der Fluss Loup hat hier tiefe Schluchten in die Berge gefräst, auf seinem Weg bildet er rauschende Wasserfälle wie die Cascade de Courmes. 500 Meter oberhalb des Flusslaufs liegt Gourdon, ein nettes Örtchen mit alten Stadtmauern, Gassen und hübsch restaurierten Häusern, Kunsthandwerk und Boutiquen. Auf keinen Fall versäumen sollte man das mittelalterliche Mougins, das mit einem sehenswerten Museum der Fotografie aufwartet. Auf Künstler übte das provenzalische Städtchen enorme Anziehungskraft aus – auch auf Picasso, der hier die letzten zwölf Jahre seines Lebens arbeitete und 1973 verstarb.

TOP ★ ERLEBNISSE

★ IN DER UNTERWELT

Gut 40 Kilometer nordwestlich von Grasse wartet der Parc de la Moulière mit Ponyreiten, Geländeradparcours und anderen Angeboten für die ganze Familie auf. Die Besonderheit des Freizeitparks ist jedoch die Via souterrata. Ausgerüstet mit Schutzhelm, Overall, Klettergurt, Handschuhen und Schutzbrille geht es 45 Meter in die Tiefe, über Hängebrücken, vorbei an Tropfsteinen. Freundliche und sachkundige Guides erklären die Unterwelt. Der Parcours ist zwar nur 350 Meter lang, die Tour dauert allerdings zwei Stunden. Kinder sind ab einer Größe von 1,35 Metern zugelassen. Für den spektakulären Ausflug sollte man schwindelfrei und fit sein.

WEITERE INFORMATIONEN
www.grasse.fr, Parc de la Moulière: www.lou-pais.com

★ SEHENSWERTE SAMMLUNGEN IM VOLKSKUNDEMUSEUM

Die Schwester des Volksredners Graf Mirabeau ließ das Gebäude im 18. Jahrhundert errichten. Kulturhistorisch bedeutende Werke, darunter Fayencen und dekorative Keramik des 18. und 19. Jahrhunderts aus Moustiers, Apt und Le Castellet, sind zu sehen. Einige Räume sind aufwendig mit Möbeln im Louis-quatorze- und Louis-quinze-Stil ausgestattet.

WEITERE INFORMATIONEN
MAHP, Musée d'Art et d'Histoire de Provence: www.museesdegrasse.com/mahp/presentation

102 FÜRSTEN UND FILMSTARS – CANNES

Der Tanz um die Goldene Palme

Mitte des 19. Jahrhunderts erkor der europäische Adel Cannes zu seinem bevorzugten Winterurlaubsort, das milde Klima lockte die Aristokraten aus den kühlen nördlichen Ländern an die Küste. Seit 1946 steht allerdings eine andere Klientel im Mittelpunkt: Filmstars, Regisseure und Verleiher geben sich beim Internationalen Filmfestival ein Stelldichein und sonnen sich im Glanz der Scheinwerfer.

Die ersten Internationalen Filmfestspiele von Cannes fanden 1946 statt, und seit 1955 zeichnet die Jury unter Vorsitz eines berühmten Regisseurs den besten Film mit der Goldenen Palme aus. Deutsche Preisträger waren Volker Schlöndorff 1979 für *Die Blechtrommel* und Wim Wenders 1984 für *Paris, Texas*. Zusätzlich werden auch das beste Drehbuch, die beste Regie, die besten Hauptdarsteller ausgezeichnet und, und, und.
Wie Hollywoods Walk of Fame besitzt Cannes mit seinem Chemin des étoiles einen Weg mit den Handabdrücken der größten Stars. Im 1982 eingeweihten neuen Palais des Festivals et des Congrès am berühmten Boulevard de la Croisette finden auf 35 000 Quadratmeter Fläche auch die Photography Awards, das Internationale Werbefestival sowie zahlreiche Industriemessen statt. Die Rotonde des Festivalgebäudes erstreckt sich bis zum Meer, der Hauptflügel beherbergt das städtische Casino.

Auf der Croisette

Beim Bummeln über die Flaniermeile La Croisette erblickt man kurz nach dem Festivalpalast das Hotel Majestic, dann das JW Marriott, bis 1983 als Palais des Festivals

Altstadt und Alter Hafen von Cannes. Der rote Teppich wird gleich nebenan im Kongresspalast ausgerollt (unten). Prachtvolles Ambiente: das berühmte Hotel Carlton an der Croisette (rechte Seite).

CARLTON

Amaryllis Bataille schuf die Meerjungfrau, die am Hafen Pierre Canto von Cannes steht (oben). Direkt am Meer liegt Schloss Napoule in Mandelieu-la-Napoule (unten). In der Töpferstadt Vallauris fand Pablo Picasso in den 1950er-Jahren wichtige Anregungen für seine Arbeit (rechte Seite oben). Auf der Insel St-Honorat vor Cannes wird von den Mönchen der Abbaye de Lérins ein ausgezeichneter Wein gekeltert (rechte Seite unten).

genutzt, La Malmaison, ein Gebäude mit Ausstellungen moderner Kunst, und das 1913 eröffnete Belle-Époque-Hotel Carlton, eines der am meisten fotografierten Gebäude der Stadt. Der Bau ist dem exilrussischen Großfürsten Michael Michailowitsch Romanow zu verdanken. Er war nahe mit dem Zaren verwandt und durfte aufgrund einer »falschen« Heirat nicht mehr in seine Heimat zurückkehren. Das Carlton war das allererste Hotel, für dessen Zimmer eigene Bäder installiert wurden. Danach führt der Weg zum Espace Miramar mit Ausstellungen zeitgenössischer Fotografie, zum modernen Hafen Port Canto, dem Casino Palm Beach und zur Pointe de la Croisette mit schönem Blick über die Inseln und benachbarten Buchten. Der breite, sandige Hauptstrand der Stadt liegt unterhalb der Croisette und wird vom Lärm der Hauptverkehrsader der Stadt beschallt.

Abseits der Flaniermeile

In der Antike spielte Cannes mangels eines natürlichen Hafens keine Rolle, bis Mitte des 19. Jahrhunderts war es ein unbedeutendes Fischerdorf. Erst als sich hier der britische Schatzkanzler Lord Brougham mit seiner Tochter niederließ und ihm andere Aristokraten folgten, veränderte sich der Ort. Bei der zu Ehren Broughams aufgestellten Statue kommen die Einheimischen zum Boule zusammen, morgens findet hier der Blumenmarkt und am Wochenende ein Trödelmarkt statt.

Historische Bauwerke sind in Cannes rar, doch immerhin besitzt die Stadt mittlerweile einen Hafen zwischen dem Festivalpalast und dem Altstadtviertel Le Suquet. Dort laden die Fischer ihre Fänge des Tages aus, liegen alte Zweimaster und Jachten und legen die Fähren zu den Îles de Lérins ab.

Für den Einkaufsbummel bieten sich die Rue du Commandant André und die Rue Hoche an, eine Fußgängerzone mit Luxusboutiquen und einer Reihe von Restaurants. Das Viertel Le Suquet wird optisch beherrscht von der Kirche Notre-Dame-d'Espérance, zu sehen sind auch die Reste der alten Stadtmauer. Das Musée de la Castre im alten Schloss von Cannes präsentiert unter anderem archäologische Funde und Musikinstrumente aus aller Welt. An die russische Vergangenheit erinnert die orthodoxe Kirche St-Michel-Archange von 1894. Sie wurde zu Ehren Maria Fjodorownas errichtet, der Gattin des russischen Zaren Alexander III. Den schönsten Panoramablick hat man von La Croix des Gardes. Das zwölf Meter hohe Kreuz steht auf einem Hügel, auf dem früher ein Beobachtungsposten stationiert war.

Nette Nachbarn

Im Westen zeigt sich der Doppelort Mandelieu-La Napoule mit zwei Gesichtern. Richtung Tanneron-Massiv findet man den kleinen Lac de St-Cassien, die romanische Kirche Notre-Dame-de-Peygros und den hübschen Ort Auribeau-sur-Siagne. Dort kann man am Fluss entlang bis zu den Gorges de la Siagne oder im »Uhuwald« Forêt du Grand Duc spazieren. Im Küstenort La Napoule mit seinen feinen Stränden ist das Château-musée zu bewundern. Die einstige Burg, von der nur noch zwei Türme stehen, wurde vom amerikanischen Bildhauer Henry Clews rekonstruiert.

In Le Cannet ist das Musée Bonnard dem Maler Pierre Bonnard gewidmet, der hier lange Jahre hinweg arbeitete. Im benachbarten Vallauris bietet sich ein Besuch des Château-musée an. Das Schloss mit seinen vier runden Türmen, ein seltenes Beispiel der Renaissance-Architektur in der Provence, wurde im 16. Jahrhundert restauriert. Es ist Sitz des von Picasso 1952 geschaffenen, heute staatlichen Nationalmuseums La Guerre et la Paix (Krieg und Frieden) sowie des Keramikmuseums. Letzteres präsentiert ebenfalls Arbeiten von Picasso. Vallauris ist die Stadt des Tons, und viele Künstler, wie auch Chagall und Jean Marais, schufen Werke aus diesem Material.

Richtung Süden geht es übers Meer zu den Îles de Lérins, den beiden Inseln Sainte-Marguerite und St-Honorat. Sainte-Marguerite wurde bereits im 3. Jahrhundert v. Chr. erstmals erwähnt. Mosaiken, Keramiken und Wandmalereien aus dieser Zeit sind noch erhalten. Man kann die Insel innerhalb von zwei Stunden umwandern, Fahrradfahren ist verboten. Sie ist vorwiegend bewaldet, riesige Eukalyptusbäume säumen den botanischen Pfad. Das Fort Royal, auf Veranlassung Richelieus erbaut, ist vor allem durch sein Gefängnis bekannt, in dem der legendäre Mann mit der eisernen Maske eingekerkert war. Alexandre Dumas, Marcel Pagnol und diverse andere Autoren widmeten ihm Romane, und bis heute wird wild spekuliert, wer sich hinter dieser Maske verbergen musste, die in Wirklichkeit aus schwarzem Samt bestand. Am häufigsten wurde die Vermutung geäußert, es habe sich um einen Bruder von Louis XIV. gehandelt. Die nur halb so große Nachbarinsel St-Honorat ist im Besitz der 1073 erbauten Abbaye de Lérins, die durch ihre Befestigungen Schutz vor Piratenüberfällen bot. Heute leben in dem Kloster 25 Mönche. Die Insel ist schnell erkundet, Spazierengehen in den Wäldern und Baden ist überall möglich.

TOP ★ ERLEBNISSE

★ FLEISSIGE MÖNCHE

Das Zisterzienserkloster auf der Insel St-Honorat, die Abbaye de Lérins, ist nicht nur wegen seiner Geschichte und Bauten einen Besuch wert. In seiner Boutique sind vielerlei religiöse Artikel, Bücher und CDs zu kaufen. Doch die Mönche bauen auf achteinhalb Hektar auch Reben an. Daraus keltern sie aus Chardonnay-Trauben den Weißwein Saint-Césaire und den würzigen Rotwein Saint-Honorat aus der Rebsorte Syrah. Erhältlich sind auch Honig, Lavendel – und diverse Liköre: Bekannt ist vor allem der aus 45 aromatischen Kräutern produzierte Lérina sowie Liköre aus Eisenkraut (verveine), Mandarinen und der Lérincello auf Basis von Zitronen.

WEITERE INFORMATIONEN
www.abbayedelerins.com
www.cannes-destination.fr

★ AUF DEM RÜCKEN DER PFERDE ...

... liegt das Glück dieser Erde, heißt es ja. Davon kann man sich bei einem Ausritt mit dem Club Les Trois Fers abseits der Besuchermassen im Massif de l'Esterel oder an der Küste mit herrlichem Meerblick wie am Cap du Dramont selbst überzeugen.

WEITERE INFORMATIONEN
www.les3fers.com

Antibes' einstige Festung ist in Teilen noch gut erhalten (oben). Der Nomade des spanischen Künstlers Jaume Plensa ist aus stählernen Buchstaben gestaltet (rechte Seite unten). Am Markt von Antibes werden unter anderem verschieden Sorten Oliven angeboten (rechte Seite oben).

103 KUNST UND JAZZ – ANTIBES

Von den Griechen zu Louis Armstrong

Die zwischen Cannes und Nizza gelegene Stadt Antibes wurde bereits vor über 2000 Jahren von den Griechen als Handelsstation gegründet und später von den Römern ausgebaut. Heute ist sie ein Seebad mit einer sehenswerten Altstadt. Der Stadtteil Juan-les-Pins wurde erst 1882 angelegt und lockte im vergangenen Jahrhundert viele Künstler an – eine quirlige Ecke mit einem bei Jazzfreunden berühmten internationalen Festival.

Die Grimaldis waren knapp 200 Jahre Eigentümer der Stadt, bis Antibes unter Heinrich IV. im 16. Jahrhundert von Frankreich gekauft und zu einer Festung ausgebaut wurde. Zeitweise wirkte hier auch Vauban, der berühmte Baumeister Ludwigs XIV. Das nahe Nizza gehörte damals zu Savoyen, und daher waren Vorsichtsmaßnahmen notwendig. Als aber 1860 die Grafschaft Nizza zu Frankreich kam, war die Festung überflüssig geworden. Der nach dem Baumeister benannte Port Vauban war einer der ersten Jachthäfen am Mittelmeer und ist heute mit beeindruckenden Privatschiffen bestückt.

Von der Bastion St-Jaume hat man einen fantastischen Blick bis nach Nizza – und auf den Nomaden. Die riesige luftige Skulptur eines sitzenden Menschen aus stählernen Buchstaben ist ein Werk des katalanischen Künstlers Jaume Plensa.

Picasso in der Altstadt

In der Altstadt sind im archäologischen Museum in der Bastion St-André bedeutende Fundstücke ausgestellt, so eine kleine Statue des Weingottes Dionysos. Die wichtigste Kunstsammlung besitzt jedoch das Musée Picasso. Im einstigen Schloss der Grimaldis

durfte Picasso einen Teil des Gebäudes als Atelier nutzen. Als er die Stadt verließ, vermachte er ihr die dort entstandenen 23 Gemälde und 44 Zeichnungen. Dank Schenkungen von Mäzenen können hier heute mehr als 250 Werke Picassos bewundert werden. Ausgestellt sind zudem Bilder des Malers Nicolas de Staël, der in Antibes gestorben ist, sowie Gemälde und Grafiken von Hans Hartung und Anna-Eva Bergman. Im Innenhof und auf der Terrasse stehen Skulpturen unter anderem von Miró und Germaine Richter.

Das Musée Peynet et du Dessin humoristique zeigt vor allem Karikaturen des Künstlers Raymond Peynet, dessen Lieblingssujet Liebespaare waren. Gegenüber dem Museum steht eine diesem Thema gewidmete Skulptur. Ganz andere Inhalte werden im Absinthe Museum am Rande der Altstadt vermittelt: Im Erdgeschoss kann man Exponate bestaunen und etwas über die Geschichte des legendären Getränks lernen, in der kleinen Bar im Souterrain den Absinth auch probieren. Ein Meisterwerk französischer Festungsbaukunst stellt das Fort Carré nördlich des Port Vauban dar. Der zentrale Turm St-Laurent thront auf einem Felsen, ringsum liegen vier wehrhafte Bastionen und ein Park. Auf dem hiesigen Küstenweg hat man bei einem Spaziergang einen herrlichen Blick auf die Altstadt.

Hochburg des Jazz

Juan-les-Pins besitzt drei Kilometer feinen Sandstrand, die Promenade du Soleil und den Parc Exflora, der auf fünf Hektar angenehme Entspannung bietet. Bekannt ist der Stadtteil jedoch vor allem durch sein Nachtleben – und seinen Jazz. 1951 heiratete der Saxophonist Sidney Bechet in Antibes, gefeiert wurde ausgiebig mit Jazz-Sessions auf den Straßen. Er stand danach die Sommerabende auf der Bühne, kehrte jedes Jahr zurück und machte Juan-les-Pins zu einem Mekka des Jazz. Als Bechet 1959 starb, riefen die Stadtväter das internationale Festival Jazz à Juan ins Leben. Ab 1960 zogen Jahr für Jahr – zehn Tage lang ab Mitte Juli – die Giganten des Jazz nach Südfrankreich und machten aus Juan-les-Pins ein New Orleans im Kleinen. Louis Armstrong und Ella Fitzgerald traten auf, Count Basie, Duke Ellington, Dizzy Gillespie, Miles Davis, Charles Mingus und viele weitere berühmte Künstler. Zu Ehren des Protagonisten Sidney Bechet wurde zur Eröffnung des Festivals eine Büste im Pinienhain Pinède Gould enthüllt.

TOP ★ ERLEBNISSE

★ ZU TISCH UNTERM FEIGENBAUM

Nahe der Kathedrale und der Stadtmauer von Antibes zaubert Christian Morisset in seinem Restaurant Le Figuier de Saint-Esprit provenzalische Küche vom Feinsten. Nicht nur die Gerichte sind beeindruckend, sondern auch der Chef selbst mit seinem akkurat gezwirbelten Schnurrbart. Der Speisesaal ist lichtdurchflutet, doch noch schöner sitzt man im Patio unter dem großen Figuier, dem Feigenbaum, dem das Restaurant seinen Namen verdankt. Die Empfehlungen des Chefs: Cannelloni de supions mit Tintenfischen und Venusmuscheln, in Ton gebackener zarter Lammrücken und als Dessert Crème brûlée mit Lavendel. Ein Gedicht!

WEITERE INFORMATIONEN
www.antibesjuanlespins.com, www.restaurant-figuier-saint-esprit.com

★ KÖSTLICHES FÜR DEN GAUMEN

Die Rue Sade führt zum provenzalischen Markt hinauf. Wer hier entlangbummelt, der wird bald Appetit bekommen auf die vielen Delikatessen, die hier verkauft werden: Unzählige kleine Läden bieten frische Fischspezialitäten sowie Meeresfrüchte an. Beim Anblick der Käsesorten kann einem schon mal das Wasser im Mund zusammenlaufen, auch hausgemachte Nudeln fehlen nicht.

WEITERE INFORMATIONEN
Stadtplan im Internet: antibes-juanlespins.com/decouverte/plan-de-la-ville

Nizza, die Baie des Anges mit Promenade des Anglais und der Bezirk des alten Nizza von der Colline (oben). Luxus an Nizzas Promenade des Anglais, die einst auf Initiative von englischen Aristokraten angelegt wurde (rechte Seite oben). Fällt sofort ins Auge: das Museum für zeitgenössische Kunst (rechte Seite unten).

104 GROSSTADT MIT FLAIR – NIZZA

Uralt und topmodern

Als eines der ältesten Siedlungsgebiete der Welt blickt Nizza auf eine Geschichte zurück, die über 100 000 Jahre zurückreicht. Heute zeigt die Stadt verschiedene Gesichter: Die Promenade des Anglais mit ihrem weltberühmten Hotel Negresco, die muntere Altstadt, die bürgerlichen Viertel mit ihren Belle-Époque-Villen und die vielen Parks und Museen bieten eine faszinierende Melange.

Die Geschichte Nizzas ist eine Abfolge kriegerischer und diplomatischer Auseinandersetzungen. Bei Ausgrabungen wurden Spuren von Wohnstätten gefunden, die weit mehr als 100 000 Jahre alt sein müssen. Eine Handelssiedlung unter dem Namen Nikaia entstand aber erst vor rund 2600 Jahren als Gründung der Griechen. Die Römer ließen sich im nahen Cimiez nieder – heute ein Stadtteil von Nizza. Im Mittelalter wechselte die politische Zugehörigkeit: Ursprünglich ein Teil der Provence, kam die Stadt zu Savoyen, und so ging es munter hin und her. Nachdem Frankreich den Kampf Italiens unter Giuseppe Garibaldi für die Einheit seines Landes gegen Österreich unterstützt hatte, trat Italien im Jahr 1860 Nizza als Dank endgültig an Frankreich ab – ausgerechnet den Geburtsort Garibaldis.

Die Engländer kommen

Diese neue Konstellation brachte einen enormen wirtschaftlichen Aufschwung. Englische Aristokraten und reiche Bürger kamen in den Wintermonaten hierher, ihre Villen sind heute noch zu betrachten. Sie sorgten für eine Küstenstraße, die von den Einheimischen alsbald Camin di Inglès genannt wurde. Heute ist sie die berühmte Promenade des Anglais. Kulturschaffende folgten, an die Aufenthalte von Friedrich Nietzsche erinnert heute noch der Name

Der Blumenkorso von Nizza ist eine wahre Blumenschlacht. Auf jedem Wagen sitzt eine Blumenkönigin und wirft Mimosen, Nelken, Rosen und viele andere Blumen in die Menge (unten). Die Kathedrale Sainte-Réparate an der Place Rossetti in der Altstadt von Nizza stammt aus dem 17. Jahrhundert (rechte Seite oben). Lust auf eine kleine Pause in einem Weinlokal? (rechte Seite unten).

einer Aussichtsterrasse. In Nizza, das sich ab den 1920er-Jahren zu einem Sommerbadeort entwickelt hatte, fanden zudem während des Nationalsozialismus verfolgte Künstler wie Heinrich Mann, Hermann Kesten und Joseph Roth Unterschlupf.

Mittlerweile hat die Promenade des Anglais durch einige charakterlose Neubauten an Glanz verloren. Dennoch versucht die Stadt, die einstige reine Prachtstraße entlang der Küste zum Weltkulturerbe der UNESCO erklären zu lassen. Die hiesige Villa Masséna ist heute ein Museum zur Geschichte Nizzas. Das benachbarte Hotel Negresco wurde 1913 mit einer auffälligen, von Gustave Eiffel konstruierten rosa Kuppel erbaut und ein Jahr später in ein Kriegslazarett umgewandelt. Inzwischen regiert hier wieder der pure Luxus mit dem Zwei-Sterne-Restaurant Le Chantecler. Nizza ist zudem reich an Art-déco-Architektur. Sehenswert sind unter anderem an der Promenade der Palais de la Méditerranée – heute ein Casino – und die Kirche Ste-Jeanne-d'Arc.

Ein erstaunlicher Fluss in Nizza ist der Paillon – weil man ihn nicht sieht. Die letzten Kilometer vor seiner Mündung ist er überbaut, hauptsächlich von Grünanlagen. So wollte man die zuvor regelmäßigen Überschwemmungen verhindern. Besonders attraktiv sind die *Miroirs d'eau*, die »Wasserspiegel« an der Promenade Paillon, in denen sich Häuser, Himmel und Hügel spiegeln. Durch den Garten Albert I. kommt man zur Place Masséna, die mit hübschen Arkaden in rotem Ocker und einem schwarz-weiß gestylten Pflaster aus Basalt und Kalkstein sehr reizvoll ist. Von diesem zentralen Platz beginnt jedes Jahr der Karnevalsumzug von Nizza. Eine riesige Fußgängerzone bildet die Place Garibaldi mit einer Statue des Kämpfers für die Einheit Italiens, mit faszinierenden Trompe-l'œils, der Kapelle St-Sépulcre und zahlreichen Cafés und Restaurants. Eine der schönsten Ecken am westlichen Zipfel des Hafens ist der Quai Rauba-Capeù in Nissart, wie er im hiesigen Dialekt genannt wird. Vom »Kai des Hutträubers« weitet sich ein herrlicher Blick über die Stadt und das Meer. Raoul Dufy hielt diese Szenerie von seinem Hotelfenster in seinem Gemälde *Offenes Fenster* in Nizza fest.

Mardi gras à la Nice

Zwei Wochen bis zum Mardi gras, dem Faschingsdienstag, steht Nizza im Zeichen des Karnevals, der hier äußerst spektakulär gefeiert wird. Das Motto des Karnevals wird von Jahr zu Jahr neu festgelegt: 2020 lautete es »König der Mode«, 2023 wird es heißen »König der Schätze der Welt«. Begleitet von zahlreichen Tänzern und Musikern finden

tagsüber und abends Umzüge mit 17 Festwagen statt, auf denen etwa 100 überdimensionale Figuren thronen, die in der Dunkelheit wirkungsvoll bunt beleuchtet sind. Von den Wagen werden Gerbera, Mimosen, Nelken und andere Blumen in die Menge geworfen – insgesamt fast 100 000 Blumen lassen die Stadt zu dieser Gelegenheit in einem Blütenmeer versinken. Seit dem Attentat im Juli 2016 auf der Promenade des Anglais steht der Karneval unter schärferen Sicherheitsbestimmungen.

Bilden und Bummeln

Unterhaltung und Kultur hat Nizza auch außerhalb des Karnevals zu bieten, immerhin besitzt die Stadt nach Paris die meisten Museen in Frankreich. Besonders zu empfehlen sind die Museen Matisse und Chagall, beide auf dem Hügel von Cimiez – dort befindet sich auch die sehenswerte gallorömische Ausgrabungsstätte, deren Relikte teils aus der Zeit vor 2600 Jahren datieren.

Ein Highlight ist auch das Musée des Beaux-Arts Jules-Chéret, das unter anderem Werke von Raoul Dufy, Rodin und van Dongen präsentiert. Moderne und zeitgenössische Kunst bietet das MAMAC mit einer bedeutenden Sammlung mit Skulpturen von Niki de Saint Phalle. Das Palais Lascaris zeigt dagegen flämische Wandteppiche, Gemälde und eine große Musikinstrumentensammlung. Das Museum für asiatische Kunst steht mitten im Parc Phoenix. Die Anlage begeistert mit ihren Volieren mit vielen exotischen Vögeln und ihrem riesigen Gewächshaus mit Orchideen und tropischen Pflanzen nicht nur Gartenfreunde.

Wie in den meisten Städten pulsiert auch in Nizza das Leben am heftigsten in der Altstadt zwischen der Promenade, den Parkanlagen über dem Fluss Paillon und dem Burgberg, auf dem längst kein Château mehr steht. Lebensmittel- und Blumenmärkte, italienisches Flair mit kleinen Gassen und netten Plätzen, pastellige Fassaden, Arkaden und viele Bistros – hier ticken die Uhren anders als an der noblen Promenade des Anglais. Unbedingt probieren sollte man die Niçoiser Spezialität Socca aus Kichererbsenmehl, die wie Pizza im Ofen gebacken wird. Am besten kauft man sie bei den Straßenhändlern und verzehrt sie sofort, bevor sie hart wird. Dass der Nizza-Salat von hier kommt, ist dagegen nicht belegt.

TOP ★ ERLEBNISSE

★ NICHT NUR EINE WEINBAR

Ab sieben Uhr morgens ist die Cave de la Tour in der Altstadt bereits gut gefüllt: Schlachter und Fischhändler, die in aller Frühe aufgestanden sind, nehmen hier ihre Merendà ein, einen deftigen Morgenimbiss. Der stets gut gelaunte Besitzer Jean Philippe bietet mittags auch größere Mahlzeiten an. Sein Weinkeller enthält die großen Champagnermarken, Rote aus Bordeaux und Burgund, Rot-, Weiß- und Roséweine aus der Provence und lokale Tropfen aus den Alpes Maritimes.

WEITERE INFORMATIONEN
www.cavedelatour.com

★ FRANZÖSISCH IN FRANKREICH

In den quirligen Universitätsstädten Montpellier und Nizza kann man in zahlreichen Sprachschulen sein Schulfranzösisch jederzeit auffrischen. Dabei hat man die Wahl, die Zeit in einer rührigen Gastfamilie zu verbringen oder im Hotel am Abend in Ruhe das Gelernte des Tages noch einmal zu rekapitulieren. Zum Teil sind die Sprachschulen untereinander vernetzt und bieten in ganz Frankreich, auch in Paris, Kurse an. Neben der Schule kommt natürlich die Freizeit nicht zu kurz. Denn gerade beim Sightseeing, im Café oder bei einem gemeinsamen Abendessen kann man das Gelernte wunderbar ausprobieren.

WEITERE INFORMATIONEN
www.azurlinga.com
www.nicetourisme.com

Kompakt schmiegen sich die alten Gassen von Saint-Paul-de-Vence um die Kirche (oben). L'Envol des Nizzaer Künstlers Jean-Marie Fondacaro in Saint-Paul-de-Vence (rechte Seite oben). Moderne Kunst in herrlicher Landschaft: die Fondation Maeght (rechte Seite unten).

105 IM GRÜNEN – DAS HINTERLAND VON NIZZA

Abseits der Küste in den Arrière-pays

Das Arrière-pays, das »Hinterland«, wird rund um Nizza auch Alpes niçoises genannt. Es liegt nur eine Stunde von der Großstadt entfernt, und doch taucht man hier in eine völlig andere Welt ein. Hügelige Landschaften mit 1000 Meter hohen Gipfeln, grüne Täler und behagliche Dörfer scheinbar mitten im Nirgendwo – hier ticken die Uhren anders als an der turbulenten Küste.

Eigentlich verläuft die Grenze zum Hinterland von Nizza entlang des Flusses Var, der dem Département seinen Namen verlieh. Doch Vence und Saint-Paul-de-Vence sind nur einen Katzensprung von Nizza entfernt und einen Ausflug wert. Vence hat sich seinen provenzalischen Charme bewahrt, und seine Place du Peyra war schon in römischer Zeit der Mittelpunkt der Stadt. Ein Highlight ist hier die Chapelle du Rosaire, die im Inneren von Henri Matisse gestaltet wurde. Der war zwar keineswegs gläubig, aber rettungslos verliebt in eine Nonne des Dominikanerinnenklosters.

Saint-Paul-de-Vence ist ein wunderschöner Ort, was leider nicht verborgen blieb. Daher wälzen sich Touristenmassen durch die engen Straßen, Schnickschnackläden und Kunsthandwerker haben regen Zulauf. Vorbei sind die Zeiten, als Yves Montand und Lino Ventura hier in aller Ruhe Boule spielten.

Ein absolutes Muss für Liebhaber moderner Kunst ist die Fondation Maeght mit wechselnden Ausstellungen auf höchstem Niveau sowie Werken von Giacometti und Miró. Ein Wandmosaik stammt von Marc Chagall, der auf dem örtlichen Friedhof bestattet ist.

Im Norden von Nizza

Von Gilette im Tal des Estéron führt ein schöner Spazierweg hinauf zu den Ruinen des Schlosses aus dem 12. Jahrhundert. Wohl noch interessanter ist das Schmiedemuseum Lou Ferouil, das Pierre-Guy Martelly mit seiner Frau Sylviane aufgebaut hat. Metallarbeiten und Metallkunst stehen hier im Mit-

Per Gesetz geschützt ist die Natur im Nationalpark Mercantour (oben). Beste Bedingungen für seine Herde findet der Schäfer im Tal der Roya an der Grenze zu Italien (unten). Schwer zugänglich ist der hoch gelegene Ort Saorge – und konnte so seine Ursprünglichkeit bewahren (rechte Seite oben). Ein kühles Glas Rosé in angenehmer Gesellschaft. Was will man mehr? (rechte Seite unten).

telpunkt, die Besucher lernen alte Handwerke kennen, und nebenbei besitzt das Paar auch noch eine schöne Automobilsammlung. Bonson, dessen Kirche drei Werke der Gruppe Primitifs niçois enthält, liegt unterhalb des 1549 Meter hohen Mont Vial. Von dessen Gipfel reicht der spektakuläre Blick auf den Défilé du Chaudan mit den Mäandern des Var, die Brücke Pont de la Mescla, wo die Tinée in den Var fließt, und die wildromantischen Schluchten der Vésubie.

Kunstvolle Zeitmessung

Das charmante mittelalterliche Coaraze gehört offiziell zu Frankreichs schönsten Dörfern. Die Zeit liest man hier auf zwölf Sonnenuhren ab, die von Jean Cocteau und anderen Künstlern gestaltet wurden. In Lucéram fallen sofort die drei Glockentürme mit farbigen Ziegeln auf. Die Fresken in den Kapellen St-Grat und Notre-Dame-de-Bon-Cœur begeistern Liebhaber religiöser Kunst. Fast 200 Krippen sind im Musée de la Crèche zu sehen, die Figuren sind aus allen möglichen Materialien geformt, von Porzellan über Holz und Stoff bis zu Schokolade. Weltlicher orientiert ist das Musée des Vieux Outils. Es zeigt alte Werkzeuge für die Arbeit in Gärten, Olivenhainen und Weinbergen.

Das Tal der Vésubie hat im südlichen Teil noch mediterranen Charakter, weiter nach Norden überwiegen schon alpine Einflüsse. Die Schluchten des Flusses sind grandios, Gleiches gilt für den Blick von der Madone d'Utelle. Die Pilgerstätte wurde von spanischen und portugiesischen Seeleuten errichtet, als Dank an die Heilige Jungfrau, dass sie ihre Seefahrten überlebten. Eindrucksvoll ist auch der Wasserfall Cascade de l'Estrech, und seine Gebrechen heilt man am besten in Berthemont-les-Bains – sein Thermalwasser kannten schon die Römer.

In der »Schweiz«

Im Norden der Seealpen liegt Saint-Martin-Vésubie in der »Schweiz des Arrière-pays«. Mit seinen roten, schrägen Ziegeldächern, die dem Klima angepasst sind, wirkt es nicht wie ein typisch provenzalisches Dorf. Sportler und Naturliebhaber finden hier ihr Dorado. Je nach Jahreszeit hat man die Wahl zwischen Alpinsport, Bergsteigen, Kanufahren oder Drachenfliegen. Nicht weit entfernt liegt Le Boréon in 1500 Meter Höhe am Nationalpark Mercantour, in dem seit den 1990er-Jahren wieder Wölfe leben. Wer hoch hinauswill, fährt in dem mit Lärchen und Tannen bewaldeten Gebiet zum Winter- oder Sommersport rund 1500 Meter hinauf auf den Col St-Martin und weiter auf den Pic de La Colmiane.

Der benachbarte Forêt de Turini erfreut das Herz jeden Wanderers, der in grüner Natur stundenlang unterwegs sein möchte. Das beste Panorama bietet die Pointe des Trois-Communes. Dort reicht in 2082 Meter Höhe der Blick auf den Mercantour und die Voralpen von Nizza. Die Strecke durch das Waldgebiet von Turini zählt zu den schwierigsten Etappen der Rallye Monte Carlo.

Im Nordosten von Nizza

In Peillon, das wie ein Adlerhorst auf einem steilen Felsen thront, lassen sich die Straßennamen nur schwer lesen: Sie sind im Nissart geschrieben, dem Dialekt der Region Nizza. Sehenswert die Fresken in der Kapelle der Weißen Büßer und – viel profaner – die beiden Öl- und Getreidemühlen aus dem 19. Jahrhundert, die immer noch in Betrieb sind. Sie stehen im kleinen Hameau des Moulins und werden beide vom selben Schaufelrad angetrieben. Etwas weiter nördlich präsentiert das mittelalterliche Peille mehrere Kapellen und in der Umgebung den 744 Meter hohen Col des Banquettes sowie die Schluchten des Paillon. Sospel besitzt eine nette Altstadt mit mehreren hübschen Brunnen. Über den Fluss Bévéra führt eine Brücke aus dem 11. Jahrhundert mit einem Zollturm an der alten Salzstraße, die einst vom Meer bis nach Turin führte. Das kostbare Salz wurde damals auf dem Rücken von Mauleseln transportiert.

Das nahe Fort St-Roch gehörte zur Maginot-Linie. Das Verteidigungssystem aus den 1930er-Jahren erstreckte sich entlang der französischen Grenze von Belgien bis Italien. Saorge ist ein mittelalterliches Dorf, das vor allem durch seine Lage hoch über dem Royatal mit seinen tiefen Schluchten beeindruckt. Das sehenswerte Dörfchen Tende fiel zusammen mit dem Nachbarort La Brigue erst 1947 von Italien an Frankreich. Von hier wandert man in 90 Minuten zur Kapelle Notre-Dame-des-Fontaines, die wertvolle gotische Fresken bewahrt. Im Westen von Tende, fast schon in Italien, führen Wanderwege durch die kargen Felsformationen im Tal der Wunder (Vallée des Merveilles). Dort faszinieren die streng geschützten prähistorischen Felsgravuren am Mont Bégo.

TOP ★ ERLEBNISSE

★ KLETTERSTEIG FÜR WAGEMUTIGE

Schwindelfreiheit ist Voraussetzung, um die Via ferrata du Baus de la Frema zu bewältigen. Die Strecke, mit teils steilen Anstiegen und wackeligen Passagen, führt viereinhalb Stunden zum Gipfel des Baus de la Frema, über Hängebrücken und auf Kletterrouten über unwegsames Gelände. Wer seine Kräfte überschätzt hat, hat mehrfach die Möglichkeit, die Tour abzubrechen. Auch Jugendliche können die Strecke absolvieren, wenn sie größer als 1,40 Meter sind. Die notwendige Ausrüstung kann man an der Ausgangsstation leihen, auch eine professionelle Einführung in den Aufstieg ist dort möglich. Der Zugang ist wetterabhängig – bei starkem Wind, Regen oder Schnee ist die Route geschlossen.

WEITERE INFORMATIONEN
www.colmiane.com,
www.mercantour-parcnational.fr

★ WEINPRODUKTION MIT HANDWERKLICHEN METHODEN

Das Weingut Via Julia-Augusta liegt zehn Kilometer außerhalb von Nizza in Saint Roman de Bellet. Hier werden Rot-, Rosé- und Weißweine der Appellation Bellet hergestellt. Der Wein reift in Eichenfässern, was eine hohe Qualität garantiert.

WEITERE INFORMATIONEN
vindenice.com/les-vignobles-de-bellet/via-julia-augusta

Auch in der Provence gibt es zuweilen Schnee – wenigstens in den Schneealpen, hier am Lac d'Allos im Nationalpark Mercantour auf 2200 m.ü.NN.

Von den Höhen über Villefranche-sur-Mer ist der Blick über die Bucht einfach zauberhaft (oben). Immer neue Aussichtspunkte entdeckt man unterwegs auf der Corniche d'Or (rechte Seite unten). Krustentiere sind die Spezialität der »Mère Germaine« (rechte Seite oben).

106 AN DER RIVIERA – DIE CORNICHES

Drei sympathische Routen

Zwischen Nizza und Monaco durchqueren die drei Straßen Grande, Moyenne und Basse Corniche kleine Bergdörfer und Badeorte, die teils ihren ursprünglichen Charme bewahrt haben, teils elegante Seebäder sind. Von der hoch gelegenen Grande Corniche erstreckt sich das Panorama über weite Teile der Côte d'Azur, die anderen Routen gewähren Einblicke in näher gelegene schöne Ecken.

Auf der oberen Corniche – dies ist die Bezeichnung für eine Straße an einer Felsküste – gelangt man von Nizza aus zum 507 Meter hohen Col d'Èze und dem Astrorama, das die Möglichkeit zu astronomischen Beobachtungen bietet. Danach führt sie zum Fort de la Revère und dem Parc départemental de la Grande Corniche. Hier beginnen an der Maison de la Nature drei thematisch unterschiedliche Lehrpfade mit historischen, geologischen und botanischen Erläuterungen. Greifvögel kreisen über dem Park, Füchse, Dachse, Kaninchen und Wildschweine fühlen sich hier wohl.

Die Riviera von oben ...

Im nahen La Turbie sind auf einem Stein Verse von Dante eingraviert, die der Dichter einst dem Städtchen widmete. Durch die beiden Stadttore führte in der Antike die Via Julia Augusta. Aus jener Zeit stammt auch das 35 Meter hohe verwitterte Siegesmonument Trophée des Alpes (Tropaeum Alpium), das zu Ehren von Kaiser Augustus und dessen siegreichem Alpenfeldzug im Jahr 15 v. Chr. errichtet wurde.
Der einzige bedeutende Ort an der mittleren Corniche ist das 430 Meter hoch gelegene Èze Village. In der hübschen alten und auto-

freien Kleinstadt wird alljährlich das Mittelalterfest Èze d'Antan gefeiert. Ein Wanderweg wurde nach Friedrich Nietzsche benannt, der hier Teile seines Werks »Also sprach Zarathustra« schrieb. Bis nach Korsika reicht der Blick vom Jardin d'Èze, einer grünen Oase mit Kakteengarten, Skulpturen, Wasserspiegel, kleinen Kaskaden und Wasserzerstäubern, die für erquickende Frische sorgen. Den windgeschützt in einer Bucht gelegenen Badeort Èze-Bord-de-Mer erreicht man zu Fuß in 45 Minuten bergab.

... und auf Augenhöhe

In Villefranche-sur-Mer fallen als Erstes die intensiven Farben der Häuserfassaden ins Auge. Direkt am Hafen steht die Kapelle St-Pierre, die 1957 von Jean Cocteau ausgemalt wurde. Die Fresken zeigen das Leben von Petrus, dem Schutzheiligen der Fischer, aber auch profane Szenen wie die Hommage an die jungen Frauen von Villefranche. Die gewaltige Zitadelle St-Elme von 1557 beherbergt heute das Rathaus, ein Freilufttheater und wechselnde Ausstellungen in der alten Kapelle. Zu sehen sind zudem im Musée Volti weibliche Skulpturen, im Musée Goetz-Boumeester unter anderem Werke aus dem Besitz von Picasso und Miró oder Hartung und in der Collection Roux Keramikfiguren aus dem Alltag des Mittelalters.

In Hinblick auf die Größe der Jachten und Villen gehört die Halbinsel St-Jean-Cap-Ferrat zu den Highlights der Côte d'Azur. Der kulturelle Höhepunkt ist jedoch die Villa Ephrussi de Rothschild mit mehr als 5000 Kunstwerken, Gemälden, Wandteppichen und kostbarem Porzellan. Allein der sieben Hektar große Park ist einen Besuch wert. Bodenständiger gibt sich das Musée des Coquillages am Hafen mit seiner Sammlung von mehr als 4000 Muschelarten. Wer Entspannung sucht, wandert in rund 90 Minuten rund um die Halbinsel und steigt unterwegs auf den Leuchtturm an der Südspitze. Im nahen Ort Beaulieu-sur-Mer ließ der Archäologe Théodore Reinach exakt nach hellenischem Vorbild die sehenswerte Villa Kérylos auf einer Landzunge errichten – aus Carrara-Marmor, Alabaster, exotischen Hölzern und weiteren edlen Materialien. Cap-d'Ail schließlich bietet Badestrände ganz unterschiedlichen Charakters und einen dreieinhalb Kilometer langen Küstenweg. Den Übergang zu Monaco bildet Beausoleil. Die Ortschaft zieht sich von der Küste hinauf bis zum Mont des Mules entlang der Grenze zum Fürstentum und geht quasi in den Ministaat über.

TOP ★ ERLEBNISSE

★ DIE MUTTER DER 6. FLOTTE

Direkt am Kai von Villefranche-sur-Mer liegt das Fischrestaurant La Mère Germaine. Es wurde 1938 von Germaine Halap und ihrem Mann eröffnet und befindet sich seitdem im Familienbesitz. Germaine erwarb sich dank ihrer hervorragenden Kochkunst schnell einen exzellenten Ruf bei den Besatzungen der hier stationierten 6. US-Flotte. Fisch steht auf der Karte immer noch ganz oben, dazu Krustentiere, Hummer und Langusten sowie eine ausgezeichnete Bouillabaisse. Vom Restaurant führt eine Treppe in die benachbarte Rue Obscure. Diese älteste Straße der Stadt stammt aus dem 13. Jahrhundert, ist 130 Meter lang und überdacht.

WEITERE INFORMATIONEN
www.meregermaine.com

★ DRAMATISCHE FILMKULISSE

Viele internationale Regisseure wählten die kurvenreiche Strecke oberhalb des Ufers als ausdrucksstarken Hintergrund für ihre Werke und brachten dafür große Schauspielstars her. Alfred Hitchcock nutzte sie für *Über den Dächern von Nizza*, Roger Moore und Tony Curtis drehten hier für ihre Serie *Die Zwei*. Pierce Brosnan als James Bond war in *Golden Eye* mit einer schönen Spionin vor Ort.

WEITERE INFORMATIONEN
www.cap-dail.com

Èze ist eines der schönsten Dörfer hoch über der Steilküste und bezaubert mit romantischen Gassen.

Monte-Carlo kennt keine Nachtruhe (oben). Vor dem Casino sind Kleinwagen Mangelware (rechte Seite).

107 SKANDALE UND PROFITE – MONACO

Zwergstaat mit wechselvoller Geschichte

Die Fürstenfamilie von Monaco ist mit ihren Eskapaden und unglücklichen Liebschaften Dauergast in den Klatschspalten und verlieh dem Zwergstaat den Ruf eines Operettenimperiums. Doch die Geldaristokratie fühlt sich hier dank Casino, Oper, Luxushotels und Palästen zu Hause. Sie sorgt dafür, dass Monaco weniger wie ein Staat als mehr wie ein äußerst umsatzstarkes Unternehmen wirkt.

Für die Phönizier war Monaco durch seine leicht zu verteidigende Lage auf einem Felsen der ideale Platz für einen Handelsort. Dieser wurde dann aber doch von den Griechen eingenommen, denen später die Römer folgten. Mit der Familie Grimaldi begann Monacos neuere Geschichte. Die weitverzweigte Sippe hatte entlang der Mittelmeerküste bis nach Neapel Wurzeln geschlagen. Im Jahr 1297 bemächtigte sich François Grimaldi mit seinen Leuten des Orts Monaco, indem sie als Mönche verkleidet dort eindrangen. Dieses einschneidende Ereignis ist auf dem Wappen des Staats in Form von bewaffneten Kuttenträgern verewigt.

Das Fürstentum der Spieler

Nach langen Querelen ist Monaco heute ein selbstständiger Staat, eigenständiges Mitglied der UNO und des Europarats. Mit Frankreich ist das Fürstentum durch eine Wirtschafts- und Zollunion verbunden. Monacos wirtschaftlicher Aufschwung beruht auf der Gründung des Spielcasinos. 1863 wurde die Lizenz an den Franzosen François Blanc übergeben, der zuvor die Spielbank in Bad Homburg erfolgreich geleitet hatte. Mit den ersten Einnahmen beteiligte er sich an der Erschließung der Stadt durch eine Küstenstraße und der Anbindung ans Eisenbahnnetz. In Frankreich, Italien und Deutschland

MONTE-CARLO
L726

Für viele überraschend: Monaco besteht nicht nur aus Beton – wie der Botanische Garten zeigt (oben). Die Jachten im Hafen machen deutlich, wo das Geld sitzt (unten). Ein Wahnsinnskurs mit engen Kurven und irrem Lärm: das Formel-1-Rennen durch die Häuserschluchten (rechte Seite oben). Statue der heiligen Devota vor der Kirche Sainte-Dévote (rechte Seite unten).

war zu diesem Zeitpunkt das Glücksspiel verboten, sodass das Casino Reiche aus aller Welt anzog. Selbst als Monaco sein Monopol verlor, war der Nimbus geschaffen, und das Glücksspiel florierte weiterhin. Hotels und die Oper wurden gebaut und die äußerst lukrative Société des Bains de Mer gegründet, an der das Fürstentum heute noch mit zwei Dritteln beteiligt ist. Heute verdient Monaco vor allem an Immobilien, Fremdenverkehr und Steuereinnahmen. Letztere ergeben sich aus der Umsatzsteuer und der für ausländische Firmen obligatorischen Gewerbesteuer, während Privatpersonen von direkten Steuern befreit sind.

Seit 2005 führt Fürst Albert II. die Regierungsgeschäfte des nach dem Vatikanstaat kleinsten Staats Europas. Weniger als 40 000 Menschen wohnen hier, und von diesen besitzt nur ein knappes Viertel die monegassische Staatsangehörigkeit. Dennoch ist das Fürstentum mit rund 19 000 Einwohnern pro Quadratkilometer noch vor Singapur der am dichtesten besiedelte Staat der Welt. Platz ist hier Mangelware, sodass man schon in den 1970er-Jahren begann, in die Höhe zu bauen und dafür so manches historische Bauwerk zerstörte. Zudem erweiterte man das Stadtgebiet durch Aufschüttungen im Wasser um 25 Prozent auf heute 2,03 Quadratkilometer. Der Zwergstaat ist in Stadtbezirke unterteilt, von denen die bekanntesten Monaco-Ville und Monte-Carlo sind.

Eine Welt des Luxus

Das gefragteste Urlauberziel ist nach wie vor das Casino Monte Carlo. Es verdankt sein aktuelles Aussehen dem Umbau 1878 unter Leitung von Charles Garnier, dem Architekten der Pariser Oper. Wer nicht nur Fotos schießen möchte – stets ein beliebtes Motiv: vor dem Casino mit einem Bündel Geldscheine wedeln –, gelangt durch einen großen Raum mit ratternden einarmigen Banditen nach Anlegen einer Krawatte und Zahlung eines Eintrittspreises in eine Halle mit ionischen Säulen in Onyx, Skulpturen und Gemälden zu den Roulette- und Black-Jack-Tischen. Kreuzschiffreisende haben's einfach: Die Schiffe legen am Kai unmittelbar unter dem Casino an. An der Place du Casino stehen noch zwei weitere prunkvolle Bauten, das Hôtel de Paris und die ebenfalls von Garnier erbaute Oper.

Durch Monte Carlo und den benachbarten Stadtbezirk La Condamine führt seit 1950 die Route des Formel-1-Weltmeisterschaftsrennens »Großer Preis von Monaco«. Auf dem Stadtkurs mit engen Straßen, kaum Überholmöglichkeiten und infernalischem Lärm müssen die Fahrer 78 Runden à 3,337 Kilometer

bewältigen. Den Streckenrekord hält Michael Schumacher, die meisten Siege errang Ayrton Senna. Die Rallye Monte Carlo wiederum wird zwar vom monegassischen Automobilclub veranstaltet, die Rennen finden dagegen im französischen Hinterland statt.

Hoch auf dem Felsen

Der Felsen von Monaco, oder Monaco-Ville, ist Wohn- und Regierungssitz der fürstlichen Familie. Der Hof mit seinen Arkaden und der gewaltigen Treppe aus Carrara-Marmor ist allgemein zugänglich, auch der Privatflügel der Grimaldis ist teilweise zu besichtigen, wenn die Familie abwesend ist. Ein großes Spektakel ist der Wachwechsel, der täglich um 11.55 Uhr nach einem exakt vorgegebenen Ritual vollzogen wird. Die verstorbenen Mitglieder der Fürstenfamilie finden ihre letzte Ruhestätte in der Kathedrale, die entsprechend den hiesigen Prioritäten erst nach Eröffnung des Casinos eingeweiht wurde. Für viele Touristen ist das von 1957 bis 1988 von Jacques-Yves Cousteau geleitete Musée océanographique das Highlight ihres Besuchs. Mehr als 6000 Meerestierarten tummeln sich hier in rund 100 Bassins, darunter Haie, Muränen und riesige Rochen. Korallenriffe zeigen eine bunte Unterwasserwelt und im Bassin tactile darf man Seesterne, Seeigel und andere Meeresbewohner anfassen. Auf der Terrasse begeistern 85 Meter oberhalb des Wasserspiegels Spiele für die Kleinen und der wunderbare Blick über Stadt und Meer. Einen Überblick über ganz frühe Bewohner des Gebiets zeigt das prähistorische Museum, den Gegenpol zur monegassischen Betonwüste bieten die zauberhaften Gärten Jardin exotique und Jardin Japonais. Das dem Meer abgetrotzte Fontvieille ist ein Geschäfts- und Wohnviertel. Doch befinden sich hier auch die Oldtimer-Sammlung der Fürsten, das Meeresmuseum mit etwa 180 Schiffsmodellen, ein für Philatelisten spannendes Briefmarken- und Münzmuseum sowie das Fußballstadion Louis II. Es ist die Heimat des AS Monaco, der 2017 zum achten Mal französischer Meister wurde. Nach Monaco fährt man zwar nicht unbedingt zum Baden, doch auch dafür ist gesorgt. In Larvotto liegt ein künstlich aufgeschütteter Kiesstrand in der Nähe des Hafens mit seinen Luxusjachten und dem wabenförmigen gläsernen Kongresszentrum Grimaldi Forum.

TOP ★ ERLEBNISSE

★ VERNARRT IN AUTOS

Dass Rainier III. ein großer Autofan war, zeigen der Große Preis von Monaco und die Rallye Monte Carlo. Doch der Fürst sammelte auch extravagante Fahrzeuge. Das älteste Auto seiner Kollektion war ein De Dion-Bouton von 1903. Darüber hinaus befinden sich weitere französische Oldtimer in seinem Besitz. Hinzu kommen unter anderem britische Wagen von Humber und Napier und aus den USA ein Ford T von 1924. Lamborghini, Ferrari oder Mercedes sind ebenfalls vertreten, dazu der Rolls-Royce Silver Shadow, den der Fürst zu seiner Vermählung 1956 erhielt. Die rund 100 Edelkarossen sind auf der Terrasse de Fontvieille ausgestellt.

WEITERE INFORMATIONEN
www.mtcc.mc,
https://villedebeausoleil.fr/loffice-de-tourisme

★ TOD EINER MÄRTYRERIN

Jedes Jahr wird am 26. Januar in Monaco das Fest von Sainte Dévote gefeiert. 304 starb die heilige Devota auf Korsika den Märtyrertod: Man legte ihren Leichnam in ein Boot, das von den Wellen des Meeres davongetragen wurde. Als es von einem Sturm erfasst wurde, erschien eine Taube. Sie führte das Boot bis an die monegassische Küste.

WEITERE INFORMATIONEN
www.saintedevotemonaco.com

108 OBEN UND UNTEN – ROQUEBRUNE UND MENTON

Ungleiche Nachbarn

Wo heute Roquebrune auf einem »braunen Felsen« liegt, stand schon vor mehr als 1000 Jahren eine mächtige Burg. Das Bergdorf hat sich seinen mittelalterlichen Charakter bewahrt. Roquebrunes Ortsteil Cap Martin direkt am Meer gehört dagegen zu den mondänsten Adressen an der Côte d'Azur. In der munteren Nachbarstadt Menton nahe der Grenze ist bereits der italienische Einfluss zu spüren.

Ende des 10. Jahrhunderts ließ Conrad I., Graf von Ventimiglia, in Roquebrune eine Burg errichten, um Angriffen der Sarazenen standhalten zu können. Die Grimaldis, denen Roquebrune rund 500 Jahre gehörte, erweiterten die Festungsanlagen. Seit 1861 gehört die Gemeinde zu Frankreich. Der einstige Wehrturm mit den dicken Mauern ist noch erhalten und kann bis zur oberen Aussichtsplattform erklettert werden. Auf jeder Etage sind dort Geräte und Mobiliar aus damaliger Zeit zu besichtigen. In den mittelalterlichen Häusern in der Rue Moncollet haben sich Kunsthandwerker niedergelassen, denn Besucher sind in Roquebrune garantiert. Ähnlich alt wie die Burg ist der mächtige Olivenbaum am Ortsrand. Sein Alter wird auf über 1000 Jahre geschätzt, damit zählt er weltweit sicher zu den ältesten seiner Art. Einen Blick wert ist zudem auf dem Friedhof des Orts das Grabmal von Le Corbusier. Der berühmte Architekt hatte es selbst entworfen, bevor er beim Tauchen ums Leben kam. Leider nicht zu besichtigen ist die Grotte von Vallonnet, eine der ältesten prähistorischen Stätten Europas, die Gegenstand wissenschaftlicher Untersuchungen ist.

Blick von der Grimaldi-Burg Roquebrune auf Roquebrune-Cap-Martin (unten). Menton: Blick vom Vorplatz der Basilika Saint-Michel auf das tiefblaue Mittelmeer (rechte Seite oben). Höhepunkt des Jahres ist die Fête du Citron mit faszinierenden Skulpturen aus Tonnen von Zitrusfrüchten (rechte Seite unten).

Noble Halbinsel

Unterhalb von Roquebrune-Cap-Martin, wie es heute heißt, pflegt die zur Gemeinde gehörende Halbinsel Cap Martin weiterhin ihren Belle-Époque-Stil mit edelsten privaten Residenzen, deren Besitzer natürlich keine touristischen Besucher schätzen. Dort unten am Meer kann man bis Monte Carlo wandern und laden Strände zum Baden ein. Besonders beliebt ist der Sandstrand Carnolès.
An der Promenade Le Corbusier stößt man auf das einfache Haus des Architekten, Le Cabanon. In dem Marseiller Fischerhütten nachempfundenen Haus arbeitete Le Corbusier bis zu seinem Tod 1965 jeden Sommer. Zu besichtigen ist auch die Villa E.1027 der 1967 verstorbenen irischen Designerin Eileen Gray, welche sie 1926/27 in konsequent moderner Architektur entwarf.

Die Zitronenstadt

Menton schließlich liegt direkt an der italienischen Grenze und gilt als wärmster Ort der Côte d'Azur. Palmen gedeihen hier prächtig, und die Zitronen sind berühmt für ihren ausgezeichneten Geschmack. Im 19. Jahrhundert war der Zitronenanbau der wichtigste Wirtschaftszweig, heute ist seine ökonomische Bedeutung eher gering. Menton bezaubert mit pastellfarbenen Häusern und engen Gassen; seinem Charme erlagen unter anderen Frankreichs letzte Kaiserin Eugénie, die Gattin Napoleons III., sowie Künstler wie Franz Liszt, Auguste Rodin oder Jean Cocteau. Émile Zola schrieb hier seinen Roman »Die Sünde des Abbé Mouret«, ein Plädoyer gegen das Keuschheitsgebot der Kirche.
In der Rue St-Michel reihen sich Restaurants und Süßwarenläden aneinander, in denen man vor allem Bonbons und Konfitüren auf Zitronenbasis erwerben kann. Von dort gelangt man zum Kirchenvorplatz Parvis St-Michel, dessen weiß-graues Kieselpflaster das Wappen der Grimaldis zeigt: zwei mit Schwertern bewaffnete Mönche, die ein Schild halten. Die hiesige zweitürmige Basilique St-Michel-Archange ist die schönste und größte Barockkirche der Region.
Menton bietet zudem die Promenade du Soleil am Meer und mehrere gute Museen. Allein zwei sind dem Schriftsteller und Maler Jean Cocteau gewidmet, besitzen aber auch Werke von Picasso, Modigliani und Miró. Das Musée des Beaux-Arts präsentiert Gemälde aus mehreren Jahrhunderten und moderne Kunst. Sehenswert sind auch die großen Gärten mit prachtvollen Bäumen und Blumen, vor allem der Serre de la Madone und der Jardin du Val Rameh.

TOP ★ ERLEBNISSE

★ WO DIE ZITRONEN BLÜH'N

Jedes Jahr von Mitte bis Ende Februar befindet sich Menton im Zeichen der Zitrone – 2023 zum 89. Mal. Im Garten Biovès stehen riesige Skulpturen aus Zitrusfrüchten. Die Wagen der sonntäglichen Festumzüge sind mit Zitronen, Orangen, Pampelmusen und Kumquats geschmückt – insgesamt 120 Tonnen Obst werden benötigt. Die qualitativ ausgezeichneten einheimischen Zitrusfrüchte sind den Organisatoren dafür allerdings zu schade. Der größte Teil wird aus Spanien oder Marokko importiert.

WEITERE INFORMATIONEN
www.fete-du-citron.com, www.tourisme-menton.fr, https://roquebrune-cap-martin.fr

★ AN DER KÜSTE BIS MONTE-CARLO

Am schönsten läuft es sich nachmittags auf dem Sentier touristique, dem Küstenweg. Es geht in vier Stunden vom Cap Martin nach Monte-Carlo-Beach an der Westseite der Halbinsel entlang und zurück. Die Vegetation wird immer urwüchsiger, die traumhafte Aussicht wechselt ständig. Man überblickt das Fürstentum, die Südspitze des Cap Ferrat, dann Alt-Roquebrune mit seiner Burg. Nach einem Abschnitt an der Steilküste und dem Bahnhof von Roquebrune geht es an den Stränden von Cabbé und den Rochers de Bon-Voyage Richtung Monte-Carlo.

WEITERE INFORMATIONEN
www.roquebrune-cap-martin.com

Blick auf das abendliche Cap du Dramont bei Saint-Raphaël. Dahinter erhebt sich das Massif de l'Esterel.

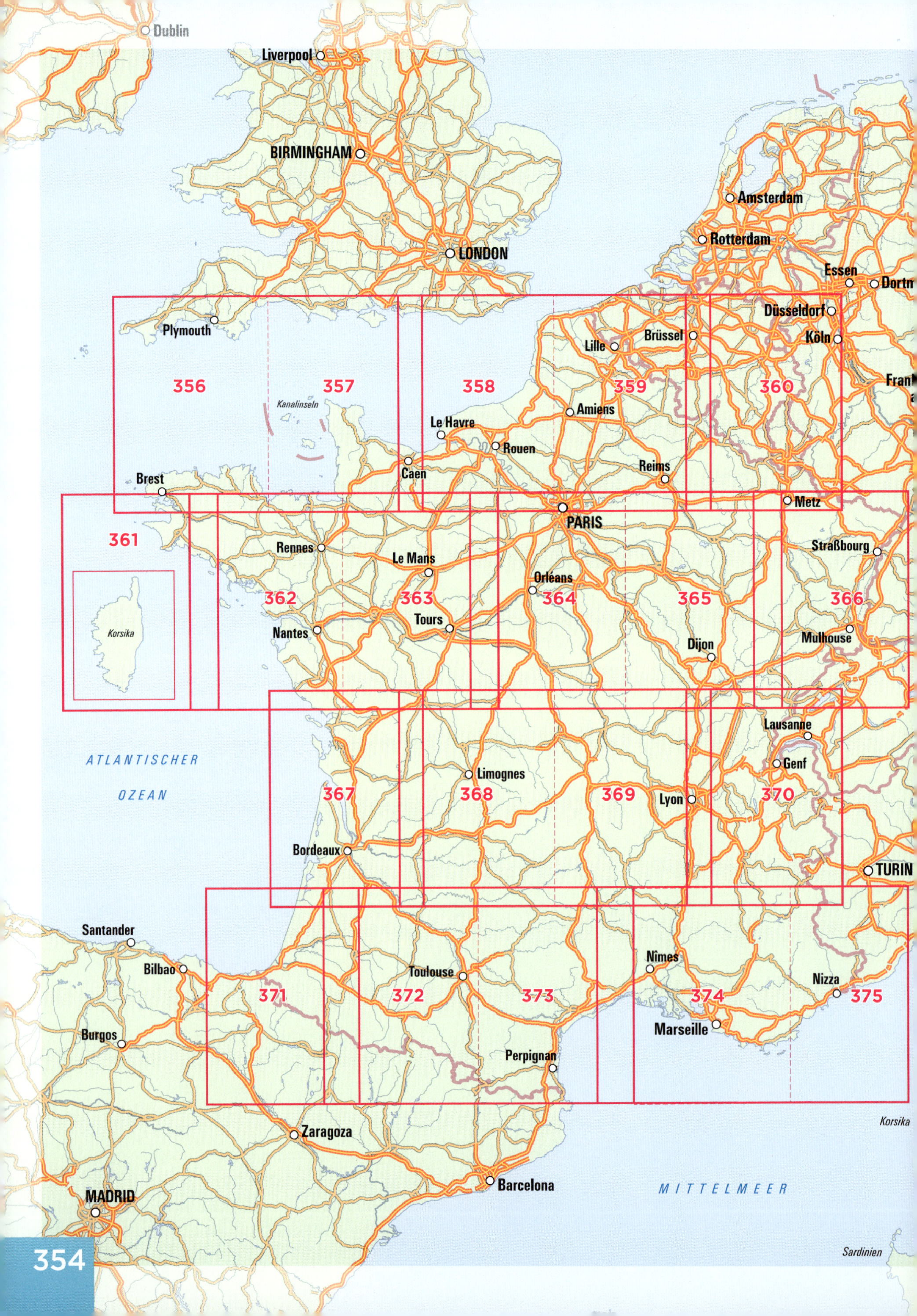

Dublin
Liverpool
BIRMINGHAM
Amsterdam
Rotterdam
LONDON
Essen
Dortn
Düsseldorf
Köln
Plymouth
Lille
Brüssel
356
357
358
359
360
Kanalinseln
Amiens
Le Havre
Rouen
Caen
Brest
Reims
Metz
PARIS
361
Rennes
Le Mans
Straßbourg
Orléans
362
363
364
365
366
Korsika
Nantes
Tours
Dijon
Mulhouse
Lausanne
ATLANTISCHER
OZEAN
Genf
Limognes
367
368
369
370
Lyon
Bordeaux
TURIN
Santander
Bilbao
Nîmes
Toulouse
Nizza
371
372
373
374
375
Burgos
Marseille
Perpignan
Korsika
Zaragoza
Barcelona
MITTELMEER
MADRID
Sardinien

LEGENDE

Autobahn
Schnellstraße
Fernstraße
Hauptstraße
Nebenstraße
Sonstige Straße
Fahrweg
Eisenbahn
Flüsse
See
Bebauung
Natur-, Nationalpark
Staatsgrenze

Sehenswürdigkeit - Kultur
Sehenswürdigkeit
Kirche, Kloster
Schloss
Schlossruine
Museum
Höhle
Windmühle
Leuchtturm
Aussichtspunkt
Flughafen
Wasserfall
Skigebiet

HUBER KARTOGRAPHIE

N

0 30 km

1 : 1.000.000

Wadebridge
Bolventor
Tavistock
A386
Princetown
Bovey Tracey
Dawlish
Exmouth
Newquay
Bodmin
Callington
Cotehele House
Dartmoor National Park
Ashburton
A38
Teignmouth
Fraddon
A38
Liskeard
A388
Buckfastleigh
Newton Abbot
A391
A390
Lostwithiel
Saltash
Plympton
Torquay
Torbay
A39
Fowey
Looe
Torpoint
St. Ives
A30
Truro
St. Austell
Plymouth
Totnes
A385
Paignton
Hayle
Redruth
Tregony
Polperro
Plymstock
Modbury
Brixham
St. Just
Camborne
Mevagissey
Penzance
Penryn
Darmouth
Kingswear
Newton Ferrers
A394
St. Mawes
Sonnen
Helston
Falmouth-Penryn
Kingsbridge
Salcombe
Mount's Bay
St. Keverne
Start Point
Kynance Cove
Rosslare Harbour
Lizard
Lizard Point
Cork, Rosslare Harbour
Les Sept Iles
Les Triagoz
Corniche d'Armorigne
Côte de Granit Rose
Côte des Légendes
Côte des Abers
Ile de Batz
Rochers de Ploumanac'h
Trégastel-Plage
Ile Grande
Plougrescant
I. de Bréhat
Aber Vrac'h
Aber Benoît
Brignogan-Plage
Kerlouan
Roscoff
Chât. du Taureau
Primel-Trégastel
Trébeurden
Perros-Guirec
Tréguier
Pleubian
Lézardrieux
Plouescat
St-Pol-de-Léon
Baie de Lannion
Locquirec
St-Michel-en-Grève
Lannion
Ploubazlanec
Plouguerneau
Paimpol
Abb. de Beauport
Portsall
Cléder
Carantec
Tumulus
Plougasnou
Lanmeur
Chât. de Coat-Frec
La Roche-Derrien
Ile d'Ouessant
Chât. de Trémazan
Lannilis
Ploudalmézeau
Lesneven
Lanhouameau
Plouézec
Argenton
Plouguin
Plouzévédé
Taulé
Plestin-les-Grèves
Chât. de Tonquédec
Lampaul
Phare de Trézien
Brelès
Plabennec
Le Folgoët
Chât. de Kerjean
Pontrieux
Temple de Lanleff
Chenal du Four
Lanvenec
Ploudaniel
Guiclan
Morlaix
Plouigneau
Plouaret
Bégard
Plouha
St-Renan
Gouesnou
Landerneau
Landivisiau
Lanvollon
Ile de Molène
Menhir
N12
Plounérin
Pedernec
Etables-sur-Mer
Brest
St-Thégonnec
Plougonven
Léguer
Parc
Le Conquet
Plouzané
Gupavas
Ploudiry
N12
Guingamp
Binic
Arrée
Belle-Isle-en Terre
Phare de St-Mathieu
Pont-Albert Louppe
St-Sauveur
Roc'h Trévezel
384
Lannéanou
Châtelaudren
Pointe de St-Mathieu
Plougastel-Daoulas
Sizun
Elorn
Plounéour-Ménez
Parc Naturel Régional d'Armorique
Plougonver
Moustéru
Plouagat
Camaret-sur-Mer
Monts
Trieux
St-Brieuc
N165
Bourbriac
Pointe de Pen-Hir
Landévennec
Logonna-D.
380
St-Montagne St-Michel
Huelgoat
Callac
St-Péver
Ploufragan
Cohiniac
Le Faou
Brasparts
Poullaouen
St-Gilles-Pligeaux
d'Iroise
Morgat
Crozon

361

Lyme Regis
Bridport
Seaton
Lyme Bay
Abbotsbury
Maiden Castle
Dorchester
Weymouth
Isle of Portland
Fortuneswell
Bill of Portland
Wareham
Corfe Castle
Swanage
St. Alban´s Head
Poole
Bournemouth
Christchurch
Lymington
The Needles
The Solent
Yarmouth
Freshwater
Newport
Cowes
Osborne House
Ryde
Brading
Sandown
Shanklin
Ventnor
Niton
Isle of Wight
St. Catherine´s Point
Fareham
Gosport
Havant
Portsmouth
South Hayling
Emsworth
Chichester
Bognor Regis
Selsey
Selsey Bill
Roman Palace
Goodwood House
Alderney (Aurigny)
St-Anne
Channel Islands
Guernsey
St-Sampson
St-Peter-Port
Torteval
Creux Mahie
Sark
Jersey
Grottes Plémont
St-John
Trinity
St-Peter
St-Brelade
St-Helier
Gorey
Passage de la Déroute
Plau. des Minquiers
Iles Chausey
Golfe de St-Malo
Côte d´Émeraude
Cap Fréhel
Fort de la Latte
Sables-d'Or-les-Pins
Erquy
Pléneuf
Matignon
Hénanbihen
Plancoët
St-Cast-le-Guildo
St-Lunaire
Dinard
Ploubalay
St-Malo
Cancale
Pointe du Grouin
Usine marémotrice de la Rance
Lamballe
Baie du Mont St-Michel
Le Mont-Saint-Michel
Pontorson
Pontaubault
Ducey
Avranches
Cap de la Hague
Auderville
Urville-Nacqueville
Beaumont
Vauville
Cherbourg
Tourlaville
Cap Lévy
Fermanville
Pnte. de Barfleur
Barfleur
St-Pierre-Eglise
Le Theil
Quettehou
St-Vaast-la-Hougue
Helleville
Diélette
Les Pieux
Sottevast
St-Joseph
Valognes
Quinéville
Montebourg
I. St-Marcouf
Surtainville
Quettetot
Bricquebec
Masse de Romond
Carteret
Cap de Carteret
Barneville-Carteret
Portbail
St-Sauveur-le-Vicomte
Pont-l´Abbé
Ste-Mère-Eglise
Ravenoville
Utah Beach
La Madeleine
St-Côme-du-Mont
Carentan
Parc Naturel des Marais du Cotentin et du Bessin
La Haye-du-Puits
St-Jores
St-Germain-s-Ay
Lessay
Périers
Les Champs-de-Losque
Baie de la Seine
Côte de Nacre
Grandcamp-Maisy
Vierville-s-M.
Omaha Beach
Longueville
Isigny-s-M.
Trévières
Port-en-Bessin-Huppain
Aromanches-les-Bains
Gold Beach
Ryes
Courseulles-s-M.
Juno Beach
St-Aubin-s-M.
Sword Beach
Bayeux Tapestry
Bayeux
Brécy
Creully
Lion-s-M.
Ouistreham
Cerisy-la-Forêt
La Mine
Abb. de Mondaye
Ste-Croix-Grd.-Tonne
Anc. Eglise de Thaon
Tilly-s-Seulles
St-Jean-de-Daye
Pont-Hébert
St-Clair-s-l´Elle
Balleroy
Caen
Verson
Evrecy
Maly-s-O.
Montsurvent
St-Malo-de-la-Lande
St-Sauveur-Lendelin
Marigny
St-Lô
Caumont-l'Eventé
Villers-Bocage
Coutainville
Coutances
Cerisy-la-Salle
Le Mesnil-Herman
Canisy
Roches de Ham
Torigny-s-Vire
Montmartin-s-M.
Hyenville
Hambye
Villebaudon
Tessy-s-Vire
St-Martin-des-Besaces
Aunay-sur-Odon
M. Pincon
Bretteville-s-Laize
Cérences
Gavray
Bréhal
Anc. Abb. d'Hambye
Percy
Pont-Farcy
Le Bény-Bocage
Thury-Harcourt
Potigny
Donville-les-Bains
Granville
St-Pair-s-M.
Beauchamps
La Haye-Pesnel
Villedieu-les-Poêles
St-Sever-Calvados
Vire
Estry
Le Plessis-Grimoult
Condé-s-Noireau
Glécy
St-Clair
Carolles
Sartilly
St-Laurent-de-Cuves
Vassy
Athis-de-l´Orne
Pont-d'Ouilly
Roche d'Oëtre
Genêts
Brécey
St-Pois
Tinchebray
Flers
Juvigny-le-Tertre
Isigny-le-B.
Mortain
Parc Naturel
La Ferrière-aux-Etangs
Bourguébus
St-Sylvain

358
362
363

English Channel
La Manche
Brighton
Worthing
Bognor Regis
Littlehampton
Chichester
Lewes
Newhaven
Seaford
Eastbourne
Beachy Head
Hailsham
Bexhill
Hastings
St. Leonards
Rye
Rye Bay
Dungeness
New Romney
Hythe
Folkestone
Sangatte
Wissant
Cap Gris-Nez
Wimereux
Boulogne-s-Mer
Le Touquet-Paris-Plage
Étaples
Berck
Fort-Mahon-Plage
Rue
Cayeux-s-Mer
Abbeville
Le Tréport
Dieppe
Phare d'Ailly
Côte d'Albâtre
Côte Picarde
St-Valéry-en-Caux
Fécamp
Étretat
Pays de Caux
Yvetot
Bolbec
Montivilliers
Le Havre
Honfleur
Côte Fleurie
Deauville
Trouville-s-M.
Cabourg
Juno Beach
Sword Beach
Caen
Lisieux
Pont-Audemer
Parc Regional de Brotonne
Rouen
Canteleu
Oissel
Elbeuf
Louviers
Évreux
Vernon
Gaillon
Bernay
Mantes-la-Jolie
Mantes-la-Ville
Limay
Conflans
Poissy
St-Germain-en-Laye
Beauvais
Gisors
Gournay-en-Bray
Neufchâtel-en-Bray
Aumale
Falaise
Argentan
L'Aigle
Seine

357
363

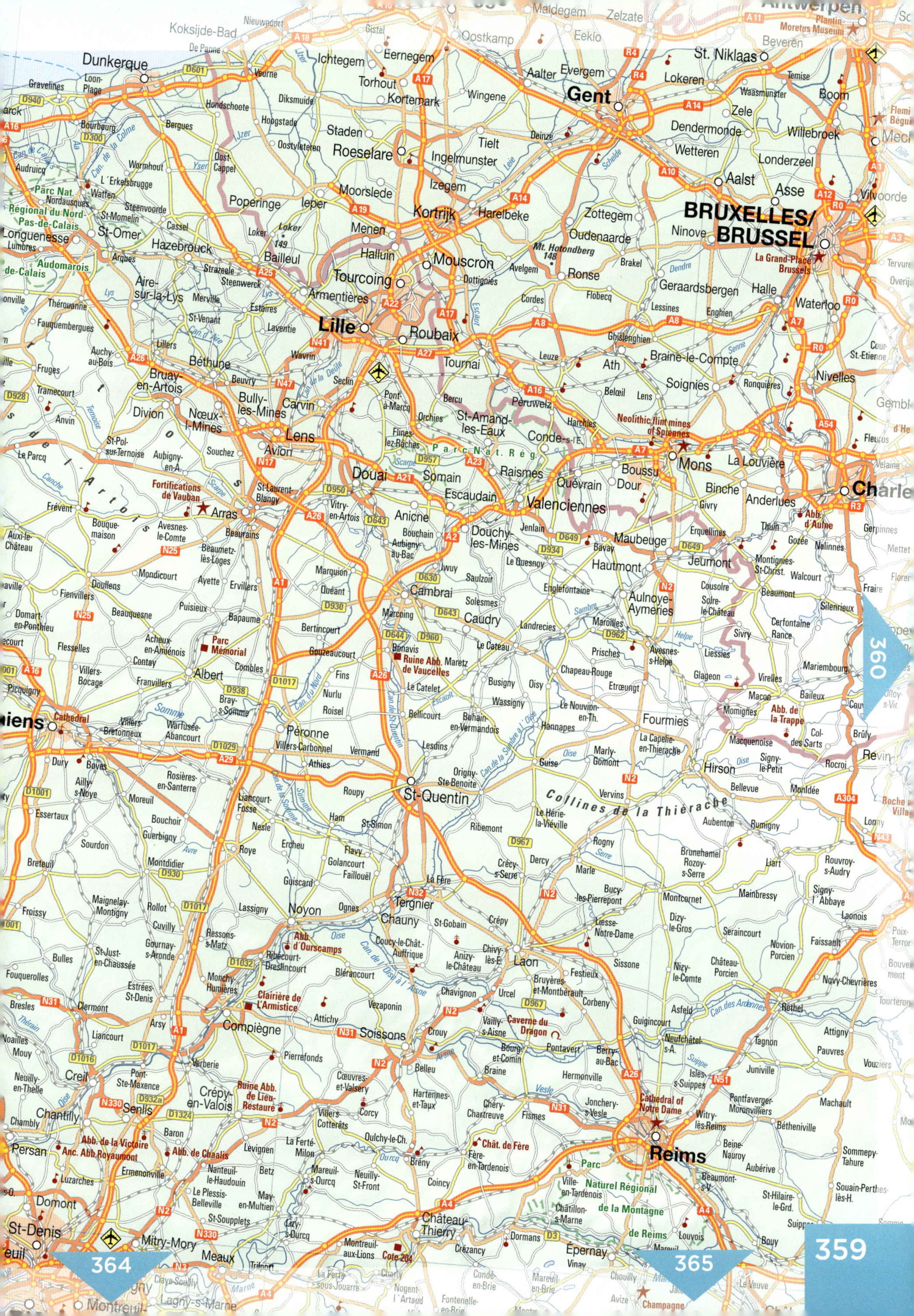
Dunkerque
Gravelines
Loon-Plage
Bourbourg
Bergues
Hondschoote
Veurne
Diksmuide
Koksijde-Bad
De Panne
Nieuwpoort
Gistel
Ichtegem
Torhout
Kortemark
Eernegem
Oostkamp
Maldegem
Eeklo
Zelzate
Antwerpen
Plantin-Moretus Museum
Beveren
St. Niklaas
Temse
Lokeren
Gent
Aalter
Evergem
Wingene
Deinze
Tielt
Staden
Roeselare
Ingelmunster
Izegem
Moorslede
Hooglede
Oostnieuwkerke
Waasmunster
Zele
Boom
Dendermonde
Willebroek
Wetteren
Londerzeel
Aalst
Asse
Vilvoorde
Mechelen
BRUXELLES/
BRUSSEL
La Grand-Place Brussels
Ninove
Zottegem
Oudenaarde
Mt. Hotondberg 148
Harelbeke
Kortrijk
Menen
Halluin
Mouscron
Tourcoing
Dottignies
Avelgem
Ronse
Brakel
Flobecq
Geraardsbergen
Halle
Waterloo
Lessines
Enghien
Poperinge
Ieper
Loker
149
Bailleul
Armentières
Lille
Roubaix
Tournai
Leuze
Ath
Ghislenghien
Braine-le-Compte
Soignies
Ronquières
Nivelles
Beloeil
Lens
Péruwelz
Bernissart
Harchies
Neolithic flint mines of Spiennes
Mons
La Louvière
Charleroi
Boussu
Dour
Quiévrain
Binche
Anderlues
Thuin
Abb. d'Aulne
Gozée
Erquelinnes
Jeumont
Maubeuge
Bavay
Hautmont
Aulnoye-Aymeries
Cousolre
Solre-le-Château
Beaumont
Sivry
Cerfontaine
Rance
Liessies
Glageon
Virelles
Macon
Momignies
Abb. de la Trappe
Chimay
Mariembourg
Couvin
Brûly
Rocroi
Revin
Hirson
Fourmies
Avesnes-s-Helpe
Maroilles
Prisches
Landrecies
Le Quesnoy
Englefontaine
Valenciennes
Conde-s-l'E.
Raismes
St-Amand-les-Eaux
Orchies
Pont-à-Marcq
Seclin
Carvin
Lens
Avion
Douai
Somain
Escaudain
Denain
Anicne
Douchy-les-Mines
Cambrai
Caudry
Solesmes
Le Cateau
Busigny
Wassigny
Le Nouvion-en-Th.
La Capelle-en-Thiérache
Guise
Marly-Gomont
Vervins
Dunkerque
Hazebrouck
St-Omer
Cassel
Audomarois
Parc Nat. Régional du Nord-Pas-de-Calais
Longuenesse
Aire-sur-la-Lys
Arques
Béthune
Bruay-en-Artois
Lillers
Divion
Noeux-les-Mines
Bully-les-Mines
Fruges
Hesdin
St-Pol-sur-Ternoise
Aubigny-en-A.
Arras
Fortifications de Vauban
Avesnes-le-Comte
Frévent
Doullens
Beaurains
Bapaume
Albert
Parc Mémorial
Combles
Péronne
Amiens
Cathedral
Villers-Bretonneux
Corbie
Ham
St-Quentin
Collines de la Thiérache
Ribemont
Marle
Crécy-s-Serre
La Fère
Tergnier
Chauny
Noyon
Abb. d'Ourscamps
Roye
Montdidier
Nesle
St-Simon
Coucy-le-Château-Auffrique
Anizy-le-Château
Laon
Sissonne
Montcornet
Rozoy-s-Serre
Rethel
Château-Porcien
Asfeld
Neufchâtel-s-A.
Caverne du Dragon
Corbeny
Soissons
Compiègne
Clairière de l'Armistice
Pierrefonds
Crépy-en-Valois
Senlis
Ruine Abb. de Lieu-Restauré
Chantilly
Creil
Clermont
Abb. de la Victoire
Anc. Abb. Royaumont
Abb. de Chaalis
Nanteuil-le-Haudouin
Villers-Cotterêts
La Ferté-Milon
Fère-en-Tardenois
Chât. de Fère
Fismes
Reims
Cathedral of Notre Dame
Parc Naturel Régional de la Montagne de Reims
Château-Thierry
Épernay
Meaux
Mitry-Mory
Dammartin-en-Goële
St-Denis
Montreuil
Lagny-s-Marne
La Ferté-sous-Jouarre
Champagne
Cote 204
Ruine Abb. de Vaucelles
Suippes
Sommepy-Tahure
Bétheniville
Juniville
360
364
365

Mönchen-gladbach
Neuss
Rheydt
Grevenbroich
Krefeld
Köln
Maastricht
Aachen
Heerlen
Kerkrade
Sittard
Geleen
Genk
Hasselt
Roermond
Weert
Mechelen
Leuven
Vilvoorde
Aarschot
Tienen
St. Truiden
Tongeren
Wavre
Liège
Seraing
Huy
Namur
Charleroi
Gembloux
Verviers
Eupen
Spa
Malmedy
Stavelot
Monschau
Düren
Euskirchen
Prüm
Bitburg
Trier
Wittlich
Daun
Dinant
Philippeville
Rochefort
Bastogne (Bastenaken)
Neufchâteau
Arlon
Luxembourg
Diekirch
Wiltz
Charleville-Mézières
Sedan
Longwy
Thionville
Metz
Saarlouis
Völklingen
Merzig
Verdun
Hayange
Forbach
Saar-Hunsrück
Eifel
Meuse
Moselle
A1
A3
A4
A13
A15
A26
A27
A31

359

365

366

356

ATLANTISCHER
OZEAN
Mer d'Iroise
Pointe de St-Mathieu
St-Mathieu
Pointe de Pen-Hir
Camaret-sur-Mer
Le Fret
Tal-ar-Groaz
Landévennec
Crozon
Morgat
Rostudel
C. de la Chèvre
Ile de Sein
Pnte. du Raz
Lescoff
Audierne
Plouhinec
Plozévet
Pont-Croix
Douarnenez
Tréboul
Baie de Douarnenez
Ste-Anne-la-Palud
Plomodiern
Châteaulin
Pentrez-Plage
Menez Hom 330
Pont de Térénez
Le Faou
Naturel
Plougastel-Daoulas
Rade de Brest
Brasparts
St-Michel
Pont-de-Buis-lès-Quimerch
Pleyben
Lopérec
Huelgoat
Loqueffret
Plonévez-du-Faou
Landeleau
Châteauneuf-du-Faou
N.-D. du Crann
Roc de Toullaëron 326
Montagnes
Parc Naturel Régional d'Armorique
Monts
N165
N164
Locronan
Briec
Pouldergat
Quimper
Landudec
Ty-Sanquer
Ergué-Gabéric
Coray
Roudouallec
Ty-Louet
Scaër
Baie d'Audierne
Chap. de Languidou
Site des Vire Court
Plonéour-Lanvern
N.-D. de Tronoën
St-Guénolé
Penmarch
Pnte. de Penmarc'h
Pont-l'Abbé
Kérazan
Loctudy
Lesconil
Bénodet
Cheffontaines
Fouesnant
Beg-Meil
St-Yvy
Rosporden
Bannalec
Concarneau
Trégunc
Pont-Aven
Névez
Riec-sur-Bélon
N165
Clohars-Carnoët
Guidel
Iles de Glénan
Ploemeur
Pnte. du Tallut
Ile de Groix
Groix
Ligurisches Meer
MITTELMEER
Cap Corse
Col de Serra 369
Macinaggio
Rogliano
Pino
Luri
Ste-Catherine
Marine de Sisco
Mte. Stello 1307
Erbalunga
Nonza
Golf von St-Florent
Bastia
Bicca di Vezzu 312
St-Florent
Anc. Cath. de Nebbio
Etang de Biguglia
Lozari
L' Île Rousse
Algajola
Sto-Pietro-di-Tenda
Oletta
368
Mte. Asto 1535
Col de S.-Stefano
Calvi
St. Antonino
Belgodère
Pietralba
Casamozza
N. D. de la Serra
Parc
Muro
Calenzana
Castifao
Golo
Vescovato
Mte. Padro 2393
Asco
Ponte Leccia
Folelli
Réserve Naturelle de Scandola
Galéria
Haut-Asco
Mte. Cinto 2707
Francardo
Mte. S. Petrone 1767
Piedicroce
Girolata
Golf von Girolata
Col de la Croix 272
Soveria
Calacuccia
Corte
Cervione
Golf von Porto
Porto
Évisa
Naturel
Moïta
Capo Rosso
Piana
498
Col de Lava
1101
Mte. Rotondo 2622
Venaco
Piedicorte-di-Gaggio
Bravone
Col de Sevi
St-Roch
Soccia
Vivario
Vezzani
Cargèse
Vico
Salice
Mte. d'Oro 2389
Col de Sorba 1311
Tavignano
Cateraggio
Sagone
Sari-d'Orcino
Bocognano
Mte. Renoso 2352
Ghisoni
Aléria
Golf von Sagone
Tiuccia
St-Antoine
Chateau de la Punta
Maison Bonaparte
Bastelica
Col de Verde 1289
Ghisonaccia
Capo di Feno
Ocana
Prunelli-di-Fiumorbo
Ajaccio
750
Régional
Pointe de la Parata
Cauro
Zicavo
Chisa
Travo
Porticcio
Ste-Maria Siché 1187
Mte. Incudine 2136
Solenzara
Golf von d'Ajaccio
1218
Petreto-Bicchisano
Aullène
de la
Col de Bavella
Acqua-Doria
Zonza
Cucuruzzu
Bocca d'Illarata 991
Porto Pollo
Olmeto
Levie
Pinarellu
Golf von Valinco
Propriano
Corse
Castellu d'Araghju
Sartène
Ortolo
L'Ospédale
Golf von Porto-Vecchio
Belvédère-Campomoro
Pta. d'Ovace 1339
Porto-Vecchio
Orasi
Alignements de Palaggiu
Mégalithes de Cauria
Tizzano
107
Sotta
Figari
Pianottoli-Caldarello
Golf von Ste-Manza
Bonifacio
Grotte du Sdragonato
Capo Pertusato

362

356
357
361

367

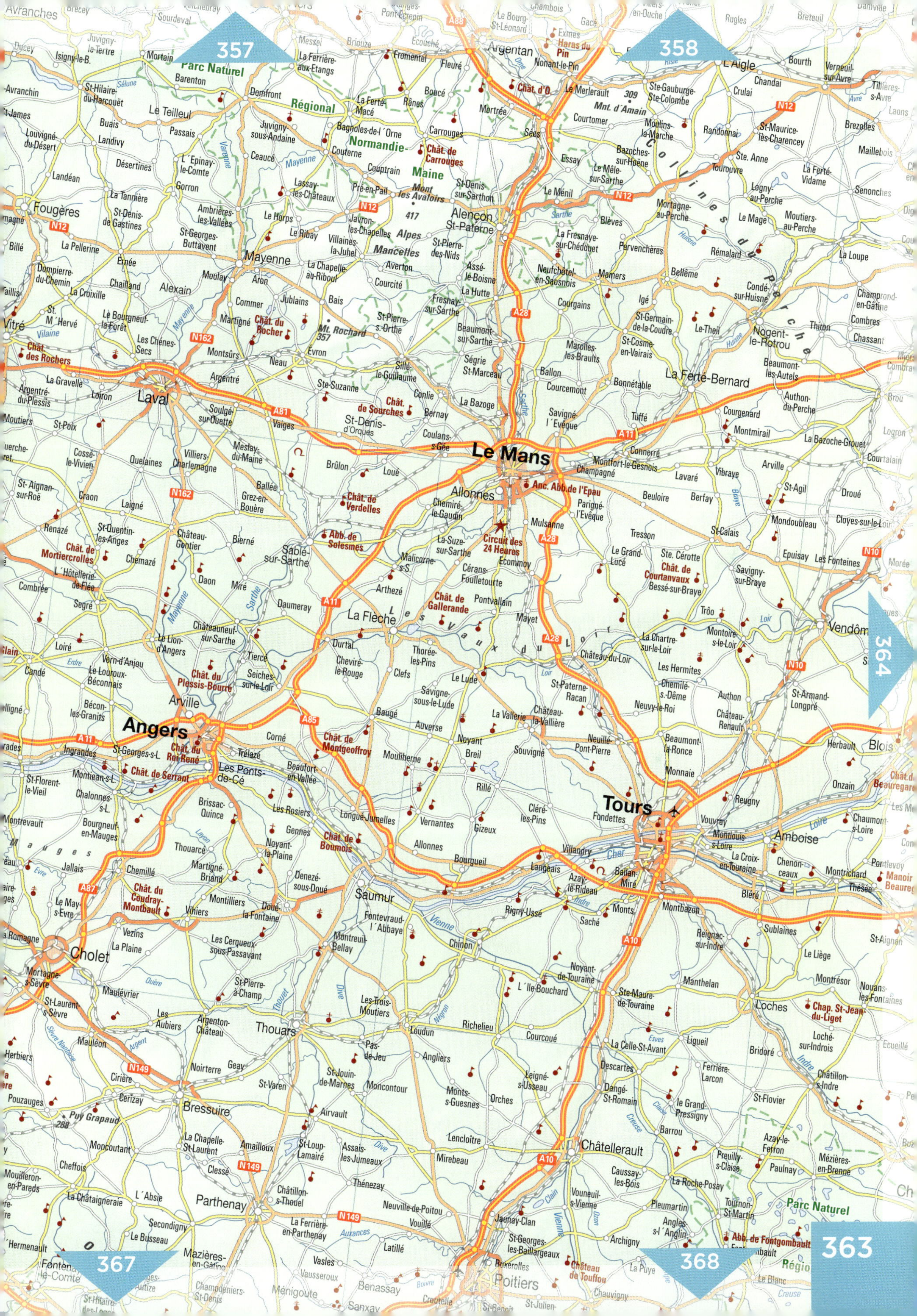
357
358
364
367
368
Parc Naturel
Régional
Normandie-
Maine
Collines du Perche
Les Vaux du Loir
Mauges
Le Mans
Angers
Tours
Laval
Alençon
Mayenne
Fougères
Vitré
Cholet
Saumur
La Flèche
Sablé-sur-Sarthe
Château-Gontier
Châtellerault
Poitiers
Parthenay
Bressuire
Thouars
Loudun
Chinon
Loches
Amboise
Blois
Vendôme
La Ferté-Bernard
Nogent-le-Rotrou
Mortagne-au-Perche
L'Aigle
Argentan
Sées
Domfront
Mortain
Circuit des 24 Heures
Chât. des Rochers
Chât. du Rocher
Chât. de Sourches
Chât. de Verdelles
Abb. de Solesmes
Chât. de Gallerande
Chât. de Mortiercrolles
Chât. du Plessis-Bourré
Chât. de Montgeoffroy
Chât. du Roi René
Chât. de Serrant
Chât. de Boumois
Chât. du Coudray-Montbault
Chât. de Carrouges
Chât. d'O
Haras du Pin
Chât. de Courtanvaux
Anc. Abb. de l'Epau
Chap. St-Jean-du-Liget
Abb. de Fontgombault
Château de Touffou
Manoir Beauregard
Puy Grapaud
Mont des Avaloirs
Mt. Rochard
Alpes Mancelles
Parc Naturel Régional
A11
A28
A81
A85
A87
A10
A88
N12
N162
N149
N10

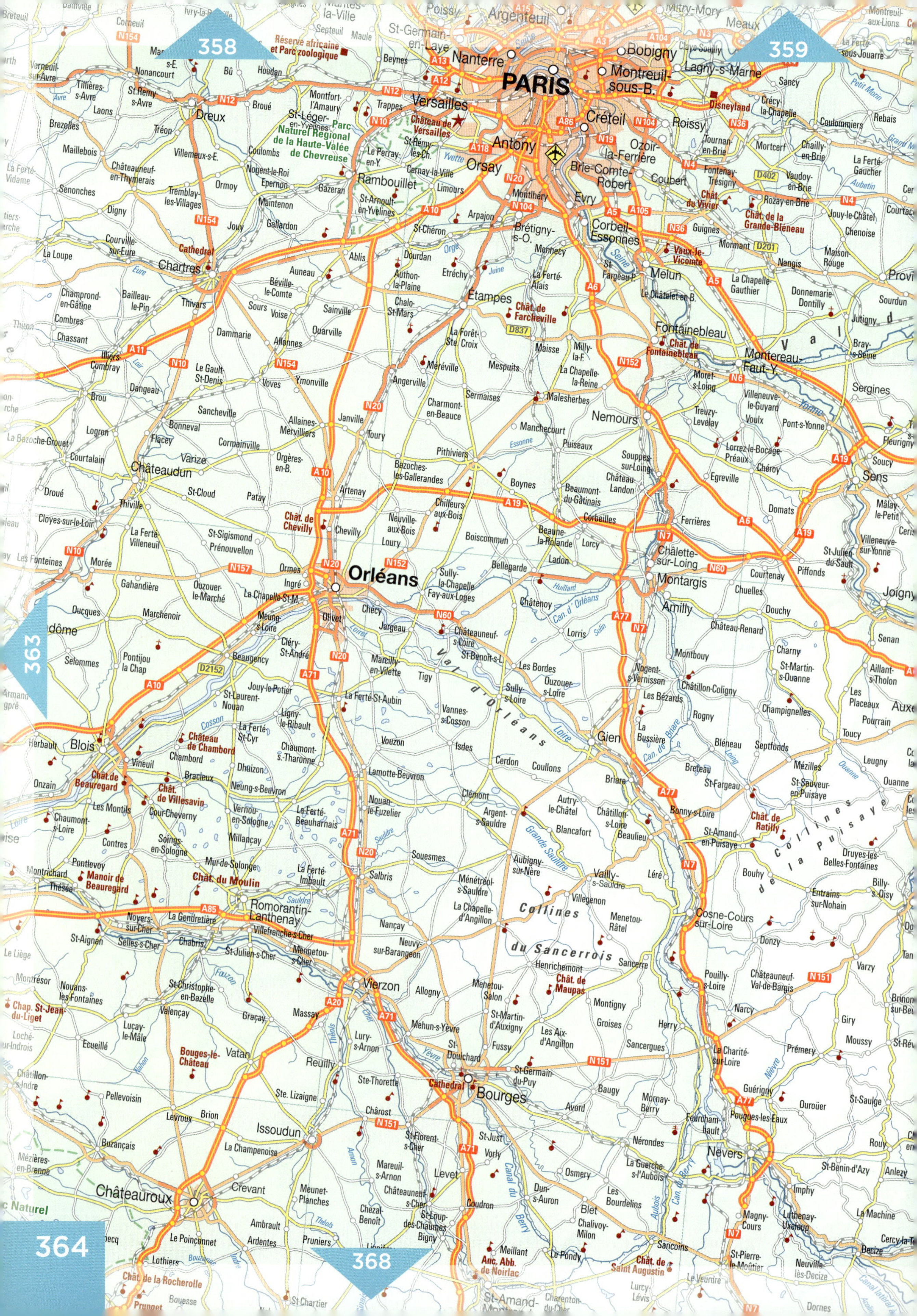
358
359
363
364
368
PARIS
Nanterre
Bobigny
Montreuil-sous-B.
Créteil
Versailles
Antony
Orsay
Rambouillet
Dreux
Chartres
Étampes
Evry
Corbeil-Essonnes
Melun
Fontainebleau
Montereau-Faut-Y.
Nemours
Sens
Joigny
Pithiviers
Châteaudun
Orléans
Montargis
Gien
Blois
Romorantin-Lanthenay
Vierzon
Bourges
Issoudun
Châteauroux
Nevers
Cosne-Cours-sur-Loire
Disneyland
Châtalette-sur-Loing
Val d'Orléans
Collines du Sancerrois
Collines de la Puisaye
Parc Naturel Régional de la Haute-Valée de Chevreuse
Réserve africaine et Parc zoologique

359
360
366
369
370
Châlons-en-Champagne
Épernay
Champagne wine region
Vitry-le-François
Bar-le-Duc
St-Dizier
Lac de Der Chantecoq
Troyes
Parc Naturel Régional de la Forêt d'Orient
Romilly-sur-Seine
Sézanne
Arcis-s-Aube
Brienne-le-Ch.
Bar-s-Aube
Chaumont
Mémorial Ch. de Gaulle
Joinville
Abb. de Septfontaines
Anc. Abb. des Trois Fontaines
Plateau du Barrois
Langres
Forêts National Park
Plateau de Langres
Tonnerre
Chablis
Châtillon-s-Seine
Abbey Fontenay
Chât. de Bussy-Rabutin
Alise-Ste-Reine
Fouilles d'Alésia
Avallon
Vézelay
Ste.-Madeleine
Grottes d'Arcy
Parc Naturel Régional du Morvan
Morvan
Autun
Beaune
Côte d'Or
Dijon
Châteauneuf
Dole
Grotte d'Osselle
Monts de la Serre
Gray
Plateau de Haute Saône
L'Abb. de la Charité
Neufchâteau
Toul
Butte de Montsec
Parc Naturel Régional de Lorraine
Commercy
Vittel
Contrexéville
Chalon-s-Saône
Le Creusot
Mont Julien 681
Mont Tasselot 608
Besançon
365

360
365
370
Metz
Nancy
Lunéville
Toul
Pont-à-Mousson
Château-Salins
Sarreguemines
St-Avold
Sarrebourg
Saverne
Haguenau
Strasbourg
Kehl
Offenburg
Rastatt
Bühl
Achern
Oberkirch
Lahr/Schwarzwald
Emmendingen
Freiburg im Breisgau
Sélestat
Colmar
Guebwiller
Mulhouse
Basel
Lörrach
Rheinfdn. (Baden)
Bad Säckingen
Waldshut-Tiengen
Liestal
Aarau
Olten
Solothurn
Grenchen
Biel/Bienne
Neuchâtel
Bern
Burgdorf
Delémont
Porrentruy
Montbéliard
Belfort
Héricourt
Audincourt
Valentigney
Lure
Vesoul
Luxeuil-les-Bains
Remiremont
Épinal
St-Dié d. Vosges
Raon-l'Étape
Baccarat
Mirecourt
Vittel
Charmes
Gérardmer
Besançon
La Chaux-de-Fonds
Le Locle
Pontarlier
Parc Naturel Régional de Lorraine
Parc Naturel Régional des Vosges du Nord
Parc Naturel Régional des Ballons des Vosges
Monts Faucilles
La Vôge
Haute-Saône
Lomont
Porte de Bourgogne
Grand Ballon 1423
Le Hohneck 1362
Feldberg 1493

362
363
368
371
372

363
364
367
368
372
373
Poitiers
Brenne
Regional de la
Le Blanc
St-Gaultier
Argenton-s-Creuse
Chât. de la Rocherolle
Prunget
St-Savin
St-Savin-sur-Gartempe
Nouaillé-Maupertuis Anc. Abb.
Abb. de Ligugé
Fleuré
Montmorillon
Lussac-les-Châteaux
Chât. Guillaume
Éguzon-Chantôme
Sarzay
La Châtre
Châteaumeillant
St-Chartier
Aigurande
Boussac
Dun-le-Palestel
La Souterraine
Le Dorat
Bellac
Magnac-Laval
Châteauponsac
Guéret
Bénévent-l'Abbaye
Le Grand-Bourg
Jarnages
Gouzon
Chambon-s-Voueize
Ahun
Civray
Charroux
Availles-Limouzine
Mézières-s-Issoire
Confolens
St-Germain-de-Confolens
Ruffec
Nanteuil-en-Vallée
Champagne-Mouton
St-Claud
Chabanais
St-Junien
Rochechouart
Oradour-s-Glane
Limoges
Ambazac
Bourganeuf
Aubusson
Felletin
Bellegarde-en-Marche
La Rochefoucauld
Grottes du Quéroy
Montbron
Massignac
Aixe-s-Vienne
Isle
Chât. de Chalusset
Pierre-Buffière
St-Léonard-de-Noblat
Eymoutiers
Peyrat-le-Château
Lac de Vassivière
Gentioux-Pigerolles
Signal d'Audouze 953
Mont Gargan 731
Châlus
Nontron
Piégut-Pluviers
Mareuil
Puyguilhem
Grottes de Villars
Brantôme
Thiviers
St-Yrieix-la-Perche
Masseret
Treignac
Meymac
Mont Bessou 977
Ussel
Uzerche
Excideuil
Lubersac
Vigeois
Egletons
Château de Ventadour
Seilhac
Tulle
Gimel les Cascades
Anc. Prieuré de Merlande
Périgueux
Ribérac
St-Astier
Mussidan
Thenon
Terrasson-la-Villedieu
Brive-la-Gaillarde
Grotte de St-Antoine
Grotte de Lamouroux
Rastignac
Grotte de Rouffignac
Sites préhistoriques et grottes ornées de la vallée de la Vézère
Site de la Madeleine
Font de Gaume
Les Eyzies-de-Tayac
Le Bugue
Grand Roc
Bergerac
Lalinde
Le Buisson-de-Cadouin
Beynac
Sarlat-la-Canéda
Souillac
Domme
Fenelon
Grottes de Cougnac
Gourdon
Château de la Treyne
Rocamadour
Gouffre de Padirac
Grotte de Presque
Chât. de Montal
Chât. de Castelnau
Argentat
Beaulieu-s-D.
Bort-les-Orgues
Orgues
Mauriac
Salers
Puy Mary 1787
Cirque du Falgoux
Aurillac
Chât. de Pesteils
Figeac
Capdenac
Moulin Malfor
Bouniagues
Beaumont
Issigeac
Villeréal
Monpazier
Belvès
Villefranche-du-Périgord
Château de Bonaguil
Fumel
Villeneuve-sur-Lot
Cahors
Grotte de Pech-Merle
Labastide-Murat
Gramat
Lacapelle-Marival
Latronquière
Maurs
Calvinet
Puy de l'Arbre 825
Montsalvy
Entraygues-s-Truyère
A20
A89
N10
N21
N141
N145
N147
N122

364
365
370
373
374
Moulins
Vichy
Cusset
Clermont-Ferrand
Riom
Thiers
Issoire
Brioude
Le Puy-en-Velay
St-Étienne
Roanne
Montbrison
Feurs
Tarare
Lyon
Vienne
Valence
Mâcon
Chalon-s-Saône
Le Creusot
Montceau-les-Mines
Digoin
Paray-le-Monial
Charolles
Lapalisse
Gannat
Yssingeaux
Firminy
Annonay
Privas
Aubenas
Tournon-s-Rhône
Givors
Villefranche-s-Saône
Montagne Bourbonnaise
Monts de la Madeleine
Monts du Forez
Monts du Lyonnais
Monts du Beaujolais
Monts Dôme
Monts du Livradois
Monts de la Margeride
Monts du Vivarais
Parc Naturel Régional du Livradois-Forez
Parc Naturel Régional du Pilat
Parc Naturel Régional des Volcans d'Auvergne
Le Grand Spa Ville d'Europe
Puy de Dôme 1464
Puy de Sancy 1885
Pierre sur Haute 1634
Mont Pilat 1432
Mont Mézenc 1753
Gerbier de Jonc 1551
Loire
Allier
A71
A72
A75
A89
A6
A7
A46
A47
N7
N79
N82
N88
N102

365
366
369
374
375
Chalon-s-Saône
Tournus
Mâcon
Bourg-en-Bresse
Lons-le-Saunier
Poligny
Arbois
Pontarlier
Neuchâtel
Lac de Neuchâtel
Yverdon-les-Bains
Lausanne
Morges
Vevey
Montreux
Lac Léman
Nyon
Genève
Genf
Annemasse
Thonon-les-Bains
Evian-les-Bains
St-Claude
Oyonnax
Nantua
Bellegarde-sur-Valserine
Annecy
Lac d´Annecy
Aix-les-Bains
Lac du Bourget
Chambéry
Albertville
Grenoble
Voiron
Vienne
Valence
Romans-s-Isère
Chamonix-Mt-B.
Mont Blanc 4807
Courmayeur
Martigny
Monthey
Parc National de la Vanoise
Massif Parc National du Pelvoux
Parc Naturel Régional du Vercors
Parc Naturel Régional Haut-Jura
Chartreuse
Bauges
Chablais
Bugey
Revermont
Vignoble
Mont Risoux
Lac de Joux
Col du Galibier
Col du Lautaret
Col du Mont Cenis
Col du Pt.St-Bernard 2188
Col d´Izoard 2361
Briançon
Modane
Moûtiers
Bourg-St-Maurice
Val d´Isère
Tignes
L´Alpe-d´Huez
Les Ecrins
Barre des Ecrins 4102
Susa
A1
A9
A39
A40
A41
A42
A43
A48
A49
A51
A404
A430
A432
A480
N5
N57
N85
N90
N94

Golfe de Gascogne
Donostia/
San Sebastián
Pamplona/
Iruñea
Bayonne
Biarritz
Pau
Dax
Tudela
Huesca
Jaca

372

367
368
371

Landes de Gascogne
Pissos
Sore
Château de Cazeneuve
Lerm-et-Musset
Grignols
Monclar
Casseneuil
Villeneuve-sur-Lot
Cahors
Trensacq
Callen
Captieux
Casteljaloux
Chap. St-Sabin
Tonneins
Clairac
Castelmoron-sur-Lot
Ste-Livrade-sur-Lot
St-Sylvestre-sur-Lot
Luxey
Damazan
Aiguillon
Port-Ste-Marie
Prayssas
Laroque-Timbaut
Montaigu-de-Quercy
St-Matré
Villesèque
Sabres
Allons
Bourriot-Bergonce
Houeillès
Durance
Moulin Fortifié
Lavardac
Nérac
Agen
Pont-du-Casse
Beauville
Bourg-de-Visa
Lauzerte
Montcuq
Castelnau-Montratier
Montpezat-de-Quercy
Labrit
Lencouacq
Garein
Losse
Roquefort
Lapeyrade
Mézin
Laplume
Layrac
Puymirol
Montesquieux
Molières
Francescas
Valence
Moissac
Lafrançaise
Uchacq-et-Parentis
Sos
Gabarret
Ligardes
Astaffort
Auvillar
St-Nicolas-de-la-Grave
Tarn
Garonne
Mont-de-Marsan
St-Justin
Montréal
Condom
Miradoux
Castelsarrasin
Campagne
Villeneuve-de-M.
Cazaubon
Mouchan
Lectoure
Montauban
Souprosse
St-Gein
Estang
Eauze
Flaran
Valence-sur-B.
St-Puy
Lavit
Montech
Larrazet
Labastide-St-Pierre
Grenade-sur-l'Adour
Midou
Douze
Beaumont-de-Lomagne
St-Clar
Verdun-sur-G.
Villebrumier
St-Sever
Cazères-sur-l'Adour
Le Houga
Manciet
Vic-Fézensac
Fleurance
Gimone
Arrats
Comberouger
Fronton
Crypte de St-Girons
Hagetmau
Aire-s-l'A.
Barcelonne-du-Gers
Nogaro
Réjaumont
Grisolles
Geaune
Aignan
Jégun
Monfort
Solomiac
Samadet
St-Jean-Poutge
Lupiac
St-Lary
Puycasquier
Cox
Grenade
Bouloc
Riscle
Mauvezin
Sault-de-Navailles
Castelnau-Rivière-Basse
Cologne
Cadours
Save
Cépel
Montaigut-sur-Save
Arzacq-Arraziguet
Sarron
Plaisance
Auch
Aubiet
Garlin
Montesquiou
Gimont
Lévignac
L'Isle-Jourdain
Colomiers
Cadillon
Bassoues
L'Isle-de-Noé
Arthez-de-Béarn
Luy de Béarn
Thèze
Monferran
Léguevin
Toulouse
Castelnau-Barbarens
Marciac
Mirande
Saramon
Tournefeuille
Balma
Lembeye
Maubourguet
Artix
Seissan
Cugnaux
Portet-sur-Garonne
Vic-en-Bigorre
Villecomtal-sur-Arros
Baleix
St-Michel
Samatan
St-Lys
Lescar
Miélan
Lombez
Seysses
St-Élix-Theux
Masseube
Castanet-Tolosan
Morlaàs
Montaner
Rabastens-de-Bigorre
Pau
Gers
Molas
Muret
Vernet
Barrage de l'Astarac
L'Isle-en-Dodon
Rieumes
Mont-giscard
Andrest
Trie-s-B.
Castelnau-Magnoac
Canal du Midi
Gan
Gave
Tarbes
Pouy-de-Touges
Lèze
Auterive
Ariège
Nay-Bourgettes
Pouyastruc
Boulogne-s-Gesse
Pontacq
Ossun
Bordes
Blajan
Le Fousseret
Carbonne
St-Sulpice-sur-Lèze
Rébénacq
Baïse
Ciadoux
Lézat-sur-Lèze
Cintegabelle
Arudy
Tournay
Galan
Louvie-Juzon
Grottes de Bétharram
Lourdes
St-Pé-de-B.
Mont-gaillard
Monlong
Aurignac
Montmaurin
Rieux
Montesquieu-Volvestre
Pic du Moulle-de-Jaut
P. du Jer
Escaladieu Anc. Abb.
Lannemezan
St-Plancard
Boussens
Cazères-sur-Garonne
St-Ybars
Saverdun
P. de Pibeste
Bagnères-de-Bigorre
Capvern
La Barthe-de-N.
Montréjeau
St-Martory
Laruns
Grotte de Médous
St-Gaudens
Montsaunès
Ste. Croix-Volvestre
Le Fossat
Les-Eaux-Chaudes
C.d'Aubisque
Argelès-Gazost
Campan
Grotte de Gargas
St-Bertrand-de-Commingues
Barbazan
Salies-du-Salat
Petites Pyrénées
Montagnes du Plantaurel
Pailhès
Gourette
Pierrefitte-Nestalas
Ste-Marie-de-Campan
P. de Mt.d'Aspet
Aspet
Pic de la Sagette
Cauterets
Pic du Midi de Bigorre
Col d'Aspin
Neste d'Aure
Pic de Cagire
Col de Portet d'Aspet
Le Mas-d'Azil
Grotte du Mas d'Azil
Varilhes
Gabas
Pont d'Espagne
Barèges
La Mongie
Mauléon-Barousse
Salat
P. du Midi d'Ossau
Parc Nat. des Pyrénées
Balaïtous
C. du Tourmalet
Arreau
St-Gaudens
St-Girons
St-Lizier
Rimont
La Bastide-de-Sérou
Foix
Pic du Pourtalet
Sallent de Gállego
St-Sauveur
Luz-
Massif de Néouvielle
Agos
Cierp
St-Béat
Castillon-en-C.
Pic Long
St-Lary
Massif de l'Arize
Massat
Col de Port
Confranc-Estación
Vignemale
Gèdre
Col de Peyresourde
Bagnères-de-Luchon
Fos
Sentein
Couserans
Soueix
Oust
Escarrilla
Balneario de Panticosa
Bujaruelo
Cirque de Gavarnie
Gavarnie
Fabian
Tunnel de Bielsa
Superbagnères
Les
Bossòst
Pic de Maubermé
Tuc de Maubèrme
Ercé
Pic des 3 Seigneurs
Aulus-les Bains
Tarascon-s-A.
Monte Perdido
Parzán
Pic Perdiguère
Hospice de France
Arròs
Salardú
Salau
Guzet-Neige
Grotte de Niaux
Biescas
Torla
Pico Posets
Vielha
Vicdessos
Les Cabannes
Pto. de Cotefablo
Bielsa
Salinas de Sin
Maladeta
Pico de Aneto
Parc Nac. d'Aigüestortes i Estany de St-Maurici
R. Gállego
Broto
Benasque
Pica d'Estats
Sabiñánigo
Sarvisé
Parque Nacional de Ordesa
Caldes de Boí
Esterri d'Àneu
Tavascan
El Serrat
Pic de l'Estanyó
Yebra de Basa
Fiscal
Cotiella
Castejón de Sos
Vall de Boí
Espot
Pantà de la Torrassa
Àreu
Arinsal
Jabarella
Laguarta
R. Ara
Boltaña
Escalona
R. Cinca
Vilaller
Montsent de Pallars
Ribera de Cardós
Andorra la Vella
Encamp
Port d'Envalira
Puerto del Sarrablo
Aínsa
Arro
R. Ésera
Seira
Laspaúles
Turbón
Cabdella
La Torre de Cabdella
Llavorsí
Sant Julià de Lòria
L'Escaldes
Puig Pedrós
Sierra de Guara
Campo
Emb. de Mediano
Pont de Suert
Rialp
Sort
Arcusa
Roda de Isábena
Sarroca de Bellera
Vilamur
La Seu d'Urgell
Lles
Bárcabo
Troncedo
Sta. Liestra y S. Quílez
La Puebla de Roda
Pantà d'Escales
Gerri de la Sal
Pallerols del Cantó
R. Segre
Martinet
Bellver de Cerdanya
Emb. de El Grado
Virgen de la Peña
R. Isábena
Senterrada
Adrall
Naval
Sopeira
Noguera Ribagorzana
El Pla de Sant Tirs
Serra del Cadí
Alquézar
Abiego
El Grado
Graus
Arén
Salàs de Pallars
La Pobla de Segur
Pantà de Talarn
Parc Nat. Cadí-Moixeró
Salas Altas
Emb. de Barasona
Benabarre
Tremp
Organyà
A65
A64
A62
A61
A66
A620
A138
A139
N524
N21
N124
N224
N88
N817
N813
N20
N125
N260
N330
N230
N145
2050
1709
1349
948
2031
2884
1631
1794
3144
3298
2115
2872
3192
1489
1849
1912
1069
1569
2880
2840
1249
2199
3145
2912
2409
2886
1423
3355
3222
3371
3408
2423
2881
1470
1020
2492
1262
1291
1350
2437
753

368
369
374
Rodez
Millau
Mende
Albi
Carmaux
Castres
Mazamet
Graulhet
Villefranche-de-Rouergue
Sévérac-le-Château
Marvejols
Florac
Le Vigan
Lodève
Béziers
Agde
Sète
Carcassonne
Narbonne
Limoux
Castelnaudary
Perpignan
Prades
Argelès-s.-M.
Collioure
Port-Vendres
Banyuls-s-M.
Cerbère
Cap Cerbère
Leucate-Plage
Port-Barcarès
Gruissan
Valras-Plage
Le Cap-d´Agde
Cap d'Agde
Montpellier-le Vieux
Roquefort-sur-Soulzon
Parc Naturel Regional des Grands Causses
Parc Naturel Regional du Haut-Languedoc
Parc National des Cévennes
Monts de Lacaune
Monts de l'Espinouse
Mont Lozère
Mont Aigoual
Cirque de Navacelles
Grottes des Demoiselles
Aven Armand
Grotte de Dargilan
Viaduc du Viaur
Trou de Bozouls
Ségalas
Abbaye de Fontfroide
Oppidum d'Enserune
Château de Montségur
Château de Peyrepertuse
Château de Quéribus
Gorges de Galamus
Prieuré de Serabonne
St-Michel-de-Cuxa
St-Martin-du-Canigou
Pic du Canigou
Réserve Naturelle Marine de Cerbère-Banyuls
Chain des Albères
A9
A61
A75
A750
A68
N88
N106
N116
N126

Aubenas
Montélimar
Orange
Avignon
Nîmes
Montpellier
Arles
Alès
Bagnols-s-Cèze
Uzès
Carpentras
Cavaillon
Châteaurenard
Beaucaire
Tarascon
Salon-de-Pr.
Miramas
Istres
Martigues
Marignane
Aix-en-Provence
MARSEILLE
Aubagne
La Ciotat
Cassis
Manosque
Pertuis
Lunel
Sète
Mont Lozère
des Cévennes
Diois
Baronnies
Bochaine
Mont Ventoux
Parc Naturel Regional du Lubéron
Parc Naturel Regional de Camargue
National Park Calanques
Golfe du Lion
Étang de Berre
Cap Croisette
Cap Sicié
Pont du Gard
Les monuments romains
Théâtre romain et l'Arc de triomphe
Wahrān (Oran)
Al-Jazā'ir (Alger)
Bejaïa
Annaba, Skikda
Bizerte, Tunis
Cagliari
Porto Tôrres (Sardegna)
Ajaccio, Propriano, Por

369
370
373

370

Ecrins
Gap
Tallard
Espinasses
Lac de Serre-Ponçon
Savines-le-Lac
Chorges
Embrun
Châteauroux
Orcières
Mourre Froid 2994
Guillestre
Vars
Risoul
Les Orres
Boscodon
Le Lauzet-Ubaye
Grand Bérard 3084
Parc Naturel Reg. du Queyras
Ceillac
Somt. Bucher 2257
St-Véran
L'Echaip
Abriès
La Monta
Aig. de Chambeyron 3411
Maljasset Maurin
St-Paul-s-U.
Larche
Jausiers
Barcelonnette
Le Sauze
Pra-Loup
Col de la Bonette
Cime de la Bonette 2862
Mont Pelat 3051
Col de la Cayolle
Allos
Colmars
Parc National du Mercantour
St-Etienne-de-Tinée
Auron
Mont Mounier 2817
Valberg
Beuil
Guillaumes
Gorges de Daluis
Grotte du Chat.
Gorges sup. du Cians
N. D. des Carmes
Puget-Théniers
Entevaux
Annot
Le Fugeret
St-André-les-Alpes
Thorame-Hte.
St-Thomas
Beauvezer
St-Martin-d'Entr.
N.D. de Valvert
Beaujeu
La Javie
Verdaches
Seyne
Anc. Batterie
Turriers
Bayons
La Motte-du-Caire
Authon
Thoard
Volonne
Château-Arnoux
N. D. du Bourg
Digne-les-Bains
St-Pancrace
N85
N. D. de Lauzière
Mézel
La Bégude-Blanche
Barrême
Senez
Lac de Castillon
Castellane
Moustiers-Ste-Marie
Riez
Lac de Ste-Croix
Parc Naturel du Verdon
Aiguines
Grand Canyon du Verdon
Circque de Vaumale
Taulane
Montmeyan
Aups
Gorges de Châteaudouble
Villecroze
Salernes
Draguignan
Monferrat
Bargemon
Fayence
Grottes de St-Cézaire
St-Vallier-de-Thiey
Comps-sur-Artuby
Lorgues
Les Arcs
Le Muy
Abb. du Thoronet
Vidauban
Carcès
Brignoles
Le Luc
La Provençale
A8
Carnoules
A57
Pierrefeu-du-Var
Collobrières
Grimaud
Cogolin
St-Tropez
Moulins de Paillas
Ramatuelle
Cap Camarat
Cavalaire-s-M.
Le Lavandou
La Londe-les-M.
Hyères
La Crau
Solliès-Pont
Carqueiranne
Cap Bénat
Parc Naturel de Port-Cros
Porquerolles
Heliopolis
Port-Cros
Ile du Levant
Ile de Port Cros
Iles d'Hyères
Ste-Maxime-sur-Mer
Les Issambres
St-Aygulf
Puget-s-A.
Fréjus
St-Raphaël
Cap du Dramont
Esterel
Pic du C.-Roux 452
Bagnols-en-Forêt
Mandelieu-la-Napoule
La Napoule
Cannes
Iles de Lérins
Cap d'Antibes
Antibes
Juan-les-Pins
Mougins
Grasse
Cagnes-s-Mer
Vence
Gorges du Loup
Le Bar-sur-le-Loup
Coursegoules
Mtgne du Chairon 1777
Andon
St-Auban
Roquesteron
Gorges de la Vésubie
Saut des Français
N. D. des Miracles
Plan-du-Var
Levens
Contes
Nice
Villefranche-s-M.
Beaulieu-s-M.
Cap-Ferrat
Monte Carlo
Menton
L'Escarène
Sospel
Peira-Cava
Breil-sur-Roya
Lantosque
Roquebillière
Gorges de Saorge
Saorge
Gorges de Berghe
St-Martin-Vésubie
St-Sauveur-sur-Tinée
Le Boréon
Cime du Gelas 3143
Tende
Tunnel de Tende
Mont Saccarel 2156
Villars-sur-Var
Izola
Mont Ténibres 3031
Bagni di Vinàdio
Santo di S. Anna
C. d. Lombarda 2351
Terme di Valdieri
Parco Naz. delle Alpi Marittime
Entracque
Vinàdio
Demonte
Argentera
Stura di Demonte
Borgo S. Dalmazzo
Cuneo
Limone Piemonte
Chiusa di Pésio
Parco Regionale Alta Valle Pesio
Mondovì
Frabosa Sott.
Pamparato
Villanova Mond.
Ceva
Bagnasco
C. dei Giovetti 912
Calizzano
C. di Melogno 1027
Garéssio
Ormea
Bardineto
Borghetto S. Spirito
C. di Nava 947
Mónesi
Pieve di Teco
Borghetto d'A.
Albenga
Alássio
Laiguéglia
Diano Marina
Onéglia
Impéria
Triora
Pigna
Baiardo
M. Bignone 1299
Tággia
Arma di Tággia
Airole
Dolceácqua
San Remo
Ospedaletti
Bordighera
Venti-miglia
Liguria
Chianale
3841 M. Viso
N.D de Clausis
Casteldelfino
Sampeyre
S. Anna
Accéglio
Prazzo
S. Damiano M.
Dronero
Campomolino
Caráglio
Mad. d. Olmo
Busca
Centallo
Fossano
Saluzzo
Savigliano
Genola
Costigliole Saluzzo
Revello
Barge
Paesana
Crissolo
Bóbbio Péllice
Cavour
Moretta
Racconigi
Cavallermaggiore
Bra
Sommariva del Bosco
Canale
Alba
Diano d'Alba
Narzole
Dogliani
Murazzano
Carrù
Monesiglio
Céngio
Millésimo
Cortemilia
Castagnole Lanze
A6
A10
Mittelmeer
Bastia (Corse)
Calvi, L'Ile Rousse (Corse)
L'Ile-Rousse (Corse)
Bastia, Calvi, L'Ile-Rousse (Corse)
Ajaccio, Propriano, Porto Vecchio (Corse)
Porto Tórres (Sardegna)
Bizerte (TUNISIE)

Seit 1900 führt der prunkvolle neobarocke Pont Alexandre III über die Seine auf das Hôtel des Invalides zu. Der Invalidendom entstand Ende des 17. Jahrhunderts als Kirche, 1840 überführte man den Sarg mit den Gebeinen Napoleons dorthin.

REGISTER

Weinlese im Bordelais; Festtag in Bormes-les-Mimosas mit traditionellen Kostümen; hinter der gelben Fassade verbirgt sich ein Restaurant mit Innenhof und kuscheligem Ambiente; die Fischer geben sich alle Mühe beim Verzieren ihrer Boote; süße Karamell-Spezialitäten aus Biarritz; von Legenden umwoben: die Menhire von Carnac (v.l.n.r.).

REGISTER

César und Panisse aus den Pagnol-Filmen hoffen in Toulon auf eine Mitspielerin; reichhaltiges Angebot an kandierten Früchten; Fischangebot in den Restaurants am Strand von Pampelonne; Sehen (vorne) und gesehen werden (hinten) in Saint-Tropez; Oliven und andere Delikatessen; während der Voiles de Saint-Tropez finden ausschließlich Segeljachten im Hafen Platz (v.l.n.r.).

Die Autoren

Constanze Wimmer war lange Jahre Zeitungs- und Hörfunkredakteurin und arbeitet seit 2003 als freie Autorin für führende Buchverlage, Magazine und Zeitungen.

Kapitel: 1, 2, 4–12, 45, 46, 56–73, 76–78, 88, 99, 102

Silke Heller-Jung arbeitet seit über 20 Jahren als selbstständige Redakteurin und Sachbuchautorin. Zuvor war sie als Chefredakteurin für verschiedene Fachzeitschriften verantwortlich.

Kapitel: 15–20, 22, 24–29, 31, 42, 43

Jürgen Zichnowitz studierte Volkswirtschaftslehre, arbeitete ab 1994 beim Magazin »Der Feinschmecker«, später auch beim »WeinGourmet«, und war dort als Wein-Redakteur tätig. Er veröffentlichte Bildbände und Reiseführer über den Süden Frankreichs.

Kapitel: 13, 14, 23, 32–41, 44, 47, 48, 51–55, 74, 75, 79–87, 89–93, 95–98, 100–108

Mareike Weber hat viele Jahre die Grünen Reiseführer von MICHELIN sowie andere Reisetitel bei GU (vormals Travel House Media GmbH) betreut. Nun arbeitet die ausgebildete Übersetzerin und Redakteurin freiberuflich als Übersetzerin für Englisch und Französisch und darüber hinaus als Projektmanagerin, Lektorin und Korrektorin.

Kapitel: alle Traumstraßen und Themen, Aktualisierungen für 13, 14, 20, 22–44, 47–49, 51–55

Dr. Gotlind Blechschmidt, Geografin und begeisterte Alpinistin von Kindesbeinen an, ist als freie Publizistin und Lektorin tätig.

Kapitel: Aktualisierungen 1, 2, 4–12, 15–19, 45, 46, 56–65, 67–93, 95–108

Der Fotograf

Der österreichische Fotograf Hans Zaglitsch lebt seit rund 25 Jahren in den Niederlanden, wo er sich auf die Reise- und Reportagefotografie spezialisiert hat. Seine Bilder sind mittlerweile in rund 100 Bildbänden, City Guides, Reise- und Kulturführern sowie in Kalendern, Zeitschriften und diversen (Reise-)Magazinen erschienen.
Mehr Infos unter www.hans-zaglitsch.com

Bildnachweis

Alle Bilder des Innenteils stammen von lookphotos, außer:

Herbrecht, Dieter: S. 1, 5 u.M., 6 u.M., 120, 183 u., 237 o., 319 u., 334, 351 u.;

Image Broker: S. 81 (Kluciar Ivan);

Lemée, Jean-Claude: S. 139 u.;

Martini, R.: S. 2/3;

Mauritius: S. 80 (Alamy Stock Photos / Laurent Renault); 35 o. (Alamy Stock Photos / Bennekom); 34 o. (Hemis.fr / Arnaud Chicurel); 266 (Photononstop); 253 o. (Patrick Ward / Alamy); 295 o. (Chris Hellier / Alamy); 217 u. (Rene Mattes); 325 u. Alamy Stock Photos / Cultural Archive;

Nordic Photos: 197 o.;

PD – Pont Aven: S. 119 u.;

Picture Alliance/dpa, Frankfurt a. M.: S. 4 u.l. (Alamy/André Quilien); 4/5 o., 111 o. (Burkhard Jüttner); 37 o. w(EPA/Lefevre, S.); 45 u., 205 u. (Juettner); 50 (Photononstop/Daniele Schneider); 77 o.(Hemis.fr/BERTHIER Emmanuel); 101 u., 139 o. (Rene Mattes); 105 (Steve Vidler); 123 o. (Bluegreen Pictures/Benoit Stichelbaut); 143 u. (Pacific Press); 151 u. (Photononstop/ J-C.&D. Pratt); 153 o. (Hemis.fr/ESCUDERO Patrick); 157 o. (Coleman, B./ Photoshot/Mazonowitz, D.); 164 (GoPanarama / Alamy); 165 o., 179 o. (AP Photo); 168 u., (Hemis.fr / GARDEL Bertrand); 173 u. (Hemis.fr/HAUSER Patrice); 179 u. (DPPI Media); 219 u. (HB-Verlag/Kirchner, M.); 229 o. (World Pictures/ Photoshot);

Shutterstock: S. 6 u.l. (Laborant); 35 u. (Federherz); 39 u. (stshank); 41 u., 215 (Borisb17); 52 u. (Felix Lipov); 67 u. (midgardson); 74/75 (philmythen); 79 o. (Jerome.Romme); 82 (canadastock); 83 u. (Nailia Schwarz); 93 o. (JJFarq); 93 u., 128/129 (DaLiu); 100 (Igor Plotnikov); 102 (RYSAN); 108 (Ruediger Ettl); 110 (berteaux annick); 117 (lidian Neeleman); 121 u. (Rolf E. Staerk); 122 (diegomori80); 127 o. (PHILIPIMAGE); 135 u. (Altitude Drone); 137 u. (Lokuttara); 138 (Marka777); 143 o. (Dutourdumonde Photography); 152 (PHB.cz/Richard Semik); 153 u. (Zzzz17); 159 o. (Andrei Antipov); 169 u. (FreeProd33); 172 (STUDIO M); 173 o. (Alexander Demyanenko); 174 (Ms Jane Campbell); 175 (LMspencer); 176/177 (Skapho); 184 (peapop); 235 o. (Photonaturepaysage); 235 u. (Francois Roux); 257 o. (Jorg Hackermann); 257 u. (FiledIMAGE); 267 o. (Tomas Marek); 267 u. (Samot); 271 o. (Gumbao); 285 u. (StevanZZ); 288 o. (S-F); 289 u. (Jorg Hackermann); 291 u. (Velirina); 292 (Gaspar Janos); 293 o. (trabantos); 294, 295 o. (Drozdin Vladimir); 296 (eric laudonien); 307 o. (bensliman hassan); 309 o. (Marco Saracco); 310 (Andreas Jung); 311 u. (ruza74); 311 o. (Dan74); 316 (Juergen Wackenhut); 317 u. (Ralf Liebhold); 317 o. (BearFotos); 323 u. (Iain Frazer); 329 o. (Travel-Fr); 331 o. (2019 BTWImages); 348 o., 348 u. (IR Stone); 349 u. (Maria Avvakumova); 376/377 (2017 muratart); 379 o.l. (Pack-Shot);

Zaglitsch, Hans: S. 4/5, 48, 49 o., 51, 52 o., 53 o., 54, 55 o., 55 u., 56, 57 o., 57 u., 59, 58, 60 o., 60 u., 61 o., 61 u., 62, 63, 64 u., 64 o., 65 o., 65 u., 66, 67 o., 69, 68, 70, 71 o., 73 o., 73 u., 76, 77 u., 78, 79, 83 o., 84, 85 o., 85 u., 86 u., 87 o., 90, 91 o., 91 u., 95 o., 95 u., 96, 97, 98 o., 98 u., 99 o., 99 u., 100 o., 103 u., 104, 106, 107 o., 107 u., 109 o., 109 u., 111 u., 112, 113, 114 o., 114 u., 115 u., 116, 118 o., 118 u., 119 o., 121 o., 123 u., 124, 125 o., 125 u., 126, 130, 131 o., 131 u., 132, 133, 134, 135 o., 136 o., 136 u., 137 o., 140, 141, 142 o., 142 u., 144/145, 148 o., 149 u., 150, 151 o., 161 o., 162, 163 o, 163 u., 166, 168 o., 169 o., 181 o., 181 u., 183 u.

Traditioneller Almauftrieb der Schafherden am Pfingstmontag in St.-Remy-de-Provence

Impressum

Verantwortlich: Susanne Kaufmann
Redaktion: Linde Wiesner, Christiane Gsänger
Layout: VerlagsService Gaby Herbrecht
Umschlaggestaltung: Alexander Knoll
Repro: Ludwig:media
Kartografie: Heidi Schmalfuß (Locator), Huber Kartographie, Heike Block
Herstellung: Alexander Knoll
Printed in Slovenia by DSZ Grafik

★★★★★

Sind Sie mit diesem Titel zufrieden? Dann würden wir uns über Ihre Weiterempfehlung freuen.

Erzählen Sie es im Freundeskreis, berichten Sie Ihrem Buchhändler, oder bewerten Sie bei Onlinekauf.
Und wenn Sie Kritik, Korrekturen, Aktualisierungen haben, freuen wir uns über Ihre Nachricht an Bruckmann Verlag, Postfach 400209, D-80702 München oder per E-Mail an lektorat@verlagshaus.de.

Unser komplettes Programm finden Sie unter

www.bruckmann.de

In diesem Buch wird aus Gründen der besseren Lesbarkeit das generische Maskulinum verwendet. Weibliche und anderweitige Geschlechteridentitäten werden dabei ausdrücklich mitgemeint, soweit es für die Aussage erforderlich ist.

Alle Angaben dieses Werkes wurden von den Autoren sorgfältig recherchiert und auf den neuesten Stand gebracht sowie vom Verlag geprüft. Für die Richtigkeit der Angaben kann jedoch keine Haftung übernommen werden, weshalb die Nutzung auf eigene Gefahr erfolgt. Sollte dieses Werk Links auf Webseiten Dritter enthalten, so machen wir uns die Inhalte nicht zu eigen und übernehmen für die Inhalte keine Haftung.

Umschlagvorderseite: Najac, eines der »Plus beaux villages de France« (lookphotos/Hemis)
Umschlagrückseite große Bild: Die Mühle von Wallu
Umschlagrücken: Leuchtturm La Jument auf einem Felsen vor der Île d'Ouessant
Umschlagrückseite kleine Bilder v.o.n.u.: Wachhaus von Meneham, Finistère; das Centre Georges Pompidou, Kathedrale Notre-Dame und Pantheon; Schloss Cormatin, Saone et Loire

S. 1: Arlesierinnen in ihren schönen Trachten
S. 2/3: Historische Brücke über die Seine: Pont Alexandre III

Die Deutsche Nationalbibliothek verzeichnet diese Publikation in der Deutschen Nationalbibliografie; detaillierte bibliografische Daten sind im Internet über http://dnb.d-nb.de abrufbar.

Infanteriestraße 11a
80797 München

ISBN: 978-3-7343-2505-2